# 晚清时期整饬吏治思想研究

李文珊 著

惠州学院马克思主义理论重点学科资助出版

·广州·

版权所有　翻印必究

**图书在版编目（CIP）数据**

晚清时期整饬吏治思想研究/李文珊著．—广州：中山大学出版社，2015.12
ISBN 978-7-306-05593-4

Ⅰ．①晚…　Ⅱ．①李…　Ⅲ．①政治思想史—研究—中国—清后期　Ⅳ．①D092.52

中国版本图书馆 CIP 数据核字（2016）第 009951 号

| | |
|---|---|
| 出 版 人： | 徐　劲 |
| 策划编辑： | 金继伟 |
| 责任编辑： | 陈　芳　高　洵 |
| 封面设计： | 林绵华 |
| 责任校对： | 王延红 |
| 责任技编： | 何雅涛 |
| 出版发行： | 中山大学出版社 |
| 电　　话： | 编辑部 020-84110771，84113349，84111997，84110779 |
| | 发行部 020-84111998，84111981，84111160 |
| 地　　址： | 广州市新港西路 135 号 |
| 邮　　编： | 510275　　　　传　真：020-84036565 |
| 网　　址： | http://www.zsup.com.cn　E-mail：zdcbs@mail.sysu.edu.cn |
| 印 刷 者： | 佛山市浩文彩色印刷有限公司 |
| 规　　格： | 787mm×1092mm　1/16　19.25 印张　356 千字 |
| 版次印次： | 2015 年 12 月第 1 版　2015 年 12 月第 1 次印刷 |
| 定　　价： | 38.00 元 |

如发现本书因印装质量影响阅读，请与出版社发行部联系调换

# 目 录

绪论　吏治及其整饬 …………………………………………… 1
　一、关于官吏 ……………………………………………… 1
　二、关于官吏腐败及其治理 ……………………………… 2
　三、关于晚清时期的吏治腐败与整饬吏治思想的特点…… 2

第一章　晚清之前的中国吏治思想简述 ……………………… 4
　第一节　中国古代的吏治腐败及其整饬 ………………… 4
　　一、中国古代官吏腐败的表现方式 …………………… 4
　　二、中国古代整饬吏治的基本措施 …………………… 13
　第二节　先秦诸子廉政良治思想简介 …………………… 36
　　一、儒家廉政良治思想简介 …………………………… 37
　　二、法家吏治思想简介 ………………………………… 45
　　三、墨家廉政良治思想简介 …………………………… 49
　　四、道家廉政思想简介 ………………………………… 54
　第三节　清朝前期与中期的吏治状况 …………………… 58
　　一、顺治及康熙、雍正、乾隆时期的吏治整饬 ……… 58
　　二、嘉庆、道光时期的吏治概况 ……………………… 67
　　三、嘉庆、道光时期吏治腐败的主要表现特征 ……… 69

第二章　地主阶级改革派的整饬吏治思想 …………………… 80
　第一节　地主阶级改革派整饬吏治思想的特点及方法 … 80
　　一、对清朝衰世弊端的认识 …………………………… 80
　　二、推崇经世致用的优良传统 ………………………… 82
　　三、主张变革现实社会 ………………………………… 84
　第二节　龚自珍的吏治改良思想 ………………………… 86
　　一、龚自珍对官场丑行的揭露 ………………………… 86
　　二、龚自珍改良吏治的基本主张 ……………………… 87
　　三、对龚自珍吏治改良思想的基本评述 ……………… 95
　第三节　林则徐的整饬吏治思想与实践 ………………… 99

一、林则徐整饬吏治的主要思想与措施……………………… 101
　　二、林则徐清廉自持，正己率属………………………………… 107
　　三、林则徐整饬吏治、清正廉洁的原因………………………… 112

## 第三章　太平天国领袖的吏治思想……………………………… 117
### 第一节　太平天国对吏治的认识及吏治状况…………………… 117
　　一、太平天国早期的廉政理想…………………………………… 117
　　二、太平天国上层的奢侈腐化状况……………………………… 119
　　三、太平天国上层快速腐败的原因……………………………… 121
　　四、关于太平天国吏治的简要评价……………………………… 125
### 第二节　洪秀全的吏治认识………………………………………… 126
　　一、洪秀全前期对清朝吏治腐败的抨击………………………… 127
　　二、洪秀全前期对社会政治制度的设计………………………… 128
　　三、洪秀全中后期陷入腐败的漩涡……………………………… 131
### 第三节　洪仁玕的整饬吏治主张…………………………………… 134
　　一、洪仁玕整饬吏治的基本主张………………………………… 135
　　二、洪仁玕整饬吏治主张的积极意义…………………………… 141

## 第四章　洋务派的整饬吏治思想及实践………………………… 143
### 第一节　洋务派整饬吏治思想的产生根源……………………… 143
　　一、太平天国运动爆发的深刻刺激……………………………… 143
　　二、传统士大夫忠君报国的体现………………………………… 146
　　三、儒家重民思想的体现………………………………………… 149
### 第二节　曾国藩整饬吏治的思想与实践………………………… 152
　　一、曾国藩整饬吏治的基本思想与实践………………………… 152
　　二、曾国藩勤俭廉洁，修身齐家………………………………… 159
　　三、简要评价……………………………………………………… 164
### 第三节　张之洞整饬吏治的思想与实践………………………… 166
　　一、张之洞整饬吏治的基本措施………………………………… 167
　　二、张之洞勤政、清廉律己……………………………………… 177

## 第五章　早期资产阶级改良派的整饬吏治思想………………… 183
### 第一节　西学东渐背景下的吏治改革思想……………………… 183
　　一、对吏治腐败的忧愤和批判…………………………………… 183

二、从政治体制上解决吏治腐败问题的思考…………………… 185
　　三、早期资产阶级改良派吏治改革思想形成的主要原因……… 186
第二节　冯桂芬的吏治改革思想………………………………………… 187
　　一、冯桂芬的传统吏治整饬思想…………………………………… 188
　　二、冯桂芬的近代吏治创新思想…………………………………… 192
　　三、基本评述………………………………………………………… 198
第三节　王韬整饬吏治的思想……………………………………………… 199
　　一、王韬的传统吏治整饬思想……………………………………… 200
　　二、王韬的吏治创新主张…………………………………………… 208
　　三、基本评述………………………………………………………… 212

## 第六章　资产阶级维新派的吏治维新变革设想　215
第一节　资产阶级维新派吏治维新变革的基本点…………………… 215
　　一、封建专制的危害………………………………………………… 216
　　二、资产阶级维新派吏治维新变革的基本思想…………………… 218
　　三、对资产阶级维新派吏治维新思想的评价……………………… 224
第二节　康有为维新变法时期的官制革新思想……………………… 226
　　一、康有为官制革新思想的主要内容……………………………… 228
　　二、对康有为官制革新思想与实践的评价………………………… 234
第三节　梁启超的吏治改革设想………………………………………… 237
　　一、梁启超对封建专制下腐败吏治的猛烈抨击…………………… 238
　　二、梁启超提出的吏治主要设想…………………………………… 238

## 第七章　统治集团主要代表人物的整饬吏治思想与实践　247
第一节　统治集团对吏治的忧虑与整饬……………………………… 247
　　一、道光皇帝后期对吏治的忧虑与整饬…………………………… 247
　　二、咸丰皇帝对吏治的忧虑与整饬………………………………… 247
　　三、慈禧太后对吏治的忧虑与整饬………………………………… 248
第二节　肃顺的整饬吏治实践…………………………………………… 249
　　一、肃顺"严禁令，重法纪，锄奸宄"的主张……………………… 249
　　二、严厉查处朝廷官员腐败渎职案件……………………………… 250
　　三、基本评价………………………………………………………… 254
第三节　慈禧太后在垂帘听政初期的整饬吏治举措………………… 257
　　一、慈禧太后对官场腐败无能的忧虑……………………………… 258

二、慈禧太后在垂帘听政初期对吏治的整顿……………………… 259
　　三、基本评价………………………………………………………… 263

**第八章　晚清时期整饬吏治失败的原因**………………………………… 271
　第一节　清朝封建专制体制的弊病………………………………………… 271
　　一、依法治理无法实施……………………………………………… 271
　　二、统治者对贪官的有限度容忍…………………………………… 272
　　三、君主个人因素的影响…………………………………………… 273
　　四、监督机构不能发挥应有的作用………………………………… 275
　第二节　清朝封建官僚制度的弊病………………………………………… 276
　　一、封建官僚制度的特点…………………………………………… 276
　　二、封建官僚制度的弊端…………………………………………… 277
　第三节　晚清时期吏治制度的弊病………………………………………… 279
　　一、捐纳制度的弊病………………………………………………… 280
　　二、胥吏制度的弊病………………………………………………… 281
　　三、薪俸制度的弊病………………………………………………… 285

**结束语**………………………………………………………………………… 289
　　一、吏治腐败对晚清统治造成了致命的危害……………………… 289
　　二、当代中国要高度重视反腐廉政………………………………… 292

**参考文献**……………………………………………………………………… 294

**后记**…………………………………………………………………………… 301

# 绪论 吏治及其整饬

## 一、关于官吏

官吏、官或吏，是各级政府官员的通称。官与吏虽然常连在一起使用，但两者的含义还是有区别的。《说文解字》云，"官，史事君者也"，"吏，治人者也"。说明了官向君主负责，而吏向官长负责。中国的官制与吏制，自两晋以后日渐分途，唐代通过流内官、流外官的形式将官与吏从制度上区分开来。此后，官吏之间截然两分。例如，在清朝，经过吏部或兵部铨选而任命者叫官，不需要经过两部铨选而任事者叫吏。光绪朝《大清会典》对"吏"的界定是，"设在官之人，以治其房、科之事，曰吏"[①]，即吏作为供事官府之人，其职责是办理吏、户、礼、兵、刑、工等各房文案之事，表明吏既不同于主政之官，也不同于从事体力劳动的皂隶衙役。

官与吏都具备行政管理职能，两者的区别只有相对的意义，且各个时代都有所变化，一般民众对官和吏的区别不是很在意，所以常常将两者连用，以区别于那些没有官品和秩禄的人。通常，对官吏的教育、选拔、任免、考核、监察和奖惩，一般称为吏治，而不称为官治。

在原始氏族社会，人们平等地生产、生活，平均占有、使用土地和财产，无官吏之谓。进入私有制社会以后，出现了私有财产以及剥削现象。在国家产生过程中，公共事业的管理者逐渐变成了国家的官吏。根据有关文献记载，夏朝的职官有主管历法的羲和、主管诉讼的大理、管理畜牧生产的牧正、负责膳食的庖正以及主管造车的车正、主管治水的水正等。夏朝时期国家规模较小，机构也简单，分工尚不精确详细。后世随着国家形态的发展和成熟，行政机构扩大，官吏人数增多。

在封建社会，官吏的职责是治理百姓，为君主服务。由于官吏掌握行政权力，行使社会管理职能，因此被赋予了较高的道德期许。清正廉洁被视为官吏的基本守则，正所谓"临官莫如平，临财莫如廉，廉平之守，不可攻也"[②]。秦墓竹简《为吏之道》上说："凡为吏之道，必清洁正直，慎谨坚

---

[①]《大清会典》卷一二《吏部·验封清吏司》。
[②]（汉）刘向：《说苑》卷七。

固,审悉毋私,微密纤察,安静毋苛,审当罚赏。"① 也就是说,只有具备清廉、无私、谨慎、正直等道德品质的人,才有资格为官。

## 二、关于官吏腐败及其治理

### (一) 官吏腐败

人性是好利的,官吏也不免会追逐金钱,贪图享受。而官吏有职权,就容易产生权钱交易、以权谋私等腐败行为。在封建专制社会,官吏由上面任命,在官僚体制内对上不对下,权力行使不受人民的监督和制约,这就不可避免地会滋生腐败。此外,私有制社会的贪贿腐败植根于阶级剥削的土壤,可以说是剥削制度的一种变异形式和补充。在长达两千多年的中国封建社会里,官吏腐败层出不穷。当代史学家翦伯赞先生在其《贪污列传序》中曾明确指出:"贪污之出现于中国史,由来已久。自殷周以降,跟着私有制财产制度和阶级国家的成立,贪污遂成为统治阶级的职业。纵观史乘,历代以来的统治者,上自皇帝贵族官僚,下至郡县小吏,乡曲豪绅,无不以贪污为发财之本。一部文明时代的中国史,就是贪官污吏剥夺人民的历史。"② 由于封建专制社会的政治特点,官吏腐败很多,可谓车载斗量,故而官吏腐败是我国封建社会普遍存在的严重社会问题,与封建主义的经济制度、官僚政治体制密不可分,是历朝统治者无法医治的毒瘤和疾患。

### (二) 吏治

"贪者,民之贼也",民众痛恨腐败。由于官吏腐败的严重程度以及能否对腐败进行有效治理直接关系国家的兴衰存亡,过于泛滥的腐败往往会引起民众的不满和抗争,"吏不廉平则治道衰"③,因此中国封建王朝的有为统治者为了维护统治,都比较重视整饬吏治,强调"民为邦本,本固邦宁;固本之责,惟在官吏"④,认为治吏重于治民。为缓和社会与阶级矛盾,他们多少都采取了一些措施以遏制腐败的蔓延,在惩治贪污腐败、澄清吏治方面做了努力。

## 三、关于晚清时期的吏治腐败与整饬吏治思想的特点

晚清处于封建社会的末期,社会政治急剧变动,法纪不行,道德沦丧,

---

① 睡虎地秦墓竹简整理小组:《睡虎地秦墓竹简》,文物出版社1978年版,第165页。
② 翦伯赞:《贪污列传序》,《新华日报》1945年9月2日。
③ (汉)班固:《汉书·宣帝纪》。
④ 《尚书·五子之歌》。

已经形成了系统性腐败。在这种系统性腐败中,贪污贿赂已经成为官吏行事的常例,成为他们一种生存、交往的手段,并内化为一种不会引起官吏内心道德冲突和愧疚感的潜规则;而洁身自好者,必然受到官场的系统性排斥,无立足之地。在晚清的这种系统性腐败中,整饬吏治进行反腐败,即便得到最高统治者的支持,严肃处理了少数贪官,也已无济于事。而且,在内忧外患、统治能力弱化的情况下,在道德败坏、制度缺失而导致无官不贪的情况下,清王朝已经无心也无力进行大规模的吏治整饬,这使得晚清官吏的腐败愈演愈烈,直至造成政权的"系统性崩溃"。

晚清时期,不同政治派别的政治家与思想家基于各自的阶级立场与利益诉求,也对官吏腐败问题给予了关注。他们强调了惩治腐败的重要性,提出了一些选拔用人、整肃官纪的思想。综观这些思想,既有对中国传统吏治思想的继承,又有西学东渐潮流下的近代吏治思想的萌芽与发展。由于时代局限和思想局限,他们提出的整饬吏治思想多是一些具体的治标措施,制度体系建设的根源治理还不完善,但正如列宁所说:"判断历史的功绩,不是根据历史活动家没有提供现代所要求的东西,而是根据他们比他们的前辈提供了新的东西。"① 他们的探索精神、思考方式、惩贪实践仍然具有重要的意义。

腐败是一个世界性社会政治难题。为了建设社会主义现代化强国,实现"中国梦",中国必须努力遏制和减少腐败。本书对晚清官吏腐败及整饬吏治思想进行全面的梳理和评析,可为我们吸收传统吏治思想,借鉴历史经验,获得有价值的警示提供参考。

---

① 列宁:《评经济浪漫主义》,《列宁全集》(第 2 卷),人民出版社 1984 年版,第 154 页。

# 第一章 晚清之前的中国吏治思想简述

中华五千年的文明史，王朝更迭，官吏腐败现象层出不穷。吴晗先生曾直言官吏贪污这一现象"无代无之"，竟是与史实同寿，中国二十四史里充满了贪污的故事。为了保持社会稳定，为了维护阶级统治，中国的历朝历代都不乏有识之士提出了整饬吏治、反腐倡廉的思想与举措。

## 第一节 中国古代的吏治腐败及其整饬

### 一、中国古代官吏腐败的表现方式

官吏腐败是人类社会进入国家之后的一种伴生现象。在中国古代，一些官吏在行使公共权利的同时，将公共财富攫为己有，中饱私囊，所谓"货力为己"、"以功为己"、"谋用是作"，贪贿现象开始滋生，官吏腐败开始出现，整饬吏治随之而起。

作为一种社会现象，贪污腐败早在五千年前的尧舜时期就已出现。据考证，"贪"字最早出现于《诗经·大雅·桑柔》的"大风有隧，贪人败类"。根据文献记载，夏朝就已经出现"贪以败官"的政治腐败现象。正如《左传·昭公十四年》记载春秋时期的晋国大夫叔向时所说："己恶而掠美为昏，贪以败官为墨，杀人不忌为贼。夏书曰：'昏、墨、贼，杀。'皋陶之刑也。"这说明夏代不仅出现了贪赃枉法、败坏官常的腐败现象，而且已经出现了相关的惩治办法。春秋时期，周王室在衰败中出现了"政以贿成"的状况。《左传·襄公十年》载：周灵王九年，王叔陈生和伯舆因争权而发生诉讼，伯舆一方指责王叔辅政的腐败时说："今自王叔之相也，政以贿成，而刑放于宠。官之师旅，不胜其富，吾能无筚门闺窦乎？"结果王叔自知理亏而流亡晋国。

贪贿腐败的后果是直接危及统治阶级的统治地位，导致政权的衰亡。在中国先秦社会的历史中，因贪贿腐败而亡国的现象屡见不鲜。夏初太康失国以及夏朝的衰落与灭亡，是统治者自身骄奢贪逸而引起的结果。商朝末年，商纣王及其奸臣费仲因贪贿而接受周人的贿赂，把囚禁于羑里监狱的文王释放,结果放虎归山,自取灭亡。周朝后期,周厉王重用贪臣荣夷公,专权好利,最后被国人赶下了台。周幽王不仅本人贪图享乐,喜好声色,而且重用贪臣,最终身死国灭,把赫赫宗周给断送了。春秋时期,虞国国君因贪贿而接受晋国的贿赂,让开大路,让晋国前去攻打虞国的邻国虢国,结果待晋献公消灭了虢国之后,虞国唇亡齿寒,最后为晋国所灭。吴王夫差及其太宰韶因贪贿而接受被打败了的越国送来的贿赂,同意越国求和,结果养虎遗患,越兴吴灭。以上因贪贿而亡国的事例,犹如一声声长鸣的警钟,使那些具有忧患意识的统治者和有识之士深深震撼。

中国历史上贪污受贿、敲诈勒索、搜掠民财等吏治腐败具有整体性和普遍性,尤其在朝代更替、朝堂动乱时期,更为严重。有人做过粗略的统计,先秦时期见于文献记载的贪官人物活动78起,其中包括诸侯国的国君在内。秦至五代时期的贪官见于《册府之龟》记载的有460名。之后的封建王朝贪官污吏层出不穷。在北宋仁宗时,官僚中"赇货暴政,十有六七",所谓"廉平之吏,所在鲜见,而贪利无耻,敢于为恶之人,挟敌兴兵,四面而起,以求逞其所欲"①。而到蔡京当政时,贿赂公行,"廉吏十一,贪者十九"。元代,"居官者习于贪,无异盗贼……其间颇能自守者,千百不一二焉"②。至明清时期,尤其在统治衰弱时,贪官人数已经多得无法估计了,有"贪官污吏遍布内外,剥削及于骨髓"之议,所谓"三年清知府,十万雪花银",竟成为民间俗语。

中国古代吏治腐败的主要表现方式有如下几种。

## (一) 贪污受贿

据史书记载,西周时代就已频频发生贪污受贿之事,秦汉以后封建王朝的官吏贪污现象更为普遍,正所谓"乡官部吏,职斯禄薄,车马衣服,一出于民,廉者取足,贪者充家,特选横调,纷纷不绝"③。

在古代中国社会,官吏贪污受贿的手段很多,主要有:

### 1. 贪污钱财

贪污是指行政官吏利用职务上的便利,侵吞、窃取、骗取或者以其他手段非法占有国家公共财物的行为。古代时贪污人数众多,方式多样。在封建社会的官僚制度下,政府公费开支用于什么项目,需要用多少钱,没有严密

---

① 《宋史》卷四百三十八。
② (元)吴澄:《赠史敏中侍亲还家序》,《吴文正公集》卷一四。
③ (南朝宋)范晔:《后汉书》卷六十一。

的会计、审计制度，任凭官吏支使，这就给官吏贪污提供了机会。

史载，汉代的大司农田延年替汉昭帝修建陵墓，要用大量的沙土，运输沙土又需要大量租用民间的牛车。拉一车沙土，要付给百姓一千钱的租金。田延年报虚账，一车沙土算两千钱。前后共拉了三万车沙土，在大司农府报销了六千万钱，其中三千万钱就装进了田延年自己的口袋。① 康德宗时，官吏特别是度支、盐铁使的贪污情况尤其严重，时人提出："凡为度支使，不一岁家辄钜亿，僮马产侈王公，非盗县官财何以然?"② 在宋朝，臭名昭著的佞臣朱勔以承办"花石纲"之名，"指取内帑如囊中物，每取以数十百千计"③。

明清时期，贪污愈演愈烈，官吏借一切机会中饱私囊。中国古代为抵御水旱等自然灾害，往往修建一些公共水利工程。而在此修建过程中，常常给负责这些项目的官员贪污以可乘之机。清代主持治河的官员，"皆利水患充斥，借以侵蚀国帑。而朝中诸贵要，无不视河帅为外府，至竭天下府库之力，尚不足充其用"④。清朝乾隆盛世时，还出现了称得上"中国第一贪"的军机大臣和珅。嘉庆四年（1799）正月，和珅垮台，家产被抄，查出他家有房屋三千间，田地八千顷，抄出的赃物和私财计有各色银三百余万两（折合库平银二百八十三万余两），金三万三千五百五十一两；各处土地一千二百六十六顷；各处收租房屋一千零一间半；借出本银所开当铺十二座……珠宝古玩衣物等贵重物品数愈千万件，总计至少约合白银亿两以上。⑤

2. 收受贿赂

古代朝廷里高级官员一般没有直接搜刮百姓的机会，然而，他们却有着一种更为便利的进财之道，那就是收受贿赂。早在春秋战国时期，就曾出现了贿赂败国的事例。如长平之战时，赵国名将廉颇坚守不出，秦国无计可施，"秦相应侯使人行千金于赵为反间"，结果昏庸的赵王撤换了廉颇，导致赵国战败，被俘虏而遭到坑杀的军士达四十万，经此一战，赵国元气大伤。

---

① 参见《汉书》卷九十。
② 《新唐书》卷一百四十九。
③ 《宋史》卷四七〇。
④ 《啸亭杂录》卷七。
⑤ 史料中有关和珅产的数量及估价说法颇多，且各处记载不一，野史、笔记、民间流传，甚至档案馆中所藏"档案"均与官书（如《清实录》、《清史稿》、《清史列传》）的有关记载相差甚远。

出卖官职是朝廷高官收受贿赂的主要方式。如唐代宗时权相元载"弄权舞智，政以贿成"，其庄园"租赋未尝入官"①。不仅如此，他还"纵诸子关通货贿。京师要司及方面，皆挤遣忠良，进贪猥"②。唐德宗时官为度支转运使的窦参，"阴狡而愎，恃权而贪，每迁除，多与族子给事中申议之。申招权受赂，时人谓之'喜鹊'"③。礼部尚书李齐运"荐李绮为浙西观察使，受贿数十万计"，李绮得到官职后则又"持积财进奉，以结恩泽"。唐代穆宗时，朝廷大臣韩弘因为原先任宣武节度使时的一些旧事，朝廷上讲他坏话的流言很多。他的儿子韩公武于是拿出家财，以重礼贿赂帝王宠幸的权臣及发表非议意见多的人，满朝文武除牛僧孺一人没有受贿外均接受了其贿赂。

元朝末期，"台宪官皆谐价而得，往往至数千缗"。明朝中后期，地方官员的每一次考选、考升，每人在京师至少要花五六千金行贿。当时地方官向中央官员行贿，最普遍的是在各衙门内直接进行，彼此"袖手接受"。关系稍近些的是列柬投递，假托赠送书籍的名义亲自送上门，时人称之为"书帕"；关系再亲密一些的，遇有上级的生辰有贺仪，每逢节期为馈赠，升任时对上级的"谢荐礼"，名目更为丰富。

## （二）卖官鬻爵

在封建社会中执掌铨选与科举大权的统治者，凭借手中之权卖官以受贿纳赃。东汉灵帝在宦官张让、赵忠的怂恿下公开卖官鬻爵，"灵帝时，开鸿都门榜卖官爵，公卿州郡下至黄绶各有差"④。当时朝廷开鸿都门，公开贴榜卖官，上自三公九卿、州郡长官，下至官府佐吏，都有各自的标价，富有的先纳钱后授官，没钱的先授官再缴纳两倍的钱。据《三国志·董卓传》记载："灵帝时榜门卖官，于是太尉段颎、司徒崔烈、太尉樊陵、司空张温之徒，皆入钱上千万下五百万以买三公。"当时名重一时的崔烈，担任九卿一职，他就以五百万钱买了司徒之位。史载："是时，段颎、樊陵、张温等虽有功勤名誉，然皆先输货财而后登公位。烈时因傅母入钱五百万，得为司徒。及拜日，天子临轩，百僚毕会。帝顾谓亲幸者曰：'悔不小斳，可至千万。'程夫人于傍应曰：'崔公冀州名士，岂肯买官？赖我得是，反不知姝

---

① 《新唐书》卷一百六十三。
② 《新唐书》卷一百四十五。
③ （宋）司马光编著：《资治通鉴》卷二三四。
④ （南朝宋）范晔：《后汉书》卷五十二。

邪?'"① 汉灵帝后悔少卖了钱,他的傅母程夫人则反诘如果没有她劝说,作为冀州名士的崔烈是不会出钱买官的。

北齐后主高纬执政,因国库空竭,入不敷出,为满足其宠臣和士开挥霍无度的生活,赐给其卖官特权,上自郡县长官,下至乡间小吏,都标出一定的价目,只要给足钱,便可得到州主簿或郡功曹之职。②

唐高宗时期的奸相李义府,"贪冒无厌,与母、妻及诸子、女婿卖官鬻狱,其门如市。多引腹心,广树朋党,倾动朝野"③。唐后期大臣郑注攀附宦官王守澄,在王守澄的推荐下,得到皇帝重用。他在任上胡作非为,收受贿赂,卖官鬻爵,一时那些急于用钱买到一官半职的势利小人,都日走其门。在郑注的府第里,宾客满门,贿赂的财物堆积如山。他除了用贪赃的钱财挥霍享乐、建造富丽的宅第外,还用大量的钱财继续贿赂王守澄。

北宋时,权相蔡京卖官鬻爵,刘逵、余深、薛昂等人都是通过贿赂他而得到超拔。南宋奸相贾似道执政时,"卖官以求贿赂,官吏亦竞相纳贿以求美职,凡求为镇帅、监司、郡守者,贡献不可胜计"④。

元世祖时桑哥控制了尚书省,官员升迁均由他决定,所以还干卖官的勾当。史称:"桑哥当国四年,诸臣多以贿进。"⑤ 居官为吏者,唯有以贿赂打通桑哥的关节,才可以升官。史载:"桑哥既专政,凡铨调内外官,皆由于己,而其宣敕,尚由中书,桑哥以为言,世祖乃命自今宣敕并付尚书省。由是以刑爵为货而贩之,咸走其门,入贵价以买所欲。贵价入,则当刑者脱,求爵者得,纲纪大坏,人心骇愕。"⑥

明朝英宗在位时期,宦官王振权倾天下,凡是想当官者,一律需要向其进献钱财,"府、部、院诸大臣及百执事,在外方面,俱攫金进见。每当朝觐日,进见者以百金为恒,千金者始得醉饱出"。

在卖官鬻爵的肮脏交易中,明代的严嵩可谓典型,他既以买官得以升迁,又以卖官聚敛钱财。严嵩曾以"千辆资财,用以遗贵近",终于当上了内阁首辅。掌权后,他大肆卖官,"官无大小,皆有定价",如文官州判三百两,吏部官售价最高,郎中、主事开价三千两,后又猛增至一万三千两。

---

① (南朝宋)范晔:《后汉书》卷五十二。
② 参见《北齐书》。
③ (后晋)刘昫等:《旧唐书》。
④ 《宋史》卷四百七十四。
⑤ (明)宋濂等:《元史》卷十六。
⑥ (明)宋濂等:《元史》卷二〇五。

严嵩柄政期间，朝中官员的升迁贬谪，不是根据其人的道德品质和才干能力大小，而是凭他们对严嵩贿赂金钱的多寡。因此，每天到严府行贿的人络绎不绝，相望于道；馈赠之物，鱼贯联珠，车载斗量。礼部员外郎项治元贿赂严嵩一万三千金而升任吏部主事。举人潘鸿业贿赂严嵩二千二百金得任山东临清知州。犯罪军官仇銮，被革职后为了复官，以重金贿赂严嵩父子后，竟当上了宣府、大同总兵要职。

清朝也是如此。入关不久，买官卖官之风就开始兴起，时人称："督学之门，形同商贾。"雍正时，四川知府程如丝以银六万六千两、金九百两贿赂四川巡抚蔡珽，得以擢升为四川按察使。

这些用钱买官的官吏，一上任就无所不用其极地横征暴敛，加倍搜刮民脂民膏，其结果造成政治黑暗，民不聊生，百姓怨声载道。

### （三）厚敛勒索

这是官吏滥用职权，强行掠夺百姓，聚敛财富的一种方式。他们居于高位，很自然就取得了强占勒索、牟取私利的特权。他们将剥夺老百姓视为正常的。

#### 1. 暴夺钱财

利用强权掠夺百姓钱财。如春秋时期陈国司徒辕颇利用"嫁公女"之机，向百姓多征赋税，用剩余部分为己铸大器。① 又如《左传·昭公二十年》载，晏子曾尖锐指出齐国官吏中普遍存在厚敛勒索的现象。《战国策·楚策三》记载楚国的厚敛情况，"今王之大臣父兄，好伤贤以为资，厚赋敛诸臣百姓"。《史记·滑稽列传》记载：魏文侯时，西门豹任邺县令之前，邺县的三老、廷掾每年都要以祭河神之机向老百姓征收赋税搜刮钱财，收取的这笔钱有几百万，他们只用其中的二三十万为河伯娶媳妇，而和祝巫一同瓜分那剩余的钱。

在封建社会，官吏敲诈横暴，有恃无恐。如东汉外戚梁冀专权时，分遣门客到各县，私自登记县内富人家产，然后以种种罪名将其逮捕入狱，严刑掠拷，令他们出钱自赎。出钱少的，有的被拷死狱中，有的被迁往他处，由此梁冀搜刮积聚的资财"合三十余万万"②。

北魏的元诞和晋代的赵在礼可谓封建官吏暴夺百姓钱财的典型。史载元诞为齐州刺史之时，"在州贪暴，大为民患，马牛无不逼夺"，当时有人告

---

① 参见《左传·哀公十一年》。
② （南朝宋）范晔：《后汉书》卷三十四。

他贪贿时,他竟大言不惭地说:"齐州七万家,吾每家未得三升钱,何得言贪?"①赵在礼在晋末年任宋州节度使,在宋州横征暴敛,弄得民不聊生。赵在礼任期满调离时,宋州人民皆大欢喜,"眼中拔钉,岂不乐哉"。赵在礼听闻后大怒,请准留任一年,公然勒索州内人民每户缴纳一千文钱,名曰"拔钉钱"。②

唐朝肃宗时,租庸使元载以"江淮虽经兵荒,其民比诸道犹有赀产"为由,"乃按籍举八年租调之,违负及逋逃者,计其大数而征之;择豪吏为县令而督之,不问负之有无,赀之高下,察民有粟帛者发徒围之,籍其所存而中分之,甚者什取八九,谓之白著。有不服者,严刑以威之"③。

元世祖忽必烈时,世祖对回回人阿合马"奇其才,授以政柄",让其执掌财政达十九年之久。阿合马敛财手段残酷,肆意贪横,从增加税课、屡兴理算、经营外贸中攫取大量非法钱财,而"民有附郭美田,辄取为己有。内通货贿,外示威刑,群臣从切齿恨之,然廷中相视,无敢论列"④。元朝大量派遣蒙古人、色目人和北方汉人到江南去做官。这些人"半为贩缯屠狗之徒,贪污狼藉之辈",他们多数以征服者自诩,带着争相掠夺被征服地区财富的欲望,"寒向江南暖,饥向江南饱",对所辖编民毫无恻隐怜爱,并缘侵渔,豪横吞噬,无所不至。

明朝神宗时,御马监奉御太监陈奉,常常"假借巡察,剽劫行旅,刻剥百姓……聚敛金银财宝数以万计,在湖广两年,楚地百姓无不痛恨"⑤,《明史》对他的评价是八个字:"剽劫行旅,恣行威虐。"

2. 强占土地

在农业社会,土地是主要生产资源。强占土地就成为官吏攫取财富的重要手段。如东汉时,豪强地主"馆舍布于州郡,田亩连于方国"⑥,东汉末期的政论家荀悦就认为"今豪民占田,或至数百千顷",大致反映了当时豪族田产的规模。唐高宗永徽年间,洛州刺史贾敦颐,因"豪富之室,皆籍外占田,敦颐都括三千余顷,以给贫乏"⑦。赵宋王朝为了得到军人、官吏

---

① (宋)李昉等编:《太平御览》第十三卷。
② 参见(宋)欧阳修:《新五代史·赵在礼传》。
③ (宋)司马光编著:《资治通鉴》卷二二二。
④ (明)宋濂等:《元史》卷二〇五。
⑤ (清)张廷玉等编撰:《明史·宦官列传》。
⑥ (南朝宋)范晔:《后汉书》卷四十九。
⑦ (后晋)刘昫等:《旧唐书·贾敦颐传》。

的支持，对他们优容有加，一开始就采取"不定田制"的政策，听任他们广占田产，荫庇所依附的农民，因此出现了"势官富姓，占田无限"的局面。统治阶级强占土地的恶行可谓史上不绝。

明朝时期，土地兼并日趋激烈。皇室贵胄通过"请乞"、"投献"、"逼勒"等手段，把大片良田占为己有。洪武五年（1372）朱元璋《铁榜文》中例举的公侯、功臣们，就有许多"强占官民山场、湖泊、茶园、芦荡及金银场、铁冶"，以及"倚恃权豪，欺压良善，虚钱实契，侵夺人田地、房屋、孳畜"①之类行为。明代中叶以降，各地藩王竞相强占民田扩大庄园：英宗时长沙吉王有鸡鹅田十三万亩；中军都督府左都督汪泉，仗着是皇后的亲戚，纵使家奴杨俊等人先后占夺顺天府武清等县官民田地计一万六千三百二十余顷，②数量之多，令人吃惊。明天顺元年（1457），英国公张懋奏得土地四千五百顷，另外还"广置田庄于边境"。忠国公石亨在河北怀来占地一千七百顷，又在陕西渭南与山西蒲州、大同等地，还有大量庄田。③嘉靖时景王在封国安陆（今属湖北）占地数万亩，万历时潞王在湖广有田五万亩，福王庄田多达两万顷，河南、湖广、山东等地膏腴之田几乎搜刮殆尽。④明史专家王毓铨先生曾对云南黔国公沐氏庄田做过专题研究，指出沐晟父子初有庄田360区，其后用"受投献"、"勒契券"、"谋财夺产"、"劫掠乡村"等手段扩大自己的田产，到万历十六年（1588）已掠夺云南各族人民土地八千余顷。⑤

这些皇室贵胄们为掠夺土地，施展出极其卑劣的手段，或"毁其封堆"，或移其界至，或伪契占夺，或借故准折。稍一不从，则施以鞭朴，或置之牢狱。明弘治十七年（1504）时，"以庄田故，遣缇骑逮民二万余人，畿辅骚动"⑥，为此老百姓家破人亡者比比皆是，连当时的官僚们也不得不承认说，百姓"怨声动地，逃移满路，京畿内外，盗贼纵横，亦由于此"⑦。

权臣也是如此。嘉靖年间严嵩倚仗权势，侵占民产。严嵩父子侵占的民间田产仅在北京附近就有庄田一百五十余所。另外，在南京、扬州等地豪

---

① 《明洪武实录》卷七四。
② 参见（清）张廷玉等编撰：《明史·食货志》。
③ 参见（清）张廷玉等编撰：《明史·食货志》。
④ 参见傅衣凌：《明清封建土地所有制论纲》，上海人民出版社1992年版，第18页；丁易：《明代特务政治》，群众出版社1983年重印本，第146—147页。
⑤ 王毓铨：《明黔国公沐氏庄田考》，《历史研究》1962年第6期。
⑥ （清）夏燮：《明通鉴》卷四十。
⑦ 《明武宗实录》卷十。

夺、强买之良田、美宅也有数十处。这些田产每处价值均有数千金，但严嵩父子强买时，卖者往往只能得价值一半的银两。严嵩父子在原籍侵占之民田更是惊人，袁州（今江西宜春）一府四县之田，竟有十分之七被严家侵占。

### （四）侈靡腐化

权力腐败与生活腐化如影随形。官吏们在生活上奢侈腐化，甚至不惜僭礼越制。早在春秋时期，官吏阶层超越礼制的奢侈现象就比比皆是。如《左传·哀公五年》所载，"郑驷秦富而侈，嬖大夫也，而常陈卿之车服于其庭。郑人恶而杀之"。又如《左传·襄公二十二年》所载，"楚观起有宠于令尹子南，未益禄而有马数十乘"，楚康王忍无可忍，后把子南杀死在朝廷上，把观起车裂在四境示众。可见僭礼越制、奢侈之甚。

以后历代王朝的官吏们都表现出了生活上的享乐侈靡。如西晋时的太保兼司徒何曾，是当时士族豪强奢侈腐化的典型，其"帷帐车服，穷极绮丽，厨膳滋味，过于王者。每燕见，不食太官所设，帝辄命取其食。蒸饼上不坼作十字不食。食日万钱，犹曰无下箸处"①。又如唐朝女皇武则天的女儿太平公主，生活十分奢华，"绮疏宝帐，音乐舆乘，同于宫掖。侍儿披罗绮，常数百人，苍头监妪，必盈千数。外州供狗马玩好滋味，不可纪极"②。

权贵官僚们还不顾廉耻，互相夸饰攀比。历史上最著名的当数西晋门阀石崇与王恺之间的斗富。王恺是晋武帝司马炎的母舅，官至龙骧将军、骁骑将军。他仗着自己是皇帝的亲戚，搜刮民财，获得财产无数，成了洛阳城里数一数二的大富户。石崇曾做过南中郎将、荆州刺史。荆州当时是个较大的城池，又是水陆交通要道，南来北往的客商很多。石崇在荆州任刺史期间，除了加紧搜刮民脂民膏之外，还干过肮脏的抢劫勾当，"在荆州，劫远使商客，致富不赀"。他还纵容手下敲诈勒索，抢劫财物，强取豪夺，甚至像江洋大盗一样，公开杀人劫货。这样，他就掠夺了无数的钱财、珠宝，成了当时极大的富豪。史书中这样描述石崇富有的状况："财产丰积，室宇宏丽。后房百数，皆曳纨绣，珥金翠。丝竹尽当时之选，庖膳穷水陆之珍。"③

《晋书·石苞传》记载，石崇"与贵戚王恺、羊琇之徒以奢靡相尚"，互相攀比炫耀。石崇与王恺斗富时，王恺饭后用糖水洗锅，石崇便用蜡烛当柴烧；王恺做了四十里的紫丝布步障，石崇便做五十里的锦步障；王恺用赤石脂涂墙壁，石崇便用花椒。晋武帝暗中帮助王恺，赐了他一棵二尺来高的

---

① 《晋书·何曾传》。
② （后晋）刘昫等：《旧唐书·外戚》卷一百八十三。
③ 《晋书·石崇传》。

珊瑚树，枝条繁茂，树干四处延伸，世上很少有与它相当的。王恺把这棵珊瑚树拿来给石崇看，石崇看后，用铁制的如意击打珊瑚树，随手敲下去，珊瑚树立刻碎了。王恺感到很惋惜，认为石崇是嫉妒自己的宝物，石崇说："这不值得发怒，我现在就赔给你。"于是命令手下的人把家里的珊瑚树全部拿出来，这些珊瑚树的高度有三尺、四尺，树干枝条举世无双而且光耀夺目，像王恺家那样的就更多了。

南朝梁代可以说是历史上奢侈消费浪潮的一个高峰期，当时的宗室及官员贪财奢侈，沉迷在纸醉金迷中而不可自拔。梁代末年，奢侈华丽的风气很厉害，官府中的低级小官都厌吃牛羊肉，管库小吏家里都陈设歌钟乐器，土木上用朱丹做彩饰，车马用金玉珠宝来装饰。当时，"今天下宰守所以皆尚贪残，罕有廉白者，良由风俗侈靡，使之然也。欲使人守廉隅，吏尚清白，安可得邪？今诚宜严为禁制，导之以节俭，贬黜雕饰，纠奏浮华，使众皆知变其耳目，改其好恶，则易于反掌"①。

元代宫廷衣食用具力求精美，京师有大小局院三百一十多个，工匠四十二万以上，设金银局、石牙金局、玛瑙玉局、温犀瑕渭局、绣局、纹绵总院等，为皇室制造奢侈品。元朝帝王喜爱珍禽奇兽，仅宫中饲养鹰、鹘、狮、豹之食所费肉价，天历二年（1329）时已由二百余锭增至一万三千八百锭。② 此外，宫廷宴会、巡幸、购珠宝等费用也很惊人。后宫开支与皇帝无异，文宗时，"皇后日用所需，钞十万锭，币五万匹，绵五千斤"。

中国古代各个朝代的侈靡腐化大抵都是如此。在统治阶级尽情享受之时，老百姓却在贫困生活中挣扎，真可谓"朱门酒肉臭，路有冻死骨"。

## 二、中国古代整饬吏治的基本措施

吏治好坏直接关系到民心的向背和政权的安危，所谓"民为邦本，本固邦宁；固本之责，惟在官吏"③。古代许多杰出的政治家和思想家都深刻认识到"国家之败，由官邪也"④，强调整饬吏治的重要性。

商朝太甲认识到"欲败度，纵败礼"的道理，从而强调节制个人欲望。商王盘庚也曾明确表示自己"不肩好货"，即不任用贪财聚货者，要求臣下

---

① 《南史》卷六十二。
② 参见（明）宋濂等：《元史》卷三三。
③ 《尚书·五子之歌》。
④ 《左传·桓公二年》。

不得聚敛财货宝物,而要"克黜乃心,施实德于民"①。据《后汉书》记载:"武王问太公:'愿闻治乱之要。'太公曰:'其本在吏。'武王曰:'吏者治也。所以为治,其乱者何?'太公曰:'故吏重罪有十。'武王问'吏之重罪'。太公曰:'一、吏苛刻;二、吏不平;三、吏贪污;四、吏以威力迫胁于民;五、吏与史合奸;六、吏与人亡情;七、吏作盗贼,使人为耳目;八、吏贱买卖贵于民;九、吏增易于民;十、吏振惧于民。夫治者有三罪,则国乱而民愁;尽有之,则民流亡而君失其国。'"西周统治者积极总结商亡的教训,提倡和实行勤政。周公提出明德慎罚、敬天保民的思想。为了勤政,为了礼贤下士,殷切求才,他"一沐三握发,一饭三吐哺"②。周公还反复要求贵族、官员"虔恭尔位"、"靖恭尔位"、"夙夜敬止",要求统治者做到"敬明乃心"、"小心翼翼"、"如临深渊,如履薄冰"等。西周时期,随着官吏的增多,各级官吏职权的扩大,官场上出现贿赂、贪赃枉法等众多腐败行为。如《尚书·吕刑》中就曾把司法官员的腐败划分出五种类型,并称之为"五过之疵",即"惟官、惟反、惟内、惟货、惟来"。据孙星衍《尚书今古文注疏》:"官谓挟威势,反谓报恩怨,内谓从中制,货谓行贿赂,来谓谒请。"这五种行为"其罪惟均",即与罪犯同罪。

春秋战国时期,诸子百家要求廉政。如春秋时晏婴认为:"廉者,政之本也。"③ 韩非子甚至主张君主"治吏不治民"。三国时期,诸葛亮明确将官吏"以私为公"的现象看作国家"五危"之一,认为若不禁止,则政治必然腐败。元朝儒林四杰之一的大儒揭傒斯强调:"廉非政之极,而为政必自廉始。"④ 宋太祖赵匡胤指出:"吏不廉则政治削,禄不充则饥寒迫,所以渔夺小利,蠹耗下民,徭兹而作矣。"⑤ 王安石针对宋朝财政收入困窘的局面,揭露其原因在于"官乱于上,民贫于下,风俗日以薄,才力日以困穷"。朱元璋建立明朝后,特别注意官吏廉洁与否对国之存亡的影响。他经常以"元亡于吏"的教训告诫臣下,"民数扰必困,民困则乱生",民之贫困在于"徭役之重及吏民因缘为奸"。这些观点明确指出了吏贪则民贫,"吏诈则政蠹,政蠹则民博"的道理。清朝统治者强调"治国莫要于惩贪"。入关以

---

① 《尚书·盘庚上》。
② 《史记·鲁周公世家》。
③ 《晏子春秋·杂下》。
④ (元)揭傒斯:《揭傒斯全集》卷三。
⑤ 《宋大诏令集》卷一百七十八《幕职官置俸户诏》,中华书局1962年标点本,第639页。

后,顺治、康熙、雍正、乾隆四位皇帝均以明末腐败亡国为借鉴,强力整饬吏治,开创了封建盛世。

经发展,中国古代整饬吏治在理论上具有一定的完备性与严整性,这表现在以下几点。

### (一)提倡德治

#### 1. 各朝代重视官员道德

中国以儒家为代表的传统文化,认为官吏的一言一行都可能对执政产生巨大的影响,如果官吏自身端正,恪尽职守,廉洁奉公,老百姓看在眼里,自然信服,官吏所做的事情才能得到百姓的认同。另外,中国古代的百姓视官吏如父母,因此,官吏的道德素质状况不仅直接影响着国家的统治效能,而且对整个社会的道德状况具有广泛的影响。官德如风,民德如草,官风正则民风纯,所谓"政者,正也。子帅以正,孰敢不正"。可以说,在某种程度上,官员的道德品行所产生的影响力比制度法令的约束更为重要,"吏不畏吾严,而畏吾廉;民不服吾能,而服吾公。公则民不敢慢,廉则吏不敢欺。公生明,廉生威"[1]。所谓"有治人,无治法",并不完全没有道理。制度是人制定的,也要依靠人来执行,制定制度的人如果率先破坏制度,那么再严密的制度也会失去作用。此外,官员的道德品行也关系到对政权是否具有忠诚感,没有忠诚感,即使再有才能,也会随时成为乱臣奸佞,"国之乱臣,家之败子,才有余而德不足"[2]。

在中国封建社会的教育内容中,就特别强调对官吏进行儒家政治理想和德行操守的教育。官吏既要具备普通社会道德和基本的职业道德,如忠于国家、忠于职守、勤于政事、扬清激浊、办事公道、救危助困等,又应在权力运行的过程中养成官德,也就是权力道德,如清正廉洁、诚实无私、遵纪守法等。鉴于官吏在社会道德体系中的这种主导地位,历代统治者在治国理政的实践中,都始终把对官吏的道德素质要求放在一个十分突出的位置。

自夏、商、周三代至春秋战国时期,王朝倾覆,政权更迭。后人从历史的发展演进中不断吸取种种鉴戒和教益。统治者已然明白,要维护自身的根本利益,不仅需要依靠军队、法律等暴力手段,同时还必须重视发挥社会道德的劝化作用。统治者既需要以自身的道德武器来实现对被统治民众的精神

---

[1] 此为明朝泰安知州顾景祥刻于泰安府衙,后由山东巡抚年富书写的《官箴》刻石,后广为传诵。

[2] (宋)司马光编著:《资治通鉴·周纪》。

控制，也需要在统治集团内部实施一定的道德规范，借以维护既定的统治秩序。

相传舜帝曾告诫主管祭祀的伯夷，"夙夜惟寅，直哉惟清"，即为官之道，要始终心怀敬畏，正直清明。又告诫夏禹："克勤于邦，克俭于家。"《尚书》记载：一次，舜帝与大禹、皋陶议论政事，皋陶提出考察人的行为有"九德"，其中包括"简而廉"，就是要直率旷达而又注重行为方正。①

廉作为一种道德观念和准则，也开始出现于《周礼》。西周在选拔官吏时，吸取夏商亡国的教训，特别强调道德品行，以"六德"（即知、仁、圣、义、中、和）与"六行"（即孝、友、睦、姻、任、恤）作为选拔官吏的标准。《周礼》提出，西周天官的属官小宰在考察官吏的政绩时应以"六廉"为标准："以听官府之六计，弊群吏之治。一曰廉善，二曰廉能，三曰廉敬，四曰廉正，五曰廉法，六曰廉辨。"②郑玄注："既断以六事，又以廉为本。善，善其事，有辞誉也。能，政令行也。敬，不解于位也。正，行无倾邪也。法，守法不失也。辨，辨然不疑惑也。"也就是说，要做一个好的官吏，必须做到以下几点：一是善于处理各种事务，赢得公众赞誉；二是能够很好地推行政令，执行法规；三是在工作岗位上勤奋努力，恪尽职守；四是品行端正，不搞歪门邪道；五是公正执法，不徇私情；六是明辨是非，保持清醒的头脑。而要做到这一切，又必须"以廉为本"。

春秋战国时期，随着贵族世袭政体的崩溃，封建官僚政治逐步形成，任用官吏时更加重视能力与德行。管仲把礼、义、廉、耻视为维系国家根本的"四维"，"四维不张，国乃灭亡"③，并强调"清洁于货"是设置官吏的重要条件，即用官时必须考虑"清廉"之节。

秦朝是我国历史上典型的以法家学说为统治思想的王朝，在国家治理上反对礼治，"独任法治"。但即便如此，秦朝在官吏管理中仍十分注重官吏的道德素质。《云梦秦简·为吏之道》载："为吏之道，必精洁正直，慎谨坚固，审悉无私，微密纤察，安静毋苛，审当赏罚。"由此可见，秦朝的官吏守则中，道德要求占很大比重。此外，秦律中还规定了"五善"与"五失"的考课原则，"五善"即"一曰忠信敬上，二曰清廉毋谤，三曰举事审当，四曰喜为善行，五曰恭敬多让"，可见其内容主要是对官吏道德品行的考察。

---

① 参见《尚书·皋陶谟》。
② 《周礼·天官冢宰》。
③ 《管子·牧民》。

汉代,儒家思想占据统治地位,礼义道德教化也被置于治国的首位,对官吏的道德素养也就提出了更高的要求。汉代选官的主要途径是察举制,其法定的主要标准为"四科取士"和"光禄四行"。"四科取士"为:"一曰德行高妙,志节清白;二曰学通行修,经中博士;三曰明达法令……四曰刚毅多略……皆有孝悌廉公之行。""光禄四行"为"质朴、敦厚、逊让、节俭"。由此不难看出,汉代选官是按照德、才、能的顺序进行考察的,德被置于首位。

三国时,曹魏创造了九品中正制的选官办法,此法至隋朝才得以终止。尽管该法在选官标准上过于重门阀家世,但对才德也有具体要求。如西晋咸熙二年(265)颁行的《诸郡中正六条举淹滞令》对官员的德行就有明确规定:"一曰忠恪匪躬,二曰孝敬尽礼,三曰友于兄弟,四曰洁身劳谦,五曰信义可复,六曰学以为己。"

唐朝统治者在"德礼为政教之本"思想的指导下,更加强调德礼在治国中的作用。其时,从官员的选任到考绩到监察等一整套官吏管理制度中,每一个环节都高度重视官员的道德素质状况。唐朝实行科举选官制度,科举考试及第者还须经吏部的考试,合格者才被授予官职。吏部考试主要从体貌、言辞、楷法和文理四方面进行,若"四事皆可取,则先以德行,德行均以才,才均以劳"①。唐朝对官吏考绩的法定标准为"四善二十七最",所谓"四善",专指品德"一曰德义有闻,二曰清慎明著,三曰公平可称,四曰恪勤匪懈";"二十七最"主要是根据不同部门的职责规定的具体标准,其中第三条是"扬清激浊、褒贬必当,为考校之最"②。唐朝对流外官则按四等第进行考核。《唐六典》规定:"流外官本司量行能功过,立四等第而免进之:清谨勤公,勘当明审为上;居官不怠,执事无私为中;不勤其职,数有愆犯为下;背公向私,贪浊有状为下下。"另从唐玄宗时制定的监察法规——《六察法》的内容来看,六察中的第一察便是"察官人善恶"。由此可见,唐朝对职官的选任、考核和监察,都把道德品行放在首位。

唐以后的宋、元、明、清各朝在官吏管理方面与唐有诸多相同或相似之处,如宋代的《守令四善四最》和金代的《四善十七最》在官吏考课方面,对"四善"的要求与唐代是完全一致的。特别值得一提的是,明朝朱元璋这位以重典治国治官著称的开国君主,也认为"礼乐者治本之膏粱",在察举贤才时,强调"以德行为本,而文艺次之"。

---

① 《通典·选举》。
② 《唐六典·尚书吏部》。

通过以上考察可以看出，虽然中国古代的统治者和社会贤哲强调"礼乐刑政，综合为治"，但由于儒家伦理观在中国古代社会始终居于支配地位，因而道德教化在治国理政中的作用也就被无限拔高了。无论是董仲舒提出的"刑者德之辅"，还是唐代律家倡导的"德礼为政教之本，刑罚为政教之用"，或是康熙帝提出的"以德化民，以刑弼教"，其主旨无不在强调道德教化在综合治理中的主导地位。统治者意图通过突出道德教化来唤醒官员的良知和责任感，从而远恶近善，不去违法，达到防患于未然的目的。

2. 对官吏进行廉政教化

（1）劝谕官吏廉洁自律。

封建帝王力图借助"忠、仁、勤、廉、俭、孝、正"等道德规范的力量，通过廉政训诫、刻石铭、著书立典等形式，以社会舆论、传统准则等方式促使官吏提高自身素质，加强自我约束力，以期从教育入手，培养官吏的清廉之风。

一些帝王与大臣们促膝交谈，可谓动之以情，晓之以理，颇有感人之处。贞观二年（628），太宗谓侍臣曰："朕尝谓贪人不解爱财也。至如内外官五品以上，禄秩优厚，一年所得，其数自多。若受人财贿，不过数万。一朝彰露，禄秩削夺，此岂是解爱财物？规小得而大失者也。"贞观四年（630），太宗又谓公卿曰："朕终日孜孜，非但忧怜百姓，亦欲使卿等长守富贵。天非不高，地非不厚，朕常兢兢业业，以畏天地。卿等若能小心奉法，常如朕畏天地，非但百姓安宁，自身常得欢乐。古人云：'贤者多财损其志，愚者多财生其过。'此言可为深诫。若徇私贪浊，非止坏公法，损百姓，纵事未发闻，中心岂不常惧？恐惧既多，亦有因而致死。大丈夫岂得苟贪财物，以害及身命，使子孙每怀愧耻耶？卿等宜深思此言。"①

元世祖至元二十一年（1284）春正月，云南诸路按察司官陛辞远任，行前忽必烈进行过一次富蕴情理的思想动员："卿至彼，当宣明朕意，勿求货财。名成则货财随之，徇财则必失其名，而性命亦不可保矣。"②

女皇武则天自撰《臣轨》一书。此书二卷十篇（分国体、至忠、守道、公正、匡谏、诚信、慎密、廉洁、良将、利人十章）。该书以儒家传统道德观念为基础，论述为臣者正心、诚意、爱国、忠君之道，作为臣僚的座右铭与士人贡举习业的读本。武则天在序言中明确写道，编写此书就是为了

---

① 《贞观政要·贪鄙第二十六》。

② （明）宋濂等：《元史》，中华书局1976年版，第264页。

"发挥德行,熔范身心,为事上之轨模,作臣下之绳准",要求所有的官吏为政清廉,克己奉公。她说,"理官莫如平,临财莫如廉。廉平之法,吏之宝也","理官事则不营私家,在公门则不言获利,当公法则不阿亲戚,奉公举贤则不避仇雠"。又如朱元璋亲自编写《醒贪简要录》赐给官吏,希望他们能够懂得体恤老百姓。

孟昶为整饬吏治,亲自制定了《诫喻辞》以训诫百官,辞中有这么一段:"下民易虐,上天难欺,赋舆是切,军国是资。朕之爵赏,固不逾时,尔俸尔禄,民膏民脂。为人父母,罔不仁慈,勉尔为诫,体朕深思。"宋朝年间,宋太宗赵匡义曾号令各州、府、县的衙署大堂前立石一块。石的南向刻"公生明"三字,北向刻"尔俸尔禄,民脂民膏。下民易虐,上天难欺"。这就是"诫石",诫石上的十六字则被称为"诫石铭"。诫石被安置在各官府大堂前,使进出官府的官员都能看到,可谓用心良苦。

《明会要》卷四十六记载,洪武元年(1368)正月,天下府州县官来朝。陛辞之日,朱元璋苦口婆心地对他们说:"天下初定,百姓财力俱困,如初飞之鸟,不可拔其羽,新植之木,不可摇其根,在安养生息之而已。惟廉者能约己而利人,尔等当深念之。"① 并告诫他们说,贪官最为愚蠢,"若移其作奸之心以为善,何事不成?国家俸禄如井泉,汲而不竭。彼不思守法以保之,虽积钱充屋,一旦事觉,皆非己有","汝等之官,宜鉴彼前非,勉于为善,则永安禄位矣"。朱元璋又曾开导户部官员:"国家赋税已定,撙节用度,自有余饶。使民得尽力农桑,自然家给人足。何事聚敛也?"②这一番忠告何等语重心长,入情入理,其对官吏的感化作用也不言而喻。

统治者还重视进行警示教育。封建王朝在处治大贪官后,一般都会向全国发布告谕,揭示他们的罪行,警醒其他官吏。如北宋太宗统治时期,侍御史赵永嗣在郑州收税隐没官钱,事情败露被处以弃市极刑。宋太宗及时抓住这一贪污案例对官吏进行廉政教育,下诏各道转运使将赵永嗣案"布告州官以儆郡吏,揭于所居官舍之壁"③。

(2)旌表廉吏,弘扬正气。

封建君主经常通过赐宴嘉奖、优待廉吏、破格拔擢、为廉吏立传等方式,对清官廉吏多方扶持、大加褒扬,从而起到移风易俗、扶正祛邪的作用。

---

① (清)赵翼:《廿二史札记》,北京中国书店 1987 年版,第 477 页。
② (清)赵翼:《廿二史札记》,北京中国书店 1987 年版,第 477 页。
③ (宋)李焘:《续资治通鉴长编》卷十九。

如胡质、胡威父子先后在曹魏与西晋为官，朝廷念胡质"家无余财，惟有赐衣书箧而已"，故赐"谷二千斛，钱三十万，布告天下"。

隋文帝时，岐州刺史梁彦光为政勤勉清廉，"廉慎之誉，闻于天下"，文帝下令奖小米五百石和御伞一把，通报全国表彰。相州刺史樊叔略考核为第一，隋文帝又奖励小米五百石，诏令全国，要百官效法。还有一位叫公孙景茂的地方官，因在民间口碑很好，享有清名盛誉，隋文帝将其召至长安，接见赐宴，给予很高的礼遇，以示嘉奖，并将其先后擢升为汝南太守、息州刺史、道州刺史。明初，济宁知府方克勤理政有方，考绩为"六府之最"，朱元璋亲自召见，奖谕有加，"赐宴仪曹"。明朝时还有优待廉吏的戏剧性安排。明朝吏部考课地方州县官吏，课分上、中、下三等。考课完毕，朝廷赐宴，上等者赴宴并赐坐；中等者可以赴宴，但只能站着吃喝；下等者只是列队门口，等候别人吃喝完毕始能告退。这无疑能对官吏们造成强大的压力。

元代前期，统治者在禁治犯赃的同时，对官吏廉勤的表率行为也予以奖谕。至元元年（1264）五月，"以平阳县尹马钦发私粟六百石赡饥民，又给民粟种四百余石，诏奖谕，特赐西锦一端以旌其义"[①]，"塔出以勋臣子，至元十七年授昭勇大将军、东京路总管府达鲁花赤。十八年，召见，赐钞六十锭，旌其廉勤"[②]。世祖至元二十年（1283）十二月，"以中书参议温迪罕秃鲁化廉贫，不阿附权势，赐钞百锭"[③]。

明朝时，正直清官海瑞去世时，南京的百姓罢市哀悼。海瑞的灵柩用船运回家乡时，穿着孝服的人站满了两岸，祭奠哭拜的人百里不绝。万历皇帝追赠海瑞太子太保，谥号忠介。

如康熙帝旌表于成龙。于成龙是清朝前期比较著名的廉政官员的榜样。早在顺治朝任广西罗城知县时，于成龙便插棘为门，累土为几，他清贫的生活和卓著的政绩一时传为佳话。康熙十四年（1675）秋天，黄州发生严重的自然灾害，于成龙发放的赈济粮救活了几万灾民的性命。后来他离开黄州赴福建按察使上任时，几万黄州百姓哭送到九江。于成龙的廉能勤政，深得康熙赞许。康熙二十年（1681），康熙召见了于成龙，称其为"今时清官第一"，还赏赐白金、良马、御诗等，勉励他始终如一，保持气节。他去世之后，遗物只有一个棉袍和一些盐豉，康熙帝特地为于成龙题了"高行清粹"

---

① （明）宋濂等：《元史》，中华书局1976年版，第97页。
② （明）宋濂等：《元史》，中华书局1976年版，第3223页。
③ （明）宋濂等：《元史》，中华书局1976年版，第259页。

四个大字。

各朝代还重视为廉吏立传,让他们的德行名垂青史。二十四史中的《循吏传》、《良吏传》、《良能传》,宋人费枢的《廉吏传》,都是为清官们立下的德政碑。洪武年间,四川定远知县高斗南廉洁爱民,朱元璋知道他的事迹后,赐给他袭衣宝钞,后又将其姓名列入《彰善录》、《圣政记》,以示劝勉。

### (二) 制定官吏选拔与考核制度

从我国几千年的封建社会历史来看,官吏廉洁,政治才能清明,因而"官廉则政清"也可以说是个一般规律。统治者认识到,"明主治吏不治民"①。为了防止吏治腐败,确保封建官吏的为政清廉,在官吏选任、考核、监督等方面形成了许多行之有效的制度,其中一些定型为成文的法令,从而将一些好的廉政措施法律化、制度化,积累了颇为丰富的治吏经验。

#### 1. 官吏的选拔任用制度

廉政的形成,关键在于选贤任能。唐太宗对侍臣说:"为政之要,惟在得人,用非其才,必难致治。"② 宋代的政治家与改革家王安石曾指出:"夫材之用,国之栋梁也,得之则安以荣,失之则亡以辱。"③ 对官吏的选拔、考核、监察要有具体的法规和标准。

在官吏体制问题上,首要的就是官吏的选拔及任用,官吏的选任是官吏管理的前提,是整顿吏治的首要环节。铨选主要解决官吏的来源,职官的管理包括对官吏的任用、考绩、奖惩、品秩、俸禄及休假、退休等制度。

铨选制度。中国古代官吏铨选的途径很多,有世袭、纳赀、军功、荐举、郎选、恩荫和科举制等。主要有三个阶段和三种制度,即先秦的世袭制、秦汉至魏晋南北朝的荐举制和隋唐至明清的科举制。

(1) 世袭制。也称世卿世禄制,盛行于夏、商、周时代。原始社会末期,"天下为公"选贤与能的禅让制破坏后,出现了"大人世及以为礼"的世袭制。世袭制的特点是王权与族权统一。它通过家族血缘关系来确定政府各级官员的任命,依血缘亲疏定等级尊卑和官爵高下。凡定爵位与官职者都世代享有采邑和封地。

(2) 荐举制。是荐举贤才,授以官职的官吏选拔制度。举荐的标准主

---

① 《韩非子·外储说右下》。
② 《贞观政要·崇儒学第二十七》。
③ 《临川先生文集·材论》。

要是德行、才能，而非全靠家世，它冲破了先秦贵族血缘世袭制的藩篱。西汉的察举、征辟制的出现，是荐举制成熟的标志，而魏晋南北朝九品中正制的施行，则表明其走向衰败。

（3）科举制。隋统一全国后，为了加强中央集权，隋文帝开皇七年（587）废九品中正制，设秀才科。隋炀帝时，又建进士科，以"试第"取士，并创立了以公开考试、择优选才为特征的科举制度。科举制创于隋代，形成于唐代，发展、完备于宋代，强化于明代，衰落于清代，先后绵延1300多年，是中国封建社会中后期的官吏主要铨选制度，主要有三个特点。①公开考试，一定程度上的公平竞争。②考试制度日趋完备。科举即分科举士，按科目性质又可分文举、武举。文举又有制科和常科之分。制科是皇帝临时设置考取名士的科目。常科是定期分科取士的制度。常科科目繁多，有秀才、明经、进士、明法、明算、童子等科。各科考试方法和内容各异。③以文化知识为主要录取标准。科举考试科目不同，内容各异，但考诗赋、经义、策问、算学、法律等，都以文化知识为主。科举制在前期有一定的积极意义。明、清加强了君主专制集权以后，科举制从考试内容到形式都发生了较大变化，主要表现在以下几个方面。一是考试内容重经义，不切实用。考试命题必须依朱熹所注儒家经典四书、五经为主，并"代圣贤立言"，儒家思想成了入仕的必修课目。二是以八股取士，形式死板，内容空洞，束缚人们的思想。三是考题割裂，偏、难、奇、奥，加之科场舞弊，请托监临，官场腐败现象日益滋生。科举制逐渐成为社会发展的阻碍，至清末终于被废止。科举制虽为隋、唐以后官员铨选的主要途径，但世袭制、荐举制以及军功、吏进、纳赀捐官、荫封等其他选官制度作为科举制的补充形式仍继续存在。

2. 官吏的考核制度

政绩考核制度在古代称为考课，也称考核、考绩、考查，是指在特定的时间由专门的人员和机构对在职官吏的政绩、功过和德行进行考核。通过考核，分出优劣加以奖惩黜陟。政绩考核制度是各个朝代选贤用能、奖勤罚懒、赏善罚恶、改善吏治的重要制度措施。

古代的考课机关起于西周，至唐逐渐建立专司机构。至明清，考课的机构及职责已经基本实现法律化，是有效进行官吏考核工作的组织保证。

《尚书·舜典》说，帝舜时，每隔三年要对官员考核一次政绩，根据三次考核情况，实施升降奖惩，是所谓"三载考绩，三考黜陟幽明，庶绩咸熙"；五年要亲自考察一次诸侯政绩，是所谓"五载一巡守，群后四朝，敷奏以言，明试以功，车服以庸"。夏禹时，也有审计考察诸侯功绩的做法。

夏王朝时,"三载考功,五年政定"。商朝有商汤创设的"三有宅考绩法"。西周"以八法治官府"、"以六计课群吏",大致已相当于今日对国家行政人员之德、能、勤、绩、廉的考核。春秋时期各诸侯国为了解官员政绩,建立了适合本国特点的考核制度,并设置考核官吏政绩的职司和官员。战国时期,各诸侯国都有"上计"制度。《云梦秦简》中记载,秦国对各部门都要考核,称为"课",年终考核称为"大课"。考核后要分出等级,优者奖,差者罚。由上可知,早在夏、商、周时已经有考核机制的雏形,战国以后初具规模。

秦汉以降,历代不断加以完善,在两千多年的实践中逐渐形成了一套完整严密且运作有效的考核机制。古代官吏考核制度在内容和规定上,将责权一致的考核原则制度化,包括按照职务分工制定考核的内容和标准,对考核对象进行分类,对考核人员和机构实行责任制和专业化,明文规定考核期限。

秦朝时,要求郡守每年年终将该地方的人口、垦田、税收、粮食、治安等情况呈报中央,由中央核实。在郡上报中央之前,各郡按同样的程序要求县令长上报和核实。对各级的小吏也按其职责考核。

汉初不仅很重视对于官吏的监察、考课,还惩秦之弊,沿秦之长,考课制度进一步完善。汉代的考课制度有两个系统:一是中央课郡,郡课县,这是从中央到地方的系统;一是由卿令或各部门主官各课其掾史属官,这是中央机关上下级的系统。对于官吏的考核主要有"考课"和"上计"两种方式,考核结果作为升降赏罚的依据。

隋唐时期,考课制度又有所发展。特别是伴以选举官吏的科举制的创立,对官吏的考核制度进一步完备起来,对当时的吏治改善起了相当积极的作用。

从唐初制定的考课法看,其考课的范围很广,包括所有在任各部门、各地区的文武职事官及九品以上的流外官,每年都要经过一定的考核手续,称为小考。每隔三到五年又举行一次大考。唐朝政府制定了具体的考核标准,对各级官吏实行全面考课。以流内官来说,就有"四善"、"二十七最"之说,可见其考核之细。"四善"即"德义有闻,清慎明著,公平可称,恪勤匪解",是对官吏行政素养和道德品质等方面的要求,"二十七最"实际上是考核二十七种不同职务官员的依据和标准。[①] 同时,对九品以外的流外官也以"行能功过"分为四等考察其功过。凡考课列于中等以上者,在政治上可以升迁,在经济上可以加禄;列于中等以下者,就要降职罚禄。

---

① 参见(后晋)刘昫等:《旧唐书·职官二》。

宋代很重视考核官吏,考核标准基本上沿用唐的"四善"和"二十七最",但在机构设置和权力分配上都有所变化。较能体现宋朝官吏考课制度特点的,一为考课法,二为磨勘法。

在元代,所有政府官吏的考满时限和升迁出职路线等管理,都由中央政府做出统一规定,这在中国古代政治史上尚属首次,表明中国官吏考核制度又向前推进了一步。

明洪武年间,制定了百官考核之法,共分为考满与考察两种,二者相辅相成,均由吏部与都察院共同负责,亦以八法(贪、酷、浮躁、不及、老、病、罢、不谨)衡量。处罚分为致仕、降调、闲住、为民四等。

清朝基本上沿袭明朝的考核制度,进一步简化为京察、大计两项。考核内容标准为"四格"、"八法"。所谓"四格",即守、政、才、年。所谓"八法",是指贪、酷、疲软无力、不谨慎、年老、有疾、浮躁、才力不及八者,与明制同。

### (三) 制定了官吏的监督制度

中国古代监察制度随同封建制度的产生而萌发,伴随封建专制主义中央集权的建立而诞生,又随着封建君主专制的不断强化而发展、完备。它体现了皇权控制下的制衡原则,为巩固至高无上的皇权、制约官僚腐败发挥了作用。中国古代监察制度的一个重要特点就是监察立法比较完备,监察官依法行使监察权,监察活动有法可依。

1. 封建王朝的官吏监督制度

在夏、商、周三代的国家事务中已有监察的因素或监察的活动,春秋战国时的御史已兼有监察的使命。但这个时期尚未产生专职的监察机构,作为一种严格意义上的监察制度还没有建立起来。中国封建的监察制度是从秦朝正式确立的。

秦朝时建立起专制主义的中央集权制度,开始创建了监察制度。秦朝从中央到地方建立了一个监察网。中央设立御史大夫,位列三公,相当于副丞相,御史府为其官署,掌握天下文书和监察。在地方上,皇帝派御史常驻郡县,称"监御史",负责监察郡内各项工作。

汉承秦制,但较秦制更严密。

汉惠帝时,制定了我国古代第一个专门性的监察法规《监御史九条》,九条监察法规中涉及对论狱不直的司法腐败和吏不廉洁的监察。汉武帝初年,制定《刺史六条》,明确对六种官吏犯法行为实行纠察。"一条,强宗豪右田宅逾制,以强凌弱,以众暴寡。二条,二千石不奉诏书遵承典制,背公向私，旁诏守利，侵渔百姓，聚敛为奸。三条，二千石不恤疑狱，风厉杀人，怒则任刑，喜则淫赏，烦扰刻暴，剥戮黎元，为百姓所疾，山崩石裂，妖祥讹言。四条，二千石选署不平，苟阿所爱，蔽贤宠顽。五条，二千石子弟恃怙荣势，请托所监。六条，二千石违公下比，阿附豪强，通行货赂，割损政令也。"① 除第一条是监察地方豪强以外，其余五条都是监察地方郡守一级官员及其子弟破坏政令法规的违法行为，整顿吏治、肃贪倡廉显然是刺史的主要职责。《刺史六条》自汉武帝始，为历代所延承，顾炎武称赞其为"百代不易之良法"②，对整饬吏治起到了重要的作用。

监察法规的制定，以法律的形式保障了监察活动的顺利实施，为监察官行使职权直接提供了法律依据，使得古代监察制度形成了"以条问事、依法监察"的好传统，对于澄清吏治起到了积极作用。汉武帝时，为加强中央对地方的控制，全国分为十三个监察区，叫州部，每个州部设刺史一人，为专职监察官，以"六条问事"，对州部内所属各郡进行监督。丞相府设司直，掌佐丞相举不法。朝官如谏大夫加官给事中，皆有监察劾举之权。郡一级有督邮，代表太守，督察县乡。

隋代时，中央的监察机构仍为御史台，改长官御史中丞为御史大夫，下设治书御史二人为副；改检校御史为监察御史，共十二人，专执掌外出巡察。唐代发展了隋代的监察制度，唐代的官吏监督制度包括考核、御史台、谏议制度三个方面，使监察机构更趋完备。唐初，中央设御史台，由正三品御史大夫为台长，设正四品御史中丞二人为辅佐。御史台的职权是"掌邦国刑宪典章之政令，以肃正朝列"③。御史台下设分立的三院：台院"掌纠举百僚，推鞫狱讼"，殿院"掌殿廷供奉之仪式"，察院"掌分察百僚，巡按州郡，纠视刑狱，肃整朝仪"。唐初全国分为十个监察区，称十道（后增为十五道），每道设监察御史一人，专门巡回按察所属州县。监察地官吏，这样就形成了一个自中央到地方比较严密的监察网。唐代进一步扩大了监察机构和御史的权力。御史台享有一部分司法权，有权监督大理寺和刑部的司法审判案件。

在宋代，中央设御史台和谏院两大机构，合称"台谏"，地方设监司，辅之以通判、走马承受和安抚使。在完善监察制度、健全监察程序的同时，注重提高监察机构的地位，大大削弱了朝廷重臣及地方政府的权力，使权力

---

① （汉）班固：《汉书》卷十九《百官公卿表上》注引《汉官典职仪》。
② （清）顾炎武：《日知录》，甘肃民族出版社1997年版，第32页。
③ 《唐六典》卷十三。

达到制衡。

元代监察机构分为御史台、行御史台和肃政廉访司三部分。御史台的三十二名监察御史，江南、陕西二行台四十八名监察御史，以及分隶三台的二十二道肃政廉访司，均负责朝廷内外百官贪赃枉法的监察。台察官的监察活动，包括纠劾、刷卷、按问等内容。元代在地方设立行御史台，全国共设二十二道监察区，每道设肃政廉访使（提刑按察司）常驻地方，监察地方官吏。元代出现了我国历史上第一部全面的中央监察法规《宪台格例》，内容全面详尽。

明代监察机关初称御史台，洪武十五年（1382）改称都察院。都察院下设十三道监察御史，监察御史官阶虽低，仅正七品，职权却重。监察御史纠察内外官员，对全国所有官吏的违法犯罪行为进行纠劾。到十三行省巡察，号"代天子巡狩"，大事奏请皇帝裁决，小事可当机立断，与汉朝的刺史相似。另外，明代还创设了六科给事中这一独特的监察组织，负责纠察六部官吏的违法事件。此外，明朝监察立法更为完备成熟，既有《大明会典》所载都察院法规，更有若干单行监察条规。

2. 清朝的官吏监督制度

清代统治者认识到，以往各朝代监察法规不健全，致使监察活动的随意性比较大，为了使监察活动规范化，颁布了《钦定台规》和《都察院则例》，特别是乾隆八年（1743）颁布了《钦定台规》，这是我国监察制度史上第一部以皇帝名义编撰和颁布的监察法规，是我国封建社会监察制度之集大成者，不仅详细地规定了各监察机构的职权、监察官员的地位，还包括监察官员的选用、升迁、纪律等。

清朝时的中国封建社会的监察制度发展到了历史的顶峰。

（1）清朝的中央监察机构。

清朝监察机构沿袭明代，在中央机关中仍然设立都察院。《大清会典·事例》记载，早在入关之前的1636年，皇太极即下诏表示："凡有政事背谬及贝勒、大臣骄肆慢上、贪酷不清、无礼妄行者，许都察院直言无隐，即所奏涉虚，亦不坐罪；倘知情蒙弊，以误国论。"康熙帝认为："国家设言官，专司耳目。凡政治得失，民生利弊，必须详切条陈，直言无隐，斯为称职。"[①]

---

① 《圣祖仁皇帝实录》卷九。《世祖章皇帝实录》、《圣祖仁皇帝实录》、《世宗宪皇帝实录》、《高宗纯皇帝实录》、《仁宗睿皇帝实录》、《宣宗成皇帝实录》、《文宗显皇帝实录》、《穆宗毅皇帝实录》、《德宗景皇帝实录》，均为中华书局1985—1987年影印版。以下只写实录名和卷号。

在清朝，一方面允许监察官员风闻言事，直言不讳；另一方面，为了防止监察官员权力过大，规定御史对百官弹劾要经皇帝裁决。

都察院是清朝最高的、唯一的行政监督机关，都察院设置左都御史二人、左副都御史四人，满汉各占一半。都察院的事务由专任的左都御史掌管，左都御史是都察院长官，为从一品，左副都御史辅佐，为正三品。《清史稿·职官志》记载，"左都御史掌察核官常，参维纲纪。率科道官矢言职，率京畿道纠失检奸，并豫参朝廷大议。凡重辟，会刑部、大理寺定谳。祭祀、朝会、经筵、临雍，执法纠不如仪者。左副都御史佐之"，即都察院以左都御史为主事官，与六部尚书、通政使、大理寺卿等重要官员共同参与朝廷大议，具体负责监察中央和地方行政机关的行政活动，审计中央和地方行政机关行政事务的经费出纳，查办官吏邪正，弹劾官吏；会同刑部、大理寺一起参与死刑的终审裁判等事项。雍正元年（1723）六科给事中并入都察院，其职权范围大为缩小，实际上与御史并无区别。至此，唐代的台、谏并列，明代的科、道分设，到清朝则在组织上完全统一，解决了机构上的重叠与彼此之间不必要的内耗，监察权的集中是清代监察制度的一大特点。都察院具体履行监察职权的是六科给事中及十五道监察御使，六科专门检阅六部文书，监察六部和地方事务则由十五道监察御史担任。

（2）清朝的地方监察机构。

清朝在地方设十五道监察御史（即京畿、河南、江南、浙江、山西、山东、陕西、湖广、江西、福建、四川、广东、广西、云南、贵州，清末增至二十道）。十五道监察御史分为掌印监察御史及普通监察御史，其职责是"弹举官邪，敷陈治道，审核刑名，纠察典礼"。另外，都察院负责领导巡视五城御史，"专掌京城内之警察及恤救事务，又发禁令，或为预审裁判"。

清朝的监察制度，对于加强皇帝对官吏的监督、清奸除害、调整统治阶级内部矛盾，发挥了一定的作用，成为加强中央对地方的控制、强化皇权、巩固封建统治的重要制度。由于回避制度等限制措施的实行，保证了监察队伍有较高的素质，因此他们大多能严守谏诤之职责。据不完全统计，在清代发生的232次监察官弹劾贪官奸臣案中，弹劾三品以上官员共有173件，占所有弹劾案的77%以上。三品以上官员是指六部尚书、内阁大学士、地方总督、巡抚和军职的都统、提督、总兵和副将等大官，威势显赫，敢纠弹他们说明清朝的不少科道官是很尽职的。

从以上对监察制度的回顾中可知，中国古代监察制度具有以下主要特点：一是组织独立，自成系统。自两汉后，监察机构基本上从行政系统中独立出来，从中央到地方都有专门机构和职官，自成体系。地方监察官直接由中央监察机构统领,由中央任免;作为"天子耳目"的监官有相对的独立性,从而为监察制度的逐渐完善和监察效能的发挥提供了组织保证。二是历代对官吏的监察渗透于考核、奖惩制度之中,并实行重奖重罚。三是以轻制重,对监官采用秩卑、权重、厚赏、重罚的政策,给级别低的监官以监察级别高的官吏的权力。四是监察机构的权力来自皇权。随着中央集权的加强、皇权的膨胀,监察机构的权力也随之提高,甚至被任意扩大或滥用,从而使监察制度畸形发展,如元代的监察制度带有民族压迫的性质。元世祖时,明确规定,"凡有官守不勤于职者,勿问汉人、回回,皆以论诛之,且没其家"①,但蒙古人不在此限。明代除了公开的监察机构六科和都察院外,厂卫等秘密的特务机构也成为监察网的组成部分。

总之,中国古代对官吏的选举任用、考核管理与监察监督,三者紧密联系、互为一体,构成了君主专制下的封建官僚制度,为了保证这个官僚体系稳定高效地运行,保持国家政权的健康肌体,防止腐败现象的侵蚀,在选任、考核、监察三个方面都制定了一些确保廉政的法令,通过选任以廉、考试选官、任官回避等制度,最大限度地使一些廉洁贤能之士进入官僚系统;对选任上来的官员严格考核、及时奖惩、奖勤罚懒、奖廉惩贪,促成廉能者上、贪庸者下的竞争机制,同时严格管理,制定一些预防性的日常廉政规范,堵塞腐败漏洞,建立制度防线,使官员"不能贪";还要通过法律监察,监督官吏行使权力的过程,建立起完备的权力监督机制,建立"治官之官"的监察机关。这些法令虽然远没有达到完善的程度,也没有在整体上形成廉政法律体系,但纵观历代王朝,在选任、考核、监察官吏三方面都出现过较为系统规范的廉政立法,其中一些行之有效的廉政法令,对于封建社会整饬吏治起了作用。

### (四) 严刑峻法惩治腐败官员

中国自古以来都强调法制的权威作用,认为君臣吏民均应遵法行事。"法者,天下之程式也,万事之仪表也"②,"法律政令者,吏民规矩绳墨也"③,"君臣上下贵贱皆从法,此谓大治"④。历史上许多思想家也提出了重典治吏的必要性,清初的启蒙思想家唐甄就强调:"夫刑自贵始,自宠始,自近始,刑乃威,威则民畏。刑于命狱,于鸞狱,于奸狱,刑乃清,清

---

① (明)宋濂等:《元史·世祖纪》。
② 《管子·明法解》
③ 《管子·七臣七主》
④ 《管子·任法》

则民服。"①

多数封建王朝都制定了较为完善的严苛的刑法，详细规定了贪赃受贿犯罪惩处的标准与尺度，严惩贪污、受贿性质的犯罪，以促进官吏为政清廉。历代统治者都认识到贪污、受贿的危害性，对此类犯罪采用多种方法予以处罚，其最高刑一般为死刑。"汉时赃罪被劾，或死狱中，或道自杀。唐时赃吏，多于朝堂决杀，其特宥者乃长流岭南……宋初，郡县吏承五季之习，黩货厉民，故尤严贪墨之罪……而南郊大赦，十恶故劫杀及官吏受赃者不原。"②

### 1. 中国古代严刑治腐

夏、商、周是中国古代治吏之法的初创阶段，统治者从维护奴隶制统治的大局出发，运用法律形式对官吏尽职守责提出明确要求，对惩治违法乱纪的官吏做了明确规定。

《尚书·舜典》载："帝曰：'皋陶，蛮夷猾夏，寇贼奸宄。汝作士，五刑有服，五服三就；五流有宅，五宅三居。'"先秦史专家李衡眉先生认为这时出现了中国历史上最早的对贪污官吏惩罚的规定，即《夏书》曰："'昏、墨、贼、杀'皋陶之刑也。"可见，自古人们对贪官污吏就十分憎恨。用"墨"来比喻官吏贪以败官的犯罪行为，官吏一贪就染上了"墨迹"，非但难以洗耻，还要杀头，用刑严厉。

《尚书·伊训》也记载了商朝统治者为了维护统治集团的整体利益，总结夏朝灭亡的教训，为整顿吏治曾制定官刑。商汤之孙太甲即位后，其相伊尹作训，以教诫太甲："制官刑，儆于有位。曰：敢有恒舞于宫，酣歌于室，时谓巫风。敢有殉于货色，恒于游畋，时谓淫风。敢有侮圣言，逆忠直，远耆德，比顽童，时谓乱风。惟兹三风十愆，卿士有一于身，家必丧；邦君有一于身，国必亡。臣下不匡，其刑墨，具训于蒙士。"③显然，这是一条专门针对官场腐败风气问题的条款。将"殉于货色"（即贪图财物美色）列入可导致亡国败身的"三风十愆"④中。

西周时期，中国奴隶制法相对比较完备，《吕刑》是西周中期周穆王命吕侯制定的一部成文法典。为了突出"明德慎罚"的立法思想，《吕刑》特

---

① 《潜书·卿牧》

② （清）顾炎武：《日知录·除贪》。

③ 《尚书·伊训》

④ "三风十愆"，即由三种恶劣风气所滋生的十种罪愆。指巫风二：舞、歌；淫风四：货、色、游、畋；乱风四：侮圣言、逆忠直、远耆德、比顽童。

别规定了司法官的责任,要求司法官尽可能做到无所偏私,还确立"五过之疵:惟官、惟反、惟内、惟货、惟来",作为考察司法官吏的具体标准。其中还规定对于接受犯人贿赂的,严惩不贷。

战国时魏国《法经》规定:"丞相受金,左右伏诛,犀首以下受金则诛。"

秦朝全面贯彻法家的"法治"理论,奉行"明主治吏不治民"的主张,对官吏守职尽责做了严格的要求,中国封建社会吏治建设的一套理论和法制在这个时候逐渐趋于完善。在湖北省云梦县出土的《睡虎地秦墓竹简》保留下来的三十多种秦律中,内容大多涉及吏治。秦朝把对各级官吏的选拔、任用、监督、考核、奖惩等纳入了法制化的轨道。秦律对受贿重罚,受赃不足一钱者与盗千钱同论。依秦律,"通一钱者,黥为城旦"①。

汉武帝时期,着重进行加强专制主义中央集权的专门性立法,制定《左官律》,严防和惩治官吏与诸侯勾结,共谋不轨;制定《附益律》,抑制诸侯为扩张个人势力,随意提升官吏品级;制定《沈命法》,督促郡守以下地方官吏对直接危害封建统治秩序的贼盗犯罪严厉镇压。汉文帝十三年(前167)颁布诏令,"吏坐受赇枉法,守县官财物而即盗之,已论命复有笞罪者,皆弃市"②,即对于贪赃枉法者处以极刑。对受财不枉法者,即"今可改不枉法受财科同正盗"③。

魏律在前代的基础上,增订《请赇律》,成为中国最早的惩治贪赃贿赂的综合性、系统化法律。北魏首次指出了义赃的概念,义赃指官吏利用喜庆宴会之机私自接受馈赠。对此类馈赠,无论何种名义,皆计赃定罪。北魏时,对官吏腐败犯罪的刑事处罚很严厉,监临官(主管和执行官员)"受羊一只,酒一斛者,罪至大辟"④,即所谓"枉法无多少,皆死"⑤。

唐朝时,封建法律进一步健全。被后世王朝奉为楷模的《唐律疏议》集历代封建法典之大成,十二篇中的第三篇"职制律",集中地对官吏的设置、选任、失职、渎职等内容进行了专门而细致的规定,其余十一篇的条文内容也都或多或少涉及追究官吏在现任范围内违法失职的法律责任。为了使官吏在执行公务时做到忠于职守,防止官吏利用职权徇私枉法,同时也在一

---

① 《睡虎地秦墓竹简·法律答问》。
② 《汉书·刑法志》。
③ 《汉书·宣帝纪》。
④ 《魏书·张衮传》。
⑤ 《魏书·刑法志》。

定程度上保护官吏的工作积极性,唐律根据犯罪情节的性质,将官吏的犯罪明确划分为"公罪"和"私罪",实行不同的处罚原则。公罪从轻,私罪从重,力求将行政过失与官吏腐败区分开来。唐朝统治者深恶官吏贪浊,对官吏经济犯罪特别进行严惩,将涉及钱财的犯罪统称为"赃罪",划分为六大类,称为"六赃",即"强盗、窃盗、枉法、不枉法、受所监临及坐赃"①。其中,后四种是专为官吏这一特殊主体设立的罪名。

唐太宗警告大臣:"为臣贪,必亡其身。"对贪赃枉法的官吏"随其所犯,绳以重法"。《唐律·贼盗律》中规定:"诸监临主守自盗及盗所监临财物者,加凡盗二等,三十匹绞。"例如,关于官吏行贿受贿,《唐律》将其分为"监临受财"、"受财为人请求"、"行贿"、"受贿"四种情形,并明确规定:"监临主司受财而枉法者,一尺杖一百,一匹加一等,十五匹绞;不枉法者,一尺杖九十,二匹加一等,三十匹加役流。无禄者各减一等:枉法者二十匹绞,不枉法者四十匹加役流。"提倡"理国守法,事须画一",明正赏罚,不避亲疏功贵。

两宋时期,统治者一方面以优厚的待遇为条件,罢除、分割大臣手中的权力;另一方面以法律加强对官吏的管理,用刑统、条法事类、编救等多种法律形式发展了官吏的管理法,内容比唐朝更为详备。现存的南宋《庆元条法事类》就是以"事类"为标准,分十六"门",对官员的选任、考课、升迁、官品、俸禄、奖惩、致仕做了具体规定。

元朝时期,针对官吏贪赃的恶性发展,统治者陆续制定并实施了一整套惩治贪赃的政策,即完备详密的赃罪条例和监察官、奉使宣抚监治的双管齐下。最初的赃罪条例,是在世祖朝桑哥被诛后出台的。《元史·世祖纪十四》至元二十九年三月丁未条云:"中书省与御史台共定赃罪十三等,枉法者五,不枉法者八,罪入死者以闻。制曰:'可。'"这就是有名的"赃罪十三等"。大德七年(1303),又在此基础上颁布了《官吏赃罪十二章》。

明朝的开国皇帝朱元璋出身社会底层,亲身经历过元朝末年的残暴统治及农民起义,深知法纪废弛、官吏腐败是导致民变的根源。他以元为鉴,总结历史教训,确立"刑乱国用重典"的立法思想,严惩贪墨,"若贪官之徒,虽小罪,不赦也"。明代惩贪,以酷刑峻法为特色。明初制定律条,用法严苛。明初的第一部官方法典是《大明律》,由朱元璋亲自主持修订。《大明律》是明朝法制的基础,它加重了对官吏犯罪的处罚,尤其是加重了对贪官的处罚。《明史·刑法志》记载:"太祖开国之初……重绳赃吏。"

---

① 《唐律疏议·名例律》。

《大明律》中专列"受赃"一卷，内容涉及官吏受财、坐赃致罪，量刑明显重于以往各代。官吏如果是因受赃而除名、罢役，那么之后不得再叙用。《大明律》还首创"奸党"罪，严惩官吏结党营私。凡向皇帝进谗言、借刀杀人、在朝官员朋党为奸等行为均构成奸党罪，不仅本人处斩，而且妻子为奴，财产没官。洪武十八年（1385）至二十一年（1388）又相继颁行《大诰》、《大诰续编》、《大诰三编》和《大诰武臣》四编，共二百三十六条，其中惩治官吏贪污、盗窃、受贿等赃罪的就占一百五十条。既有警诫作用，又具判罪科刑标准的法律效力。不但与《大明律》一体颁行，且可"以《诰》破《律》"。《大诰》用刑苛峻，如官吏受财不枉法罪，按《大明律》可不处死刑，《大诰》则处以凌迟、枭首等酷刑。史料记载："洪武十八年诏：尽逮天下官吏之为民害者，赴京师筑城。帝初即位，惩元政弛纵。用法太严，奉行者重足而立。官吏有罪，笞以上，悉谪凤阳屯田，至万余人。又案草木子，记明祖严于治吏，凡守令贪酷者，许民赴京陈诉。赃至六十两以上者，枭首示众，仍剥皮实草。府州县卫之左，特立一庙，以祀土地，为剥皮之场，名曰皮场庙。官府公座旁，各悬一剥皮实草之袋，使之触目警心。"①

朱元璋惩贪，不留情面，不管涉及谁，一查到底。例如，驸马欧阳纶擅自役使农民贩运私茶，案发后也被朱元璋赐死。户部侍郎郭桓等人贪污巨额粮食，赃罪所涉官员，自六部左右侍郎下皆死。由于执法严明，明初惩贪收到了澄清吏治的效果。史称洪武年间，"一时守令畏法，洁己爱民，以当上指，吏治涣然丕变矣。下逮仁、宣，抚循休息，民人安乐，吏治澄清者百余年"②。

### 2. 清朝严刑治腐

清朝顺治皇帝即位时便在诏书中指出："国之安危全系官僚之清廉。"康熙曾说："治国莫要于惩贪。"③ 雍正也说："治天下，首在惩贪治吏。"因此，清代的官吏惩戒法对贪污受贿的惩罚处治有特别重要的地位。

清官吏惩戒法严厉打击贪污。官吏定期八法惩戒中，"贪"历来被列于考察和惩处之首。早在顺治八年（1651），题准"大计八法"时就规定"贪酷并在逃者，革职提问"。

---

① （清）赵翼：《廿二史札记》卷三十三。
② （清）张廷玉等撰：《明史·循吏传序》。
③ 中国第一历史档案馆整理：《康熙起居注》（第2册），中华书局1984年版，第1359页。

乾隆、嘉庆之际，朝廷规定，官员一旦犯贪，准予随时"特疏题参，另行审结"，而不受考核时限之限。"各省有犯贪、酷官员，该督抚随时访察，题参革审，永不叙用。"①

清朝还实行连坐制度。雍正六年（1728）议准，卓异官若在原任内有贪酷不法情节，原举荐官自行揭发免议外，原举荐督抚降五级调用，司道府等官，皆革职［乾隆四十八年（1783），改督抚革职、司道府等官降五级调用］等。道光二十九年（1849）奏定，卓异人员若在原任内犯贪酷不法，原荐举之员不予揭发参奏，一经发觉，督抚藩司将革职，按察使和道府等官则降五级调用。如犯贪酷不法卓异的原荐上司，已经不与之同省，但所犯贪酷不法是在该上司没有离任之前犯下的，该上司的处分则与上述相同；如果是在该上司离任之后犯下的，那么该原上司的处分为督抚将降一级调用，司道等官则降一级留任。

刑事法律制裁中的惩治最重者为官员的贪污。清律规定，监守自盗仓库钱粮，不分首从，并赃治罪。在整个《大清律例》中，照监守自盗论处的条款有三十余项。

对于官吏索贿受贿，清官吏惩戒法规定明确。刑律规定，官吏受财，计赃科断，官员革职，吏胥罢役（赃止一两），俱不叙用。受财者如果是有禄人，并实际枉法（即有曲法行为，也就是贪赃枉法），则通算全科，照赃从重治罪：一两以下杖七十，一两以上至五两杖八十，十两杖九十，十五两杖一百，二十两杖六十徒一年，二十五两杖七十徒一年半，三十两杖八十徒两年，三十五两杖九十徒两年半，四十两杖一百徒三年，四十五两杖一百流两千里，五十两杖一百流两千五百里，五十五两杖一百流三千里，八十两绞（监候）；不枉法则通算折半科罪，一两以下杖六十，一两以上至十两杖七十，加两杖八十，三十两杖九十，四十两杖一百，五十两杖六十徒一年，六十两杖七十徒一年半，七十两杖八十徒两年，八十两杖九十徒两年半，九十两杖一百徒三年，一百两杖一百流两千里，一百一十两杖一百流两千五百里，一百二十两杖一百流三千里，一百二十两以上，绞（监候）。无禄人枉法大致与有禄人不枉法同、不枉法则再降一等。

从惩治主体范围看，照该律的规定，犯罪主体的月俸在一石以上者即是有禄人，一旦受贿并"作为"，就要按照上述律文量刑，这实际上将绝大多数的官吏都纳入了律文范围。因为除了低级的吏员外，其月俸都在一石以上。即便是不足一石的无禄人，如违此律，罪也只是"各减一等"。可以

---

① 《清会典》卷十一《考功清吏司》。

说，清刑律基本上将全部官吏都纳入了受贿监督范畴。

另外，清官吏刑事惩戒法中，还有一项"坐赃致罪"的规定。依据大清律，如被人盗财或殴伤，若暗偿及医药之外因而受财，或者擅自科敛财物，或多收少征，或收钱粮税粮解面，以及检踏灾伤田粮、私造解斗秤尺，或造作虚费人工物料等而致赃者，均为坐赃致罪。不过，需要说明的是，这里的"坐赃"，并不是指官吏将上述的钱、粮、物等实际占为己有，而是指他们或因玩忽职守，或因违反制度，或因不负责任而给国家或民众造成了损失，实际上是将这些损失作为他们受赃加以惩处。如果按当今刑法学意义论，"坐赃致罪"实际类似于玩忽职守罪，应属于渎职罪而非贪污罪范畴。由此可见，"坐赃致罪"与上述的"监守自盗"是两类不同性质的犯罪。正是由于与进入自己腰包的实质贪赃有别，所以，"坐赃致罪"在处罚上轻了许多：一两以下，笞二十。一两之上至一十两，笞三十。二十两，笞四十。三十两，笞五十。四十两，杖六十。五十两，杖七十。六十两，杖八十。七十两，杖九十。八十两，杖一百。一百两，杖六十徒一年。二百两，杖七十徒一年半。三百两，杖八徒两年。四百两，杖九十徒两年半。五百两，罪止杖一百徒三年。①

除明目张胆地直接性受贿外，其他如"事后受财"、"官吏听许财物"、"在官求索借贷人财物"、"家人求索"以及"因公科敛"、"克留盗赃"等类似或实质为索贿受贿的行为，清官吏惩戒法也给予处罚，甚至照受贿罪重惩。例如，《大清律例》卷三十一规定，官吏受人之托，虽先不许财，但事成之后而受之，且所办之事倘属枉断，则按有禄人受贿枉法论，没有枉断，准按不枉法论。又规定，官吏如果听许财物，虽然没有接受，但承办之事若枉者，准枉法论；所枉重者，各从重论。在官之人如果求索、借贷下属银钱和马、牛、驼、骡、驴及车船、碾磨、店舍等一类，也要受到惩罚。凡监临官吏家人（兄弟、子侄、奴仆皆是），于所部内取受求索借贷财物，依不枉法，及役使部民，若买卖多取价利之类，各减本官吏罪二等（分有禄、无禄，须确系求索借贷之项，方可依律减等，若因事受财，仍照官吏受财律定罪，不准减等）。若本官吏知情与同罪，不知者，不坐。执事大臣，不行约束家人，致令私向所管人等往来交结借贷者，一经发觉，将伊主一并治罪。有司官吏人等，非奉上司明文，因公擅自科敛所属财物，及管军官吏科敛军人钱粮赏赐者，虽不入己，杖六十；赃重者，坐赃论；入己者，并计赃以枉法论。（无禄人，减有禄人之罪一等，至一百二十两，绞监候。）其非因公

---

① 《大清律例》卷二三。

科敛人财物入己者，计赃，以不枉法论（无禄人，罪止杖一百，流三千里），若馈送人者，虽不入己，罪亦如之。如果犯赃官员的身份特殊，处罚还要在此基础上加重。比如担负监察执行法纪职责的风宪官"受馈送"、"求索"等，就将"罪加二等"。

对与官吏受贿有密切联系的犯罪行为，清官吏惩戒制度同样予以关注和制裁。如《大清律例》的"有事以财请求"就是如此。该律条规定："凡有以财行求及说事过钱者，审实，皆计所与之赃，与受财人同科。"有事以财请求相当于行贿罪，说事过钱则是介绍贿赂罪。这两者的犯罪主体本来并非一定就是官吏，但是，由于官吏受贿与他人行贿是一个问题的两个方面，同时和介绍贿赂也往往交织在一起。而且，在实践中，行贿人和行贿介绍人常常是受贿官员至亲、至近之人，甚或本身就是同僚、下属官吏。上述条律的真正目的，并非仅仅在于打击行贿和介绍贿赂行为，而在于以此消除官吏受贿，所以两者仍可视为惩戒贪贿规定的范畴。

清朝的《大清律例》对贪贿官吏制裁的力度虽因范围和事实情节的不同而有所区别，但总体而论，还是相当严厉的。监守自盗在清"六赃"（监守盗、常人盗、窃盗、枉法赃、不枉法赃、坐赃）惩治中，是最为严厉的，即使相比较于作为暴力抢劫的"常人盗"的科罪，也要重得多：如不足一两时，监守自盗者杖八十，而常人盗者杖七十；达到四十两时，监守自盗者处斩，而常人盗者杖一百徒三年。对官吏受贿枉的处罚力度，同样较大，不仅与"常人盗"持平，而且，"通算全科"，即并赃科罪，一旦达到八十两即处绞刑。

清朝对行贿、介绍行贿、受贿的惩戒规定"不独较《唐律》为重，较《明律》亦重"。除律文正条制裁外，其他相关条款还对贪贿官吏的处罚予以追加，例如，"盗系官财物"、"受枉法不枉法赃"、"说事过钱"一类"皆有心故犯"而为常赦所不原，秋审听勾或免勾之年，往往照审、照勾不误，"贪赃官役，流、徒、杖罪概不准折赎"。即便是兼任职官的世职，"若犯贪污……例应革职者，不论何任事发，将所有各职俱行议革"等。可见对贪贿官吏的惩治规定不可谓不严。即便是清末，光绪帝亦谓："国家定制，惩治贪墨，条例最严。"其所以如此，虽然有清代官吏贪贿现象严重的因素，但也与清朝最高当权者汲取历代教训、对贪贿的巨大危害有着比较深刻和清醒的认识相关，它反映了清朝统治者整肃吏治的强烈意愿。然而，腐朽的封建君主专制政体和弊端丛生的官僚制度使得官场上的腐败形势积重难返，纵使考核、监督、惩治制度如何完善严密，也不能挽救清朝走向衰败。

总之，吏治腐败是我国封建社会普遍存在的严重社会问题，是封建主义的经济、政治、思想文化的产物,是历朝统治者无法医治的毒瘤和痼疾,澄清吏治成为历朝历代明君贤相的追求和选择。

古代廉政思想的积极作用,还表现为它在一定程度上影响和改善了古代政治道德环境,在有关廉政的法制规范和道德规范的共同作用下,涌现出了一批在当时的历史条件下具有优秀的政治品质和高尚的操守气节的清官廉吏。例如,汉代"躬率以俭约,劝民务农桑"的渤海太守龚遂;"为百姓兴利,郡以殷富"的南阳太守召信臣;坚持公正执法、不为君主的意愿所左右、主张"法者天子所与天下公共也"的廷尉张释之;"鞠躬尽瘁,死而后已"的蜀汉丞相诸葛亮;唐代忠贞耿直、屡屡犯颜直谏的魏征;执法铁面无私的宋代包拯;敢于抗言上疏的明代海瑞;清代"天下廉吏第一"的于成龙;等等。这些清官廉吏不仅在当时的社会历史条件下,为统治集团成员提供了从政道德方面的楷模,他们所体现的忠言直谏、刚直不阿、廉洁清正、奉法循理、勤政爱民等品质风范,在一定意义上也是中华民族优秀传统文化的一个组成部分,值得后人批判地继承。

历代有为统治者为了维护政治统治,都重视整饬吏治,培塑官风,但由于封建制度自身的弊端,无一例外地陷入了腐败—治理—腐败的境况。到了清朝也是如此。粗略统计起来,从顺治朝至光绪朝的 4280 卷的历朝实录中,大约三分之一皆是讲吏治问题,其他的有关军事、经济、文化等活动的记载,也无一不涉及吏治。① 可以说,虽然清朝统治者认识到了吏治的重要性,但是官吏腐败却伴随清朝到终点。

## 第二节 先秦诸子廉政良治思想简介

先秦诸子的思想是中国封建思想和传统文化的重要源头和基础。在长期封建社会的历史发展过程中,其中蕴含的具有永恒价值的部分逐渐渗透到我们民族的价值观念、思维方法、行为准则和文化心理的深层结构之中,对整个中国封建社会产生了深刻的影响。春秋战国时期是我国历史上空前的大战乱、大动荡时代,社会结构急剧变化,社会矛盾异常尖锐,国君、官吏淫逸暴敛的现象也变得更为严重。春秋末年以后,百家争鸣,诸子各家在推出自己的社会政治主张之时,都表示了对清廉政治的向往。诸子百家的思想家们或极力赞美廉政、抨击腐败,或为政治清明出谋划策,或注重自身的道德修

---

① 参见谢世诚:《晚清道光咸丰同治朝吏治研究》,南京师范大学出版社 1999 年版,第 5 页。

养，从不同的角度阐发了自己的廉政思想，表达了对廉政良治的向往。翻开春秋战国时期诸子百家主要学派的有关论著，可以发现，儒、法、墨、道、杂等学派思想家，均从各学派自身所代表的阶级利益出发，对廉政吏治表达了自己的看法。先秦诸子的思想中所蕴含的廉政吏治思想，构成了我国古代社会政治伦理和道德操守的核心，对中国历代王朝包括清朝的整饬吏治思想产生了深远的影响。对此进行分析，能够使我们更加深入地了解封建社会的官吏治理情况。

### 一、儒家廉政良治思想简介

在整个封建社会，儒家思想是中国的正统思想。儒家经典中的吏治思想和为官操守渗透到国家的政治生活和官员生活的方方面面。选官、任官、皇帝对文武百官的训诫、上司对下属的要求，均以儒家经典为主要依据。

仁德、礼义、廉耻是儒家思想中最为重要的一些概念，尊君爱民、重义轻利是儒家基本的思想倾向。儒家主张仁政和德治，期望在政治上实现圣君当政、贤臣得用、德教昌明、社会和谐、民众幸福的目标。"大臣法，小臣廉，官职相序，君臣相正，国之肥也。天子以德为车，以乐为御，诸侯以礼相与，大夫以法相序，士以信相考，百姓以睦相守，天下之肥也。"①

先秦儒家强调吏治清明的作用。吏治是否清明，直接关系到社会的发展、国家的昌盛和百姓的幸福。孔子倡导仁政，主张德治，实行"道之以德，齐之以礼"，希望为政者依据优良的道德精神治理国家，教化民众，来达到治理国家的目的。同时倡导为政者必须要克己复礼、修身养性，认为"为政以德，譬如北辰，居其所而众星共之"②，只有如此，才能达到治国、平天下的目标。

### （一）倡导仁政，反对聚敛财富、剥夺百姓

实行仁政是孔子政治思想体系的核心和出发点。孔子认为，为政的根本在于实现仁政，作为统治者，应该"亲亲而仁民"，也就是要爱民。孔子从仁爱的思想出发，猛烈地抨击惨无人道的苛政，指斥"苛政猛如虎"，又谴责人殉，谴责奴隶主的残暴不仁。

孟子的仁政思想在先秦儒家中是最为突出和典型的。他提出人性善，并强调仁、义、礼、智四大伦理范畴，而仁政、王道则是在其基础上推出的政

---

① 《礼记·礼运》。
② 《论语·为政》。

治主张。孟子强烈谴责统治者暴敛贪利的行径："庖有肥肉，厩有肥马，民有饥色，野有饿莩，此率兽而食人也。兽相食，且人恶之。为民父母，行政，不免于率兽而食人，恶在其为民父母也？"①

孟子对民众的作用极为重视，提出"民为贵，社稷次之，君为轻"的思想，认为统治者应该充分考虑百姓的物质利益和生活需求，为他们的生产和生活提供重要保障，这样才能保证仁政的推行。他提出："明君制民之产，必使仰足以事父母，俯足以畜妻子，乐岁终身饱，凶年免于死亡，然后驱而之善，故民之从之也轻。今也制民之产，仰不足以事父母，俯不足以畜妻子，乐岁终身苦，凶年不免于死亡。此惟救死而恐不赡，奚暇治礼义哉？"②他强调统治者要想得民心，就必须遏制贪欲，不能过分剥夺百姓。"得其心有道，所欲与之聚之，所恶勿施，尔也。"③他警告统治者，失民心者失天下，得民心者得天下，"得其民，斯得天下矣"④。

荀子同样倡导仁政和王道政治，反对聚敛财富。他强调："修礼者王，为政者强，取民者安，聚敛者亡。故王者富民，霸者富士，仅存之国富大夫，亡国富筐箧，实府库。筐箧已富，府库已实，而百姓贫，夫是之谓上溢而下漏。入不可以守，出不可以战，则倾覆灭亡可立而待也。故我聚之以亡，敌得之以强。聚敛者，召寇、肥敌、亡国、危身之道也。故明君不蹈也。"⑤荀子要求人们志节高尚，不贪恋财物："卑湿重迟贪利，则抗之以高志。"⑥

荀子强调统治者要发挥清正廉洁的榜样作用。他说："上好贪利，则臣下百吏乘是而后丰取刻与，以无度取于民。故械数者，治之流也，非治之原也；君子者，治之原也。官人守数，君子养原；原清则流清，原浊则流浊。故上好礼义，尚贤使能，无贪利之心，则下亦将綦辞让，致忠信，而谨于臣子矣。"⑦

荀子提出："上好功则国贫，上好利则国贫，士大夫众则国贫，工商众则国贫，无制数度量则国贫。下贫则上贫，下富则上富。故田野县鄙者，财

---

① 《孟子·梁惠王上》。
② 《孟子·梁惠王上》。
③ 《孟子·离娄上》。
④ 《孟子·离娄上》。
⑤ 《荀子·王制》。
⑥ 《荀子·修身》。
⑦ 《荀子·君道》

之本也；垣窌仓廪者，财之末也。"① 他还强调"上下俱富"，"足国之道，节用裕民，善而臧其余"。当然，荀子也认为，各个等级之间的物质待遇是有区别的，也就是"分"，这又是从维护礼法制度的目的出发的。

### （二）主张"为国以礼"，为政者应以"礼"修身养性

儒家所说的礼一般是指周代的礼制。"礼"在儒家那里既包括各种规章制度，也包括社会生活中的各种礼节、礼仪，它具有规范、制约等特性。"礼者，法之大分，类之纲纪也"②，礼是制定法律的总纲，又是以法类推的各种条例的纲要。所以，礼是"治之经"、"国之命"。

儒家认为，礼是约束人的行为和社会关系的基本准则。在社会生活中，人们要以"礼"来确定自己的社会角色和社会位置，力求做到"君君、臣臣、父父、子子"。只要人们都按照一定的社会规章制度和道德规范行事，就能维护社会的稳定，并达到天下大治的目的。因此，孔子主张"为国以礼"③，把遵守礼制作为治国的基本原则，要求人们的一切言行举止都必须遵守礼制，而不得超出礼的界限，"非礼勿视，非礼勿听，非礼勿言，非礼勿动"④。在他看来，一个人如果只有"恭、慎、勇、直"等德行而不知礼，那么就不能指导和规范其行为，其仁德也不会表现出来，甚至会事与愿违。孔子对当时社会大变革时期"礼崩乐坏"的局面十分不满，认为是"天下无道"。他曾经指责鲁国执政的卿大夫季氏："八佾舞于庭，是可忍也，孰不可忍？"⑤ 因为据《周礼》规定，只有周天子才可以使用八佾（按：一佾八人)，卿大夫只能为四佾，季孙氏用八佾舞于庭院，是典型的破坏周礼的事件，对此孔子表现出极大的愤慨。

孔子指出，礼应成为执政者修身养性的基本内容。他认为，在社会政治生活中，执政者要做到"克己复礼"，即克制自己的私心杂念，约束自己的视听言行，使之符合礼的要求。如果能够真正做到这一点，就可以达到政治清明的理想境界了。

### （三）倡导"为官以正"，执政者要起表率作用

儒家认为，公正廉明是为政的根本，是国运昌盛、吏治清明的表现，是百姓和睦、天下太平的前提。孔子认为从政者会面临"五美"和"四恶"

---

① 《荀子·富国》。
② 《荀子·劝学》。
③ 《论语·先进》。
④ 《论语·颜渊》。
⑤ 《论语·八佾》。

的选择。五美即"君子惠而不费,劳而不怨,欲而不贪,泰而不骄,威而不猛"①。四恶即虐、暴、贼、吝啬。他认为做到"尊五美,屏四恶"的人才能做官,这样的官员也才具备理想的从政人格。

儒家把执政者自身言行是否端正,是否符合礼的规范,作为衡量政治好坏的先决条件。孔子强调:"政者,正也。子帅以正,孰敢不正?"为政者要率先垂范,严于律己,以身作则,行为端正。如果自己廉正公平,管理国政就不会有什么困难;如果自己行为不端正,为所欲为,就不可能去端正别人,其国家也无法治理,即所谓"其身正,不令而行;其身不正,虽令不从"。孔子深知,为政者的德行直接影响民众的德行。他认为,"君子之德风,小人之德草,草上之风必偃",民众之德如草,君子之德如风,广大民众在德行上受君子的影响,就像小草一样随风俯仰。所谓"上好礼,则民莫敢不敬;上好义,则民莫敢不服;上好信,则民莫敢不用情"②。为政者如果守礼,老百姓就不敢不敬畏他;为政者如果走正道、崇尚正义,老百姓就不敢不服从他;为政者如果讲信用,老百姓就不可能不为他效力。因此说,为政者如果能够起到表率的作用,发挥人格的示范和榜样作用,以道德人格魅力来实施对社会的管理,就能使政治清明,人民安居乐业。荀子也强调"上明而下化",提出:"君者仪也,民者景也,仪正而景正。""君者,民之原也;原清则流清,原浊则流浊。"③只要君主能够以身作则、率先垂范,带头践履社会道德规范,广大民众自然就会形成良好的思想道德品质。他提出:"夫师以身为正仪,而贵自安者也。"④教育者最可贵的就是能够自己安心地以身作则,对受教育者言传身教。

**(四)提出执政者要"以义制利",提高道德追求**

儒家认为,人们在社会生活中会面临各种利益的诱惑,这就必须正确处理物质诱惑与社会道义之间的关系,做到"以义制利"、见利思义,以义为上。

**1. 儒家认为"义"是立人之根本**

孔子认为,义是人行动的最高规范,是立人之根本。"君子之于天下也,无适也,无莫也,义之与比"⑤,意指君子对于天下之事,无可无不可,

---

① 《论语·尧曰》。
② 《论语·子路》。
③ 《荀子·君道》。
④ 《荀子·修身》。
⑤ 《论语·里仁》。

其比照的尺度就是一个字：义。所以，君子处处要唯义是从，时时刻刻不忘按仁义从事。君子行义，必定从善弃恶，"见善如不及，见不善如探汤……隐居以求其志，行义以达其道"①。君子有义，方能大勇，"君子有勇而无义为乱，小人有勇而无义为盗"②。君子有义，必行直道，"直道而事人，焉往而不三黜？枉道而事人，何必去父母之邦"③。

### 2. 儒家认为追求富贵必须符合"义"的标准

儒家提倡唯义是从，但并不盲目反对人们追求富贵。儒家认为，每个人都会有物质占有欲与社会地位欲，追求政治与生活上的私利是人的天性，是合乎人情的，但重要的是这一追求必须符合社会道德准则，做到取之有道，既合情又合理，这是原则问题，因此要以修德行仁等作为求富去贫的方式。所以孔子说："富与贵，是人之所欲也，不以其道得之，不处也。贫与贱，是人之所恶也，不以其道得之，不去也。君子去仁，恶乎成名？君子无终食之间违仁，造次必于是，颠沛必于是。"④ 富有且显贵，这是人人都想得到的，如果不能用正确的方法获得它，君子不会接受。贫穷卑贱，是人人都厌恶的，如果不能从正确途径摆脱它，君子是不会逃避的。他提出："富而可求也，虽执鞭之士，吾亦为之。如不可求，从吾所好。"⑤ 只要合乎道，富贵就可以去追求；不合乎道，君子就不能去追求富贵，而是应该去做自己喜欢做的事情。在孔子看来，只要所获取的利符合义的标准，从事什么职业都可以。孔子说，"饭疏食饮水，曲肱而枕之，乐亦在其中矣。不义而富且贵，于我如浮云"⑥，表明自己不会违背原则去追求荣华富贵。

同时，儒家认为，个人的贫贱荣辱应该和国家兴衰存亡联系起来。孔子说："邦有道，贫且贱焉，耻也；邦无道，富且贵焉，耻也。"⑦ 国家政治清明，自己不为国家效力，仍然贫贱，说明自己在修养或能力等方面有问题，应引以为耻；相反，政治黑暗，自己却助纣为虐，不管国家的前途命运，只知做官领俸，大富大贵，通过不义之道而获取富贵，也应被视为耻辱。可见，孔子既不对富贵一概加以否定，更不认为贫贱是值得炫耀的事情。

---

① 《论语·季氏》。
② 《论语·阳货》。
③ 《论语·微子》。
④ 《论语·里仁》。
⑤ 《论语·述而》。
⑥ 《论语·述而》。
⑦ 《论语·泰伯》。

在儒家看来，利虽然人人需求，但如果放纵地追求就会招致怨恨，"放于利而行，多怨"。孔子认为义是诫止人们不贪利的法宝，他希望人们能够见利思义，绝不能为了富贵而不择手段。孟子更提出"生，我所欲也，义，亦我所欲也；二者不可得兼，舍生而取义者也"①的著名观点，并对为官之廉进行了界定。他说："可以取，可以毋取，取伤廉。"② 在孟子看来，廉就是不取身外之物、不贪不义之财。否则，就是伤害了为官之廉的本性。

荀子提出了先义后利的以义制利精神。他认为先义后利，国家就能得到治理；反之，先利后义，国家就会陷入混乱。他说："先义而后利者荣，先利而后义者辱。荣者常通，辱者常穷。"③

3. 儒家认为不能敛财而丧德

儒家认为，"德者本也，财者末也"。执政者若敛财而丧德，必将引起百姓的不满和反抗，"是故财聚则民散，财散则民聚。是故言悖而出者亦悖而入，货悖而入者亦悖而出"。也就是说，统治者如果聚敛财富，百姓就会逃散；如果施舍财富，百姓就会归顺。出言不逊，百姓就会用同样的话回答。取财无道，最终还会被人夺去。孔子把对待财物的态度看作评价一个人品行的重要标准，"仁者以财发身，不仁者以身发财"，有仁德的人会散开财富而求得自身的发展，没有仁德的人则会以自身的毁灭来聚敛财富。他强调，治理国家应该"不以利为利，以义为利也"。

儒家崇尚高尚的品德。孔子说："三军可夺帅也，不可夺志也。"这个志就是道义仁德等道德理想。在儒家看来，仁人君子行义应当不顾利害，为了实现道德理想，可以不惜牺牲自己的生命，"志士仁人，无求生以害仁，有杀身以成仁"④，这是崇高的人生价值。

### （五）为政者要"节欲戒奢"，克制自己的欲望

儒家指出人之患在于欲望太多，欲多则无刚，"枨也欲，焉得刚"⑤，这就必须克制自己欲望的膨胀。孔子曾根据人生不同年龄段的生理、心理的欲望特点，提出了"君子有三戒：少之时，血气未定，戒之在色；及其壮也，血气方刚，戒之在斗；及其老也，血气既衰，戒之在得"⑥。告诫人们应适

---

① 《孟子·告子上》。
② 《孟子·离娄下》。
③ 《荀子·荣辱》。
④ 《论语·卫灵公》。
⑤ 《论语·公冶长》。
⑥ 《论语·季氏》。

度克制自己的欲望，以善其身。孟子倡导清心寡欲，指出："养心莫善于寡欲。其为人也寡欲，虽有不存焉者，寡矣；其为人也多欲，虽有存焉者，寡矣。"① 就是说，修养内心的方法，没有比减少欲望更好的了。一个人如果欲望很少，那么内心即使有迷失的部分，也是很少的；一个人如果欲望很多，那么即使有保存的部分，也是很少的。

儒家反对贪欲、崇尚清廉的倾向也是非常明显的。孔子认为"政在节财"，"节用而爱人"②。甚至连他极为重视的礼仪也不能过于奢侈，"礼，与其奢也，宁俭"。孔子认为，"奢则不孙，俭则固，与其不孙也，宁固"③。这是说一个人奢侈就显得不谦逊，节俭朴素又显得寒酸。虽然二者都不好，但还是宁可俭也不能奢。

对于为政者来说，就要节制欲望，崇尚节俭，"欲而不贪"。孔子赞赏善于管理经济、居家理财的卫公子荆，肯定他满足于现实生活水平的心态。孔子对于尧、舜、禹给予了高度评价，认为他们生活简朴，孝敬鬼神，是执政者的榜样。例如，他赞美夏禹勤政节俭，"菲饮食而致孝乎鬼神，恶衣服而致美乎黻冕，卑宫室而尽力乎沟洫"④的做法。说夏禹的饮食很简单而尽力去孝敬鬼神；他平时穿的衣服很简朴，而祭祀时尽量穿得华美，他自己住的宫室很低矮，而致力于修治水利事宜。相反，孔子对春秋时期著名的政治家管仲给予了批评。有人问他，管仲是否算很节俭。孔子回答道："管氏有三归，官事不摄，焉得俭？"⑤ 孔子认为，凡是俭约的人，一定能够节制用度，管仲筑有三归之台作为游览观光的处所，他生活的奢靡可见一斑。又设置了很多官署，每人负责一件事情，互相之间从不兼任，所以他的官禄十分烦冗，这样做事，怎么能叫作俭呢？可见，孔子实际上已把是否能够节俭作为衡量为政者是否真正贤德的一个重要标准了。

在孔子设计的理想社会中，人们都能够做到"克己"，也就是以礼为准则，实行严格的自我克制，防止贪欲念头的发生。孔子将自己的学生颜回看作严于律己、自我约束的典范，"贤哉，回也。一箪食，一瓢饮，在陋巷，人不堪其忧，回也不改其乐"⑥。孔子还说："君子食无求饱，居无求安。敏

---

① 《孟子·尽心下》。
② 《论语·学而》。
③ 《论语·述而》。
④ 《论语·泰伯》。
⑤ 《论语·八佾》。
⑥ 《论语·雍也》。

于事而慎于言,就有道而正焉。可谓好学也已。"① 追求精神上的富足而在物质生活上毫无所求,这实际上也是反对贪欲、提倡清廉思想的一种体现。

## (六) 尚贤任能,公正选拔人才

### 1. 儒家提出了选拔人才与治理国家的关系

先秦儒家认为选拔人才与治理国家二者之间的关系十分密切。孔子说,"为政在人",人存则政举,人亡则政息。孔子在总结了历史经验以后,感叹道:"才难。"他认为,统治者能否有效地治理国家,关键是能否选拔那些德才兼备的人才。孟子和荀子也都认为国家的治乱取决于圣王、贤臣,"惟仁者宜在高位"②,强调贤臣在国家治理中的作用。荀子认为"尚贤,能使之为长功也",即选择贤能之人为官,能使统治者的统治长久。荀子把不能任用贤人列为国之大患:"人主之患,不在乎不言用贤,而在乎诚必用贤。"③ 荀子特别强调"任贤使能",他把任不任贤提到仁与不仁的高度,他说:"贵贤,仁也;贱不肖,亦仁也。"④ 相反,如果不尚贤就是不仁。关于贤才的标准,孔子认为应该是"志于道,据于德,依于仁,游于艺"⑤,也就是要有良好的道德品行,并且要有一技之长。

"为官以正"的前提就是要公正地选拔贤能的官吏。孔子的学生仲弓做了季桓子的宰,向孔子请教政事。孔子明确回答要"先有司,赦小过,举贤才",即使人人各司其职,宽容部下的小过失,提拔德才兼备的人。哀公曾问孔子,如何做百姓才会信服国家。孔子说:"举直错诸枉,则民服;举枉错诸直,则民不服。"⑥ 就是说,选拔正直的人,罢免那些不正直的人,人民就会信服。而反过来做,人民就不会甘心信服了。

### 2. 儒家提出了选拔人才的原则与方式

儒家提出选拔人才的原则是出于公心地选拔德才兼备、百姓认同的贤才。孔子提出选拔官吏时要"外举不避仇,内举不避亲",为政者要做到不以私仇而排斥人才,不因亲友而不予重用,这就做到了公正。孟子提出官吏是否贤能要得到百姓的认可:"左右皆曰贤,未可也;诸大夫皆曰贤,未可

---

① 《论语·学而》。
② 《孟子·离娄上》。
③ 《荀子·致士》。
④ 《荀子·非十二子》。
⑤ 《论语·述而》。
⑥ 《论语·为政》。

也;国人皆曰贤,然后察之;见贤焉,然后用之。"① 荀子提出举贤任能,要"不恤亲疏,不恤贵贱,惟诚能求之"②,要做到"尚德推贤不失序,外不避仇,内不阿亲者予"③。

儒家提出了选拔人才的一些具体方法。孔子认为举荐人才时,要对人才进行全面深入的考察,看其是否确实贤良。他指出,识拔人才要"不以言举人,不以人废言"④,即选拔人才要全面衡量,不能因为某人善于言辞就提拔他,也不能因为某人地位低下就不采纳其正确意见。有言者未必有德,无才者未必无善言,一切都应以国家和民众的利益为标准。正确的做法是"听其言而观其行",选拔确有真才实学和政治才能的人。儒家提出对人才不能求全责备。孔子认为,用人应当"赦小过",主张选取人才时应有"无求备于一人"的公正态度。荀子提出要打破论资排辈的用人方法,越级提拔那些有才德的人。他说,"贤能不待次而举,罢不能不待须而废"⑤,对贤才应该破格提拔、录用,而对那些昏庸无能之辈,无论出身如何高贵,也要立即罢免。荀子反对"先祖当贤,后子孙必显,行虽如桀、纣,列从必尊"⑥ 这种"以世举贤"的旧贵族世袭制,认为这样做必然导致政治腐败、天下大乱的局面。

儒家不拘一格选拔贤才的思想,动摇了自夏商以来的"世卿世禄"制,使非贵族出身的人可以取得参与国政和入仕做官的权利,对后世产生了重大的影响。

## 二、法家吏治思想简介

法家是先秦思想流派中对法律最为重视的一派。他们在治国理念上主张法治,认为社会是需要秩序的,只有拥有良好的秩序,社会才能在稳定的环境中向前发展,因此,法家总是推崇法律的至高无上,认为社会就必须要有严厉的法律,执法必严,违法必究,做到法律的绝对权威。在先秦诸思想流派中,就整饬吏治、惩治贪腐的呼声而言,法家似乎表现得最为突出。

---

① 《孟子·梁惠王下》。
② 《荀子·王霸》。
③ 《荀子·成相》。
④ 《论语·卫灵公》。
⑤ 《荀子·王制》。
⑥ 《荀子·君子》。

## (一) 把为政之廉提升到立国安邦的高度

法家的重要代表人物、春秋时期的管仲认为"礼义廉耻,国之四维,四维不张,国乃灭亡"①。他将"廉"比喻为维系国家这座大厦稳定的四大支柱之一,如果这个支柱倒塌,那么国家这座大厦也就岌岌可危了。把为政之廉提升到立国安邦的高度,体现了管子对吏治重要性的深刻认识。

韩非子对为政者的贪贿多欲行为给予了猛烈抨击。他曾将奸臣为奸的方式总结为八种,作《八奸》之篇,而其中"四曰养殃。何谓养殃?曰:人主乐美宫室台池,好饰子女狗马以娱其心,此人主之殃也。为人臣者尽民力以美宫室台池,重赋敛以饰子女狗马,以娱其主而乱其心,从其所欲,而树私利其间。此谓养殃",即是说君主纵情声色犬马是祸害,而臣子们为了私利蛊惑纵容君主,是埋下了祸患。他指出,人主和奸臣的这种行为与明主和清廉刚直之士是有天壤之别的,也必将带来亡国的悲剧。"不课贤不肖,论有功劳,用诸侯之重,听左右之谒,父兄大臣上请爵禄于上,而下卖之以收财利及以树私党。故财利多者买官以为贵,有左右之交者请谒以成重。功劳之臣不论,官职之迁失谬,是以吏偷官而外交,弃事而财亲。是以贤者懈怠而不劝,有功者隳而简其业,此亡国之风也。"②

韩非子在政治上提出的"十过",其中"二曰顾小利则大利之残也","五曰贪愎喜利,则灭国杀身之本也"③,也都是针对官吏贪贿不廉的内容。韩非子强调,不能让俸禄之外的私利诱惑官吏,"处官者毋私,使其利必在禄"④。他还明确指出了为官不廉、贪图私利对国君权威的危害,"民以法难犯上,而上以法挠慈仁,故下明爱施而务赇纹之政,是以法令隳。尊私行以贰主威,行赇纹以疑法,听之则乱治,不听则谤主,故君轻乎位而法乱乎官,此之谓无常之国"⑤。他指出,上层统治者由于贪欲的驱使,卖官鬻爵之风横行,这必将导致政权危机,"今世近习之请行则官爵可买,官爵可买则商工不卑也矣;奸财货贾得用于市则商人不少矣;聚敛倍农而致尊过耕战之士,则耿介之士寡而高价之民多矣"⑥。到头来,"其患御者积于私门,尽

---

① 《管子·牧民》。
② 《韩非子·八奸》。
③ 《韩非子·十过》。
④ 《韩非子·八经》。
⑤ 《韩非子·八经》。
⑥ 《韩非子·五蠹》。

第一章 晚清之前的中国吏治思想简述

货赂而用重人之谒,退汗马之劳"①。

韩非子警诫官吏们:"我不以清廉方正奉法,乃以贪污之心枉法以取私利,是犹上高陵之颠堕峻溪之下以求生,必不几矣。"② 意即:百官下属的办事员也知道干邪恶的勾当取利是不可以得到安乐的,必然会说:"我不用清正廉洁方正为人奉公守法来求取安乐,而竟然用贪利卑污的念头违反法令来谋取私利,就像是登上山顶又坠落到峻峭的溪谷下求得生存一样,必然是没有机会的。"

法家认为,"闻有吏虽乱而有独善之民,不闻有乱民而独治之吏,故明主治吏不治民"③,强调君主的主要职责是治吏,通过治吏而后治民。韩非子说得很清楚,官吏是民众中的骨干:"吏者,民之本、纲者也。"④ 民众好比树和网,官吏就是树的主干、网的纲绳。摇树要摇树干,张网要拉纲绳,治民必须管好官吏。只有管好官吏,才能管好民众,收到纲举目张之效,使国家富强,威震四方。如果放弃对官吏的治理,而去直接治理民众,就会劳而无功。韩非子言:"治强生于法,弱乱生于阿,君明于此,则正赏罚而非仁下也。"⑤

### (二)以法治吏

与儒家倡导以德治国不同,法家将"法"视为国家政治治理中最为重要的因素。司马迁的父亲司马谈在《论六家要旨》中评论法家"不别亲疏,不殊贵贱,一断于法,则亲亲、尊尊之恩绝矣"。班固在《汉书·艺文志》中也说,法家"信赏必罚,以辅礼制……专任刑法而欲以自治"。

《管子》指出了法的权威作用,提出了"法者,天下之程式也,万事之仪表也"、"法律政令者,吏民规矩绳墨也"的观点,认为君臣吏民均应遵法行事。如果官民皆能服从法律,就达到了大治。同时,《管子》还主张法律的内容应包括官吏的从政规范,以便官吏执行职务时有所遵循规诫,"君壹置则仪,则百官守其法;上明陈其制,则下皆会其度矣"⑥。韩非子提出"一民之轨,莫如法;厉官威民,退淫殆,止诈伪,莫若刑"⑦,认为制定一

---

① 《韩非子·五蠹》。
② 《韩非子·奸劫弑臣》。
③ 《韩非子·外储说右下》。
④ 《韩非子·外储说右下》。
⑤ 《韩非子·外储说右下》。
⑥ 《管子·法禁》。
⑦ 《韩非子·有度》。

47

套完备的法律制度才是治国根本，有了合理的法度，即使是庸君也能"止盗跖也"。

商鞅指出人的本性都是好利的，人性好利主要表现为人的生存欲望和生存需求。"民之性，饥而求食，劳而求佚，苦则索乐，辱则求荣，此民之情也。"① 人的欲望和需求决定了人们会趋利而避害。他认为人的好利本性是与生俱来的，绝不会改变，"民之欲富贵也，共阖棺而后止"。人的一生就是追逐名利的一生。他认为人好利的本性不可能在礼义廉耻的约束下得到改变，因此，治理国家和百姓不能依靠单纯的道德说教，而要依靠法制。商鞅把代表新兴地主阶级意志的法看作治理国家的唯一工具和判定功过是非的唯一标准，认为法具有"定分止争"和"兴功禁暴"的作用。他在论述法的重要性时说："法令者，民之命也，为治之本也，所以备民也。为治而去法令，犹欲无饥而去食也……"② 就是说，法令就是人民的生命，治国的根本，防止乱民作恶的工具，它太重要了。商鞅反复劝告国君"不可以须臾忘于法"，一切要依法行事。统治者治理国家，不能片刻忘掉法度；有了法，官吏就难做坏事。"故有明主忠臣产于今世而散领其国者，不可以须臾忘于法。破胜党任，节去言谈，任法而治矣。使吏非法无以守，则虽巧不得为奸。"③《商君书》也强调了法律制度的重要性："夫废法度而好私议，则奸臣鬻权以约禄。"④ 抛开法律制度而私下商议决定，奸臣们就会弄权索贿。这是应该禁绝的。

商鞅强调要"任法去私"，"明法"与公正执法。他提出了"百县之治一形"和"壹刑"的主张。所谓"百县之治一形"，就是国家法令统一，各县的政治体制和政策措施相同。这样，邪辟的官吏不敢玩弄花样，接替的官吏不敢更改制度，由于过错而废弛职务的官吏不能掩盖其错误行为。官吏有了错误行为而不能掩盖，则官无邪人。所谓"壹刑"，就是刑罚统一，"壹刑者，刑无等级，自卿相、将军以至大夫、庶人，有不从王令、犯国禁、乱上制者，罪死不赦。有功于前，有败于后，不为损（减）刑；有善于前，有过于后，不为亏（毁）法。忠臣孝子有过，必以其数断。守法守职之吏有不行王法者，罪死不赦，刑及三族"⑤。上述以法治吏思想的重点，在于

① 《商君书·算地》。
② 《商君书·定分》。
③ 《商君书·慎法》。
④ 《商君书·修权》。
⑤ 《商君书·赏刑》。

强调君主治国理政必须通过法律来整顿吏治。

法家认为，实现清明吏治的根本途径在于法治。韩非子说："故明主之治国也，众其守而重其罪，使民以法禁而不以廉止。"① "古之善守者，以其所重禁其所轻，以其所难止其所易，故君子与小人俱正，盗跖与曾、史俱廉。"② 就是说，治理国家应该依靠法律，古代善于治理国家的君主，用重刑惩罚犯罪者，用法律来约束人们的行为，只有如此，才能使人们安分守法。他相信，如果能做到依法治理，那么即使是惯于偷盗的人也会变得廉洁。

法家还注重制定关于惩治官吏贪贿的法律。如战国初期魏文侯时期的李悝，在《法经·杂律》中规定了"假借不廉"和"受金"等内涵明晰的罪名和惩罪办法："丞相受金，左右伏诛，犀首以下受金则诛，金自镒以下罚，不诛也，曰：金禁。"意思是丞相如果受贿，他的随从近侍都要被处死；比犀首（即将军）这个官职小的官吏受贿，要处死；如果受贿没有超过二十两黄金，那么只处罚而不必处死。可见，《法经》作为我国第一部比较系统的封建成文法典，已经对受贿罪做了明确的规定。

### 三、墨家廉政良治思想简介

墨家与儒家当时并称"世之显学"，其兼相爱、交相利的理论，追求社会平等互利的思想，与清廉意识也存在一种内在联系。"墨翟贵廉"是《吕氏春秋》对墨家的评价。

墨家思想学说以实用为原则，因而在政治思想中，针对统治阶层的腐败堕落，极力主张实行廉政，整饬吏治。墨子说，"吏不治则乱"③，只有加强对官吏的治理，使他们勤政廉政，从根本上正本清源，才能使民心淳朴、社会稳定，实现社会的清明、廉洁。为了实现墨家的政治理想，为了实现"兴天下之利，除天下之害"的目的，墨家学派的成员遵守严格的纪律，严于律己，吃苦耐劳，艰苦实践，"皆可赴汤蹈刃，死不旋踵"④，表现出惊人的献身精神。

---

① 《韩非子·六反》。
② 《韩非子·守道》。
③ 《墨子·非儒下》。
④ 《淮南子·泰族训》。

## (一)反对剥民,主张"节用"

### 1. 反对官府横征暴敛、剥削百姓财物

墨子指出,统治者"外敛关市、山林、泽梁之利,以实仓廪府库"①,通过征税来充实国库,增强国家的财力和行政能力,做到"官府实而财不散",进而达到官府充实而万民富裕的目的是可以的。"以其常征,收其租税,则民费而不病"②,强调正常的赋税,人们是能够接受也愿意缴纳的。墨子认为古时的圣王也曾向万民征取很多的钱财,制造舟车供官民使用,船用于水上,车用于地上,君子可以休息双脚,小民可以休息肩和背。所以万民都送出钱财来,并不会因此而招致怨恨,是什么原因呢?就是因为它符合民众的利益和需求,"以其反中民之利也"③。这里的"反中民之利",是说应该取之于民,用之于民,一切问题都要根据百姓的需要来处理。

墨子认为国家征税可以,但是关键在于对庶民百姓不能横征暴敛,"民所苦者非此也,苦于厚作敛于百姓"。墨子认为,社会之所以出现淫暴寇乱的失范现象,主要是因为一些贪官污吏为了自己享乐而对百姓横征暴敛,"厚敛于百姓,暴夺民衣食之财,以为宫室台榭曲直之望、青黄刻镂之饰"④。

### 2. 主张"节用"

墨家代表小生产者的利益,十分重视人民的生计,重视劳动生产,珍惜人民的劳动果实,反对统治者铺张浪费,肆意挥霍民脂民膏。墨子把"饥不得食,寒不得衣,劳者不得食"称为"民之三患"。因此,他主张统治者应注重农事,发展生产,使劳动者能够过上温饱生活。

墨子认为,古代圣人治政,宫室、衣服、饮食、舟车只要适用就够了。而当时的统治者却追求奢侈豪华,在这些物质方面穷奢极欲,大量耗费民力和财力,使人民生活陷于困境,甚至使很多男子没有能力娶妻而独身。因此,他主张凡是不利于实用、不能给百姓带来利益的物质享受都应该一概取消。

墨子认为,节用是国家积累财富的根本途径,可以使一个国家成倍地增长财富,而且还不会费民力,也不须另辟财路,"是故用财不费,民德不

---

① 《墨子·非乐上》。
② 《墨子·辞过》。
③ 《墨子·非乐上》。
④ 《墨子·辞过》。

劳，其兴利多矣"。墨子主张节用，提倡节俭，节约财政开支，以扩大生产。他大声疾呼："去无用之费，圣王之道，天下之大利也。"① 墨子还深刻地指出：统治者的生活消费应有一定限度，倘若奢侈浪费过度，则国家必贫，人民必寡，刑政必乱，所谓"俭节则昌，淫佚则亡"②。从节用出发，墨子还主张节葬，反对儒家所鼓吹的厚葬。

从节用的爱民意识出发，墨子反对剥削，崇尚劳动，提出"赖其力者生，不赖其力者不生"③，不参加劳动的，就不能够获得劳动果实。"节用"体现了墨家爱民、惜民的精神实质。墨家学派的成员功成不受赏、施恩不图报，过着极其简朴和艰苦的生活，亲身践行着自身的节用信仰。

### （二）推崇廉义

墨子对廉义特别推崇。他把"廉"作为人的重要德行提了出来，认为"君子之道也，贫则见廉，富则见义，生则见爱，死则见哀。四行者不可虚假，反之身者也"④。就是说，君子处世的原则是：贫穷时要表现他的廉洁，富足时要显示他的义气，生时被人爱戴，死时为人哀悼，这四个方面不可虚假，人们应该常常反躬自问是否有虚伪之处。从中可见墨子对清廉道义的推崇。

墨子曾高度赞赏那些背禄向义的人。墨子曾带高石子游历卫国，卫国国君赏识高石子，给他的俸禄很优厚，安排他在卿的爵位上。可是，高石子三次朝见卫君，虽都竭尽其言，但卫君却毫不纳谏实行。于是高石子离开卫国到了齐国。他将这事告诉墨子，表示担心人们说他狂妄。墨子说，行义就不能回避诋毁而追求称誉。离开卫国，假如符合道的原则，承受别人的指责有什么不好？高石子说："我离开卫国，就是遵循道的原则。以前老师说过，天下无道，仁义之士不应该处在厚禄的位置上。现在卫君无道，而贪图他的俸禄和爵位，那么，就是我只图吃人家的米粮了。"墨子听了很高兴，就把禽滑釐召来，说："姑且听听高石子的这话吧！违背义而向往俸禄，我常常听到；拒绝俸禄而向往义，从高石子这里我见到了。"⑤

### （三）"尚贤"

墨家主张尊重和重用贤人，实行贤人政治。墨子提出贤良之士是"国

---

① 《墨子·节用上》。
② 《墨子·辞过》。
③ 《墨子·非乐》。
④ 《墨子·修身》。
⑤ 参见《墨子·耕柱》。

家之珍,社稷之佐"①,尚贤使能是治国的根本措施,只有选用贤良之士,才能治理好国家。墨子认为,尚贤也是整顿吏治的关键。他总结了历代统治阶级用贤而治、用奸而乱的经验教训,得出"尚贤者,政之本也"的命题。他说:"有贤良之士众,则国家之治厚;贤良之士寡,则国家之治薄。"② 认为要想治理好国家,必须任用贤人,只有贤德之人才能造就一个和平、兼爱的社会。

墨子提出"贤"的基本标准是:有力气的要帮助别人,有财富的要救济别人,有知识、懂道理的要教导别人。墨子认为,贤人"其为政于天下也,兼而爱之,从而利之"。也就是说,贤人就是那种有兼爱的品质,能为天下人谋利益的人,而不是只为贵族阶级谋利益的人。

如何做到尚贤呢?春秋战国时期,选官基本上是采用任人唯亲的世卿世禄制度。墨家认为,"欲使国家之富,人民之众,刑法之治",就必须否定天命观,冲破这种制度,不别亲疏,不殊贵贱,唯才是举,做到"尚贤使能"。较之儒家的尚贤主张,墨家更为激进。

墨子出身于下层人民中间,他站在下层人民和平民阶级的立场上,对贵族阶级和宗法政治进行了猛烈的批判和否定。墨子对当时的贵族极为蔑视,认为他们是丑恶的反动者:他们不令人生,反令人死;不令人富,反令人贫;不令人治,反令人乱;不令人善,反令人恶;不令人安乐,反令人悲苦。墨子指出正是因为贵族阶级的腐化堕落,才导致了人与人相争相贼,从而引起社会危机。

在选贤问题上,墨子要求打破宗法政治,使国家政权对下层民众开放。墨子说:"古者圣王之为政,列德而尚贤,虽在农与工肆之人,有能则举之,高予之爵,重予之禄,任之以事,断予之令。"③ 认为一个人只要有道德与才能,不管地位高低和出身如何,都可以大力提拔。他主张国家的官僚队伍,也应该优胜劣汰,只要是贤才,即使是"牛监草肆"之人,都可以做官;而没有才能的人,即使是贵族,也应该"贫之贱之",不让他占据高位,享有厚禄。这就是"官无常贵,而民无终贱,有能则举之,无能则下之"④。

因此,墨子坚决反对以亲疏贵贱划分等级的观念,否定在现实社会中的

---

① 《墨子·尚贤上》。
② 《墨子·尚贤上》。
③ 《墨子·尚贤上》。
④ 《墨子·尚贤上》。

不平等关系,认为选拔贤才时要做到"不党父兄,不偏富贵,不嬖颜色。贤者举而上之,富而贵之,以为官长;不肖者抑而废之,贫而贱之,以为徒役"①。即不曲从私情、袒护亲属,不偏向有钱有势的人,不听从所宠幸的人的要求。只要是德才兼备的人就提拔,缺德少才的人就降职或撤职。把有才能的人选拔出来后,要许以高的爵位,给予丰富的俸禄,还要给他们发号施令、决断事务的实际权力,这样才能真正发挥贤才的作用。

此外,在任用官吏时,墨子主张对选拔对象进行全面考察,"听其言,迹其行,察其所能而慎予官"②。

### (四) 赏罚分明

墨家重视刑赏的作用,反复强调"观之以荣誉,威之以刑赏"③,认为设置刑赏能够实现赏贤惩暴的目的。

墨家学派强调法治在廉政良治中的重要作用。墨子说:"天下从事者,不可以无法仪。无法仪而其事能成者,无有也。"④ 墨子又认为,法治的根本表现在于赏罚分明,"善人赏而暴人罚,则国必治"⑤。因此,他建议统治者"赏当贤,罚当暴,不杀无辜,不失有罪"⑥,否则,"赏不当贤,而罚不当暴,则是为贤者不劝,而为暴者不沮矣"⑦。

墨家强调赏罚要公正无私,"勿有亲戚弟兄之所阿",不偏私父母兄弟、亲朋好友。《吕氏春秋·去私》中记载了一个"腹䵍杀子"的故事:墨家学派有个首领叫腹䵍,住在秦国,很受秦惠王的信任和敬重。他不但学识渊博,德高望重,而且严于律己,刚正无私。有一天,腹䵍的独生子在外面杀了人。按照秦国的法律,杀人是要处死刑的。秦惠王知道这件事后,虽然觉得腹䵍儿子杀人触犯了国法,但对德高望重的腹䵍老先生却深表同情,决定亲自出面赦免他的儿子。腹䵍却说:"禁止杀人和伤人是天下的大义。我的儿子犯了法,君王虽然对他赐以恩惠,下令不予诛戮,但腹䵍不可不行墨者之法,因此,大王的赦令我是断然不能接受的。"秦惠王见腹䵍奉法无私,态度恳切坚决,只好令刑官依法将腹䵍的儿子处死。

---

① 《墨子·尚贤中》。
② 《墨子·尚贤中》。
③ 《墨子·兼爱下》。
④ 《墨子·法仪》。
⑤ 《墨子·尚同下》。
⑥ 《墨子·尚贤中》。
⑦ 《墨子·尚贤下》。

墨家的刑赏论在一定程度上对统治者的滥赏滥罚起了限制作用。

## 四、道家廉政思想简介

先秦道家,是以"道"为其思想体系核心、崇尚自然的一个学派。道家在政治上主张无为而治,通过无为达到无不为的境界。因此,绝圣弃智、绝仁弃义是这个学派的基本主张。道家学派强烈反对统治者的贪贿腐化行为,批判统治者的纵欲生活所带来的奢靡风气,倡导清静无欲,要求为政清廉。

在现实生活中,统治阶级的奢靡腐化正是建立在对人民的巧取豪夺之上,建立在人民生活的痛苦之上。因此,道家的廉政思想主要是通过对社会政治的批判来表达的。

### (一) 倡导无欲

针对欲海横流的社会实际,道家学派着重强调了清静无欲的社会意义。老子说:"清静为天下正。"① "不欲以静,天下将自正。"② "我好静,而民自正;我无事,而民自富;我无欲,而民自朴。"③ 在老子看来,统治阶级应该效法天道,清静而不纵欲,减少对百姓的骚扰。庄子也强调:"古之蓄天下者,无欲而天下足,无为而万物化,渊静而百姓定。"④ 这就尖锐地批评了统治者贪得无厌而造成天下贫困的局面。这些都是与道家学派自然主义思想相一致的。庄子指出:"此皆自勉以役其德者也,不足多也。故曰,至贵,国爵并焉;至富,国财并焉;至显,名誉并焉。是以道不渝。"⑤

### (二) 抨击统治者的厚敛

老子对当时社会现实中统治者的骄奢淫逸和贪婪腐败深为不满,并加以猛烈抨击。"朝甚除,田甚芜,仓甚虚,服文采,带利剑,厌饮食,财货有余,是谓盗竽。"⑥ 这群奢侈腐化,弄得国困民穷的家伙,简直就是强盗头子。

老子对统治者的厚敛进行了猛烈的抨击,指出老百姓产生饥荒的原因在

---

① 《道德经》。
② 《道德经》。
③ 《道德经》。
④ 《庄子·天地》。
⑤ 《庄子·天运》。
⑥ 《道德经》。

于苛税太多。"法令滋章，盗贼多有。"① 法律命令越是显著周密，盗贼就越多。"名与身孰亲？身与货孰多？得与亡孰病，甚爱必大费，多藏必厚亡。"② 老子提出，"民之轻死，以其上求生之厚"，统治者为贪求生活的奢侈、丰厚而盘剥百姓，必然会激起尖锐的社会矛盾。

老子称俭为宝："我有三宝，持而保之：一曰慈，二曰俭，三曰不敢为天下先。"老子提出，统治者应当"去甚、去奢、去泰"，做到节赋敛、轻刑罚、慎用兵、尚节俭。

### （三）主张公正无私

长沙马王堆汉墓出土的黄老帛书反映了道家黄老学派的思想，其中强调公正无私是道的本性，所以统治者制定法令要合乎民意，执行法令要公正无私。"使民之恒度，去私而立公。"③ 即使用官员有不变的办法，管理民众要坚持不谋私利。公正无私、赏罚使人信服，就能达到大治。而公正无私又是与清静无欲、无为而治联系在一起的。《道法》篇中说："公者明，至明者有功。至正者静，至静者圣。无私者知，至知者为天下稽。"这些虽未明确提到廉，但其中崇尚清廉的倾向还是非常明显的。作为这一倾向的直接反映，黄老帛书还提出了"兼爱无私"等一系列具体主张。

老子说："圣人无常心，以百姓之心为心。"意谓执政者不要有自己的欲望，应该以老百姓的希望作为自己的意志。

### （四）将"廉"德置于无为而治之中

道家学派强调无为而治。老子说："其政闷闷，其民淳淳；其政察察，其民缺缺。……是以圣人方而不割，廉而不刿，直而不肆，光而不耀。"④ 就是说，政治上无为而治，则民风淳朴；而政治上有所作为，则社会易陷于动荡。因此，明智者处世，往往适可而止，做到方正、廉洁、光明正大，但又不过度以致伤及他人、他物。

庄子认为，廉政就是不把自己的利益获取建立在他人的痛苦基础之上。他说："人犯其难，我享其利，非廉也。"⑤ 为了自己的享受而让别人遭受痛苦，绝对是违背"廉"的要求的。在庄子看来，当时社会之所以出现混乱不堪的局面，主要是因为一些人太贪心的缘故。他说："不足故求之，争四

---

① 《道德经》。
② 《道德经》。
③ 《经法·道法》。
④ 《道德经》。
⑤ 《庄子·让王》。

处而不自以为贪；有余故辞之，弃天下而不自以为廉。廉贪之实，非以迫外也，反监之度。"① 他批评当时的社会混乱状况是"大道不称，大辩不言，大仁不仁，大廉不谦，大勇不忮"②。道家从天道自然、无为而治的思想出发，反对人为地提倡仁义圣智，认为这些都是病态社会中的反常现象，不合乎人的本性。道家认为，"夫孝悌仁义，忠信贞廉，此皆自勉以役其德者也，不足多也"③。这里表面上表现出道家非道德主义的无为倾向，而实质上却透露出道家学派对当时社会道德现象的无奈，反映出他们对那种采取不正当又不道德的手段而发达起来的伪君子们建立的所谓道德秩序的不屑一顾。道家对当时社会实然状态下的道德状况的批判，反观出道家对包括廉洁在内的应然道德秩序的强烈渴求。

除了上述儒、道、墨、法等各家，其他诸子也提出了整饬吏治的思想。晏子是春秋时期杂家的一个重要代表。他融儒、墨、法家思想于一体，明确提出了"廉者，政之本也"④的命题。在晏子看来，统治者只有实行廉政，才能巩固自己的统治地位，并实现社会的长治久安。齐景公曾问晏婴："廉政而长久，其行何也？"晏婴对曰："其行水也，美哉水乎清清，其浊无不雩途，其清无不洒除，是以长久矣。"⑤ 即廉政行为就像流水一样，混浊的水没有好的前途，清澈的流水才能向前长久地奔流。

晏子提出了厚民、用贤、去佞和法治等主张来实现廉政。晏子认为，要实现廉政，首先必须爱民。他说："意莫高于爱民，行莫厚于乐民。"⑥ 在晏子看来，"德不足以怀人，政不足以惠民"是亡国的行为。其次，晏子认为，廉政之道在于"举贤官能"，他说："举贤以临国，官能以救民，则其道也。举贤官能，则民与若矣。"⑦ 即举贤任能，则民兴善而国治。晏子把君主身边的逸夫佞臣比作"社鼠"，他说："逸夫佞臣在君侧者，若社之有鼠也。"⑧ 他还积极主张惩罚贪官，去掉社鼠。他认为，恶人不去、贤人不进、逸佞不出、忠臣不用、社鼠不去是国家的长久之患。最后，晏子也主张通过法律手段来加强廉政建设。他认为，统治者应对那些敢于以身试法的权

---

① 《庄子·盗跖》。
② 《庄子·齐物论》。
③ 《庄子·天运》。
④ 《晏子春秋·内篇杂下》。
⑤ 《晏子春秋·内篇问下》。
⑥ 《晏子春秋·内篇问下》。
⑦ 《晏子春秋·内篇问上》。
⑧ 《晏子春秋·外篇第七》。

贵毫不留情，对那些尽管地位低微，但积德行善的人大加奖赏，做到"诛不避贵，赏不遗贱"①。只有真正做到惩恶扬善，赏罚分明，才能实现政治的清正廉明。

例如，齐景公是个贪暴奢靡的庸君，他的行为曾遭到晏婴的强烈批评。一次景公生病，责怪是祝官史官的过错，晏婴就明确指出是齐景公的为政过错。他提出治理国家时的不可为之事，其中就包括"县鄙之人，入从其政；逼介之关，暴征其私；承嗣大夫，强易其贿；布常无艺，征敛无度；宫室日更，淫乐不违；内宠之妾，肆夺于市；外宠之臣，僭令于鄙；私欲养求，不给则应"②。也即：边远城邑的人民，都让来服国家的徭役；靠近都城的关卡，横征暴敛人民的私财；世袭的大夫，强取豪夺人民的钱财；施政没有准则，征敛没有限度；宫室天天更换，荒淫享乐永无休止；宫内的宠妾到市场上放肆地掠夺，宫外的宠臣在边远的城邑假传命令；贪求满足自己的私欲，如果不能供给，跟着就加以治罪。晏婴劝告景公要修养品德，施行仁政，"君若欲诛于祝史，修德而后可"③。像这样批评贪暴的言行，在晏婴那里还有很多，而且他本人身为齐相，严格自律，始终不置家产，两袖清风，成为节俭、清廉的楷模。

农家主张的君臣并耕而食，反对剥民以自养的主张，也清晰地反映出崇尚清廉的意识。战国时期农家的代表人物许行曾评论滕国国君滕文公："滕君则诚贤君也，虽然，未闻道也。贤者与民并耕而食，饔飧而治。今也，滕有仓廪府库，则是厉民而以自养也，恶得贤？"④ 也就是说，滕文公倒确实是贤明的一位君主。虽然如此，他还不完全懂得治国的道理。贤德的君主应该与百姓一同耕作获得自己的粮食。一面烧火做饭，一面治理天下。如今滕国的仓库和府库堆满了粮食钱财，这是损害人民来供养自己，哪能称得上贤明呢？这是许行对当时统治者的尖锐批判和控诉。许行还提出了"市贾不二"的价格论，也是针对当时工商业发达，人竞厚利、怠废本业的现象而提出的。许行主张在社会分工互助的基础上，市场上的同种商品只有一种价格，没有第二种价格。许行认为，这样一来就不会再有弄虚作假的现象。

许行的主张反映了战国时期贫苦农民的利益和要求。君民并耕之说反映了当时贫苦农民的平均主义和共同劳动的思想，要求人人都成为自食其力的

---

① 《晏子春秋·内篇问上》。
② 《左传·昭公二十年》。
③ 《晏子春秋·内篇问下》。
④ 《孟子·滕文公上》。

劳动者；价格论反映了当时贫苦农民对商人利用市场高利盘剥的不满，要求调整物价的愿望。

另外，战国时期阴阳家学派创始者与代表人物邹衍"睹有国者益淫侈，不能尚德"，欲求解决之道，推出了"五德终始说"与"大九州说"的学说理论，但他明确指出"然要其归，必止乎仁义节俭"①。这说明，邹衍也是崇尚清廉俭约的。

战国末期，集儒、法、道、墨等学派思想于一体的杂家代表作《吕氏春秋》在其十二纪、八览、六论中多次论述了廉政问题，而且在《贵公》、《去私》、《顺民》和《下贤》等许多篇章中专门阐述了廉政良治的话题。其中认为，廉的实质不因利益的追求而丧失其道义。"故临大利而不易其义；可谓廉矣。廉故不以贵富而忘其辱。""故人主之欲得廉士者，不可不务求。"②"布衣、人臣之行，洁白清廉中绳。""人臣孝，则事君忠，处官廉，临难死。"③ 就是说，廉是对为官者提出的基本道德要求，是检验为官者行为的准绳。《吕氏春秋》提出："公则天下平矣。平得于公。"④ 意谓做到公正，则天下太平；天下太平，正是由于公正得来的。

先秦诸子各家的这些言论，在总结历史经验教训的基础上，分析了贪贿奢侈对国家和自身的危害，强调了为官者必须有以公灭私、清正廉洁、持俭去奢等意识，具有一定的哲理内涵和现实意义，有利于促使统治者实行廉政，减轻剥削，保持良好的社会风尚。先秦诸子的吏治良政思想在中国政治思想史上功不可没，对当时及后世都产生了重要而深远的影响。

## 第三节　清朝前期与中期的吏治状况

### 一、顺治及康熙、雍正、乾隆时期的吏治整饬

#### （一）顺治朝严惩吏治的情况

满族以少数民族崛起于关外而后入主中原，这得益于其精兵简政、军政合一的八旗制度和威猛善战的八旗兵，即所谓"马上得天下"。清初统治者以外族入关之清醒认识，保持着如临深渊、如履薄冰的勤奋持政与谨慎决

---

① 《史记·孟子荀卿列传》。
② 《吕氏春秋·离俗》。
③ 《吕氏春秋·孝行》。
④ 《吕氏春秋·贵公》。

策，与腐败贪腐的晚明社会政治相比，清初政府充满了新兴力量的勃勃生机。

清初统治者汲取历代特别是明末因政治腐败而终于亡国的教训，采取一系列严厉措施对吏治进行整肃。入关问鼎中原之初，清朝统治者就一再强调"国之安危，全系官行之贪廉"①，采取严厉的政策遏制官吏腐败。主政的摄政王多尔衮面对定鼎之初政权不稳的情况，主张从速整饬吏治，严加约束。顺治元年（1644）六月二十日，多尔衮发布谕告，指出明朝之所以倾覆灭亡，主要是由于朝廷内外官吏贿赂公行，功过不明，是非不辨，所任用的官员，有钱财者虽不肖亦得进，无钱财者虽是贤能之才亦不得用。明朝之所以乱政乱国，实源于此。他恩威并施地警诫现在的官吏尤其是前明留任的官吏，如果能够抛除从前的贪婪观念，殚精竭虑地为新朝效力，则俸禄充给，永享富贵，"如仍前不悛，行贿营私，国法具在，必不轻处，定行枭示"②。

顺治帝亲政后，延续了多尔衮严肃吏治的思想与措施。顺治帝对官吏队伍的好坏对安邦治国的作用有着清醒的认识，认为"民安斯国治"，"夫民之休戚，视吏之良否"③。顺治八年（1651）正月，顺治帝在亲政伊始，就连下诏书，谕示"国家纲纪，首重廉吏。迩来有司贪污成习，百姓失所，殊违朕心。总督巡抚，任大责重，全在举劾得当，使有司知所劝惩"④。二月三十日，顺治帝又给都察院下了一道关于惩贪的长谕，这道圣谕讲了三个问题。一是"朝廷治国安民，首在严惩贪吏"，把严惩贪官列为治国的头等大事。二是提出"欲严惩贪官，必在审实论罪"。这主要是针对当时审案的官吏受托受贿，督抚巡按等官吏又不纠参，以致无法定罪，使犯贪之官吏仍在原职这种时弊提出来的。三是遇赦不免。自颁此谕之后，"大贪官员问罪至应死者，遇赦不有"⑤。这些表现了顺治帝痛加惩治官吏腐败，以肃国纲的决心。

顺治朝采取的主要措施有：

### 1. 对官吏队伍中的明末陋习进行大力、系统的整顿

满族入主中原后，沿用了明朝的政治体制，对明朝官员采取了"各衙门官员俱照旧录用"的政策，吸纳了大量的前明文武官员，鱼龙混杂，这

---

① 《世祖章皇帝实录》卷九。
② 《世祖章皇帝实录》卷五五。
③ 《世祖章皇帝实录》卷七〇。
④ 《清史稿》卷五。
⑤ 《世祖章皇帝实录》卷五四。

就难免出现一些前明官员把明末官场中的陋习带入清朝官吏队伍中的情况。对于明末官场陋习,清初统治者是非常警惕的,因为他们清楚地认识到,"明季诸臣,窃名誉,贪货利,树党羽,肆排挤,以欺罔为固然,以奸佞为得计。任意交章,烦渎主听,使其主心志眩惑。用人行政,颠倒混淆,以致寇起民离,祸乱莫救"①。所以,顺治帝对这些官场陋习进行了大力、系统的整顿。

2. 努力建立健全官吏选拔考核制度,加强对朝廷内外官员的监督

在顺治朝,对京官和地方督抚的考核体系初步建立起来。顺治帝很重视对官员的监察,重视发挥都察院和科道官员的作用,多次派出巡按御史。据统计,顺治年间共派遣巡按御史163人、197人次。顺治帝对巡按御史亲自选拔,严格要求。

3. "特立严法",严厉惩处

顺治朝制定了各项严厉的处罚贪污犯赃律例,严刑打击各级官吏贪赃枉法、科派勒索和行贿受贿的行为。顺治帝指出:"贪官蠹役害民,屡惩弗悛,不得不特立严法,冀人人畏惧,省改贪心,始不负朕惩贪救民之意……朕明知立法既严,于贪官蠹役有所不便,必怀怨心。但轸念民生即为贪蠹所犯,亦不遑恤。若不如此,贪风何由止息?小民何日安生?"②顺治十二年(1655),顺治帝谕告刑部,贪官蠹国害民,最为可恨,但是因法度太轻,虽经革职拟罪,仍然能够享用赃财,这导致了贪风不息。"嗣后内外大小官员,凡受赃至十两以上者,除以律定罪外,不分枉法不枉法,俱籍其家产入官,著为例"③,后改为"贪官赃至十两者,免其籍没,责四十板,流徙席北地方。具犯赃罪,应杖责者,不准折赎"④。顺治朝还规定,衙役犯赃一百二十两以上,分别绞斩,一两以上俱流徙,一两以下,责四十大板、革役。从以上条例可以看出顺治朝对贪赃官吏惩处的标准是十分严酷的。他还特别规定"贪官受赃,诏款不赦"。后来当顺治十三年(1656)以册立爱妃董鄂氏为皇贵妃而颁发恩诏大赦天下时,又再次重申文武官员凡系贪赃之罪,一律不赦。

此外,对于大案要案,顺治帝还亲自审讯,以震慑贪官。从《清世祖

---

① 《世祖章皇帝实录》卷一八。
② 《清世祖圣训》卷六。
③ 《世祖章皇帝实录》卷九五。
④ 《世祖章皇帝实录》卷一二五。

第一章 晚清之前的中国吏治思想简述

实录》上面已经记载的惩贪事例看,在顺治八年(1651)至十七年(1660)的十年间,因贪赃枉法而被惩处的督抚司道府州县官员就有四十八人,其中总督、巡抚、布政使等省一级官员就有十九人。例如,顺治六年(1649)的福建巡抚周世科因贪赃枉法,最后按照《大清律例》处以凌迟处死;大学士陈名夏因贪赃枉法,经顺治帝批示,判处斩立决、没收家产。①

顺治帝六岁登基,十四岁亲政,二十四岁便早逝。由于执政时间较短,顺治帝在中国历史上的重大建树较少,没有康熙帝和乾隆帝那么多的显绩。但是,顺治帝大力整饬吏治,遏制和革除明末官场中遗留的陋习,严惩贪官污吏,使清初政风务实,官场风气较好,从而对于稳固入关后的清朝政权统治、缓和阶级与民族矛盾,起到了重要作用,并为康熙朝的繁荣奠定了坚实的基础。正如《清史稿》所言:"清初以武功定天下,日不暇给。世祖亲政,始课吏治,诏严举劾,树之风声。"② 顺治末年,出现了"吏治肃清,民生乐遂"的局面,涌现了一批敦行俭朴、慎守廉规的廉吏清官。顺治朝中不少官员在康熙朝位居高官,如魏象枢、杜立德、杨雍建、田六善等,勤政有为,为官清正,为康熙朝的盛世做出了很大的贡献。正如昭梿所说:"世祖亲政后,任法严肃……夙弊尽革,以成一代雍熙之治也。"③

**(二)康熙朝整饬吏治的情况**

清圣祖康熙是一位以武功显赫、文治斐然而称著于世的英主,他在吏治的理论与实践上颇有建树。

### 1. 对吏治重要性及官场腐败原因有深刻的认识

康熙帝认识到"民生之安危,由于吏治之清浊",提出"治天下以惩贪奖廉为要"的观点,重视整饬吏治。他居安思危,把吏治问题与明亡的教训结合起来,常常警告大臣要避免重蹈明末腐败误君亡国的故辙。

康熙帝还对官场腐败的源流与表现有深刻的认识。康熙十八年(1679),康熙帝在诸位大臣面前,对本朝民生吏治中存在的问题进行了分析。他说,目前民生困苦已极,而大臣长吏之家日益富奢,何以至此?他认为主要是官场存在六大弊端引起的。一是各州府县地方官吏为献媚总督、巡抚等上司而"苛派百姓",即下级官吏为讨好、贿赂上级官吏而搜刮民财。

---

① 参见牛创平、牛冀青:《清代一二品官员经济犯罪案件实录》,中国法制出版社2000年版,第24页。
② 《清史稿》卷四百七十六。
③ 昭梿著,何英芳点校:《啸亭杂录》卷一,中华书局1997年版,第1页。

二是督抚上司将受贿的民财馈送在京大臣。每当考察选拔官员时，这些受贿的中央大臣便徇私舞弊，保举这些平素交好的地方官吏。三是每逢动兵作战之时，领兵的诸王、将军"不虑安民之艰"，而是志在肥私，攘夺民财。四是每遇水旱灾荒之年，官吏们便捏造虚数，侵夺豁免钱粮，以致灾民百姓不得实惠，使贫者益贫。五是大小刑部官员对于刑狱供招不行速结，任改口供，枉坐人罪，而致一案数家破产。六是诸王、贝勒、大臣之家人、包衣下人仗势欺压小民，豪取民财，地方官吏不敢犯，反附炎投靠，致使民怨不申。① 他要求官员深刻认识腐败的危害。

### 2. 严格官吏考核制度

康熙帝中期以后努力完善官吏考选制度，将考满与京察、大计并用，严格考核官史。他明确规定，凡大计定为卓异者，必须确实符合"无加派、无滥刑、无盗案、无钱粮拖欠、无仓库亏空银米，境内民生得所，地方有起色"等条件，并且完善和创制引见、陛辞、出巡、密奏等考察方式。

### 3. 重视选拔心存民生的官员

康熙帝提出"选贤任能，为治之大道"，"长史贤则百姓自安"。康熙二十七年（1688），他在策试时亲自出题："自古帝王膺图御宇，惠育黎元，必吏治澄清，而后民生得遂。"他认为论资历上升官员是一种弊端。1678年，他指示吏部：凡是有学行兼优，文辞卓越之人，不论已入仕未入仕，都要求在京三品以上及科道官员，在外总督、巡抚、布政使、按察使各举所知，他将亲试录用。在他执政期间，曾九次下诏征集山林隐逸之士，树立了于成龙、彭鹏、张伯行、张鹏翮等廉洁清官的榜样。

### 4. 在惩贪实践上雷厉风行

康熙帝认为"致治之道，首在惩戒贪蠹"②，注意惩贪儆众。1684年，康熙帝下令编制《大清会典》，把贪酷列为考察官吏"八法"的第一条，从法律上规定对贪官污吏从严惩处。康熙严谕大臣："朕观自古帝王，于不肖大臣，正法者颇多。今设有贪污之臣，朕得其实，亦必置之重典。"提出"凡别项人犯，尚可宽恕。贪官之罪，断不可宽"③。他亲手处理了一批大案要案，震动朝野。康熙二十三年（1684），侍郎宜昌阿、巡抚金俊在查处尚之信家产时，因隐瞒白银八十九万两被处斩。侍郎宗俄托、禅塔海在审理此

---

① 参见《圣祖仁皇帝实录》卷八二。
② 《圣祖仁皇帝实录》卷九十。
③ 《圣祖仁皇帝实录》卷五十四。

案中，故意包庇，均被处死。康熙二十六年（1687），湖广巡抚张汧，以"莅任未久，黩货多端"的罪名被罢官，对当年保举张汧升任巡抚的中央大臣，如侍郎王遵训、学士卢琦、大理寺丞任辰旦也一同予以革职。康熙二十四年（1685），山西巡抚穆尔赛犯贪酷罪，九卿议处时考察他功高位重而下不了手。康熙帝严厉地斥责说："穆尔赛身为大吏，贪酷已极，秽迹显著，非用重典，何以示惩？……治天下以惩贪奖廉为要，贪婪者惩一以儆百。"遂依据法律严惩了穆尔赛。康熙五十年（1711），赐死收受贿赂、反行诬告的两江总督噶礼。

康熙帝前期和中期都非常重视吏治。他自谓，"朕夙夜孜孜，勤求治理，务期纪纲整肃，吏治澄清，庶绩咸熙，民生乐业，以几郅隆之化"①。由于吏治清明，国家机器高效运转，康熙王朝在削平三藩、收复台湾、平定噶尔丹、抗击沙俄等战争中赢得了胜利，有效地发展了生产，社会稳定，人民安居乐业，为康乾盛世的开创奠定了坚实的基础。

但到了康熙王朝后期，康熙帝由于年老倦勤，对吏治问题有所放松，加之存在官吏腐败不可能根绝的思想认识，更多地强调从政以宽，生一事不如省一事，从而提出了"治天下之道，以宽为本，若吹毛求疵，天下安得全无过者"②的观点。康熙四十八年（1709）九月，他在给河南巡抚鹿祐的上谕中说："所谓廉吏者，亦非一文不取之谓。若纤毫无所资给，则居官日用及家人胥役，何以为生？如州县官只取一分火耗，此外不取，便称好官，若一概纠摘，则属吏不胜参矣。"③康熙帝的意思非常明白：官员为了生活适当受些贿也是可以的，但是要把握一个度，不能腐败得太过分。因此，晚期康熙帝对官吏的贪污纳贿行为多加宽容，睁只眼闭只眼，不加深究。这种宽纵的结果是导致整个官场疲玩懈怠，党争激烈，腐败之风逐渐蔓延。

（三）雍正朝整饬吏治的情况

雍正帝继位时四十五岁，正是人生的壮年。同时，他学识广博、经历丰富，又性格坚毅、勤政任事。他上台后，为力挽康熙朝晚期的颓风，采取了严厉的"鹰式"政策，以刚猛的手段整饬吏治。

1. 着力革除行政积弊，严厉打击贪官

雍正帝即位时，藩库的银两亏空相当严重。他说："历年户部库银亏空

---

① 《圣祖仁皇帝实录》卷一一二。
② 《圣祖仁皇帝实录》卷二四五。
③ 《圣祖仁皇帝实录》卷二三九。

数百万两,朕在藩邸,知之甚悉。"他即位后便明确指出:"数十年来,日积月累,亏空婪赃之案,不可胜数,朕若不加惩治,仍容此等贪官污吏拥厚资以长子孙,则将来天下有司皆以侵课纳贿为得计,其流弊何所底止!"①所以,他在即位后的一个月,就果断地下达了全面清查亏空的谕令。谕令要求各省督抚将所属钱粮严行稽查,凡有亏空,三年之内务必如数补足,不得苛派民间,不得借端掩饰。如逾限期,从重治罪。三年补完之后,若再有亏空,绝不宽贷。为使谕令落到实处,中央设立了"会考府",即独立的审计核查机关,专门核查缴税、报销和钱银支用事宜。规定凡属钱粮奏销事务,无论哪个部门,都要经过会考府核实。并且制定了相应的政策,如规定弥补亏空的年限,颁布清查亏空的奖惩则例,明确亏空官员的处罚,区分挪移与侵欺的界限,以及用耗羡归公的方法弥补无着亏空等。由于雍正帝的严猛作风,各衙门亏空逐渐补足。五年后,国库储银就由康熙末年的八百万两增至五千万两。

严厉打击贪官。经过几年藩库亏空的认真清理,许多贪官被清查,受到处分的官吏竟达两千一百多名。雍正五年(1727),他下诏,"倘官员不知副朕爱民之苦心,仍有作奸犯科、隐粮逋赋及侵渔公帑、剥削民膏者,在天理国法俱难姑容,加以重惩更无可贷"②,表达了惩贪祛弊的决心。他严厉打击贪官,追赃索赔,查没家产。

2. 对财政和税收制度进行改革,实行了耗羡归公和发放养廉银的制度

康熙末期,官吏不仅贪污成风,平民百姓还承担着各种杂派,其中尤以耗羡为重。耗羡亦称火耗,是指官府征收田赋时附加的损耗。一般加三四成,也有的地方加五六成,甚至更多,获利的是官吏,受害的是百姓。州县官还把一部分耗损以繁多的名目和借口馈送上司。针对这一弊端,雍正帝创设了耗羡归公和发放养廉银制度,规定每两加收五分,作为政府的统一税收,各地不得任意增加。征收之后,一律归国库。中央给地方返还一部分作为地方官吏生活补贴和办公费用,称作"养廉银"。实践表明,这种制度强化了税收的统一征管,减轻了百姓的负担,整顿了吏治,减少了贪污。这一措施使官吏合法收入达到正俸的几倍甚至几十倍,能够满足官员的生活需要,对于官吏奉廉、减少贪污确实起到了一定的作用。虽然这样做并未减轻民众负担,但清理亏空、火耗归公、实行养廉银三事同时进行,使官吏对庶

---

① 《世宗宪皇帝实录》卷九一。
② 《世宗宪皇帝实录》卷六二。

民任意加派、官场间收受贵礼、贪污勒索的陋习有了很大改变,促使官僚队伍走向清廉。同时也使国库日渐充实,地方公费充足,收到了一石二鸟的效果。

雍正帝在位时宵衣旰食,夙夜忧勤,勤奋治事,严苛治政。他在临终的遗诏中仍念念不忘惩贪,说:"朕见人情浅薄,官吏营私,相习成风,罔知省改,不得不惩治整理,以戒将来。"① 终雍正一朝,吏治有较大的变化。正如清代著名历史学者章学诚所说:"我宪皇帝澄清吏治,裁革陋规,整饬官方,惩治贪墨,实为千载一时。彼时居官,大法小廉,殆成风俗,贪冒之徒,莫不望风革面,时势然也。"② 但是,由于封建制度固有的弊端,腐败现象仍然不绝。"养廉银"制度实施不久,贪墨之风又起,比较大的贪污受贿案就有四起,即李先枝案、官达案、俞鸣图案和年希尧案。

### (四) 乾隆朝整饬吏治的情况

乾隆帝认为,康熙帝治国"宽",雍正帝治国"严",过于宽或过于严,都不利于长治久安,因而主张"宽严并济"的治国之道。在吏治方面,乾隆帝调整了雍正朝严厉惩贪的吏治政策,制定了文质并重、宽严交替、刚柔相济的"适协中"(即中庸之道)的吏治方略,使当时整饬吏治呈现出了以时立法、时宽时严的特点。总体上来说,乾隆吏治前期偏严,晚期偏宽。

乾隆帝继承了康熙帝和雍正帝在吏治方面的许多方法和措施。如他进一步揭明吏治与民治的关系,提出"政治行于上,民风成于下"的论说,强调吏治的导向作用。如重视选拔人才,认为在官吏的选用上要"矢慎矢公,至确至当,举一人使众皆知所劝,退一人使众皆知所儆,始足以澄清吏治,整饬官方"③。如加强监察,认为,"从来为政之道,安民必先察吏。是以督抚膺封疆之重寄者,舍察吏无以为安民之本"④。

乾隆帝在其统治前期,执法尚为严厉。他指出,对于官吏的营私贪黩,"若不大加惩创,国法安在"。二十余年中,共处置贪污大案七起,即兵部尚书步军统领鄂善案、浙江巡抚常安案、江南河道总督周学健案、山东巡抚鄂乐舜案、湖南布政使杨灏案、云贵总督恒文案,以及山东巡抚蒋洲案。这几起案件,犯赃者家被籍没,人被处死,表明了这一时期乾隆帝在执法上的

---

① 《清史稿》卷一四二。
② (清) 章学诚著,叶瑛校注:《古文十弊》,《文史通义校注》(第5卷),中华书局1985年版,第506页。
③ 《高宗纯皇帝实录》卷三五一。
④ 《高宗纯皇帝实录》卷七十。

65

严厉。

到了中晚期，乾隆帝满足于已经取得的成就，矜夸功德，在盛世的一片颂歌中，思想发生改变。这时，乾隆帝虽然仍然认为"各省督抚中洁己自爱者，不过十之二三"，但他宽容大度，不予认真追究。在乾隆四十五年（1780）更推出"议罪银"制度，规定凡官员坐罪，可以通过缴纳银两的方式得到豁免或减轻处罚，议罪银所得款项均入内务府各库，增加了皇室的收入。罪官可以出钱赎罪，其标准视官缺肥瘠、收入多寡而定，少则一万五千五百两，多者达三十八万四千两。只要多罚银两，不但可以留任，甚至可以提拔升官。这一制度与其说是惩治贪污，不如说是鼓励贪污了。因此，官员的贪污行径更加肆无忌惮，有人在缴纳议罪银后旋即再去贪赃索贿，形成恶性循环。

乾隆帝中晚期对各级官吏腐败行为的宽容态度，无异于姑息养奸，在这种情况下，贪贿之风日炽，贪婪官员比比皆是。在乾隆朝中晚期，之所以能够形成一个以权臣和珅为首的官僚贪腐网络，与乾隆帝宠爱和佞幸和珅并存心包庇有关。

从乾隆中后期开始，官员违纪、违制、违法的现象泛滥，贪污腐败的大案要案陆续发生，呈加速增多之势。从史料来看，乾隆朝的吏治大案多集中在中晚期。从乾隆三十七年（1772）至嘉庆四年（1799）的二十七年间，几乎没有一年不"惩贪"，而贪污大案还是一个接着一个，层出不穷。如甘肃捐监冒赈案、山东巡抚国泰贪污国库案等。各省官吏贪腐甚重，"当时官吏之贪黩，其已经发觉而治罪者，已复累牍皆是，其未经发觉，或经人指摘而先事弥补者，更不知凡几矣"①。这些贪腐案件的发生都与乾隆帝的宽纵有关，诚如邓之诚在《中华二千年史》中所说："明为惩贪，其实纵贪。故当时有'宰肥鸭'之诮。乾隆所诛督抚，皆事已不可掩覆者。其由罚款而不问，或弥缝无迹者，不可胜数，故惩贪而贪不止。"

乾隆帝是一位有雄才大略的皇帝，但也是一位好大喜功、重文轻质的君主。他在位六十年间，对外大展雄风，南抗廓尔喀（尼泊尔）的入侵，北定准噶尔的叛乱，开疆辟壤，稳定边陲；对内励精图治，发展生产，奖励农桑，弘扬学术文化，营造了一个中国历史上经济繁荣、国力富强、空前统一的大清帝国，将"康乾盛世"推至顶点。但是，他到了晚年，有忽于"居安思危、防腐杜变"的古训，吏治失严，法纪松弛，致使在他统治的后期，官场上贪贿腐化成风，日渐暴露清朝的社会危机，《红楼梦》中贾府的衰

---

① 萧一山：《清代通史》卷中，中华书局1986年版，第222页。

落，正是这一时期的历史写照。

## 二、嘉庆、道光时期的吏治概况

乾隆末年至嘉庆、道光时期，在清朝统治下的封建中国，土地高度集中，财政极度匮乏，吏治极端腐败，军备严重废弛，这个盛极一时的封建国家已迅速走向衰落。随之而来的，则是在全国范围内阶级矛盾、民族矛盾的迅速激化。中国社会走到了一个新的十字路口，处于传统社会向近代社会过渡的转折期，封建统治加速衰败。经济上闭关锁国，重农轻商，越来越落后于西方世界；政治上为了加强封建统治，实行专制独裁，极力抑制资本主义萌芽；思想上，几千年来的儒家社会思想已经逐渐变得贫乏与僵化，程朱理学成为正统思想，并通过科举制度的功利诱导，取得了对中国思想界的控制地位，禁锢了国人的思想。吏治也是如此。

### （一）嘉庆朝

嘉庆皇帝即位之时，清朝已经面临盛衰交替之变，官吏贪污严重，官场陋规丛生，由吏治败坏引发的钱粮亏空严重，国家财政困难，政务懈弛乃至阶级矛盾激化等一系列问题。有学者在论及清代嘉庆朝中衰的原因时，认为"清廷库银逐年亏空，与各级官吏的巨额贪污、用公款大行贿赂有关。农民起义与官吏横征暴敛、强贪明占有关。围剿义军的多次失利，清廷为此耗费巨额军费，与将帅不和互相倾轧有关。河工久治不绝又与官吏的偷工减料、分肥入己有关。而嘉庆的一些治国方针措施难以实行又与官吏上下串通，各行其是，有法不依有直接的关系。这一切都预示着嘉庆朝横行的、亘古未有的腐败吏风，是促成其政治、经济、军事全面衰败的主要原因"[①]。

就吏治而言，由于乾隆晚期，吏治已经败坏，嘉庆朝吏治问题较为严重。如史料所述："各级官吏贿赂公行，各省亏空之弊起于乾隆四十年以后，州县有所营求，即有所馈送，往往以缺分之繁简，分贿赂之等差。此等赃私初非州县家财，直以国帑为夤缘之具。上司既甘其饵，明知之而不能问，且受其挟制，无可如何……一县如此，通省皆然，一省如此，天下皆然。"[②]

为挽救和巩固已经动摇的清朝统治，嘉庆帝对吏治进行大力整顿，包括初握权柄之时就果断处置了当时官吏贪赃枉法的代表性人物和珅；大量任用

---

① 魏克威：《论嘉庆朝中衰的原因》，《清史研究》1992年第2期。
② 王钟翰点校：《清史列传·王杰传》，引王杰嘉庆八年二月上疏奏文，中华书局1987年版。

廉吏；纠正乾隆奢华之风，下令"禁呈宝物"，并废除了年节时分大臣进呈如意的规矩，以防官员竞相进贡邀宠成弊；并诏求直言，广开言路；同时躬行节俭，倡导俭朴、清新世风，亲自对官员进行道德教化和品行教育。但这些措施终究难挽江河日下的颓局。嘉庆帝对吏治的整顿为危机重重的清朝向前延续起到了重要的作用，但由于所处的特殊历史环境，吏治的效果并不明显，腐败状况更甚于前朝。清代嘉庆朝时，满人阿克当阿任淮关监督，数年间搜刮的民脂民膏不计其数，书籍字画三十万金，金玉珠玩二三十万金，花卉食器几案近十万金，童仆以百计，幕友以数十计，豪富无敌，"人称为'阿财神'，过客之酬应，至少无减五百金者"①。

## （二）道光朝

道光帝继位时，吏治败坏现象更加严重。郭嵩焘在日记中有详细描述："至道光时，乃一意宽假在位者，其视律令之颁，但以施之百姓而已。吏治日偷，纪纲大坏，相与因循粉饰，苟偷日夕。其弊一也。……官吏之失无有举发者，以相为掩蔽，润色鸿业。作伪愈工，吏治愈弛。其弊二也。……委其权于六部，而人君拱手退听焉。又不求天下择人，以天下之大权付之一二阘茸无能之俗吏，使部书得以倒持其柄。国正日隳，人才日靡，终至败坏而不可支。其弊三也。"②道光时期，官员对居官牟利恬不为怪。官员做官必先问肥缺，先论是否有利可图，"州县莅任之时，不问地方之利病，先问缺分之肥瘠，凡前人所不敢存诸寤寐者，今则直言诸大庭广众之中而无怍容"③。官员的唯利是图有些记载十分生动形象，如京官刘彬士署任浙江巡抚后，大肆婪索，"自言'穷翰林出身，住京二十余年，负欠不少，今番须要还债'。因此人咸谓之饿虎出林，急不能待"④。这样的官吏如何不会贪污腐败？1843 年，道光帝谕令清查户部银库，竟亏短白银九百二十五万多两，涉案官吏百余人。地方府库皆有程度不等的亏短。

面对"吏治敝坏已极"的局面，道光帝也曾试图振兴。登基之初，他就下令停止捐纳卖官，后来迫于经费不足而不得不重新开捐，但做出了不少针对捐纳的限制性措施，如加强对捐纳入仕者的考核、官员补缺时正途科甲

---

① 李秉新、徐俊元、石玉新校勘：《清朝野史大观》卷六《清人逸事》，河北人民出版社 1997 年版，第 733 页。
② （清）郭嵩焘：《郭嵩焘日记》（第 2 卷），湖南人民出版社 1981 年版，第 801 – 802 页。
③ 《宣宗成皇帝实录》卷二九一。
④ 《宣宗成皇帝实录》卷一一六。

出身者优先等。此外，道光皇帝也提拔重用了陶澍、林则徐等著名人士，使他们能够以自己的才干、学识兴利除弊，利国利民。道光帝整天忙于政事，临死前半年中还带病上朝。但清政府的统治核心已全面腐朽，这就使得道光帝的振作显得疲惫无力。

嘉庆、道光时期的官场，贪贿横行，民谚云"三年清知府，十万雪花银"。欺蒙、庇护、拖沓和推诿等官场病态，形成对皇权的全面消极对抗；刑法泛滥，班房林立，法律废弛，司法腐败；理学衰落，官场道德衰微；人才衰落，奴才庸才当道于官场……清朝吏治出现全面危机。

## 三、嘉庆、道光时期吏治腐败的主要表现特征

### （一）官吏因循苟且之风盛行

嘉庆、道光时期，清朝已经完全丧失了朝气和锐气。官场欺隐、粉饰、怠惰之风盛行。官吏只知道遵循旧的规律方法，不懂得变通与革新，对待事物与工作只是敷衍应付。主要表现为对待职责的疲玩懈怠以及对上级和君主的欺蒙。

#### 1. 疲玩懈怠

在清朝中期，上至王公大臣，下至一般吏员，玩忽职守，敷衍懈怠，推诿扯皮，已习以为常。一些官员直到下午三时以后才到班，"岁久相沿，几成积习"①。刑部在六部中号称是最忙的一个部，但其司堂官也多是"每日辰刻进署，午刻散值"②。习惯把行政当作例行公事处理。嘉庆、道光时期的大小官吏都"以模棱为晓事，以软弱为良图，以钻营为取进之阶，以苟且为服官之计。由此道者，无不各得其所欲而去，衣钵相承，牢结而不可解"③。一些有识之士在论及当时官吏情况时，亦忧心忡忡："就今天下大势而论之，文官爱钱而惜死，武官惜死而又爱钱。"④府州县官"每逢同僚会集，所言惟缺分之优瘠，浮收之多寡，其风土人情，从无过而问者……遇有委办事件，无非敷衍塞责，毫无实际"⑤。在他们当中，真正实心实意办好

---

① 《宣宗成皇帝实录》卷三二二。
② 中国第一历史档案馆档案《刑部案卷》，第9号，光绪二十七年、二十八年值簿。
③ 《清史稿》卷三五六。
④ 《刘玉坡中丞致伊耆牛大人书稿》，中国史学会主编：《中国近代史资料丛刊·鸦片战争》（三），上海人民出版社1957年版，第361页。
⑤ 《清道光朝留中密奏·耆英折》，北京故宫博物院编：《鸦片战争》（三），神州国光社1954年版，第469－470页。

公事的，不过寥寥数人，而唯顾一己之私者，比比皆是。

嘉庆帝、道光帝都十分清楚当时这种官吏之风，但也十分无奈，"各省地方官积习因循，稍能守法奉职者，已不可多得"。嘉庆帝在天理教之变后所发的朱笔亲书《遇变罪己诏》中曾发出这样的哀叹："当今大弊，在因循怠玩四字，实中外之所同。朕虽再三告诫，舌弊唇焦，奈诸臣未能领会，悠忽为政，以致酿成汉唐宋明未有之事。"他多次责骂群臣"泄沓成风，苟且从事"，"只知私家为重，国事为轻"①。道光帝每每言及官员的疲玩懈怠，也是恨恨连声："当今之弊，'疲玩'二字，实堪痛恨！"②"当今外任官员，清慎自矢者固有其人，而官官相护之恶习牢不可破，此皆系自顾身家之辈。因循苟且，尸禄保身，甚属可恶！"③

2. 欺蒙

欺蒙就是官员们为了自己的私利，联合起来，对上只说好话，不讲现实问题，共同欺骗君主。韩非子说："朋党比周以弊主，言曲以便私者，必信于重人矣。故其可以功伐借者，以官爵贵之；其不可借以美名者，以外权重之。是以弊主上而趋于私门者，不显于官爵，必重于外权矣。"④ 意思是：相互勾结联合起来蒙蔽君主，用不公正的言论为谋取私利提供方便的人，一定会受到权臣的信任。所以那些能够假冒有功的人，就给他官爵使之显贵；那些不能依靠美名来使之尊贵的人，就借用诸侯的势力来抬高地位。因此，蒙蔽君主而奔走于私门的人，不是获得显耀的官爵，就必然会借诸侯之力而见重于朝廷。韩非子还指出了大臣这种欺骗蒙蔽的危害，说："大臣挟愚污之人，上与之欺主，下与之收利侵渔，朋党比周，相与一口，惑主败法，以乱士民，使国家危削，主上劳辱，此大罪也。"⑤ 意即：权贵重臣带领着这一群愚蠢肮脏的小人，向上共同欺蒙君主，向下共同侵夺民财，他们相互勾结，结成朋党，众口一词地欺惑君主，败坏法纪，扰乱百姓，使国家面临危机，国土被削割，让君主劳神苦形，遭受耻辱，这是重大的罪恶。

在清朝政治生活中，官场欺蒙现象一直比较严重。对于君主，官员的欺蒙表现主要是粉饰太平。嘉庆帝曾经说过，"而今臣工，当我召问时，唯以

---

① 《仁宗睿皇帝实录》卷二七九。
② 《宣宗成皇帝实录》卷一九九。
③ 《豫省险工酌抛碎石果否有益俟查明具陈片》（朱批），《林则徐全集》（第1册），海峡文艺出版社2002年版，第21页。
④ 《韩非子·孤愤》。
⑤ 《韩非子·孤愤》。

政治无缺失，天下清明为对"。比如嘉庆十八年（1813），天理教徒林清发动紫禁城内"癸酉之变"。"癸酉之变"的前几个月，朝廷京察时，诸大臣一致说如今"朝廷肃清，纪纲整饬"。十几个大学士、尚书，有的歌颂皇帝圣明，有的称道天下太平无事，苍生共享太平之福，但不久就爆发了"癸酉之变"，清朝江山几乎不保。不讲实话，道光帝也痛恨大臣难讲实话："一切章程制度，全系无用之举，唯一'诈'字，是臣工之护身符。"①

### 3. 明哲保身

官吏因循苟且盛行的官场环境使善恶不分，贤愚不辨，是非颠倒，美丑混淆。根据《清史稿》、《国朝先正事略》和《清史列传》等传记史料统计，在嘉庆、道光两朝因为礼仪不周、个性鲜明、不畏权贵、得罪同僚、察吏严格、疾恶如仇、敢于直言进谏而被罢黜革职、流放充军，乃至被杀的官员共有450多人。恶劣的官场生态环境，使大臣们都明哲保身，如泥塑菩萨，端恭稳坐，碌碌无为。这时期官场上产生了这样一些官员：这些人八面玲珑，圆通浮滑，是一些未必有德有才但是无懈可击的"完人"。这些官员知道，身处官场，不能将儒家道德精神看得过于认真，不能愚忠愚直，而要圆滑处世。如此，凭他宦海风浪险，也可稳坐钓鱼台。

曹振镛就充当了这样的典型角色。他是乾隆、嘉庆、道光三朝的大红人，官运亨通，累官体仁阁大学士，卒谥文正。清代大臣官谥文正的只有八人，可谓生极恩宠，死备哀荣。什么"本领"使他能历仕三朝，飞黄腾达？《清史稿·曹振镛》说他："小心谨慎，一守文法，最被倚任。"他在晚年的时候，恩遇益隆，身名俱泰，有门生向他请教其中原因，他说："无他，但多磕头，少说话耳。"当时就有人讽刺说："庸庸碌碌曹丞相。"认为曹振镛是造成嘉道官场人才凋敝的罪魁祸首。甚至有人说："洪杨猝发，几至亡国，则曹振镛之罪也。"② 《暝庵二识》录有无名子赋《一剪梅》，予以讽刺。录四首如下：

其一：仕途钻刺要精工，京信常通，炭敬常丰。莫谈时事逞英雄，一味圆融，一味谦恭。

其二：大臣经济在从容，莫显奇功，莫说精忠。万般人事要朦胧，驳也无庸，议也无庸。

---

① 《宣宗成皇帝实录》卷三五。
② 李秉新、徐俊元、石玉新校勘：《清朝野史大观》卷七《清人逸事》，河北人民出版社1997年版，第746页。

其三：八方无事岁年丰，国运方隆，官运方通。大家赞襄要和衷，好也弥缝，歹也弥缝。

其四：无灾无难到三公，妻受荣封，子荫郎中。流芳身后更无穷，不谥文忠，便谥文恭。①

这四首《一剪梅》把曹振镛这位官场"不倒翁"刻画得淋漓尽致、入木三分。曹振镛以自己的言行给晚清带来了严重的柔靡官风：官员们学油滑，求圆通，巴结上司，重视小节，不关心大事。从对曹振镛其人的分析中，我们可以看出嘉庆、道光时期的官场状况：小心谨慎，逢迎揣摩，见风使舵，无个性无主见的奴才、庸才，唯独他们能在官场成为"不倒翁"。他们不必有经国安邦之才，只要谨守"多磕头，少说话"这一秘诀，在官场就可以顺风顺水，名利双收。这可以说是中国封建专制主义及其相适应的封建道德礼教所共同造就的典型封建官员形象。在清朝的高压政策之下，社会风气不能不趋于平庸、腐败。

### （二）奢侈挥霍

皇帝、王公贵族、官吏和其他统治阶级的奢侈是腐败产生的温床。以皇帝为首的皇室成员的生活最为奢靡。在皇帝眼中，"溥天之下，莫非王土；率土之滨，莫非王臣"②，人民创造的财富完全可以由自己侵吞和挥霍。即使是康熙、雍正、乾隆三位以贤能著称的皇帝也不例外。

康熙帝是比较注意节约、力戒浮费的。但他爱好出行，南巡、木兰秋狝、东巡、西巡不绝。仅六次南巡，费用就十分巨大。康熙五十二年（1713）三月十八日是康熙帝六十大寿。在举国欢庆的同时，康熙在二十五日和二十八日分别举办"千叟宴"，两次共宴请六千八百余人，并给予赏赐：专门赐给百姓年老夫妇的布、绢等价值的银八十九万两，赏米共十六万五千余石。而八旗满洲、蒙古、汉军年老妇女，以及各级官员与士绅老人所得赏赐不在此数内。这当中固然有表达"养老尊贤"和"共庆盛世"的心意，但也不无摆阔、炫耀财富的含义。

雍正即位后，虽厉行节约，罢鹰犬之贡，不事游猎，也不四处巡幸，但却不惜民脂民膏大兴土木，如大修圆明园，据统计，雍正年间完成二十八处重要建筑群落的兴建。

---

① （清）朱克敬：《暝庵二识》卷二，岳麓书社1983年版，第119页。
② 《诗经·小雅·北山》

第一章 晚清之前的中国吏治思想简述

乾隆"性喜夸饰",在位期间,六次南巡,七次东巡,五次西巡,至于近畿京郊,车驾时出,数不胜记。他仿效康熙南巡之例,六度南巡,游山玩水,沿途接驾送驾、进贡上奉、大兴土木,排场空前,"供亿之侈,驿骚之繁,转十倍于康熙之时",仅国帑开支就达两千万两,靡费特甚。以至于他在退位后做出自我批评:"朕临御天下六十年,并无失德,惟六次南巡,劳民伤财,实为作无益害有益。"① 乾隆帝号称以孝治天下,对生母崇庆皇太后的生日格外看重,从皇太后五十岁开始,逢十必举行隆重庆典。乾隆六年(1741)十一月,皇太后五十大寿,别的不说,一天时间,仅赏赐一项,开销白银就达十万八千多两,缎布七万匹。皇太后六十岁、七十岁、八十岁三次万寿庆典,又耗费白银数百万两。② 而一般百姓一年的生活费用不过五六两而已。皇太后病死后,乾隆便为自己的寿辰举行庆典活动。"京师巨典繁盛",场面更大,靡费更多。如延绵数年的乾隆帝八十大寿庆典,仅景点一项就耗银一百一十八万四千两,赏赐各类物品值数百万两白银。

上有所好,下必甚焉。帝王的示范效应无与伦比,大小官吏极尽奢华。王公贵族、文武百官的生活也很奢侈淫逸。其中,满族亲贵沾染奢华没落的风气最为突出,所谓"起居服食之美,首以旗员为最。盖多供奉内廷,得风气之先,无往而不当行出色也"③。如权臣和珅,生活糜烂堪与皇帝比肩。乾隆内侄福康安仗着自己的宠贵地位和特殊功勋,"其家奢汰异常,舆夫皆著毳毼之衣,姬妾买花,日费数万钱","在军中习奢侈,犒军金币辄巨万。治饷吏承意旨,糜滥滋甚"④。福康安之弟福长安仅一座花园就有房六百七十四间,游廊楼亭二百八十二间。汉族官僚也不落后,就连州县官员,也是"多置僮以逞豪华,广引交游以通声气,亲戚往来,仆从杂沓,一署之内,几至百人"⑤。

到了嘉庆、道光时期,在社会上已经形成了骄奢、淫逸、享乐的风气。如道光时期的湖南布政使惠丰,在任上养尊处优,对吏治民生一概不管,专事台池鸟兽之娱、宾朋宴飨之乐,一切公事无不废弛,"酣喜终日,习以为

---

① (清)梁章钜著,陈铁民点校:《浪迹丛谈 续谈 三谈》,中华书局1981年版,第42页。

② 参见龚书铎主编:《中国社会通史·清前期卷》,山西教育出版社1997年版,第422页。

③ 李秉新、徐俊元、石玉新校勘:《清朝野史大观》卷六《清人逸事》,河北人民出版社1997年版,第733页。

④ 《清史稿》卷三三〇。

⑤ 《朱批奏折》乾隆二十五年,安徽按察使王检奏,中国第一历史档案馆藏件。

常，以致民间称之为惠顽"①。广东雷州知府王玉璋则沉湎于唱戏、观戏，"终日以饮酒唱曲听戏为事"②。除满汉官僚外，一般的地主、商人同样穷奢极欲。京城米商祝氏，自明代起就富逾王侯，其家房屋千余间，园亭环丽，人游十日，竟未能看完其居。当时，南京的秦淮河、扬州的平山堂、苏州的虎山塘是官僚、地主和富商挟妓畅游、寻欢作乐的场所。城市奢华尤以扬州为甚："郡中城内，重城妓馆，每夕燃灯数万，粉黛绮罗甲天下。"③

奢侈之风必然使官僚、地主统治阶级盲目摆阔、攀高，而这种糜烂性消费是要有雄厚的家资为后盾的，仅靠官府的俸禄显然无法满足官吏们的豪华生活，于是，权力寻租、贪污公行的现象便会屡禁不绝。官吏们为了讲排场、比阔气，竭力摊捐派差、贪污受贿、敲诈勒索，为捞取钱财不择手段。"廉者有所择而受之，不廉者百方罗致。"④ 从一品大员到九品芝麻官乃至于衙差，几乎无官不贪，无吏不贿。以河工为例。晚清时期河患频发，十年倒有九年荒，这与从事河工的官吏肆无忌惮地花天酒地、奢侈浪费密切关联。如黄河（当时又谓南河）关乎国计民生，清朝每年投入巨额资金进行治理，但是，"南河税费五六百万金，然实用之工程者，什不及一，余悉以供官吏之挥霍。河帅宴客，一席所需，恒毙三四驼，五十余豚，鹅掌猴脑无数。食一豆腐，亦需费数百金，他可知已。骄奢淫佚，一至于此，而于工程方略，无讲求之者"⑤。南河道每年挥霍白银达四五百万两，但是真正用于河工的钱并不多。

### （三）广泛性腐败

嘉庆、道光时期，官僚队伍中的大多数人不以贪污、庸碌为耻辱，而视廉洁、勤政为异端，是非混淆，毁誉倒置。官吏的腐败已渗入社会政治生活的各个层面。贪污腐败的流毒，从一品大员到九品芝麻官乃至于衙差，从朝内到朝外，从政府到军队，可谓遍及各个角落，几乎无官不贪，无吏不贿。廉与不廉的区别只在于"其廉者有所择而受之，不廉者百方罗致"。

#### 1. 主要表现之一：陋规盛行

清代的陋规，属于官府衙门中历来相沿的不良成例，是官府衙门人员凭

---

① 《宣宗成皇帝实录》卷二七〇。
② 《宣宗成皇帝实录》卷二五三。
③ 吴绮：《扬州鼓吹词序》，李斗：《扬州画舫录》卷七。
④ （清）冯桂芬著，戴扬本评注：《厚养廉议》，《校邠庐抗议：洋务运动的理论纲领》，中州古籍出版社1998年版，第85页。
⑤ 《清史纪事本末》卷四五《咸丰时政》。

借各自掌握的权力向下需索的各种规费，目的在于向所属上级官府和官员供奉礼财，或者为自己和下属谋取非法利益。

"陋规"名目繁多，主要有节寿礼、冰炭敬、程仪、卯规、别敬、门生礼、晋升部费等。

节寿礼，是在三节（端午、中秋、过年）和两寿（上级官员及其夫人的生日），僚属向上官送的拜节庆贺礼。时任陕西督粮道的张集馨说，陕西粮道向上司和有关衙门官员每年的送礼定规为：给西安将军三节两寿礼，每次银八百两，表礼、水礼八色，门包四十两；八旗都统二人，每人每节银二百两，水礼四色；陕西巡抚，四季致送，每季银一千三百两，节寿送表礼、水礼、门包杂费；连远在兰州的陕西总督，也必须派家人按三节致送，每节银一千两，表礼、水礼八色及门包杂费。① 在中央衙门，书吏须给司官送"年终规礼"。

程仪，就是招待过境官员的路费。卯规，就是州县官上任点卯时，六房书役须先送上钱财确定隶属关系；别敬，就是地方官奉派出京或到中央述职时有关官员送礼。据《道咸宦海见闻录》记载，张集馨几次赴新任，所用别敬均超过了一万两。冰炭敬，就是冬夏两季地方官给京中大臣的孝敬礼。冯桂芬说："大小京官，莫不仰给于外官之别敬、炭敬、冰敬。"② 门生礼，就是以拜师为名送礼。晋升部费，就是州县官晋升赴任前给吏部官员的孝敬礼。

除了以上陋规，还有漕规、盐规、税规、驿站规、签子钱、平头银、秋审部费、"放炮"、"太平炮"、浮收、富户节礼等，不一而足。

清代的陋规在康熙时期就已经产生。当时官员就在征税时借耗羡之名于正税之外收取各种费用，后逐渐成为官场潜规则。在官僚内部，上下级之间、衙门之间，为了办事，都要送礼，但如何收送，经过多年实践，形成定规，并有专门的名词反映出来。

到了嘉庆、道光时期，陋规已经泛滥成灾，成为行贿、受贿的主要表现形式。在此时期，陋规已成为官场习惯，人人如此，法理和是非界限已经模糊。那些"官大省、据方面"的高官们，"出巡则有站规，有门包，常时则有节礼、生日礼，按年则又有帮费，升迁调补之私相馈谢者，尚未在此数

---

① 参见（清）张集馨：《道咸宦海见闻录》，中华书局1981年版，第79页。
② （清）冯桂芬著，戴扬本评注：《厚养廉议》，《校邠庐抗议：洋务运动的理论纲领》，中州古籍出版社1998年版，第85页。

也"①。这些规矩对那些即使以清廉著称的官员也在所难免。

官场办理公事时讲究"例费"。从部议到各种报销——大至一次战争的军费，小至某项工程费用，通常都要给有关官吏送上例费，进行打点。至于官吏在承办工程和采购时，则视克扣为当然。一项京师大工程，经勘估大臣、承修大臣、监督、衙吏等人层层盘剥后，工程实际用款仅为报销额二三成者比比皆是。"内务府经手尤不可信，到工者仅十之一，而奉内监者几至十之六七。"②为天性俭朴的道光帝的裤子打一块补丁，内务府"开账三千两"。某年端午节前，道光帝问周祖培食粽子的白糖价格，周祖培回答："一斤约百枚。"道光帝大笑："以两手将指食指合而示式曰：'朕食此一小盘白糖，需银十二两。'"③如此等等，不胜枚举。

陋规，虽不是法定的，却是为人们所接受的不成文的潜规则。收送礼物者行之坦荡，受之怡然，心安理得。但是，陋规中的财物交往，其来源是正额赋役外的横征暴敛和对百姓的敲诈勒索；其本质是大官吞噬小官赃物，官吏压榨百姓血汗，是官僚在俸禄、赋役之外的贪婪追求。"上官取之州县，州县取之百姓，上下相蒙，诛求无厌，卒至官民交困"④，陋规盛行加重了民众负担，造成吏治腐败，具有极大的危害性。

清朝前期历代君主试图整饬。雍正时就实行"耗羡归公"和养廉银来以限制和取代陋规。道光帝登基之初想励精图治，就试图清理陋规，他接受军机大臣英和提出的清查陋规的建议，并指示清查的方针是：将所有的陋规查明，该保存的留下，该取缔的消除。⑤道光帝实际是想效法雍正帝耗羡归公的办法，承认一部分陋规，取消另一部分陋规，控制其发展。上谕发出不久，即遭到朝内外官僚们的反对，督臣孙玉庭、尚书汪廷珍、侍郎汤金钊等人上书要求停止清理，所持理由不外三条：一是怕陋规因此而增多，因为承认一部分陋规是合法的，官吏势必明目张胆；二是清查中滋扰百姓；三是肯定该留的陋规，"上渎圣听"，于政权形象不利。⑥道光帝于是决定停止清查。整饬陋规的想法因而流产了。于是陋规继续沿着嘉庆朝的轨道走下去，

---

① 《清史稿》卷三五六《洪亮吉传》。
② 徐珂编撰：《清稗类钞》（第2册），中华书局1984年版，第516－517页。
③ （清）欧阳昱：《见闻琐录》，岳麓书社1986年版，第5页。
④ 刘锦藻编纂：《清朝续文献通考》卷一四一，浙江古籍出版社1988年版，第9016页。
⑤ 参见《宣宗成皇帝实录》卷四。
⑥ 参见李秉新、徐俊元、石玉新校勘：《清朝野史大观》卷四《清朝史料》，河北人民出版社1997年版，第328－329页。

吏治腐败越发不可收拾。正如民国时的北大校长蒋梦麟在一篇回忆杂文中所说的:"如果拿一棵树来比喻(明清)政府的话,这种陋规的毒汁可以说已经流遍树上的每一枝叶、每一根芽。"

2. 主要表现之二:团伙性腐败

团伙性腐败是指多人乃至团体合谋以权谋私、违纪违法、中饱私囊的行为。腐败的主体是利益均沾的集体,其行为内容是经过共同研究决定,其表现是多种多样的:集体贪赃受贿、损公肥私、集体浪费。各级官吏常常是一贪俱贪。上层官吏肆意攫取,下级也不甘落后,而且建立攻守同盟和利益群体,官官相护,互相庇护,互为羽翼,形成为害极大的利益共同体,"彼此图利,相煽成风,恬不知耻"。

由于共同利益所趋,在官府中形成了上下维护的一个个大大小小的利益集团,在下者尽其所能地侵贪贿上,在上者则容隐包庇,坐收其利,甚至敲诈索贿。"中国式官僚制的突出之点是'勒索'和任人唯亲,这是彼此起加强作用的孪生制。"① 上下级官员之间如此,在同级权力部门之间、监督者与被监督者之间则同样是一种公权私化的交易关系,官官相护,结网愈大、愈宽,则其谋私不法风险愈小,成本愈低。形成了许多"窝案"、"窜案",其主要表现如下:

一是因循回护。如钱粮交代,各省州县经管仓库钱,按例应该年清年款,上司应随时实查,一有亏空,即当严参。实际上,各州县交代不清,监交各官相为容隐,督抚也庇护属员,互相勾结,结成攻守同盟;一些官员私动公款放债渔利,上司奏报时改为借用;贪赃盈千累万,督抚则有意让贪官隐匿财产,甚至以家产仅有数两银子上报朝廷。

二是官员之间互通消息。本来规定,九卿道条陈纠劾,都得封章入奏,先面交外奏事官,再转交内奏太监,送给皇帝拆封亲览,内外臣工无由得知。但是这种严密的规定却被官员泄密所打破。例如,京城内城时有开场聚赌之事,大部分是官僚及其子弟、轿夫、差役、家人所为。嘉庆十六年(1811)五月,嘉庆帝根据御史韩鼎晋密奏,令步军统领禄康等密行查拿。结果,先后拿获赌局十六起,其中有八起得到音讯后提前散局,赌犯逃匿,显然其中是有人探听到了韩鼎晋的条奏,泄露了机密。嘉庆帝恼怒之极,撤去了大学士明亮和禄康的职务。

---

① [美]费正清著,张理京译:《美国与中国》,世界知识出版社2002年版,第107页。

三是不时发生腐败大案。例如，乾隆四十六年（1781）七月，甘肃捐监冒赈案发，朝野轰动。早在七年前，陕甘总督勒尔谨就请求甘肃捐监，得到皇帝恩准。甘肃布政使王亶望等人相互勾结，把监生交纳的监粮折色银据为己有，然后又以每年因旱灾赈济的名义，将这些银两冒销。这样，监粮银便全部落入王亶望等人手中。后来，营私舞弊案败露。勒尔谨、王亶望一伙通过这一方式侵吞上千万银两。此案还牵涉兰州知府蒋全迪及知县、署知县六十三人，知州三人，同知三人，通判五人，县丞两人。其中侵吞银两一千两至九千两的二十九人，一万两以上的十一人，二万两以上的二十人。此案查处结果有二十二人被诛，连陕甘总督勒尔谨也被赐令自尽。甘肃省道府以上官员几乎为之一空。此外，闽浙总督陈辉祖在奉旨查抄王亶望家产时，"以银换金"，将搜出的许多贵重赃物窃为己有，事泄后被勒令自尽。①

再如，嘉庆时期发生在河北的虚收税粮案，直隶藩司的司书王丽南等人，私自雕刻藩司及库官印信，并串通银匠舞弊营私，采用"虚收虚抵，重领冒支"等手段，在嘉庆元年（1796）至嘉庆十一年（1806）期间，共侵吞地丁、羡耗、杂粮等项银三十一万零六百两。此案涉及二十四个州县，参与贪赃分肥的有知州、知县官十余人。嘉庆帝闻之，惊骇不已，认为是"实我朝未有之事"。

集团腐败是贪官们自我保护的重要方式。因为利益共同体—荣俱荣、一损俱损，所以，他们必然因循回护，联手抗法，因此危害极大。

我们从嘉庆朝当时震动一时的杀官灭口案——"逆仆包祥弑主李毓昌案"② 就可了解。按清代规定，凡赈灾，一般要派官员查赈，以防地方官趁办赈之机营私舞弊。嘉庆十四年（1809），江南淮安山阳县重灾，派知县李毓昌前往查赈。李毓昌亲自到各乡村查点户口，查知山阳县令王伸汉虚报户口、克扣赈银近二十三万两的实况。李毓昌准备具清册揭发到淮安府。王伸汉探知后，重贿求情，为李毓昌所拒绝。于是，王伸汉买通了李毓昌的仆人毒杀李毓昌，并将册稿焚毁。又用二千两银子买通知府王毂，以李毓昌自缢身亡上报。这就是震动一时的山阳县令杀官灭口案。此案在嘉庆帝的严厉督办下，案情很快真相大白。事后还得知，先后派往山阳查赈的官员共有十人，其中除了教谕一人未受贿赂和李毓昌被杀外，其余八人都有得贿分银之

---

① 参见《高宗纯皇帝实录》卷三三九。
② 又称"淮安奇案"，它与"张汶祥刺马案"、"杨乃武与小白菜案"、"杨月楼拐卷逃案"并称为清朝四大奇案。

弊。从这个典型的"窝案"中,我们可以看到,当时许多官吏完全丧失了仁义廉耻、忠君爱民的道德精神,他们沆瀣一气,抱团腐败。嘉庆帝因此感慨道:"至江南有如此奇案,可见吏治败坏已极。"①

---

① 《仁宗睿皇帝实录》卷二一五。

# 第二章　地主阶级改革派的整饬吏治思想

1840年的鸦片战争，使中国开始沦为半殖民地半封建社会，标志着中国近代社会的开端。封建政治体制的种种弊端和外国资本主义的肆意侵略，加深了清王朝的内部矛盾以及中国与外国资本主义的民族矛盾。山雨欲来风满楼，清王朝统治岌岌可危。为了维护统治秩序，以经世致用为指导思想的地主阶级革新派人士开始睁眼看世界，并在"师夷长技以制夷"的思想指导下，主张学习西方的近代物质文明，其中的代表人物有龚自珍、林则徐、魏源等人。

为了维护统治秩序，地主阶级改革派的代表人物龚自珍、林则徐、魏源等人以"经世致用"为指导思想，在开始"睁眼看世界"的同时，对清王朝的种种弊端进行反思，并对吏治的腐败和黑暗进行了揭露和抨击。他们均提出了正视官吏腐败现实、改革官僚体制的主张。

## 第一节　地主阶级改革派整饬吏治思想的特点及方法

### 一、对清朝衰世弊端的认识

嘉庆、道光年间，虽已内尽隳坏，但官僚地主、士子文人还沉醉在"盛世"的迷梦之中，文恬武嬉，歌舞升平。但实际上，清朝此时已经是政治腐败，军备废弛，社会危机四伏，乱世弊端丛生。

此时，出现了一批有识之士。他们敏锐地觉察到了清朝统治的危机，揭露了造成这种危机的种种弊端，提出了一系列变法强国的改革主张。这批忧国忧民的封建士大夫中的有识之士聚集在京师，对国势日益衰落、政治腐败黑暗极为担忧，常以文会友，诗酒唱酬，议论国家大事，抨击时政。其中的代表人物有龚自珍、魏源、黄爵滋、苏廷魁、朱琦、陈庆镛、程恩泽、何绍基、吴嘉宾、梅曾亮、宗稷辰、潘德舆、臧纡青等人。[①] 他们基本上都是中

---

① 因为直言敢谏，苏廷魁、朱琦、陈庆镛三人被称为"谏垣三直"。

## 第二章 地主阶级改革派的整饬吏治思想

下级官员,但敢于直谏。最著名的是鸿胪寺卿黄爵滋在道光十八年(1838)上的《请严塞漏卮以培国本疏》,要求严禁鸦片。对鸦片吸食者准给一年期限戒烟,若一年之后仍然吸食,即为不奉法乱民,即将其治以死罪;对于吸食鸦片的文武官员,如若逾限吸食,即"以奉法之人,甘为犯法之事,应照常人加等,除本犯官治罪外,其子孙不准考试"①。陈庆镛于道光二十三年(1843)上《申明刑赏疏》,参劾琦善、奕经和文蔚,"一疏劾三贵人,九重为之动容,天下想望风采"②,直声震天下。"一时文章议论,掉鞅京洛,宰执亦畏其锋。"③ 他们的议论使清朝当权的贵族大官僚也畏惧三分。这种名士议政的风气说明乾嘉以来万马齐喑的沉寂空气已经逐渐被冲破,封建士大夫中要求改革的政治势力相对增强,这也是经世致用思潮推动的结果。

封建君主从来就不喜欢臣民谈论什么天下危象凶兆,他们喜闻乐见的是粉饰太平的阿谀文章。绝大多数朝臣和地方大吏也习惯于投其所好,报喜不报忧。而地主阶级改革派的知识分子基于传统士大夫的使命感,对清朝衰弱病因进行了分析、对官场腐败进行了尖锐的批判。

龚自珍以形象、生动、尖锐的文字描画和揭露了嘉道时一派衰世景象和腐败风气,严厉抨击封建专制制度。他曾这样形容衰世景象:"日之将夕,悲风骤至,人思灯烛,惨惨目光,吸饮暮气,与梦为邻。"④ 他认为,统观全国,"自乾隆末年以来,官吏士民,狼艰狈蹶,不士、不农、不工、不商之人,十将五六。……自京师始,概乎四方,大抵富户变贫户,贫户变饿者。四民之首,奔走下贱。各省大局,岌岌乎皆不可以支月日,奚暇问年岁?"⑤ 社会风气已经极为腐败,清朝政府已经由辉煌的太平盛世开始走向衰弱了。

龚自珍还分析了造成社会衰败和腐败的经济原因和政治原因。他认为经济上的贫富不均是世道衰败的根本原因,贫者越来越穷困,富者越来越富

---

① 《筹办夷务始末(道光朝)》卷二。

② (清)梁章钜著,陈铁民点校:《陈颂南给谏》,《浪迹丛谈 续谈 三谈》,中华书局1981年版,第45页。

③ 欧阳兆熊、金安清:《水窗春呓》,中国史学会主编:《中国近代史资料丛刊·鸦片战争》(第1册),神州国光社1954年版,第338页。

④ (清)龚自珍著,王佩诤校:《尊隐》,《龚自珍全集》,上海古籍出版社1975年版,第87页。

⑤ (清)龚自珍著,王佩诤校:《西域置行省议》,《龚自珍全集》,上海古籍出版社1975年版,第106页。

有，结果导致兵乱、疫疠，致使"生民噍类，靡有孑遗，人畜悲痛，鬼神思变置"。

魏源对清朝官吏的庸劣进行了批判，认为他们"除富贵而外，不知国计民生为何事；除私党而外，不知人材为何物"。

魏源在其撰写的最后一部历史著作《元史新编》[①]中，认为元朝初期在用人上还不分畛域，中叶以后，民族歧视政策的结果造成"贫极江南，富归塞北"之怨，招致韩山童农民起义。"天道循环，物极必反，不及百年，向之畸重于北者，终复尽归于南。乘除胜负，理势固然哉！"[②]他含蓄地告诫清朝统治者不要排斥、倾轧汉族地主官僚，要消除满汉之间的民族矛盾，以挽救时艰和政治危机。因为清朝的民族矛盾和元朝的民族矛盾有相类似之处，而且，这时国内已燃起了太平天国农民起义的战火。魏源对元朝末年的形势有这样一段描述："如外强中干之人，躯干庞然，一朝痿木，于是河溃于北，漕梗于南，兵起于东。大盗则一招再招，官至极品，空名宣敕，逢人即授。屯膏吝赏于未炽之初，而曲奉骄子于燎原之后。人心愈涣，天命靡常。二三豪杰魁垒忠义之士，亦冥冥中辄自相蚌鹬，潜被颠倒，而莫为之所。若天意，若人事焉。"[③]他用元朝溃败的景象告诫清朝统治者要有危机感，不要一意孤行，重蹈覆辙。

## 二、推崇经世致用的优良传统

嘉庆、道光时期，中国社会走到了一个新的十字路口，处于传统社会向近代社会过渡的转折期，中国的封建统治加速衰败。经济上闭关锁国，重农轻商，越来越落后于西方世界；政治上为了加强封建统治，实行专制独裁，极力抑制民主与民权萌芽；思想上，几千年来的儒家社会思想已经逐渐变得贫乏与僵化，程朱理学成为正统思想，并通过科举制度的功利诱导，占据了中国思想界的控制地位。

但到了清朝中晚期，理学实际上已经衰败。清朝从康熙时就定理学（宋学）为官方的统治思想，但除了在康雍之时出了一些御用理学名臣外，到了乾嘉之际，尤其在嘉庆朝以后，理学逐渐失去了对人们有效的约束作用

---

① 此书完稿于咸丰三年（1853），总计95卷。
② （清）魏源：《拟进呈元史新编序》，郑振铎编：《晚清文选》（上卷），中国社会科学出版社2002年版，第19页。
③ （清）魏源：《拟进呈元史新编序》，郑振铎编：《晚清文选》（上卷），中国社会科学出版社2002年版，第19页。

和指导意义。稔熟乾隆、嘉庆士风的贵族昭梿就在《啸亭杂录》中说："自于（敏中）、和（珅）当权，朝士习为奔竞，弃置正道。黠者则诋訾正人，以文己过，迂者株守考订，訾议宋儒，遂将濂、洛、关、闽之书，束之高阁，无读之者。余尝购求薛文清《读书记》及胡居仁《居业录》诸书于书坊中，贾者云：'近二十余年，坊中久不贮此种书，恐其无人市易，徒伤资本耳！'伤哉此是言，主文衡者可不省欤？"① 官方以理学为正宗，而书店因无人购买则不备理学之书，理学在人们心目中的地位可想而知。而成于嘉庆二十三年（1818）的《皇清经解》不取理学家一字，更可见理学的地位，劳乃宣说："《皇清经解》不取宋学家一字，世遂轻宋学如土苴。"②

而与此同时，反对空谈心性、"崇实黜虚"的明清实学由于国家的内忧外患而再度高涨。明清实学对传统儒学沉溺名物训诂而无力解决现实社会中的迫切问题表示强烈不满，主张经世致用。清朝统治急速衰败，社会问题丛生，士林风气转变，明清实学也开始挣脱烦琐考据的汉学和空谈性理的宋学，转向经世致用。

在士大夫阶层万马齐喑的沉闷气氛中，纷至沓来的内忧外患，使得一部分思想敏锐、富有强烈社会责任感的青年知识分子从"天朝上国"的迷梦中惊醒。同时，清王朝的统治此时已走向衰落，对知识分子思想的控制大为减弱，文字狱也大为减少，这就使得士人能够从理学思辨和古籍考证中抬起头来，直面社会现实，对政治、学术和士风进行反省，提倡经世致用。他们指天画地，著书立说，筹划治国救民之策，竭力拯救国家危机，形成一股经世致用的思潮。传统儒家的经世致用思想在这些人的重新倡导之下，于嘉道年间终于再次兴盛起来。

嘉庆、道光年间，知识分子中的一些人对远离现实的乾嘉考据学发起了猛烈的批评，开始转向今文经学。今文经学的勃兴为经世致用思潮的推广奠定了基础。今文经学自东汉以后沉寂了千年之久，清朝提倡今文经学的创始人是庄存与。庄存与（1719—1788），字方耕，号养恬，江苏武进人。乾隆时翰林院编修入值南书房行走，官至内阁学士兼礼部侍郎。这时，宋明理学高踞庙堂，东汉考据学如日中天，庄存与以今文经学异军突起，独树一帜。他认为辨古籍真伪，为术浅且近者也，需要以经术有补益于时务，便以学术自任，开天下知古今之故，研究经书中的微言大义。他不守汉宋门户，兼采

---

① （清）昭梿撰，何英芳点校：《啸亭杂录》卷十，中华书局1980年版，第317－318页。

② 劳乃宣：《桐乡劳先生遗稿》卷一《论为学标准》。

汉宋，剖析疑义，发挥微言大义，是为了取法致用，重在经世。他仅是提倡揭橥今文经学，内容还未充分发挥。刘逢禄、宋翔风是他的门人。刘逢禄（1776—1829），江苏武进人，庄存与的外孙，他将今文经学中的大一统、张三世、统三统、辨名分、定尊卑、明外内、举轻重等公羊义例，直接援以论政，用学术为政治服务的思想就更为明显。龚自珍、魏源都受教于刘逢禄，都用今文经学讲经世致用，讲夏、商、周因革损益，讲据乱、升平、太平三世变革，为政治改革而阐发经义的治经方法更进了一步。士大夫以志节相砥砺，要求士人有廉耻，积极参与政治，寄希望于中枢大臣有作为。同时，他们又拿起笔来议论时务。在学术研究方面，人们开始重视研究现实问题，尤其是外国历史地理和边疆地理。鸦片战争后，出现了一大批书籍，如林则徐的《四洲志》、魏源的《海国图志》、姚莹的《康輶纪行》、徐继畲的《瀛寰志略》、张穆的《蒙古游牧记》、何秋涛的《朔方备乘》、夏燮的《中西纪事》、梁廷枏的《夷氛闻记》等。还有包世臣论述漕运、盐政、银荒、鸦片等问题的作品，魏源为贺长龄编的《皇朝经世文编》等，究心于水利、漕运、盐政等有关国计民生的学问，这都是学术研究经世的新倾向。

### 三、主张变革现实社会

龚自珍、林则徐、魏源等人都是通过科举考试最终走上仕途，幼时的家庭状况使他们能够较多地接触民生疾苦，对于自身物质生活的顾虑和社会经济的关注，以及明清实学的耳濡目染，使他们很容易接受并倡导以务实为特点、求治为目标的经世致用思想。

地主阶级改革派从"三代以上，天、地、人、物皆不同今日之天、地、人、物"的社会历史发展观出发，认为任何法律规章在实行一段时间后，都因不符合历史的发展而滋生弊端，强调"法无久不变"①。龚自珍认为："自古及今，法无不改，势无不积，事例无不变迁，风气无不移易。"② 魏源也强调内政的变革，说，"断无百载不更弦"，"鼎新革故神明事"，③ 指出"天下无数百年不弊之法，无穷极不变之法，无不除弊而能兴利之法，无不易简而能变通之法"④。同时重视人才在社会革新中的作用。尤为可贵的是

---

① （清）魏源：《军储篇一》，《魏源集》（下册），中华书局1976年版，第468页。
② （清）龚自珍著，王佩诤校：《上大学士书》，《龚自珍全集》，上海古籍出版社1975年版，第319页。
③ （清）魏源：《秋兴》，《魏源集》（下册），中华书局1976年版，第809页。
④ （清）魏源：《筹鹾篇》，《魏源集》（下册），中华书局1976年版，第432页。

# 第二章 地主阶级改革派的整饬吏治思想

突破夷夏之防,开始"睁眼看世界"。

龚自珍、魏源等人的敏锐思想和激烈言论使人们从钻故纸堆的烦琐考证方法中解脱出来,开始从宏观的角度进行论著;从崇古、迷恋过去,陶醉于过去的辉煌历史到正视当代史,描述清朝历史,追寻晚清历史的轨迹;从闭关自守的状态中惊醒,放眼看世界,了解认识西方各国的历史发展的概貌。正如梁启超在《清代学术概论》中评说的:"举国方沉酣太平,而彼(指龚自珍、魏源)辈若不胜其忧危,恒相与指天画地,规天下大计。"对于吏治,他们也是直面矛盾和问题,谋求解决之道。

至19世纪中叶,中国遇到了历史上不曾有过的最大危机。已经进入资本主义时代的西方列强纷纷前来东方,以武力为后盾逼迫中国统治者签订了丧权辱国的《南京条约》,从此,中国太平一统的局面遇到了超强的外部力量的严峻挑战。

对中国统治阶级来说,《南京条约》的签订无疑是奇耻大辱。面对这一羞辱,以林则徐、魏源为代表的地主阶级经世派最先从"万邦来朝"的神话中醒来,开始提出"师夷长技以制夷"的主张。但是,值得注意的是,鸦片战争时期经世派思想家的危机和改革意识是极其有限的。他们还没有明确体认到中国遇到了全面的生存危机。经世派只承认中国在兵备火器方面"略不如夷"。从整个价值观来说,经世派依然没有甩脱"华尊夷卑"的基本格局。

从全国范围来看,作为整体的封建统治阶级更没有从鸦片战争的炮火中惊醒。大多数地主阶级仍然沉溺在古老中华文明和清朝圣治武功所构筑的梦幻之中。在他们眼里,林则徐、魏源等经世派人物"师夷长技"的呐喊不过是徒张夷势、自我贬损的丧气话,是危言耸听、大惊小怪。早期资产阶级改良派代表人物王韬说:"其时罢兵议款,互市通商,海寓晏安,相习无事,而内外诸大臣,皆深以言西事为讳,徒事粉饰,弥缝苟且于目前,有告之者,则斥为妄。而沿海疆圉晏然无所设备,所谓诹远情、师长技者,茫无所知也。"[①] 鸦片战争时期的进步思想家姚莹曾痛心地说,魏源的《海国图志》,不仅没有使中国当道头脑清醒,反而触动了当权者的忌讳,以致"举世讳言之"。一句话,鸦片战争之后的二十年间,中国是在统治阶级身处险境而又讳言危机之中不死不活地走过来的。

龚自珍、魏源等人代表着在外国资本主义侵略下,从地主阶级中分化出

---

① (清)王韬著,陈恒、方银儿评注:《瀛环志略跋》,《弢园文录外编:一个卓立特行者的心路历程》,中州古籍出版社1998年版,第352页。

来的进步思想家。由于时代的局限、阶级的局限,他们本身并没有成为资产阶级改良维新的思想家。他们虽然在 19 世纪 40 年代就提出向西方学习的思想,但这些并未促成社会发展变化。在农民起义爆发以后,他们依然是地主阶级利益的维护者。他们主张向西方学习,但他们的变革仍不能超出封建主义的范畴。然而,他们是维新改良思想的启蒙者、先驱。他们的思想虽然遭到了顽固派的反对,但洋务派从他们的思想中摘取了发展军需工业的主张和以夷制夷的主张,并进行了以富国强兵为主旨的洋务运动。

## 第二节 龚自珍的吏治改良思想

龚自珍(1792—1841),原名巩祚,字璱人,号定庵,浙江仁和(今浙江省杭州市)人。他家学渊源甚厚,自幼学习汉学,曾跟从外祖父、著名汉学家段玉裁学习文字学,后转而研究经世学问和今文经学,擅长诗词文章,一生志存改革。1829 年中进士,曾任内阁中书、宗人府主事和礼部主事等官职。1839 年,他因讥议朝政,得罪了权贵,随后辞官南下。此后在丹阳县云阳书院、杭州紫阳书院教书。1841 年秋病逝于云阳书院。

龚自珍富有强烈的爱国精神,他眼见清廷政治腐败,强烈主张改革官僚弊政。他在许多文章中揭露了当时官场的腐败。他敏锐地觉察到官吏苟安其位、寡廉鲜耻等吏治腐败是导致清王朝衰弱的重要原因,在其著作中深刻地揭露了君臣关系、朝廷风气以及吏治、用人方面的种种弊端,针对整饬官场风气、澄清吏治提出了许多改良性的思想主张。

### 一、龚自珍对官场丑行的揭露

#### (一)对官员尸位素餐而又谄媚求宠的揭露

进入晚清时期,官吏们昏昏庸庸,尸位素餐,苟且偷安,只知道朝见长跪,夕见长跪,政事一概不过问,只知谄媚求宠,一心求得皇帝的青睐。

龚自珍揭示:"今政要之官,知车马、服饰、言词捷给而已,外此非所知也。清暇之官,知作书法、赓诗而已,外此非所问也。"[①] 他把大官们昏庸、卑鄙、守旧、自私的特点,作了一番画像:大臣们在朝廷里发表政论,都是察言观色,根据皇帝的喜怒行事,当他们得到皇帝赏脸赞扬、赐坐赐茶

---

① (清)龚自珍著,王佩诤校:《明良论二》,《龚自珍全集》,上海古籍出版社 1975 年版,第 32 页。

的时候，他们便扬扬得意地出来，在自己的同僚门生、妻子儿女面前夸耀一番。皇帝稍有不高兴，他们就赶快磕头而出，重新寻求可以得到皇帝宠爱的办法。难道他们真的敬畏皇帝吗？如果问他们作为大臣难道应该这么做吗？他们却可耻地说："我们这些人只能这样罢了。"至于他们的居心，也就可想而知了。那些追求车马、耍弄花言巧语的人，不愿读书，却说："我从早到晚在衙门值班，已经是很好了，已经够劳累了。"会作文章和写诗的人，虽然读过一点书，但不懂得其中的道理，认为在职位上苟且偷安，多活一天就多得一天的荣耀。当他们因病辞官回家的时候，又用应举成名的思想来教育栽培他们的子孙，志愿也就算达到了。他们还希望子孙后代都把保守退缩当作老成稳重，至于国家的事情，自己何必关心呢？这些执掌国家政要的大官们，就是这样一批寄生虫、糊涂鬼，依靠他们如何能够安邦治国？龚自珍如实地剖画了他们那一副在专制皇帝面前并非"真敬畏"的可耻表演和在妻子、门生面前自我夸耀的丑恶嘴脸。

### （二）对官员腐朽无能而又骄横跋扈的揭露

龚自珍认为那些官吏表面上故弄玄虚，装腔作势，实际上是意志消退，腐朽无能。他们虽无才能，但还像西山大风、醉酒猛虎，骄横跋扈，用造谣中伤、恶语伤人的手段打击陷害正直无辜的人。他们就像随着主子升天的鸡犬，一旦爬上统治者的宝座，"却踞金床作人语，背人高坐著天衣"[1]，恃恶骄横，无恶不作。龚自珍在《伪鼎行》中，借伪装成国家重器的"鼎"的丑行，把官僚们的形象活现了出来："内有饕餮之馋腹，外假浑沌自晦逃天刑。四凶居其二，帝世何称？"这些腐败的官僚就像假鼎一样，其表面伟岸，其实是败漆朽壤、烂泥草包。就像尧时四凶之一的饕餮，张口吃人，贪婪凶狠，但外表却伪装糊涂，施鬼蜮伎俩，掩盖真相以逃避国法的制裁。他们这帮伪君子由于会逢迎拍马，居然得到主子的赏识，不仅没有下台，反而仕禄高登，欺世盗名。对于这帮魑魅之徒，龚自珍极尽愤怒谴责之意，暗示这些伪君子将得到"福极而碎"的可悲下场，并且他们的死只能像尿壶、狗盆堕地而破一样，毫无轻重，不足挂齿。

## 二、龚自珍改良吏治的基本主张

### （一）主张皇帝尊重大臣的人格，使官吏有知耻之心

龚自珍指斥三公六卿以及士大夫都是一些醉心利禄之徒，他们毫无责任

---

[1] （清）龚自珍著，王佩诤校：《小游仙词十五首》，《龚自珍全集》，上海古籍出版社1975年版，第458页。

感，官当得越长久，就越苟且，名望越崇高，就越谄谀，离皇帝越近，就越善于阿媚。大臣之风骨，荡然无存。究其原因，龚自珍认为是君主专制的淫威压制。专制君主"去人之廉，以快号令；去人之耻，以嵩高其身，一人为刚，万夫为柔，以大便其有力强武"，靠着独断专横的手段进行压制，"积百年之力，以震荡摧锄天下之廉耻，既殄，既狋，既夷"①。不尊重臣子的人格，"主人之遇大臣如遇犬马"，大臣拜见皇帝时，"朝见长跪，夕见长跪"，使官吏逐渐失去了廉耻之心。

龚自珍认为，务农做工和肩挑背负的人不懂得廉耻，只是使他自身受到耻辱；有钱的人不懂得廉耻，只是使他们的家庭受到耻辱；读书人不懂得廉耻，可以说是耻辱了邦国；而如果卿大夫不懂得廉耻，就可说是耻辱了天下。不懂得廉耻的人，由一般的老百姓成为读书人，由读书人上升为小官、大官，这就从他们自身自家受耻辱，扩大到整个天下受耻辱。这种灾害就像火灾一样，从下到上逐渐蔓延。处于高位的大臣不懂得廉耻，许多官吏都效法他，读书人和老百姓也效法他。有这样几个使国家和民族受耻辱的人，就会使得整个天下的人受到影响，这种祸害就像洪水一样，从上到下到处流淌，到处泛滥，没有止境。上上下下都在水火之中，那还成什么国家呢？恶性循环下去则国将不国了。

龚自珍认为士大夫皆知有耻，则国家永无耻；士大夫若不知耻，则为国家之大耻。等到了国家真的有事的时候，这些已无羞耻之心的官员们就"纷纷鹍燕逝而已，伏栋下求俱压焉者鲜矣"②。边疆万一有紧急情况发生，他们就会像斑鸠、燕子一样纷纷飞走了，能甘心情愿同朝廷共患难的能有几个呢？

那么如何才能振作朝廷官员的知耻精神呢？龚自珍的主张就是要皇帝尊重大臣的人格，以培塑大臣的廉耻感。

龚自珍曾用了《战国策》里的一个历史故事，来说明有什么样的君主就会有什么样的大臣这样一个道理。龚自珍说，燕国的大臣郭隗曾经对燕昭王讲："帝者与师处，王者与友处，霸者与臣处，亡者与役处。"他指出，那些成就了帝王霸业的君主，他们是把和自己相处的人当作师友、辅佐之臣；而那些亡国的昏君却是把和自己相处的人当作任其驱使的奴才。有什

---

① （清）龚自珍著，王佩诤校：《古史钩沉论一》，《龚自珍全集》，上海古籍出版社1975年版，第20页。

② （清）龚自珍著，王佩诤校：《明良论二》，《龚自珍全集》，上海古籍出版社1975年版，第32页。

样的君主，就有什么样的大臣。所以，龚自珍认为，贾谊对汉文帝讲的，"主上之遇大臣如犬马，彼将犬马自为也；如遇官徒，彼将官徒自为也"，是很自然的道理。

龚自珍认为："唐、宋盛时，大臣讲官，不辍赐坐、赐茶之举，从容乎便殿之下，因得讲论古道，儒硕兴起。"① 而到了衰世，大臣与皇帝之间，除了大臣向皇帝早晚跪拜以外，就没有君臣之间相敬如宾的事情了。现在，欲使士大夫知耻，皇帝就必须以礼待人，尊重大臣的人格，养成他们"巍然岸然师傅自处之风"。如此，则大臣之心尊矣，而"心尊，则其官尊矣；心尊，则其言尊矣。官尊言尊，则其人亦尊矣"②。大臣们的思想、精神和职责都受到了尊重，自然会更加忠君爱国。为了改变君臣相见的礼仪，龚自珍特意将古代经籍上所载的君臣相见之礼检索开列出来，写成《撰四等十仪》一文，以供采择。

### （二）倡导不拘一格选拔人才

龚自珍认为当时社会各阶层人才都极其匮乏，充斥整个社会之中的，尽是些貌似中庸的四方讨好、八面玲珑的伪君子，毫无办事能力。他对于社会上弥漫的庸俗气氛感到痛心疾首，指出：朝廷中没有富于才干的将相，书院中没有富于才气的读书人，农民、手工业者、商人，甚至小偷、强盗也都是庸庸碌碌之辈；而一旦出现有才能的人，社会各方就要想方设法地束缚他、扼杀他。

他分析没有能干官员的根本原因是缺乏激励人才的方式与机制。清代官吏的升迁不是以政绩而是过分重视资历。龚自珍认为，在这种用人制度下，由于用人论资排辈，谁也不愿意努力工作，承担工作责任。要想克服官场上的弊病，必须在选官制度上迅速改变论资排辈的倾向。龚自珍分析了在选官上论资排辈、循资晋升的严重弊端，强烈反对论资排辈的"停年之格"③。他认为："今之士进身之日，或年二十至四十不等，依中计之，以三十为断。翰林至荣之选也，然自庶吉士至尚书，大抵须三十年或三十五年；至大学士又十年而弱。非翰林出身，例不得至大学士。而凡满洲、汉人之仕宦

---

① （清）龚自珍著，王佩诤校：《明良论二》，《龚自珍全集》，上海古籍出版社1975年版，第31页。

② （清）龚自珍著，王佩诤校：《尊史》，《龚自珍全集》，上海古籍出版社1975年版，第81页。

③ 把做官的时间长久当作成绩，靠计算年限来确定升级，在史书上叫作"停年格"。

者，大抵由其始宦之日，凡三十五年而至一品，极速亦三十年。贤智者终不得越，而愚不肖者亦得以驯而到。此今日用人论资格之大略也。"① 按照这种成规，倘若从三十岁起开始做官，做到宰辅时，也已经老态龙钟、精神不济了。这时，牙齿已掉光了，头发也全白了，精神已经不振了，虽然他们有老年人的德行，而且富有官场经验，也可以给刚刚做官的人做榜样；然而，因为阅历深了而顾虑重重，因为顾虑重重而畏缩不前，因为畏缩不前而丧志，光拿俸禄不做事。官做久了，就留恋职位；年纪大了，就总是考虑子孙问题，懒懒散散地过日子，却又不愿意辞去官职。偶有人因故去职，而那些卓越才能还没有得到充分发挥的人，却限于资历而始终不能起用。龚自珍认为在这种制度下，官吏毫无进取之心，唯知尸位素餐。"停年格"阻碍了人才的脱颖而出，必须打破这种制度。

龚自珍曾引用了当时北京城里流传的一则谚语——"新官忙碌石呆子，旧官快活石狮子"② 来讽喻论资排辈制度的老朽，，形象地表现了资历浅的新官吏就像忙得团团转的石碌子，虽然勤奋工作但因为资历所限也不能得到提拔，而资格老的官僚像石狮子一样什么不干还占着位子不走的情况。龚自珍说，如果论资历升官，谁都莫如柱外石狮子，它们"具形向坐数百年"，论资历当是最高，岂不是做大官的最好的材料吗？这真是一个风趣而辛辣的讽刺。

龚自珍认为"停年格"制度严重束缚了官吏的进取心。按照此制度，那些资历浅的人会认为只要积累年资等待提升，安分地遵守升官的规定，虽然提拔有快有慢，但是熬过了六十岁，也总会升到尚书或侍郎的，何必在资历还未到的时候就吵吵嚷嚷，以致连现有的官职也丢掉呢？那些资历深的人会认为自己的官位是积累年资得来的，要安安稳稳地保住它，这是熬了很久才到手的，为什么要忘记过去积累资历的辛苦，而去吵吵嚷嚷，以致丢掉高官，辜负以前的岁月呢？③ 如此这般，新官怕丢官，不敢有所作为，安静地等待晋升；老官好不容易熬到了头，更不愿意轻易离开，整个官僚士大夫阶层新陈代谢缓慢，了无生气。

---

① （清）龚自珍著，王佩诤校：《明良论三》，《龚自珍全集》，上海古籍出版社1975年版，第33页。

② （清）龚自珍著，王佩诤校：《明良论三》，《龚自珍全集》，上海古籍出版社1975年版，第33页。

③ 参见（清）龚自珍著，王佩诤校：《明良论三》，《龚自珍全集》，上海古籍出版社1975年版，第34页。

## 第二章 地主阶级改革派的整饬吏治思想

龚自珍看到了论资排辈的严重弊病，因而大声疾呼："当今之弊，亦或出于此，此不可不为变通者也。"① 希望能改变这种不良的选官用人制度，不拘一格选拔人才。

为了改变官场上的腐败现象，调动有识之士的爱国激情，龚自珍在《上大学士书》、《对策》等文章中，要求废除八股取士的科举制度，恢复讽书射策制度，擢拔那些资历虽浅而有经邦治国方略的人才。他在一首诗中曾愤而疾呼道："九州生气恃风雷，万马齐喑究可哀。我劝天公重抖擞，不拘一格降人材。"②

### （三）要求放松对官员的束缚，给官员应有的自主权力

龚自珍揭露了封建集权专制制度对官员的束缚，论述了清朝官员因为动辄得咎而缩手缩脚的现状。他以庖丁解牛、伯牙弹琴、后羿射箭、宜僚耍弄弹丸这些古代传说中的神技为例，形象地说明了政令束缚官员的弊病："戒庖丁之刀曰：多一割亦笞汝，少一割亦笞汝；韧伯牙之弦曰：汝今日必志于山，而勿水之思也；矫羿之弓，捉僚之丸曰：东顾勿西逐，西顾勿东逐，则四子者皆病。"③ 如果警告举刀宰牛的庖丁说，多割一刀就要鞭挞你，少割一刀也要鞭挞你；放松了伯牙的琴弦，对他说，你今天一定要把心意寄托在高山，而不要表达想念流水的心情；拨了后羿的弓，捉住熊宜僚的弹丸，对他们说，你们要是向东看，就不准往西瞧，要是往西瞧，就不准向东看。这样一来，这四个人也就毫无办法施展他们的神技了。龚自珍认为官员在工作时如果受到太多的束缚，同样难以施展才能。

清朝的官吏就是处于君主专制、朝廷政令的严密约束之中，不能够自由发挥才能，朝廷对官吏时时约束与羁縻，"朝廷一二品之大臣，朝见而免冠，夕见而免冠，议处、察议之谕不绝于邸钞。部臣工于综核，吏部之议群臣，都察院之议吏部也，靡月不有。府州县官，左顾则罚俸至，右顾则降级至，左右顾则革职至，大抵逆亿于所未然，而又绝不斠画其所已然"④。由

---

① （清）龚自珍著，王佩诤校：《明良论三》，《龚自珍全集》，上海古籍出版社1975年版，第34页。
② （清）龚自珍著，王佩诤校：《己亥杂诗》，《龚自珍全集》，上海古籍出版社1975年版，第521页。
③ （清）龚自珍著，王佩诤校：《明良论四》，《龚自珍全集》，上海古籍出版社1975年版，第34页。
④ （清）龚自珍著，王佩诤校：《明良论四》，《龚自珍全集》，上海古籍出版社1975年版，第35页。

于惩处甚多,京内外各官无不小心翼翼,州县官员更是"如琉璃瓶,触手便碎"。这样,各级官吏就成为执行皇帝意旨的工具,他们基本上不能创造性地工作。龚自珍认为,这些行政处分,大都是以主观猜测为根据,并不认真核对事实。那些不会受罚、不会受处分的,照例准许办理的,虽然办得合乎规格要领,然而办了也不会对国家有什么大的益处。承平之世,君主对臣子们的期望,难道就是这样四平八稳地混日子吗?

龚自珍要求改革君臣关系,他以为欲救此病,必须给群臣以一定的权力。

龚自珍说:要知道把高级官员和一般官员集中起来使他们成为唯唯诺诺的小官吏,又使小官小吏能够操纵他们,那么,即使有孔子那样的圣贤、管仲那样的能干、史鱼那样的耿直、诸葛亮那样的忠诚,也不能够把工作做好,何况当时清朝那些本来就品德低下、没有学问的碌碌之辈呢?所以说不能让大臣一点自主权力都没有。龚自珍分析说:"权不重则气不振,气不振则偷,偷则敝。权不重则民不畏,不畏则狎,狎则变。"① 等到了危急时刻,才急忙想补救的办法,恐怕就不是小小的改变了,更大的变革就要来临了。

如何扩大官员的自主权呢?龚自珍认为,作为君主不应该什么事都要乾纲独断,过分地约束臣子,应该"训迪其百官,使之共治吾天下,但责之以治天下之效,不必问其若之何而以为治",着重于治理绩效而不是治理过程,这样才能达到大治。因此,英明的君主如果想振奋起来,有意做出前所未有的政绩,就应该删掉烦琐的条文法令,抛弃陈旧过时的条例,减少议处、察议,亲自掌握那些大的重要的政事,以控制、左右整个时世。同时要命令大臣做他们应该做的事情,端正群臣所应该遵循的方向。内外大臣百官如果犯了大罪,就用皇帝的职权判处他们死刑,小过错就给予宽大处理,不要苛刻地束缚他们的手脚。这样一来,就会看到君臣议论政事的殿堂之内,所谋划的是重大的事情,所讨论的是长远的利益,所追求的是深远的目的,使天下后代的人,说起这个兴盛时代的君臣的所作所为,没有一件不是高尚的德行、雄伟的事业,而不是小官小吏的个人智力所能仰望得到的。这样看来,千秋万世永立于不败之地的国家大计,实在是决定于变法这个问题上。

### (四) 主张提高官吏的俸禄

俸禄作为外附报偿,是人事制度激励机制中的重要一环。俸禄制度实施

---

① (清)龚自珍著,王佩诤校:《明良论四》,《龚自珍全集》,上海古籍出版社1975年版,第35页。

得是否合理，既关系到官员的生活水平，又关系到吏治的好坏。薪俸太低是官吏贪污受贿的主要动因之一，明朝前期就是一个典型的例子。明朝初立，"明太祖惩元季吏治纵弛，民生凋敝，重绳贪吏，置之严典"。朱元璋整肃吏治，严刑峻法，在法律中规定，官员贪污六十两以上者，斩首示众，剥皮实草。其惩治贪污，态度之坚决，措施之严厉，是历史上所罕见的。但是，贪官却层出不穷，朱元璋惊叹"我欲除贪赃官吏，奈何朝杀而暮犯"。明朝中叶以后，官吏贪墨之风愈演愈烈。大官贪污受贿致富，小官舞弊勒索济生，终明之世，有禁不止。之所以出现这样的情况，俸禄低是其中一个重要原因。明代正一品官员俸禄不及西汉三公的四分之一，只相当于唐初实物俸禄的一半（唐代还有永业田六千亩，职分田一千二百亩），不及宋代禄粟一项的九成（况且宋代还有正俸、职钱、公用钱、职田、茶汤钱、给卷、厨料、薪炭等许多令人眼花缭乱的名目）。明正统六年（1441），御史曹泰在其奏疏中说："今在外诸司文臣去家远任，妻子随行，禄厚者月给米不过三石，薄者一石、二石，又多折钞。九载之间，仰事俯育之资，道路往来之费，亲故遗问之需，满罢闲居之用，其禄不赡，则不免失其所守，而陷于罪者多矣。"① 明嘉靖进士杨永之针对当时俸薄不足以养廉的现实，一针见血地指出："吏俸薄则犯赃者必多。"明清之际著名思想家顾炎武也尖锐地指出："今日贪取之风所以胶固于人心而不可去者，以俸给之薄而无以赡其家也。"② 官俸低薄，国家不能从薪俸上满足官吏们的经济要求，给他们较多的补偿，而又必须依靠他们来为国家效力，只有默许他们贪污受贿。这说明单靠严刑酷法的威慑作用，可遏制贪污受贿于一时，但不能长久。

因为薪俸低微，官员经济拮据，生活困难。例如，明朝著名的清官海瑞，曾任户部尚书、兵部尚书、尚书丞、右佥都御史等高级官职，但由于廉洁，家庭经济十分拮据，老母纺线织布，夫人种菜养鸡。海瑞的一身无补丁朝服是弟子赠送的。一日海瑞母亲大寿，海瑞上街买了两斤肉，屠夫感慨道："没想到我这辈子还能做上海大人的生意啊。"海瑞去世时，南京都察院佥都御史王用汲去照顾他，只见用布制成的帷帐和破烂的竹器，有些是贫寒的文人也不愿使用的。由此可见，明朝低薪制度下，清廉正直的官员生活拮据。在这种情况下，官员往往抵御不住诱惑，铤而走险，造成贪墨之风盛行，吏治极度败坏，进而给明代政治、经济乃至社会造成了极大的危害。

清朝的正俸相比于其他朝代来说是非常低的了，甚至比明朝还要低得

---

① （明）顾炎武：《日知录》卷十二《俸禄》。
② （明）顾炎武：《日知录》卷十二《俸禄》。

多。后来雍正实行了耗羡归公和养廉银，虽然在一定程度上遏制了贪污，但仍然难以满足官员的生活与办公开支需要。这样，清朝统治者就陷入极大的矛盾之中。一方面要澄清吏治，反对腐败，打击贪污；另一方面又允许官吏私征耗羡，事实上又纵容了官吏的贪污行为，不仅使清朝吏治日趋败坏，破坏了社会秩序的稳定，而且也加剧了统治的危机。据薛瑞录先生研究，清前期中央和地方官员的家庭正常用度，是他们官俸的三十余倍，一方面奢侈之风盛行，一方面是俸禄还不足以维持家计，在这种情况下，大小官吏便想方设法贪污纳贿，巧立名目层层搜刮。

龚自珍敏锐地抓住了这个问题。他认识到，当时的官员俸禄很低，不足以维持日常生活，一日仅吃一餐者众多，还有些人靠借债度日，"廪告无粟，厩告无刍，索屋租者且至相逐，家人嗷嗷然乎"①，几乎到了难以养家糊口的地步，致使大小臣工都不关心公事，而更多地考虑如何生活。

龚自珍认为，贫困使许多臣子丧失了为国谋忠的本分。"内外大小之臣，具思全躯保室家，不复有所作为，以负圣天子之知遇，抑岂无心，或者贫累之也。《鲁论》曰：'季氏富于周公。'知周公未尝不富矣。微周然，汉、唐、宋之制俸，皆数倍于近世，史表具在，可按而稽。天子富有四海，天子之下，莫崇于诸侯，内而大学士、六卿，外而总督、巡抚，皆古之莫大诸侯。虽有巨万之资，岂过制焉？其非俭于制，而又黩货焉，诛之甚有词矣！今久资尚书、侍郎，或无千金之产，则下可知也。诚使内而部院大臣、百执事，外而督、抚、司、道、守、令，皆不必自顾其身与家，则虽有庸下小人，当饱食之暇，亦必以其余智筹及国之法度、民之疾苦。泰然而无忧，则心必不能以无所寄，亦势然也。而况以素读书、素识大体之士人乎？"②

龚自珍认为古代好的时候并不这样。他说，"三代以上，大臣、百有司无求富之事，无耻言富之事"③，君主以大臣不富为最可嘉可法之事，"臣之于君也，急公爱上，出自天性，不忍论施报。人主之遇其臣也，厚以礼，绳以道，亦岂以区区之禄为报"④？那时，百官的天性就不重私利、专心为公，

---

① （清）龚自珍著，王佩诤校：《明良论一》，《龚自珍全集》，上海古籍出版社1975年版，第30页。
② （清）龚自珍著，王佩诤校：《明良论一》，《龚自珍全集》，上海古籍出版社1975年版，第30页。
③ （清）龚自珍著，王佩诤校：《明良论一》，《龚自珍全集》，上海古籍出版社1975年版，第29页。
④ （清）龚自珍著，王佩诤校：《明良论一》，《龚自珍全集》，上海古籍出版社1975年版，第29页。

君主对臣子则厚之以礼，绳之以道，因此三代以上的吏治是比较清明的。龚自珍还引用孟子的"无恒产而有恒心，惟士为能"，并认为这不是君主用来约束士大夫的话，而是士大夫自律的表现。

为了改变这种局面，龚自珍的主张就是提高官吏的俸禄。他认为汉朝、唐朝、宋朝的俸禄，都比现在多数倍，所以即使是下等官吏，也能优游书画之林，文采酬酢，饮食风雅。而现在当尚书、侍郎多年的，也未必有千金之产。清朝的官吏见面谈话，既不谈政事文艺，也不谈设施利弊。谈什么呢？"其言曰：地之腴瘠若何？家具之赢不足若何？车马敝而债券至，朋然以为忧，居平以贫故，失卿大夫体，甚者流为市井之行。"①官员俸禄太低，官员只想到任的地方贫富如何，是否有好房子住，有好家具使用。龚自珍认为，只要能给予官吏较高的俸禄，使他们都不必顾虑自家的生计，"内外官吏皆忘其身家以相为谋，则君民上下之交，何事不成"②？

龚自珍主张增加各级官吏的俸禄，提出"内而大学士、六卿，外而总督、巡抚，皆古之莫大诸侯。虽有巨万之资，岂过制焉"，皇帝大可不必限制大臣的富贵。

### 三、对龚自珍吏治改良思想的基本评述

一个知识分子有无改造社会的进取愿望往往取决于他首先是否具有对旧社会、旧制度或旧事物的批判勇气和精神。《清史稿》评价龚自珍："其文字鷔桀，出入诸子百家，自成学派。所至必惊众，名声藉藉，顾仕宦不达。"③

### （一）深刻揭示时弊，大胆抨击皇权专制主义，警醒世人

在封建社会里，皇权专制、"朕即天下"的观念是为国民所认同的。但对于其中的危害，也不乏有识之士指出。早在春秋后期，名相晏婴就提出过君主骄奢淫逸是国家祸患的根源。齐国君主齐景公"好治宫室，聚狗马，奢侈，厚赋重刑"④。有一次，他患疥疾，逾年而不愈，近臣认为是祝史即掌祭祀之官的罪过。辅政的宰相晏婴则认为，如果是有道德的君主，宫内宫

---

① （清）龚自珍著，王佩诤校：《明良论一》，《龚自珍全集》，上海古籍出版社1975年版，第30页。
② （清）龚自珍著，王佩诤校：《明良论一》，《龚自珍全集》，上海古籍出版社1975年版，第30页。
③ 《清史稿》卷四八六。
④ 《史记·齐世家》。

外的事都不荒废，上下的人都没有怨恨，一举一动都没有违背礼仪的事，祝官、史官向鬼神讲诚实的话而不感到问心有愧。因此，鬼神享用祭品，国家得到鬼神降下的幸福，祝官、史官也一块得到幸福。他们之所以家族兴旺有福、健康长寿，是因为他们是诚信的君主的使者，他们的话对鬼神忠诚信实。如果恰好遇上邪僻放纵的君主，宫内宫外偏颇邪曲，上下的人怨恨嫉妒，一举一动邪僻违理，放纵欲望满足私心，把台榭修得很高，把池塘挖得很深，敲击钟鼓等乐器，让女子舞蹈取乐，耗尽百姓的力量，掠夺百姓的积蓄，以此铸成自己违理的过错，对后人不加体恤。暴虐放纵，肆意做不符合法度之事。无所顾忌，不考虑百姓的怨恨，不害怕鬼神的惩罚。鬼神忿怒，百姓怨恨，自己毫无悔改之心。祝官、史官如果向鬼神讲诚实的话，这就是讲君主的罪过；如果向鬼神掩盖君主的过错，奢谈君主的美德，这就是欺骗作假。祝官、史官进退两难，无话可讲，只好说些空洞的话以讨得鬼神的欢心。因此，鬼神不享用祭品，国家遭受祸害，祝官、史官也一块遭受祸害。他们之所以昏惑孤寂、患病夭折，是因为他们是残暴的君主的使者，他们的话对鬼神欺诈轻慢。

以后历代也不乏指责君主过失的人，如明末清初的进步思想家黄宗羲就曾猛烈地抨击过君主专制制度。他认为，皇帝只不过是些自私自利者，为了一己之利去争夺天下，登基之后，则"敲剥天下之骨髓，离散天下之子女，以奉我一人之淫乐"[1]。对于"视天下为莫大之产业，传之子孙，受享无穷"[2] 的君主，天下之人完全应当"视之如寇仇，名之为独夫"[3]。但在清初，屡兴文字狱，大搞文化专制，民主思想难以传播。到龚自珍一代，已很少有人敢公开树起批判君主专制的旗帜了。在封建专制的淫威下，龚自珍能独树一帜，大胆揭露和批判专制统治，正说明他是中国近代史上开一代风气的进步思想家。

龚自珍在《古史钩沉论》一文中曾明确指出，官场腐败、官吏无耻的根源，就在于封建专制制度本身。这种君主专制，也就是皇帝一人专制，可谓"一人为刚，万夫为柔"。至高无上的皇帝，既然是金口玉言、绝对正确，就由他一人独断专行，天下人只能做顺民，柔软服从。

封建皇帝又是怎样推行其"一人为刚"的呢？龚自珍说，据史书记载，从前称霸天下的帝王，往往总以为"其力强，其志武，其聪明上，其财多，

---

[1] （明）黄宗羲：《明夷待访录·原君》。
[2] （明）黄宗羲：《明夷待访录·原君》。
[3] （明）黄宗羲：《明夷待访录·原君》。

未尝不仇天下之士,去人之廉,以快号令,去人之耻,以嵩高其身"。封建皇帝为了保持其家天下的万代江山,维护其帝王之尊,显示其圣主威风,又自认为力量强大,智慧超群,就必然用去掉别人廉耻的手段,把别人变成自己的奴才,来强行推行他的号令。这样,皇帝一人就可以随心所欲、独断专行,任何人只能做俯首帖耳的顺民,绝对服从他一人的旨意,不许有丝毫的非议。否则,就是逆臣逆子,大逆不道。轻者贬谪、丢官、下狱、充军流放,重者腰斩枭首、诛灭九族。这种封建独裁制度实行的结果,就是天下臣民只能三拜九叩、山呼万岁了。所以,封建专制统治下的社会万籁无声的局面,是君主专制制度"振荡摧锄天下廉耻"的必然结果。

然而,龚自珍虽对君主专制进行了揭露和批判,但没有提出如何消除君主专制的主张,这是因为他所处阶级和时代的局限。他揭露君主专制是为了维护地主阶级的整体与长远利益,同时还怕触怒皇帝,因此,他的揭露是不彻底的。难怪他自称"避席畏闻文字狱,著书都为稻粱谋"①,最后哀叹自己"书生挟策成何济"②。这是清朝中后期先进知识分子忧国忧民,在反思探索的道路上苦闷、彷徨的共有特征。

### (二)"药方只贩古时丹"

龚自珍所采"古方",主要是北宋王安石的改革思想。早在年轻时,他就曾将王安石上宋仁宗皇帝书,"手录凡九通,慨然有经世之志"。当时人都说:"定公得志,恐为王荆公。"及至道光九年(1829)殿试对策时,又在主要内容上效法王安石上宋仁宗皇帝书,写成《御试安边绥远疏》,建议进行全面系统的改革。甚至过了十年之后,他还在《己亥杂诗》里说:"何敢自矜医国手,药方只贩古时丹。"③ 这样看来,仿佛龚自珍的改革建议完全是王安石思想的翻版。其实并非如此,这只是龚自珍托古改制而已。

中国古代的改革家大多有着共同的特点,即都喜欢把自己的改革说成是前人,尤其是圣贤早已有之的思想,归功于古圣先贤,以此减少反对的阻力。正如康有为在他那部引人争议的《孔子改制考》里所说的那样,"布衣改制,事大骇人,故不如与之先王,既不惊人,自可避祸"。龚自珍也是如

---

① (清)龚自珍著,王佩诤校:《咏史》,《龚自珍全集》,上海古籍出版社1975年版,第471页。
② (清)龚自珍著,王佩诤校:《己亥杂诗》,《龚自珍全集》,上海古籍出版社1975年版,第510页。
③ (清)龚自珍著,王佩诤校:《己亥杂诗》,《龚自珍全集》,上海古籍出版社1975年版,第513页。

此。他的外祖父段玉裁在看了他的四篇《明良论》之后，评价道："四论皆古方也，而中今病，岂必别制一新方哉？"① 段玉裁故意强调龚自珍的更法政见是"古方"，一方面是《明良论》中以历史议现实，引古事论今事；另一方面恐怕也出于对外孙的爱护，以免被人们议论或当局查处。

龚自珍有关改革君臣关系、扩大朝臣权力的主张，隐约透露出资本主义责任内阁制的思想，对于中国早期资产阶级的发展有着积极的促进作用。而这些改革建议决非北宋王安石所能提出的，只有长期生活在江南一带的龚自珍，由于受到当地萌芽较早的资本主义思想的影响，方能在鸦片战争前夕这一特定的时间里提出这些建议。但是，龚自珍毕竟只是地主阶级的改革派，再加上他去世于鸦片战争第二年，还没有机会接受西方资本主义的思想，因此他还不可能像魏源和康有为那样，直接从西方资产阶级的思想宝库里借用武器，而只能从我国古代思想里寻找"治病良方"。

### （三）思想解放意义巨大

龚自珍初承家学渊源，通晓诗文、训诂、地理、经史，并受当时崛起的春秋公羊学影响甚深。面对嘉道年间社会危机日益深重，他弃绝考据训诂之学，一意讲求经世之务，一生志存改革。青年时代，他就敏锐地意识到封建国家的严重危机，认为"秋气不惊堂内燕，夕阳还恋路旁鸦"②。他撰写《明良论》、《乙丙之际箸议》等文，对封建专制的积弊进行揭露和抨击。中年以后，虽然志不得伸，转而学佛，但是经世致用之志并未消沉。他支持林则徐查禁鸦片，并建议林则徐加强军事设施，做好抗击英国侵略者的准备。

龚自珍一生追求"更法"，虽至死未能实现，但在许多方面产生了有益的影响：在社会观上，他指出社会动乱的根源在于贫富不相齐，要求改革科举制，多方罗致"通经致用"的人才；在哲学思想上，阐发佛教中天台宗的观点，提出人性"无善无不善"、"善恶皆后起"的一家之谈；在史学上，发出"尊史"的呼吁，并潜心于西北历史、地理的探讨；在文学上，则提出"尊情"之说，主张诗与人为一。

龚自珍广泛和深刻地揭露和批判清朝的政治黑暗和吏治腐败，起到了巨大的思想解放的作用，并为后来康有为等人倡公羊之学以变法图强开了先河。中国古代，由于传统文明的辉煌成就，由于中国周边民族的贫弱落后以

---

① （清）龚自珍著，王佩诤校：《明良论四》，《龚自珍全集》，上海古籍出版社1975年版，第36页。

② （清）龚自珍著，王佩诤校：《逆旅题壁，次周伯恬原韵》，《龚自珍全集》，上海古籍出版社1975年版，第449页。

及儒家士农社会标榜的"知足常乐"、"能忍自安"、"柔能克刚"等信条的影响,中国人往往缺少危机意识,统治阶级也从不喜欢臣民谈论什么天下危象凶兆,他们喜闻乐见的是歌颂升平的阿谀文章。因此可以说,古代中国多是在文治武功、太平一统的浪漫神话中度过的。到了鸦片战争前后,清朝政治腐败,经济落后,军备废弛,文化专制,社会危机四伏,盛世景象不再,乱世弊端丛生,衰世征兆尽显。面对这样衰败、腐朽、沉闷、窒息的社会,龚自珍大声疾呼社会改革势在必行。"一祖之法无不敝,千夫之议无不靡,与其赠来者以劲改革,孰若自改革?"① 龚自珍强烈警告清朝统治当局,如果不主动进行改革,将来就会有人起来推翻其统治。在大多数人还沉迷在乾嘉盛世的氛围当中时,龚自珍就发出了衰世昏时已经来临的警告,发出了更法改革的呼吁,无疑是振聋发聩、警策人心的。

龚自珍思想敏锐深刻,文笔纵横恣肆,他揭露时弊、力倡改革的大胆而尖锐的政论文字,震动了万马齐喑的思想界。梁启超说:"晚清思想之解放,自珍确与有功焉。光绪间所谓新学家者,大率人人皆经过崇拜龚氏之一时期。初读《定庵文集》,若受电然,稍进乃厌其浅薄。然今文学之开拓,实自龚氏。"② 在清朝覆亡以后,一个当年反对戊戌变法的曾任吏部主事的顽固分子叶德辉在总结清朝覆亡的学术思想原因时说:"曩者光绪中叶,海内风尚《公羊》之学,后生晚进,莫不手先生文一编(指《定庵文集》)。其始发端于湖、湘,浸淫及于西蜀、东粤,挟其非常可怪之论,推波扬澜,极于新旧党争,而清社遂屋。论者追原祸始,颇咎先生(指龚自珍)及邵阳魏默深二人。"③ 这也从一个侧面说明龚自珍的思想对晚清思想发展和政局演变产生过深刻的影响。

## 第三节 林则徐的整饬吏治思想与实践

林则徐(1785—1850),字元抚,又字少穆,福建侯官(今福州市)人。嘉庆九年(1804)中举后,做过汀漳龙道百龄和福建巡抚张师诚的幕僚。嘉庆十六年(1811)中进士,选庶吉士,步入仕途,后授编修,其间做过乡试副考官、云南乡试正考官。嘉庆二十五年(1820)初出任江南道

---

① (清)龚自珍著,王佩诤校:《乙丙之际箸议第七》,《龚自珍全集》,上海古籍出版社1975年版,第6页。

② 梁启超:《清代学术概论》,上海古籍出版社1998年版,第75页。

③ 叶德辉:《龚定庵年谱外纪序》,《郋园北游文存》,1921年铅印本。

监察御史,四月转任浙江杭嘉湖道。从这时起到道光十八年(1838)底的近二十年间,他先后就任两浙盐运使,淮海道、江苏、陕西按察使,河南、湖北、江宁和河东河道总督,以及江苏巡抚、署两江总督、湖广总督等职。鸦片战争期间,他作为钦差大臣领导了禁烟运动,后被发配伊犁。道光二十五年(1845)被重新起用,先后任署陕甘总督、陕西巡抚、云贵总督等职。1850年奉旨为钦差大臣,赴广西镇压农民起义,途中病逝。

林则徐从政四十余年,先后历官十三省。宦迹所至,办了不少利国利民的事。他忠于职守,正己率属,并始终抱着"首以整顿吏治为要务"的观念,将吏治的整饬置于诸务之首,所到之处,采取有效措施,惩治贪赃枉法,欲力挽狂澜。这表现出了林则徐在世风日下、官场污浊的时代,一个杰出政治家的清醒头脑、远见卓识和精明。他为京官时,即发出"何地不可兴利,顾司牧奚如耳"[①]的慨叹。待其外放为地方官,由道员升至督抚,统辖吏治兵防,深感责成并重。林则徐认真整饬吏治,在他管辖的地方,吏治状况有所好转,政令较为畅通,其所主持经办的河工、水利、赈灾、科场、盐政、漕务、禁烟、边事诸大政,均取得显著成绩,营伍得到整饬,军队战斗力也有所提高。例如,道光十年(1830)八月林则徐出任湖北布政使,次年一月调任河南布政使,八月又调任江宁布政使,"一岁之中,周历三省。所至贪墨吏望风解绶。疆臣重其才,皆折节倾心下之"[②]。再如,经他整顿过的东河河务,"群吏公牍,不能以虚词进,风气为之一变"[③]。

林则徐的努力虽然不可能改变清朝整体腐败的状况,但他的这些思想主张和行动举措,表现出在世风日下、官场污浊的时代,一个杰出政治家的清醒头脑与远见卓识。但在官场腐败的环境中,林则徐能忧国忧民、清正廉洁,关心民瘼,以不随流俗、力挽狂澜的精神与魄力,为所至之处兴利除弊,实是难能可贵。在贪污奢靡之风盛行的晚清社会里,林则徐能出淤泥而不染,更确属难得。

---

[①] (清)林则徐:《林则徐集·日记》,中华书局1962年版,第71页。

[②] 中国史学会主编:《中国近代史资料丛刊·鸦片战争》(六),上海人民出版社1957年版,第254页。

[③] 中国史学会主编:《中国近代史资料丛刊·鸦片战争》(六),上海人民出版社1957年版,第255页。

# 第二章 地主阶级改革派的整饬吏治思想

## 一、林则徐整饬吏治的主要思想与措施

### (一)"立政之道,察吏为先"

#### 1. 指出了考察官吏的重要性

林则徐强调官吏才德的重要性。他认为官吏的贤愚廉贪与国计民生、地方治乱的关系有着密切的关系,"欲图整顿,务在得人。而人不易知,必当勤加考察"①。他认为作为封疆大吏,"首严察吏,必须治理得人,方足以收实效"②。后期在滇督任上,他进一步阐明此种观点:"立政之道,察吏为先,如其措理乖方,识见适形其暗汶;聪明误用,心术每中于回邪。又或相率因循,则公务必多废弛。"③察吏是整饬吏治的第一步。只有弄清了官吏的勤惰、贤愚、廉贪,才谈得上任用和整饬。而官吏们"同在循职之中,而才具互有短长,器识各有深浅,非时刻留心察看,未易周知",故对各级文武员弁,应当勤加考察。

#### 2. 提出了一套考察官吏、整饬吏治的方法和原则

其一,对官吏的考察必须全面。

林则徐提出,在考察中要注重政绩,不拘于一时一事,而是随时注意考察,对各级官吏的思想、行事、人品、官声进行全面了解。考察者对下属平时的所作所为要密为记存,悉心核实,综合评判,以求洞察无遗,然后亲自写评语,抄录成册,上报备察。他强调:"一考诸公牍之事理,一验诸接见之语言,一证诸采访之声名,一征诸管辖之成效。总惟恪遵谕旨,求一实字。"④ 就是说,考察官吏时要全面考察他们的能力、作风和政绩,最后归结为一个"实"字。既听其言,又观其行,口碑政绩,相互印证。如此全面考察,才能对僚属做出实事求是的客观评价。

其二,重视亲自考察。

进入清中叶以后,吏治腐败已甚。那些追逐利禄的大官小吏,虽然为了

---

① (清)林则徐:《密陈两湖文武大员考语折》,《林则徐全集》(第2册),海峡文艺出版社2002年版,第476页。

② (清)林则徐:《才不胜职及有疾之州县分别降革折》,《林则徐全集》(第2册),海峡文艺出版社2002年版,第373页。

③ (清)林则徐:《甄别昏庸及不称职各员分别革职勒休改教折》,《林则徐全集》(第4册),海峡文艺出版社2002年版,第166页。

④ (清)林则徐:《密陈两湖文武大员考语折》,《林则徐全集》(第2册),海峡文艺出版社2002年版,第476页。

达到升官发财的目的而不择手段、丑恶万端，但表面上却是衣冠楚楚、道貌岸然。"上司所以考察属员者，非于公牍中观其事理，即于接见时询以语言。然各属禀谒之时，谁不能撷拾地方一二情形，以备应对。即公牍事件，有实在自费心力者，有专任幕友吏胥者。但就皮面观之，鲜不被其掩饰。"因此，不能仅听取汇报，而要亲自考察。这方面林则徐是有教训的。林则徐作为一员封疆大吏，不可能对众多下属官吏一一亲自考察，在许多场合要凭借属僚的禀报，因而仍会受蒙蔽而失察。例如，湖南抚标右营游击马辰，年富力强、技战娴熟，但平时性情躁急，弁兵偶尔过误，则加以责革，对长随郑玉背地私开茶室、放债取利、私索替班兵丁规钱等劣行，却失于约束。林则徐初到湖广总督任上，情况不明，便给予马辰预保。后来马辰被参，虽无贪污劣迹，仍被革职回籍，林则徐也连带受到降四级留任的处分。①

怎样才能不被表象蒙蔽、洞悉属员之真情呢？林则徐提出："察吏莫先于自察，必将各属大小政务逐一求尽于心，然后能举以验属员之尽心与否。盖徇人者浮，任己者实，凡事之未经悉心筹划者，纵能言其梗概，而以就中曲折，反复推究，即粉饰之伎立穷。若上司之心先未贯彻于此事之始终，又何从察其情伪，则表率甚不易言也。"②简而言之，如果上司对僚属应办的政务、经常出现的弊端了如指掌，其僚属就不能够滥竽充数、敷衍塞责；如果上司尽心，真正做到了对管辖各项政务了然于心，就既为各属做出了表率，又易洞悉属僚为政的实情。

其三，认为察吏"首以清廉为重"。

林则徐认为为官者首先应该做到清廉，主张对官吏的考核首要的一条应视其是否清廉。

他在任职督抚期间，把察吏视为一项首要职责，十分注意对所辖僚属的观察考评。凡是目之所见，耳之所闻，一言一行，都秘为存记。对于下属的文牍，凡是发现佳作，即"亲自批答圈点付还"。有人因此问他，这样做难道不感到烦琐吗？他说："寒士缘此增重，官吏亦缘此加意佐治人才，所系固不细也。"③实际上，这是他对下属的一种精心培养和鼓励。他衡量人才

---

① 参见（清）林则徐：《误保马辰奉旨改降调为降留谢恩折》，《林则徐全集》（第3册），海峡文艺出版社2002年版，第55页。

② （清）林则徐：《密陈司道府考语折》，《林则徐全集》（第1册），海峡文艺出版社2002年版，第259页。

③ 沈瑜庆：《林文忠公手札题后并序》，来新夏编著：《林则徐年谱》，上海人民出版社1985年版，第544页。

的优劣，既听其言，更重视其实际表现，还要考察其实效与群众的反应。

## （二）针对官场弊端，事先提出警告与要求

清朝官场弊端多，林则徐久历宦海，深知其中门道。他根据"惩劝兼施"的原则，每到一地即针对该处官场弊端，事先向各级属员提出警告与要求，并制定防范措施。

在湖北布政使任上的林则徐，为了杜绝官吏在升调署补差委中昏夜营求以及胥吏高下其手，防范讼棍、吏胥包揽词讼，根除丁胥差役冒名索诈、影射扰累等弊端，特地颁布《关防告示》和状纸格式，周知群众："如有各种情弊，许即赴司首告，或就近禀报地方官拿究，以凭惩办。"林则徐任东河河道总督时，为剔除河工积弊，认真查验堆料，又绘制了全河的形势于墙上，哪里安全哪里危险，一看便知，使属吏不敢欺蒙。

江苏任职期间，林则徐对该省审案、科场、河工、赈务中存在的弊端均力加整顿。江苏官员疲玩拖沓，积案如山。林则徐即详定章程，严立限制，对超过时限不按规定结案者，即予参劾。经过几个月的清理，即将百分之九十的积案审结。以往江苏挑挖运河，偷工减料，浪费钱财。道光十四年（1834），又值挑挖徒阳运河之期，林则徐即定挑挖章程十八款，对抽扣夫钱、串通偷减的丁役加以重惩，对各项陋规使费一概革除。如有冒名需索者，无论何项人役，一律先抓后查，毋稍轻纵。至于赈灾，弊端甚多，惠不及民。林则徐在江苏赈灾，即摒弃吏胥，选用了解乡里情况、办事认真的"诸生"清查应赈济的户口、人数，发给他们领赈的凭据，并造所查户口清册上呈，减少了中饱、冒领等弊病。①

在江苏两司任上，林则徐针对江苏地方官交接时，前任的亏缺在监盘委员说合下，与后任"私议流摊，以垫抵交，而其所垫之款，半属虚悬无著"的问题，通饬全省，嗣后凡值交代，前任如有亏缺，即于限内据实揭参；如无亏款，迅速依限盘收结报，不得混请担任，私议流摊。如其不遵，定将玩违之员，特揭请参。还有，针对江苏地方官审案及解送人证迟延拖沓、办理命案缺乏仵作等情况，札饬各府州县，从速审结案件，及时将重要人证解省，募足仵作并令其认真学习验尸之法。

禁烟是清朝为防止白银外流、保持朝野稳定所采取的一项重大举措。然而，有关的边防官员却受贿放私，破坏禁烟。如广东碣石镇右营千总黄成凤，在海上查获走私鸦片船后，将人船纵放，留下鸦片，"商同署守备曾振

---

① 参见来新夏编著：《林则徐年谱》，上海人民出版社1981年版，第143页。

高，希图变卖分肥"①。更有甚者，水师副将韩肇庆则与洋船相约，每放私一万箱鸦片，由洋船送给其几百箱作为缉获品报功，"于是韩肇庆反以获烟功保擢总兵，赏戴孔雀翎。水师兵人人充橐，而鸦片烟遂至四五万箱矣"②。林则徐在以钦差大臣的身份在广东禁烟的过程中了解到，巡洋牟兵不仅吸食鸦片，而且与走私犯沆瀣一气，狼狈为奸。于是颁布查禁营兵吸食鸦片的条规，实行五人互保，要求"将牟中如有沾染吸食者，亦即揭参究惩，毋少隐讳，致干徇庇之咎"，并提出警告，如果兵牟再敢私纵鸦片贩子，严惩不贷。

林则徐针对过去的弊病，向各属吏提出除弊的要求和警告，既可使其下属有所遵循，又可警醒有过错者须改弦易辙，从而起到防止一些官吏继续为非作歹以整肃吏治的作用。

### （三）奖励勤慎、清廉的官吏

在整饬吏治时，林则徐提出了处理奖、惩、劝三者关系的原则："信赏必罚，惩劝兼施"。文武官吏中，凡有功勋劳绩者，给予奖赏，"须确核各员劳绩，务求赏当其功"；对营私枉法、怠于公事者，加倍严惩，以杜绝弊源，起到激励警劝的作用。采用惩罚手段，要因地因时制宜，分出轻重缓急，先惩已甚。与奖惩相辅而行的是对下属的教育、劝诫，劝导他们勤政爱民，清廉自持。

林则徐从政多年，在考察官吏方面积累了丰富的经验。按照清朝的制度，每三年对省、道、府、县的官吏要考核一次，称为"大计"。林则徐任巡抚、总督后，每逢"大计"，他都亲自出具考语，对司、道、府的立心、行事、人品、官声认真考评，上报朝廷。

林则徐强调奖惩分明。认为凡是贤能、勤慎、清廉的官吏，以及技艺娴熟、巡缉出力的弁兵，都应该被褒奖，以树正气，擢拔人才。对德才兼备、刚直不阿、民众爱戴的下属或同僚，林则徐或在考语中予以充分肯定，或上奏皇帝推荐密保。他坚守"欲图整顿，务在得人"的信条，凡是办事认真、公正廉明、坚持正义的官吏他都非常器重，并给予保举任用。

对于勤政精细、廉明能干的官吏，林则徐即奏请议叙或升迁。道光十二年（1832）七月，身为江苏巡抚的林则徐，在考核众多候补官员后，选中姚莹担任长州知县。两年后，林则徐对姚莹再度考察，在评语中写道："学

---

① 《宣宗成皇帝实录》卷三六。
② （清）魏源：《道光洋艘征抚记上》，《魏源集》（上册），中华书局1976年版，第169页。

问优长。所至于山川形势，民情利弊，无不悉心讲求，故能洞悉物情，遇事确有把握。前在闽省，闻其历著政声。自到江南，历试河工、漕务，词讼听断，皆能办理裕如，武进士民，至今畏而爱之。"① 根据这种切实的考察，林则徐会同两江总督陶澍共同举荐姚莹由知县晋升为知府。刘鸿翱清廉正直、老成持重、办事老练，林则徐奏调他为"赋重政繁"的苏州府知府。对于倡捐修筑城垣、"筹办有方，急公出力"的安陆知府周鸣鸾、署钟祥知县谢庆远，倡捐挑挖河流、"奋勉急公"的当阳知县王朝枒等人，林则徐皆奏请从优议叙。在云贵总督任上，林则徐先奏请将才识明干、勤奋有为的张亮基调补边陲要地的永昌知府。张亮基到任后，勤于职守，"办理不遗余力，于地方之利弊，无不访察周知，于风俗之浇漓，无不革除务尽"，仅一年多的时间，就去除了积年难挽之恶习，成效卓著。因此，林则徐认定张亮基才堪大用，又专折密奏，建议"将来遇有兼辖迤西及统辖滇省之任，如蒙简畀鸿慈，似张亮基皆可力图报称，以收得人之效"②。在林则徐的保荐下，张亮基于第二年即升任了云南巡抚兼署云贵总督的职务。

　　林则徐在荐举官吏时，并不着意揣摩皇上的心思倾向，也不盲目听信他人的议论，而是通过认真的考核，秉笔直书。他在湖广总督任上，湖北巡抚是周之琦。周之琦为人清廉，敢于发表自己的意见。1837年，道光帝嘱咐林则徐密奏周之琦的表现。林则徐在复奏中给予周之琦的评语是："至周之琦，向虽与臣同官翰林，而未曾共办公事。今在楚北同城已逾半载，随时留心访察，知其操守清廉，性情朴直，于属员不假辞色，于公事不许通融。或有议其太板者，臣窃以为正是好处。即其与臣议论公事，亦能自抒所见，不稍依阿，臣转以是重之。"③ 在奏折中，林则徐肯定了周之琦的德行，并针对关于周之琦太古板、缺乏灵活性的评论，认为这正是他的长处，即敢于坚持原则、说真话。因此，林则徐在评语中又写道："惟其才情未能肆应，似于事务殷繁之大省，未必游刃有余；若在中等省份，整肃吏治，挽回风俗，颇有确不可拔之劲，当必不至废弛。"④

　　为整饬营伍，林则徐曾将湖北省城中各兵营内"年力精壮技艺优娴者

---

① （清）姚莹：《十幸斋记》，《东溟文后集》卷九。
② （清）林则徐：《密保永昌知府张亮基片》，《林则徐全集》（第4册），海峡文艺出版社2002年版，第535-536页。
③ （清）林则徐：《密陈周之琦胜任湖北巡抚片》，《林则徐全集》（第2册），海峡文艺出版社2002年版，第482页。
④ （清）林则徐：《密陈周之琦胜任湖北巡抚片》，《林则徐全集》（第2册），海峡文艺出版社2002年版，第482页。

另挑十之一二,每月捐廉加给公费,各就所习硬弓、鸟枪、长矛、刀棍,令其更加练熟,精益求精。臣每旬亲阅一次,分别等第,示以赏罚,俾皆踊跃感奋,不使日久懈生"。在广东禁烟时,林则徐对在禁烟和抗英斗争中出力尤著的员弁,奏请奖励。如广东博罗县典史陈镕,在收缴、销毁鸦片中最为出力,终因被销化烟土时放出的毒气熏倒而致死,林则徐大力表彰其功绩,与邓廷桢、怡良联名奏请朝廷给予抚恤。

林则徐曾表示:"荐贤系为国家,并非朋友私情也。"① 在为国寻才思想的指导下,他一方面求贤若渴,另一方面又非常审慎,不轻易保举,所以经他保举的基本上都是当世出类拔萃的英才。金安清对此评述道,林则徐"尤慎举劾,历封圻十四省,所荐不过数十人",而这些人多是名重一时、政绩昭彰的干练之才。姚莹在回顾自己一生的经历时,把林则徐的伯乐之举视为一生中十大幸事之一。② 由于林则徐实事求是,赏罚分明,赏当其功,罚当其罪,故不仅受其奖赏者引以为荣,而且被他贬斥、处罚的人也甚少怨言,"一时文臣军吏,无智愚贤不肖,皆乐为之用,甘为之死,且有得谯让而犹以为荣者"。

### (四)惩处疲玩、腐败的官吏

林则徐对于昏庸无能、不称其职的官吏,敢于秉公参奏。例如,1837—1838年林则徐任湖广总督时,发现时任襄阳知府的阿尔瑭阿不能胜任职责,就把他调任施南府知府以观后效。阿尔瑭阿调任新职后三个多月,仍然怠玩如故,讼事听断甚稀,僚属亦少接见,报省公文只四五件。因此,尽管阿尔瑭阿"年力正强,心地非不明白",但偷安好逸,难以胜任,林则徐断然请旨将他开缺。③ 巴陵县知县李正晋、安化县知县王尚德、武陵县知县王丙心、即用知县张树德、沅陵知县郑若潢、溆浦知县图麟,或才不称职,或不协民情,或难望洁己奉公,林则徐请旨分别勒休、降补、撤任。④

对那些玩忽职守、贪赃枉法、受贿卖放走私的官弁兵丁,他更是深恶痛绝,主张严厉制裁,从不稍假情面。他在湖广整顿盐务时即认为,对那些"视鹾务为利薮,舣法营私,靡所不至"的不肖员弁,必须从严惩办,以杜

---

① (清)张集馨:《道咸宦海见闻录》,中华书局1981年版,第85页。
② 参见杨国桢:《林则徐传》,人民出版社1995年版,第145页。
③ 参见(清)林则徐:《施南知府阿尔瑭阿请开缺折》,《林则徐全集》(第2册),海峡文艺出版社2002年版,第484页。
④ 参见(清)林则徐:《甄别湖南州县折》,《林则徐全集》(第2册),海峡文艺出版社2002年版,第457页。

第二章 地主阶级改革派的整饬吏治思想

绝弊源。如监利县粮书龚绍绪，侵吞修堤土费六十串，林则徐认为若照侵犯钱粮，仅能判处流放，不足以儆效尤，乃比照"蠹役诈赃十两以上发近边充军"例，发往近边充军。宜昌镇左营外委黄帼祥在缉私时中饱私囊，放走私贩，徇私枉法的情节极为严重，如只照"巡缉私盐，故纵者与犯人同罪"律，杖一百，徒三年，还是情浮于法，乃奏请将黄帼祥从重发往新疆充当苦差。林则徐至粤后，广东水师弁兵卖放鸦片走私，后果严重。将受贿故纵奸人开设快蟹馆的记名外委徐广，判处了绞监候，秋后处决；奏请将得规卖放、得土分肥的守备蒋大彪、伦朝光、都司王振高、外委梁恩升、保安泰等从重发遣新疆，酌拨种地当差。又将得财纵放鸦片走私船，并把所获烟土卖银伙分的额外外委曾日恩，发往新疆给官兵为奴，震慑了官场。

## 二、林则徐清廉自持，正己率属

林则徐对当时官场的腐败十分痛恨，对那些苟且偷安、志在温饱的逐利之徒嗤之以鼻。早在他刚刚走上仕途的时候，就对那些寡廉鲜耻、唯利是图的贪官丑类十分憎恶，这充分表现在他答友人陈寿祺的一首五言诗里。其中写道："呜呼利禄徒，字氓何少恩，所习乃脂韦，所志在饱温，色厉实内荏，骄昼而乞昏。岂其愍才智，适以资攀援，模棱计滋巧，刀笔文滋繁，峻或过申商，滑乃逾衍髡。牧羊既使虎，吓鼠徒惊鹓，有欲刚则无，此际伏病根。"① 虽然在封建社会贪弊丛生的腐败官场里，要做到出淤泥而不染并不容易，但林则徐立志要做一个清廉安民的好官，不与那些利禄之徒为伍，明知廉吏难为而勉力为之。

林则徐以"欲影正者端其表，欲下廉者先之身"为座右铭，严格要求自己，"但当保涓洁，不逐流波奔"，事事以身作则，处处为人表率。他对官场的奢侈腐化风气极为不满，反对靡费铺张，提倡节俭清廉，并能廉洁自持。他从生活供应、官吏升迁到办理案件，处处严分公私，严防假公济私。林则徐的清廉在嘉庆、道光两朝的官吏中是少见的，就是在当时被官员们认为是理所当然的细微之事，他也严格要求自己。

嘉庆二十一年（1816），林则徐被任命为江西副主考，赴南昌典试。按当时的习惯，南昌方面许多人宴请，他不能推辞："自入闱以来，监临、提调、监试连日输送酒席，是日因近中秋，送席尤多，心甚愧之，且觉物力可惜。"② 毫无矫饰，全是发自肺腑之言。林则徐对这等小事的态度，和当时

---

① 来新夏编著：《林则徐年谱》，上海人民出版社1981年版，第70页。
② （清）林则徐：《林则徐集·日记》，中华书局1962年版，第58页。

讲排场、摆阔气的官场风气形成鲜明对比。

嘉庆二十五年（1820），林则徐初涉官场，任江南道监察御史，后外放为浙江杭嘉湖道。这是京官梦寐以求的事情。因为一般的京官生活清苦，一旦外放地方官，尤其是像杭嘉湖道这样的肥缺，不必大动手脚，白银就会滚滚流入腰包。可因出都留别等欠下近万两债务的林则徐，却"鄙性迂拘，不敢别图生发，即常例所有，亦减之又减，斟酌再三"①，以至于一些亲朋好友到他那儿想得点好处，也只得败兴而去。他在任上修海塘，兴水利，发展农业，颇有政声。在黄河决口、洪水泛滥，治河工程却迟迟不能竣工的情况下，他前往河南仪封调查。发现是贩运筑堤砖石和秸料的商人与官吏串谋，趁黄河河工急需物资之机抬高价格，致使工地停工待料。他据此建议朝廷立即查封官商勾结控制下的筑堤物资，而后予以平价收购。此建议被朝廷采纳。虽然断了财路的官吏对林则徐怀恨在心，但是黄河决口终于被堵住了。

林则徐的清廉自持作风一洗当时官吏的奢华恶俗。当时一般大官不仅希望沿路官员迎送，而且排场越大越好，有时还使出种种花招，变相勒索。最明显的例子是当过闽浙总督的颜伯焘。1841年，颜伯焘因厦门失守被革职。他虽然已被罢官回籍，可排场还不小。他回乡时路过漳州，随行马夫每天六七百名，接连过了十日，随行的兵役、抬夫、家属、舆马仆从几乎达三千人，酒食上下共用四百余桌。"大小轿十余乘，每轿皆夫四名，轿前戈什哈引马，轿旁则兵役八名。每轿皆然。虽仆妇使女之舆，未尝不然。及入城，见一惫赖粗役，亦坐四人肩舆。"②

针对当时官场迎来送往的陋习，林则徐在担任高级官员后，每次赴任就职前，总要先发出一道"传牌"，下达给沿途官府。1830年，林则徐出任湖北布政使。一进入湖北境内，他就发出传牌明告沿途官吏严分公私，无须款待接送，禁止阿谀逢迎，借端勒索。传牌说："照得本司自京来楚，现已行抵襄阳，由水路赴省。所雇船只，系照民价自行给发，不许沿途支付水脚，亦无须添篙帮纤。行李仆从，俱系随身，并无前站及后路分路行走之人。伙食一切，亦已自行买备，沿途无须致送下程酒食等物。所属官员，只在本境马头接见，毋庸远迎。为此，牌仰沿途经过各站遵照。倘有借名影射，私索

---

① 来新夏编著：《林则徐年谱》，上海人民出版社1981年版，第58页。
② （清）张集馨：《道咸宦海见闻录》，中华书局1981年版，第65－67页。

第二章 地主阶级改革派的整饬吏治思想

水脚站规及一切供应者，该地方官立即严拿惩办，不得稍有徇纵，切切！"①到武昌接任时，又发布《关防告示》，公开表明自己"仰膺恩命，承乏楚邦，任恐难胜，而志惟求慊，才虽未逮，而守必不渝"。声明一切政事皆亲自裁决，秉公办理，"断不听昏夜之营求，任吏胥之高下"。严禁属吏用他的名义以权谋私，说明倘若有人诡称是他的亲朋故旧，可代关说，以及手下人向外招摇，混称打点照应者，无论事体大小，犯必立惩。"本司署内丁胥差役，概不滥予差遣。倘有伪称奉差密访，恐吓所在官司，并滥借驿马需索饭食者，各属有所见闻，立即拿究，不可容隐干咎。若吓诈平民，借端滋扰，一经首告，或被访闻，尤必尽法严办，决不姑贷。"②

1831年11月，林则徐就任河东河道总督。在清朝，河务是官吏积弊的渊薮，又是繁重的工作，不易整顿和胜任，历任河道总督大多是一些敷衍公事、贪污收贿的利禄之徒。他们趁洪水泛滥、人民遭殃之机，借口治水，营私舞弊，大发国难财。受黄河水灾最厉害的山东省官吏为了能借办河工之名，既私吞河工款，又谋求保举，则常聚在一起议论说："黄河何不福我而决口乎？"③ 而至于趁机大发赈灾财的，更是司空见惯。如1882年安徽省"水灾地广，待赈人稠"，直隶候补道周金章领了赈灾银十七万两，赴安徽办理赈灾事宜。他只拿出两万余两充赈，其余的统统借贷出去坐收利息，中饱私囊。④

林则徐同这些贪官完全不同，他不啖于厚利，不惮于艰难，一上任就说："河工修防要务，关系运道民生最为重大，河臣总揽全局，筹度机宜，必须明晓工程，胸有把握，始能厘工剔弊，化险为平。"他认真负责，细心查验，"总于每垛夹档之中，逐一穿行，量其高宽丈尺，相其新旧虚实，有松即抽，有疑即拆，按垛以计束，按束以称斤，无一垛不量，无一厅不拆，兵夫居民观者如堵，工员难以藏掩"⑤，揭露和杜绝了不少弊端，较好地推进了治河工作，使道光皇帝不禁发出赞叹说，向来河督查验料垛，从未有如

---

① （清）林则徐：《由襄阳赴省传牌》，《林则徐全集》（第5册），海峡文艺出版社2002年版，第55页。

② （清）林则徐：《关防告示》，《林则徐全集》（第5册），海峡文艺出版社2002年版，第57页。

③ 观鲁：《山东省讨满洲檄》，中国史学会主编：《中国近代史资料丛刊·辛亥革命》（二），上海人民出版社1957年版，第346页。

④ 参见《德宗景皇帝实录》卷一六八。

⑤ （清）林则徐：《查验豫东黄河各厅垛完竣折》，《林则徐全集》（第1册），海峡文艺出版社2002年版，第45页。

109

此认真者，认为如果所有官吏都能如此勤于公务，弊端自然绝迹。

道光十二年（1832）二月，林则徐调任江苏巡抚时，"会丁内艰，寮属致赗，皆却之"，不接受任何下属的拜见礼金。道光十八年（1838），林则徐被任命为钦差大臣前往广东查禁鸦片时，仍然保持一贯的清廉作风。按例，钦差大臣经过的地方，当地官员必须给予特别隆重的接待和丰盛的供应。但林则徐为防范官员送礼，特意发出了如下内容的传牌："照得本部堂奉旨驰驿前往广东查办海口事件，并无随带官员供事书吏，惟顶马一弁、跟丁六名、厨丁小夫共三名，俱系随身行走，并无前站后站之人。如有借名影射，立即拿究。所坐大轿一乘，自雇轿夫十二名；所带行李，自雇大车二辆、轿车一辆。其夫价轿价均已自行发给，足以敷其食用，不许在各驿站索取丝毫。该州县亦不必另雇轿夫迎接……所有尖宿公馆，只用家常饭菜，不必备办整桌酒席，尤不得用燕窝烧烤，以节糜费。此非客气，切勿故违。至随身丁弁人夫，不许暗受分毫站规、门包等项。需索者即须扭禀，私送者定行特参。言出法随，各宜懔遵毋违。切切！"① 这道传牌规定得十分明确：不准沿途地方官员超规格接待，不准身边随从人员狐假虎威勒索，不准借机铺张浪费、大吃大喝，违者定将受到处罚。到广州后，林则徐又在钦差辕门口张贴告示，申明"公馆一切食用，均系自行买备，不收地方供应；所买物件，概照民间时价给发现钱，不准丝毫抑勒赊欠；公馆前后，不准设立差房。……乘坐小轿，亦系随时雇用，不必预派伺候"等，用严明的纪律约束自己。同时，林则徐也严加要求属下。他下令随行人员不许暗受分毫站规、门包等项，如有索要者，以受贿论处，言出随法，严加惩处。对其属下提出严厉的要求和警告，使不法之徒无机可乘。这些都表明了林则徐的正派作风和严肃态度。

以前广东历任官员虽曾叫喊过禁烟，但他们经不起外商烟贩的贿赂和腐蚀，最后都为鸦片走私开方便之门。1826年，两广总督李鸿宾设水师巡船，原为巡缉鸦片走私，不料每月却受贿白银三万六千两放走私船入口。1837年粤海关监督豫坤上任时，曾同广东巡抚祁贡联名贴出禁烟告示，后来，禁烟告示竟成为他们敲诈勒索的一种手段，明目张胆地包庇鸦片走私，从中获利。而林则徐则不同，他到广东后带头坚拒受贿。他在传见串通洋商走私的怡和行洋商伍绍荣时，伍绍荣表示愿以家资报效，妄图行重贿解脱，对其行贿企图，林则徐大义凛然，怒斥"本大臣不要钱，要你脑袋尔"。伍绍荣黔

---

① （清）林则徐：《奉旨前往广东查办海口事件传牌稿》，《林则徐全集》（第5册），海峡文艺出版社2002年版，第100页。

第二章 地主阶级改革派的整饬吏治思想

驴技穷，只好按林则徐的要求，向英、美鸦片走私者传达钦差大人关于上缴全部鸦片的命令。最终，英美商人被迫交出鸦片一百一十万公斤。

林则徐离开广州前，广州爱国乡绅、商人和群众呈送颂牌五十二面，颂牌以"烟销瘴海"、"清正宜民"、"清明仁恕，廉洁威严"等崇高的赞词，对林则徐在广东领导的正义斗争和他个人的廉政清明给予充分肯定和热情讴歌。① 直到林则徐被远戍新疆，《全粤义士义民公檄》还不顾忌讳，在痛斥投降派更甚于南宋奸佞的同时，公开赞扬林则徐来粤查办的功业，称颂其"公正廉明"②。

鸦片战争后，林则徐遭逸言诬陷，被发配到遥远的新疆效力赎罪。身为"罪臣"的林则徐并没有消沉，他到新疆不久就向朝廷建议，在新疆开垦荒地、发展农耕。经道光帝批准后，年逾六旬的林则徐便拖着病体，驱驰在天山南北踏勘可垦荒地，总行程三万余里。随后，他主持兴修水利、开办屯垦，共计在南疆、北疆、东疆各处拓垦荒地三万余顷（一顷约合一百亩）。林则徐在北疆伊犁主持开挖的水渠，至今仍发挥着效益，被称作"林公渠"；林则徐在南疆产棉区推广使用的纺车，则被称作"林公车"。

道光二十六年（1846），林则徐被道光帝重新起用，由新疆返回，仍清廉如初。据时任陕西粮道的张集馨所记，道光二十七年（1847）四月，"少翁升云贵总督，同人馈赠概行辞却"③。这与他以前为官时不收礼金，毫无二致。

林则徐为国家、百姓做实事，却不肯为自己争名谋利，也不置什么家产。服官四十年的财产，仅相当于总督一年半的养廉银。而据张集馨记述，那时正在交卸的陕西粮道，只要迟交十余日，"便可得二万余金矣"④。由此更可见林则徐的廉洁。1847年，林则徐写下《析产书》，把他的家产平均分给三个儿子。此时，他所有的家产，包括房屋、田地等，总共不过值三万两白银，且"无现银可分"。陈康祺著的《燕下乡脞录》卷一三中，记载了曾国藩致其弟曾国荃信中说："闻林文忠三子分家各得六千串。督抚二十年，家私如此，真不可及，吾辈当以为法。"⑤ 这段记载虽在推崇曾国藩，但也

---

① 参见（清）林则徐：《林则徐集·日记》，中华书局1962年版，第372－374页。
② 《广东夷务事宜》，中国史学会主编：《中国近代史资料丛刊·鸦片战争》（三），上海人民出版社1957年版，第353－354页。
③ （清）张集馨：《道咸宦海见闻录》，中华书局1981年版，第85页。
④ （清）张集馨：《道咸宦海见闻录》，中华书局1981年版，第85页。
⑤ 来新夏编著：《林则徐年谱》，上海人民出版社1981年版，第408页。

反映了一般大吏对林则徐操守的肯定。林则徐要求儿子们"惟念产微息薄，非俭难敷。各须慎守儒风，省啬用度"。他曾说："子孙若如我，留钱作什么？贤而多财，则损其志。子孙不如我，留钱做什么？愚而多财，益增其过。"

林则徐的廉洁奉公不仅为其僚属做出了表率，而且使他敢于去整顿官场中的种种弊端，并使这种整顿切实有效。

### 三、林则徐整饬吏治、清正廉洁的原因

嘉庆、道光年间，官吏玩忽职守，贪赃枉法，已是积重难返，成为痼疾。身处这样一个龌龊官场氛围中的林则徐，为什么能不为污俗所染，如此勤于政务，保持高风亮节？原因在于以下几点。

#### （一）父母、师长、朋辈的影响

首先是林则徐父母对他的良好家教，其次是师长、朋辈如郑光策、陈寿祺、张师诚等人对他为人和从政的影响。

林则徐出身于清贫塾师之家，生活艰辛。他的母亲陈帙，勤劳贤惠，虽出身富家，但下嫁到林家后，对清贫生活安之若素，每日做女红补贴家用。林则徐心有不安，表示要"代执劳苦"，她严肃地说："男儿务为大者、远者，岂以是琐琐为孝耶？读书显扬，始不负吾苦心矣！"① 林则徐做大官后，她仍然"珍食必却，美衣弗御"，却乐于助人，"平日扶危济困，在人若己，必曲尽其心而后安"。母亲的勤劳节俭与乐于助人的作风，深深地影响了林则徐的一生。

林则徐的父亲林宾日，是个私塾先生，他既是慈父，又是良师。林则徐后来回忆说："府君之教，谆谆然、循循然，不激不厉，而使人自乐于向学……讲授书史，必示以身体力行、近理著己之道。"② 林宾日一生过着清苦的教书生活，却人穷志坚，平日"不妄与一事，不妄取一钱"③，人格节操高尚。

林则徐13岁中秀才后，长期在鳌峰书院就读。书院山长郑光策是一位很讲气节的学者，他教导学生要立下远大志向，认为"志定而后教有所

---

① （清）林则徐：《先妣事略》，《林则徐全集》（第5册），海峡文艺出版社2002年版，第441页。
② （清）林则徐：《先考行状》，《林则徐全集》（第5册），海峡文艺出版社2002年版，第446页。
③ （清）林则徐：《先考行状》，《林则徐全集》（第5册），海峡文艺出版社2002年版，第446页。

施"。林则徐深受他的启发,立志为国为民做出一番事业。

福建巡抚张师诚是林则徐步入官场的引路人。林则徐在初次会试落第后曾在张师诚的幕府里工作了四年。张师诚宦海多年,经验丰富,是当时有名的精明能干的廉吏。他把自己的为官经验、经世学问、历代掌故,以及兵、刑、钱、谷诸项大政的知识都一一传授给林则徐,使林则徐在经世治国方面获得了许多书本上学不到的知识,为其后来为官打下了良好基础。林则徐对张师诚的精心栽培十分感激,终生不忘。1811年,他考中进士,入了翰林院庶常馆后,曾致信张师诚说:"则徐虽远隔绛帷,然无日不以老夫子大人所厚期者三复铭心,以求无负。"①

### (二)对民瘼的关心、人民的同情

对民瘼的关心、人民的同情是林则徐认真整饬吏治的又一重要原因。民本思想是中国传统文化遗产的精华所在。它兴起于商周,《尚书》中就有"民惟邦本"一句;成熟于春秋战国,孟子就说过"民为贵,社稷次之,君为轻"和"得乎丘民而为天子"的话。自秦王朝建立后,虽然君主专制的意识形态在几千年的封建社会占据了绝对的主导地位,但民本思想也一直像地下水般汩汩流淌了数千年,不时冲涌出来与封建专制主义斗上一番。特别是明清之际的进步思想家黄宗羲、唐甄等提出了"天下为主,君为客"的观点,把古代民本思想又推到了一个新的高度。

林则徐出身于清贫塾师家庭,深知民生之多艰,对人民的疾苦有强烈的同情心。为官之后,他对为官与国计、民生三者的关系有了进一步的理性认识。他认为:"尽职之道,原以国计为最先,而国计与民生实相维系,朝廷之度支积贮无一不出于民,故下恤民生正所以上筹国计,所谓民惟邦本也。"② 因此,有可暂纾民力之处即当使民力宽裕一点,"多宽一分追呼,即多培一分元气"③。正是在这样的背景下,林则徐以自己的勤慎公廉去整饬所辖地区的吏治,且成效可睹,污吏敛迹,民困稍苏,"儿童走卒、妇人女子,皆以公所莅为荣。辄曰:'林公来,我生矣。'至以公所行政,播诸歌

---

① (清)林则徐:《致张师诚》,《林则徐全集》(第7册),海峡文艺出版社2002年版,第1页。

② (清)林则徐:《江苏阴雨连绵田稻歉收情形片》,《林则徐全集》(第1册),海峡文艺出版社2002年版,第283页。

③ (清)林则徐:《江苏阴雨连绵田稻歉收情形片》,《林则徐全集》(第1册),海峡文艺出版社2002年版,第285页。

谣，荒村野市，传之以为乐"①。

林则徐自云："民瘼攸关，惟当瘝瘝以之。"他关心人民疾苦，重视社会生产。他曾说："官不足悯而民可悯，民即不尽可悯而农民可悯，而农民之勤者尤可悯。"②值得指出的是，他以实心实政来恤民、保民和富民。如1833年夏秋，苏州、松江等府遭遇水灾，在上谕点名指责林则徐请求缓征钱粮之举是"不肯为国任怨"、"只知博取声誉"的情况下，林则徐为了民众的生存，不惮犯颜单衔上奏，为民请命。

在广大劳动人民深受鸦片之害时，林则徐挺身而出，指出贩卖、吸食鸦片烟是谋财害命，主张严禁鸦片。林则徐向道光皇帝激动地指出："若犹泄泄视之，是使数十年后，中原几无可以御敌之兵，且无可以充饷之银。兴思及此，能无股栗！"③道光帝深受感动，派林则徐为钦差大臣前往广东查禁鸦片。林则徐为了洗刷民族的耻辱，明知此去禁烟是赴汤蹈火，他仍抱着"冀为中原除此巨患，拔本塞源"的志愿和置祸福荣辱于度外的高尚情操，不顾个人的成败，而决心临危赴难，并表示"若鸦片一日未绝，本大臣一日不回，誓与此事相始终，断无中止之理"④，坚决禁止鸦片。他在给夫人的一封信中自述："盖以身许国，但求福国利民，为民除害，自身生死且尚付诸度外，毁誉更不计及也。"

（三）深受皇恩，报效君主

林则徐自通籍以后，就总体而言，其仕途是相当顺畅的。从嘉庆二十五年（1820）外放道员起，仅十余年即升至督抚大员，升迁的速度可谓甚快。而且，在此过程中，他多次受到道光帝的特殊恩遇。道光帝欣赏林则徐，对他给予了高度评价。如任东河河道总督时，由于他严守职责，多次受到道光帝褒奖，称他办事得力，"向来河督查验料垛，从未有如此认真者"⑤，赞赏他"动则如此勤劳，弊自绝矣。作官皆当如是，河工尤当如是。吁！若是

---

① 金安清：《林文忠公传》，中国史学会主编：《中国近代史资料丛刊·鸦片战争》（六），上海人民出版社1957年版，第254页。

② （清）林则徐：《二次祷雨祝文》，《林则徐全集》（第5册），海峡文艺出版社2002年版，第502页。

③ （清）林则徐：《钱票无甚关碍宜重禁吃烟以杜弊源片》，《林则徐全集》（第3册），海峡文艺出版社2002年版，第79页。

④ （清）林则徐：《谕各国商人呈缴烟土稿》，《林则徐全集》（第5册），海峡文艺出版社2002年版，第117页。

⑤ （清）林则徐：《查验豫东黄河各厅垛完竣折》（朱批），《林则徐全集》（第1册），海峡文艺出版社2002年版，第46页。

者鲜矣"①。

道光帝宠信林则徐，予以其较高的期望。道光十二年（1832），道光帝在林则徐《补授苏抚谢恩折》朱批："知人难，得人犹难。汝当知朕之苦衷，一切勉力而行，毋负委任。朕有厚望焉。"② 道光十八年（1838），林则徐奉旨进京陛见。道光帝先赐林则徐紫禁城骑马，继又赐乘肩舆，"外僚得此，尤异数也"③。

道光二十九年（1849），林则徐因病请求开缺回籍调理的奏折，对自己数十年的仕途生涯及对道光帝擢拔、知遇之恩的感激做了一个总结："臣以一介寒微，渥沐圣明恩遇，由翰林、御史出为道员，三十年间，洊膺封圻重任，如两江、两广、湖广、陕甘、云贵五处总督，皆非臣才力之所能胜；且于获咎之余，复荷恩加再造，即縻顶踵，何足仰答高深。"④ 对于道光帝的如此恩遇与隆宠，林则徐由衷地感激圣恩浩荡。因此，再三跪诵，感激涕零，"惟此尽心竭力之愚诚，永矢毕生，虽一息仅存，自问不敢稍懈"⑤。

因为深感皇帝的厚恩而力图报效，再加上中国传统的忠君爱国的道德要求，使林则徐忠于职守，为君分忧，尽心尽力去做一个好官、清官。在满朝官吏"实心任事者，仅止寥寥数人，而惟顾一己之私者，比比皆是"的环境中，在道光帝痛恨官官相护的官场恶习，以及因循苟且、尸禄保身之官僚的情况下，林则徐为分担君忧，不仅自己勤慎清廉，而且努力整饬所辖地区的吏治，成效可睹，污吏敛迹，民困稍苏。林则徐是一个政绩斐然的政治家，他干练务实的工作态度和廉洁勤政的工作作风使当时"群吏公牍，不能以虚词进，风气为之一变"。

一个参与侵华战争的英国军官在他的著作中写道："他（林则徐）的最大的死敌也不得不承认，他的手从来没有被贿赂玷污过。在中国的政治家

---

① （清）林则徐：《查勘商虞厅料垛被烧分别办理折》（朱批），《林则徐全集》（第1册），海峡文艺出版社2002年版，第75页。
② （清）林则徐：《补授苏抚谢恩折》，《林则徐全集》（第1册），海峡文艺出版社2002年版，第41页。
③ （清）林则徐：《林则徐集·日记》，中华书局1962年版，第315页。
④ （清）林则徐：《病势增剧请开缺回籍调理折》，《林则徐全集》（第4册），海峡文艺出版社2002年版，第542—543页。
⑤ （清）林则徐：《遗折》，《林则徐全集》（第4册），海峡文艺出版社2002年版，第548页。

中，这种情形是闻所未闻的。"① 曾任英国驻香港的总督包令对林则徐的评价集中在官德方面，他在1851—1852年合刊的《皇天亚洲协会中国分会会刊》上发表了《钦差大臣林则徐的生平及著述》一文，说："在中国，可以说林则徐是该国人民的缩影——那个庞大帝国的舆论，集中表现在这个人身上。他是中国一位理想的爱国志士。他是圣人，而且是万圣之圣。他把自己的智慧和传统的智慧结合了起来。""他忠诚地、几乎不间断地为他的国家服务了36年。在社会生活中，他以廉洁、睿智、行为正直和不敛钱财著称。"感叹林则徐"太伟大了，不会被人遗忘"。鲁迅先生在《中国人失掉自信力了吗?》一文所说："我们自古以来，就有埋头苦干的人，有拼命硬干的人，有为民请命的人，有舍身求法的人……这就是中国的脊梁！"林则徐正是这样的人。"苟利国家生死以，岂因祸福避趋之"②，林则徐用自己坦荡的一生，实践了自己的诺言。

---

① ［英］宾汉：《英军在华作战记》，中国史学会主编：《中国近代史资料丛刊·鸦片战争》（五），上海人民出版社1957年版，第146页。
② （清）林则徐：《赴戍登程，口占示家人》，《林则徐全集》（第6册），海峡文艺出版社2002年版，第209页。

# 第三章　太平天国领袖的吏治思想

鸦片战争后,中国沦为半殖民地半封建社会。西方列强凭借不平等条约从政治、经济各方面大肆侵华,民族矛盾尖锐。清政府为了支付战争赔款、弥补财政亏空而加紧横征暴敛,地主阶级乘机兼并土地,加重剥削,农民和手工业者纷纷破产,民不聊生,民怨沸腾。饥寒交迫的人民纷纷揭竿而起,反抗斗争此伏彼起,终于在道光三十年(1850)末爆发了洪秀全领导的中国历史上规模最大的农民起义——太平天国运动。太平天国于1851年秋在永安建制,1853年3月定都天京,1853—1855年出师北伐失败,1853—1856年西征,天京解围。1856年9月发生天京事变,三王被杀,石达开率军远征,太平天国从此走向没落。1864年7月天京陷落,太平天国农民起义败亡。太平天国运动历时十四年,纵横十八省,把中国历史上的农民战争推上最高峰,冲击了封建经济基础及其上层建筑,沉重地打击了清朝统治者的腐败统治和外国资本主义的侵略势力,表现了中国人民反对封建统治者和外国侵略者的英雄气概和爱国主义精神,在近代史上具有深远的影响。

太平天国领袖洪秀全等人,起事之初,不仅对清朝的政治与吏治腐败进行了猛烈揭露和鞭挞,而且提出了太平天国政权的廉政理想模式。但由于自身知识阅历以及历史条件、阶级地位的限制,受制于传统思想的束缚,并没有在政治制度与吏治上进行变革创新,而是接受了历代封建王朝的政治观念和体制。他们的封建等级观念和皇权主义思想非常浓厚,定都天京后,他们迅速陷入了享乐腐化的漩涡,起义初期那种"敝衣草履,徒步相从"的质朴思想作风多被抛弃,代之而起的是对权利名位和豪奢生活的追求。太平天国不重视官员队伍的组织建设与思想建设,不重视吏治,陷入严重腐败而失败,给后人留下了深刻的教训。

## 第一节　太平天国对吏治的认识及吏治状况

### 一、太平天国早期的廉政理想

嘉庆、道光年间,由于人口暴增,清廷统治贪暴腐败,社会病变突发,人民生活条件普遍恶化,饥民、流民充斥全国,《临清县志》中《礼俗志·

谣谚》有一则反映当时苛税的民谣:"种庄田,真是难,大人小孩真可怜!慌慌忙忙一整年,这种税,那样捐,不管旱,不管淹,辛苦度日好心酸,两眼不住泪涟涟。告青天,少要钱,让俺老少活几年!"① 这些民谣无疑是晚清官吏对人民残酷剥削的真实写照。此时,社会阶级关系日趋紧张,固有的阶级矛盾十分尖锐,反清斗争此起彼伏,潜伏着引发剧烈社会革命的各种客观因素。清廷麻木不仁、茫无对策,既不考察社会病变的症结,又不设计整治社会的因应举措,只是因循苟且,盲目恪守祖制,毫无革新调适意图,遂致坐视各种危机滋长与恶化。值得注意的是,清朝政权本身的病变与社会病变同步发作,政治腐败黑暗,官场阿谀奉承、奢侈腐化风气极盛,官吏贪暴横行,"刑以钱免,官以贿得",贪污成风,贿赂公行,唯知榨取民财,不问国计民生。社会病变因此恶性发展,而成不治之症,终于引爆了一场规模空前的农民革命。

"天下贪官,甚于强盗;衙门污吏,何异虎狼!"晚清官吏贪污婪索的恶行,引发了阶级矛盾的空前激化,人民极为痛恨。太平天国把满族入主中原视为政治腐败、官吏贪劣、不拜上帝、人民疾苦等问题的根本症结,太平天国的领袖把反对清朝腐败的吏治作为号召民众参加起义的主要动员令,他们严厉地谴责清政府的腐败政治,申明自己是吊民伐罪的正义之师。如太平军在进军途中颁布的《奉天讨胡檄布四方谕》中,斥责清朝统治者"凡有水旱,略不怜恤,坐视其饿莩流离,暴露如莽,是欲使中国之人稀少也。满洲又纵贪官污吏,布满天下,使剥民脂膏,士女皆哭泣道路,是欲我中国之人贫穷也。官以贿得,刑以钱免,富儿当权,豪杰绝望,是使我中国之英俊抑郁而死也"②。太平军是以吊民伐罪、解民倒悬的姿态出现在历史舞台上的:"慨自清末以来,国祚之气运将终,主德之昏庸尤甚。在位者尽是贪残,在野者常形憔悴。而且贿赂公行,良莠莫辨,此所以官逼于上,民变于下,有由来也。兹蒙天父天兄耶稣大开天恩,命我天王定鼎南京,扫除贪官酷吏之所为,以行伐暴救民之善政。"③ 这些话直击清朝吏治腐败的要害,喊出了广大贫苦民众的心声,从而促使千百万群众义无反顾地投身战场,用武器批判旧社会,去创造理想中的没有剥削压迫、没有贪官污吏的新世界。

---

① 徐子尚修,张树海等纂:《临清县志》十六卷,民国二十四年排印本。
② (清)杨秀清:《奉天讨胡檄》,郑振铎编:《晚清文选》,中国社会科学出版社2002年版,第78页。
③ 《李鸿昭等致粤港英法军官书》,中国史学会主编:《中国近代史资料丛刊·太平天国》(二),上海人民出版社1957年版,第719页。

太平天国政权设计了廉政理想模式。咸丰三年（1853），太平天国建都南京，称为天京，颁布建国纲领《天朝田亩制度》，这也可以说是他们的倡廉思想和主张最完整的体现。《天朝田亩制度》规定，在这个地上天国里，没有压迫，没有剥削，人人平等，人人饱暖，人人都有安宁幸福的家庭生活。全国的土地按好次分为三等九级，不论男女，平均每人一份，而且多寡相济，丰荒相通，互相赈济，务使天下人"有田同耕，有饭同食，有钱同使，无处不平均，无人不饱暖"①。在这个天国里，民众没有奢侈，官员没有贪污。天下官民，凡遵守《十款天条》及尽忠国家者，民可做官，官可升级，一岁一保举，官员三年一升贬。保举得人者受赏，保举非人者受罚。官员滥行保举或滥行贬奏者罢官。这是太平天国对于上至国家政权、下到一般官员的倡廉措施，并以绝对平均的公有制确保最终杜绝一切弊政。虽然《天朝田亩制度》在现实中不可能真正实施，但它充分体现了农民起义政权兴起之初革除封建弊政的坚决态度和解民倒悬的伟大抱负。

## 二、太平天国上层的奢侈腐化状况

农民起义领袖没有科学的理论指导，依然被束缚在封建体系里。他们虽然认识到清朝的腐败和危害，但并没有真正意识到领导人与各级官员的勤俭廉洁对于一个政权存在的重要意义。太平军定都南京后，靠反清朝腐败吏治起家的太平天国领袖们却忽视了自身的廉洁修为，既没有制定相应的官箴，也没有建立有效的官吏权力约束机制，使自己陷入了快速腐败的漩涡。

太平天国领袖们的封建特权思想极为严重。早在永安封王同一年就明确宣布："贵贱宜分上下，制度必判尊严。"在颁布的《太平礼制》里，规定了极为烦琐、尊卑严明的等级制和礼仪制度。森严的等级制与"朕即天下"的皇权制度，成为太平天国此后培植腐败的温床和土壤。这样，领导层的奢侈腐化就不可避免。以洪秀全为首，包括高层领导如前期的杨秀清、韦昌辉，后期的李秀成、洪氏弟兄以及诸王和高级官员皆骄奢淫逸，奢侈腐化程度甚至超过了清朝统治者。

### （一）大修宫室

洪秀全拆毁明故宫及周围的大量民房，修建了金碧辉煌、占地极广的天王宫。杨秀清则连续换了多处王府，"后遂觅定汉西门外黄泥岗前山东运台

---

① 《天朝田亩制度》，中国史学会主编：《中国近代史资料丛刊·太平天国》（一），上海人民出版社1957年版，第321页。

何宅。杨贼搬后，凡黄泥岗一带并南首罗廊巷等处民房，皆被拆毁悉为空地"①。一直到太平天国后期，在位各王王府修建，还都未停止。李秀成的新府，"全府气象即如一间中国大衙门，栋梁崇伟，雕刻精致"②，连李鸿章攻占苏州后，也惊叹其真如神仙窟宅。

### （二）讲求排场

以出行为例，天王轿夫有六十四人，东王轿夫有四十八人，依次递减，至两司马也有轿夫四人。进入南京后，杨秀清"每出必盛陈仪仗，开路用龙灯一条，计三十六节，以钲鼓随之"；次绿边黄心金字衔牌二十对；次用人肩挑铜钲十六对，后飘几尺长黄旗墨写"金锣"二字；次绿边黄心绣龙长方旗二十对；次绿边黄心绣正方旗二十对；次绿边黄心绣蜈蚣旗二十对，高照提灯各二十对（白天一样）。次画龙黄遮阳二十对，提炉二十对，黄龙伞二十柄，参护背令旗，骑马数十对。最后执械护卫数十人，绣龙黄盖一柄，黄轿二乘，杨秀清坐在四十八个人抬的大轿中，时坐前时坐后，仿古代副车的制度，以防意外。轿后黄纛千余杆，骑马执大刀的数十人，更用鼓吹音乐数班，与仪从相间，轿后也用龙灯钲鼓。凡执事人都穿黄色绿号衣，执盖执旗的多为穿公服的东王府属官。浩浩荡荡数千人之多，如同赶庙会一般。③道路两旁则跪伏着来不及躲避的天国所有臣民。

### （三）生活上奢侈腐化

洪秀全所用各种物品大都是金制的。杨秀清"造大床，四面玻璃，中注水养金鱼，穷极奇巧，枕长四尺五寸"，他的碗箸都是黄金做的，长近尺，连洗澡盆都是黄金做的。洪仁玕也不例外，"干王之私室，其中陈列甚富，犹如一博物馆……一张苏州制的大床，镶满玉器及其他装饰品，上盖黄帐"，床上有用布包着的多块银元宝；桌上则摆满龙冠、银镶的扇子、玉杯、玉碟、金杯、银杯等。④李秀成更是拥有巨额财富。除了天王之外，只有忠王具有一顶真金的王冠。"忠王又有一金如意，上嵌有许多宝玉及珍

---

① （清）涤浮道人：《金陵杂记附续记》，中国史学会主编：《中国近代史资料丛刊·太平天国》（四），上海人民出版社1957年版，第628页。

② ［英］富礼赐著，简又文译：《天京游记》，中国史学会主编：《中国近代史资料丛刊·太平天国》（六），上海人民出版社1957年版，第958页。

③ 参见（清）张德坚：《贼情汇纂》，中国史学会主编：《中国近代史资料丛刊·太平天国》（三），上海人民出版社1957年版，第177-230页。

④ 参见［英］富礼赐著，简又文译：《天京游记》，中国史学会主编：《中国近代史资料丛刊·太平天国》（六），上海人民出版社1957年版，第955-956页

珠……各室内置有雕琢甚工的玉器及古铜器多件。"连李秀成之弟所用筷子、叉、匙羹均为银制,刀子为英国制品,酒杯为银质镶金,砚是玉制的,盛水的盂是由红石雕成的,笔是金制的,如此等等,不一而足。

在主要领导人物影响和"小天堂"享乐思想的驱动下,太平军诸王及其将领们也都大兴土木,上自武汉,下至苏杭,王府宫殿,相望道次。对太平军诸王及其将领们的骄奢淫逸,连李鸿章等人都不禁感叹道:"然奢纵不伦至于此极,似古之叛逆亦未必尽如是也!"诸王奢靡如此,军中将官亦然。

## 三、太平天国上层快速腐败的原因

### (一) 廉政意识淡薄,几乎阙如

#### 1. 重视军纪而不重视吏治

太平天国一直处于战争状态,非常重视军纪。在斗争前期,太平军就制定了严格的军令,如1852年永安建制时所颁布的《太平条规》和《太平军目》。太平天国大力整顿军事纪律,确立了对士兵画圈记功、画叉记罪等严明赏罚的制度,重申了一切财物归圣库的军事纪律。洪秀全严诏:"凡一切杀妖取城,所得金宝、绸帛、宝物等项,不得私藏,尽缴归天朝圣库,违者议罪。"[1] 又发布了第七天条别男行女行的规定,对奸邪淫乱者,一经查出,立即严拿斩首示众。制定了"定营规条"和"行营规矩",规定一系列军纪,如不得毁坏民房、掳掠民财、入乡造饭取食、乱位民夫及任意杀人;务要整军装枪炮,以备急用;不得隐藏兵数、藏匿金银器饰;不得吸食鸦片,不准饮酒;不包庇徇情,不得过营越军,荒误公事;要同心协力,各遵有司约束等。后来所颁布的《醒世文》仍有类似的告诫,强调的仍是军纪。

但是,综观现存太平天国文件,我们可以发现,太平天国没有制定相应的官箴,很少有专门关于整饬吏治的规定,更没有建立对官吏权力运行的约束机制。本来,在建立政权之后,建立严格的对官吏的约束机制,严肃吏治更加重要,因为此时吏治清明与否,直接关系到民心向背,关系到新生政权的巩固与发展。虽然对此太平天国在个别地方偶尔也有所涉及,如《醒世

---

[1] 广东省太平天国研究会、广州市社会科学研究所编:《洪秀全集》,广东人民出版社1985年版,第179页。

文》也提到："大法小廉忠报国,放胆诛妖莫顾身。"①《天朝田亩制度》也说:"官或违犯十款天条及逆命及受贿弄弊者则为奸,由高贬至卑,黜为农。"但与清代"大计"、"六法"等一整套整饬吏治的制度相比,其简陋是十分明显的。太平天国对吏治也有过实际整饬,对少数贪污受贿、搜刮钱财的官吏进行了严惩,但这类事件并不多见。更重要的是,太平天国领导人在对官吏的教育中,鼓励廉政俭朴等内容几乎没有。有的只是鼓励其效忠天国,好好努力,争取成为人上人,这样就能威风排场,发财享受,"显荣享万世"。连受到西方先进思想浸染的洪仁玕也说:"矧乎太平一统,即在目前,不下三五年间,俱是开国勋臣,那时分茅裂土,衣锦荣归,闾里辉煌,方不负大丈夫建功立业之志。"②

2. 多数太平天国领导人廉政观念淡薄

如定都天京后,洪秀全、杨秀清即鼓励下属送礼。如洪秀全甲寅四年生日,杨秀清发布《通令朝内军中多办宝物庆祝天王寿辰诰谕》,说:"兹于十二月初九日恭逢天王万寿之期,本军师及列王尚且备办奇珍异宝进献天朝,为我天王祝寿。你等为官为民,俱要体会天父,敬念天王,多多采办宝物,先期十日齐献天朝,并具本章,由本军师代奏,以邀天贶。"上行下效,各王生辰也无不公开鼓励下属送礼。

### (二)封建等级观念森严

1. 沿袭了封建统治政权的官僚体制

太平天国起事后就着手建立了政治制度。天王以下便是中央政府。建都前,职官自军师至两司马共十二级,兼理文武。建都以后,政权机构与军队分开,政权机构为中央与地方两级。中央政府官员的品级次序为王、侯、军师、丞相、检点、指挥、将军等。天王以外,东、北、翼各王均有王府,各王府均设吏、户、礼、兵、刑、工六部。名义上,杨秀清的地位仅次于天王,但他掌握军政大权。东王府设置了庞大的办事机构,总理军政,形成实际上的中央政府。天王府则成了形式上的最高权力象征。地方政权机构共分省、郡、县三级,省设主将、佐将等官,郡设总制,县设监军。他们既是地方行政长官,也有武装守土之责,为之"守土官"。县以下为基层政权,设

---

① 《醒世文》,中国史学会主编:《中国近代史资料丛刊·太平天国》(二),上海人民出版社1957年版,第504页。

② (清)洪仁玕:《诛妖檄文》,中国史学会主编:《中国近代史资料丛刊·太平天国》(二),上海人民出版社1957年版,第627页。

各级乡官管理。守土官多由中央任命太平军中级军官担任，乡官多由地方保举产生。法律规定，一切官员都由天王派任，实际上前期均由杨秀清"专决之"，后期则由地方统帅保封，洪秀全下诏认可。各级官员都必须遵守条命，向上级负责，其权力不受人民监督。而且，他们都有自己的衙门，配置一套办事班底，形成相对独立的管理机关。广大军民除了生产、交粮纳税和征战疆场，并没有近代意义上的民主权利。由此可见，太平天国实质上沿袭了历代封建统治政权的官僚体制，把天王专制的中央政府的军令、政令层层输出到统治区的城镇、乡村。

同时，洪秀全为维护其至尊地位，制定了繁苛的礼仪和森严的等级。太平军从广西起义不久，太平天国领导人就颁布了《太平礼制》，对各级官吏及其亲属的称呼做了详细规定。此后，随着政权的日益发展，这方面的规定日益完备，从称呼、行文、用字到朝仪的服饰、仪卫都有明文规定，其等级之森严、内容之烦琐，不亚于历代封建王朝。

太平天国还实行职官世袭制。1851年颁行的《太平礼制》就明文规定诸王世袭。同年在永安又规定："凡一概同打江山功勋等臣，大则封丞相、检点、指挥、将军、侍卫，至小亦军帅职，累代世袭，龙袍角带在天朝。"①《天朝田亩制度》又明文规定，"功勋等臣，世食天禄"，各级官吏"遵守十款天条及遵命令尽忠报国者乃为忠，由卑升至高，世其官"，进一步把世袭制完全以纲领形式肯定下来。总之，天朝官员，从最高的天王到最低的两司马，一律世袭。不但男子为官有世袭，女官也有世袭，甚至女可以袭男，如"夫为检点，被官兵所殒，其妻女亦封为检点伪职"②。这种世袭制，就把等级制永远固定下来，为官者，世世为官；为农者，世世为农。

可见，洪秀全、杨秀清等太平天国领导人在创建新朝时，基本保留了历代封建王朝政治体制中的主要元素：君主专制、官僚制度、等级制、世袭制。在皇权主义思想主导下，他们首先把自己置于主宰一切的独尊地位，破坏了他们与官兵、人民之间的平等关系。而且，他们又按照中国传统的封建制度建构了新朝的权力体系，把人分成尊卑贵贱的等级，同时，赋予不同的权利和义务，从而破坏了他们一直向往和追求的平均、平等的理想社会秩序。随着建都、内讧，洪秀全不断强化皇权和等级制度，各级文武官员也都

---

① 《天命诏旨书》，中国史学会主编：《中国近代史资料丛刊·太平天国》（一），上海人民出版社1957年版，第66页。

② （清）张德坚：《贼情汇纂》，中国史学会主编：《中国近代史资料丛刊·太平天国》（三），上海人民出版社1957年版，第110页。

力图维护和扩展他们的权益，太平天国政权的封建化日益加剧，平等、平均的理想被世俗的权力斗争所隐没。

2. 强力践行封建等级观念

对比清朝，太平天国一些领导人的行为甚至更为恶劣。清朝统治者除了宣扬忠君思想外，对官吏至少在形式上还要有一些关于勤政爱民、廉洁奉公、爱惜民生的说教。而太平天国的领导人自诩是上帝之子，代上帝耶稣行使治民权力，因而强调的是极端的神权思想和赤裸裸的封建专制思想。在永安建制时，太平天国就颁定《太平礼制》，详尽地规定了等级制、世袭制的森严礼仪规范。在实践中，太平天国所设立的官民、上下等级之森严，避讳之繁苛，皆是空前的。他们宣扬："贵贱宜分上下，制度必判尊卑。"① 规定民间不准乱用红、黄二色，违者斩首不留。各王、高官外出，百姓、士兵及下级官员必须回避，如回避不及，当跪于道旁，"如敢对面行走者斩首不留"。

军民、官兵关系上的平等表现洪秀全以天下一家的平等观念为指导，以财物归公的圣库制度为基础，以赏罚严明的军纪与律法为保障，力图在太平军内部建立一个平等互助的军民、官兵关系。起义前后，洪秀全与其他诸王"起自草莽结盟，寝食必俱，情同骨肉。且有事聚商于一室"②，共商军政大事，议定重要政策。领导集团内部比较和谐团结，同心共志，领导反清战争。太平天国起义初期，官兵之间称兄道弟，"无参拜揖让之仪"，体现了起义官兵生死与共、患难相分的平等精神。但是，建都天京以后，随着职官制度和等级制度的确立，官兵之间亲密、平等的关系被尊卑上下的各项礼仪所取代。等级界限逐渐严格，以至下级官兵动辄冒犯，立遭杀身之祸。天朝明文规定：东、北、翼王及各王驾出，侯、丞相轿出，凡朝内、军中大小官员兵士及百姓，如不回避，冒冲仪仗者，斩首不留；凡辱骂官长者，斩首不留；"凡各尊官自外入，卑小官必须起身奉茶，不得怠慢"③。对士兵"毛细之过，笞且不足，辄律以斩首"，官兵之间平等意识不断淡化，渐至生成一道道森严的等级制鸿沟。

---

① （清）张德坚：《贼情汇纂》，中国史学会主编：《中国近代史资料丛刊·太平天国》（三），上海人民出版社1957年版，第230页。

② （清）张德坚：《贼情汇纂》，中国史学会主编：《中国近代史资料丛刊·太平天国》（三），上海人民出版社1957年版，第172页。

③ （清）张德坚：《贼情汇纂》，中国史学会主编：《中国近代史资料丛刊·太平天国》（三），上海人民出版社1957年版，第230页。

谢介鹤在《金陵癸甲纪事略》中就记录了这样一件事：燕王秦日纲的牧马人坐在燕王府门前，见到杨秀清的同庚叔（结拜兄弟的叔父）没有站起来行礼，杨秀清的同庚叔生气了，就将其打了两百鞭，还觉得不解气，揪住他送到燕王处，又扭送到主掌太平天国刑部的卫国侯黄玉昆处，要求加以杖刑。黄玉昆认为已经实施鞭打，可以不再加刑了，并好言劝慰杨秀清的同庚叔。杨秀清的同庚叔反而大怒，推倒黄玉昆的案桌，回去向杨秀清告状。杨秀清趁势下令要石达开逮捕黄玉昆。黄玉昆愤而辞职，接着，燕王和兴国侯（后改封佐天侯）陈承镕也提出辞职。杨秀清更是大怒，将三人捉住交韦昌辉，责其打秦日纲一百杖，打陈承镕两百杖，打黄玉昆三百杖，并将燕王秦日纲的牧马人五马分尸。①

更加失去民心的是，他们用军事编制取代了作为社会细胞的家庭组织，对下制定种种严酷、不近人情的规定，即使夫妻也不得同宿，而自己却从不实行。首义诸王从一开始便实行的是多妻制。太平天国领袖们头脑中浓厚的封建思想，与实现农民起义的目标是背道而驰的。有学者就曹欣欣先生对太平天国等级制度的内容、特点、实行的原因及其危害进行考察，说明"贵贱宜分上下，制度必判尊卑"的等级制是太平天国败亡的重要原因之一。②

### 四、关于太平天国吏治的简要评价

社会存在决定社会意识，中国封建社会的政治环境和政治文化制约着太平天国领袖们的政治取向、观念和行为方式。太平天国领袖们除洪仁玕接受过一些西学影响外，都属于农业社会中的下层知识分子、农民和游民，无力超越传统环境和文化，更难超越自身的观念、思维和行为方式的定式。他们没有独立的政治文化，就不可能选择非传统的政治取向和体制，必然以封建政治制度为建设新政权的参照物。尽管太平天国创制了名目多样的官制兵制，甚至反孔非儒，否定中国民间宗教迷信和祖先崇拜，建立各种新的政治、文化、风俗和宗教规范。但是，归根结底，这些规范毕竟是上层建筑的部件，它们仍然根植于传统的农业和宗法社会。太平天国的封建政治体制加上神权化的政治信仰，成为太平天国上层奢侈腐化、等级森严、廉政意识淡薄的根本原因。

---

① 参见（清）谢介鹤：《金陵癸甲纪事略》，中国史学会主编：《中国近代史资料丛刊·太平天国》（四），上海人民出版社1957年版，第671页。
② 参见檀江林：《纪念太平天国起义150周年暨罗尔纲诞辰100周年学术研讨会综述》，《近代史研究》2001年第5期。

吏治是任何政权存在、发展的一项要政。任何政权，如果不重视吏治的整饬，不反对腐败；就不可能维持政权。反之，在一定条件下则能起死回生，而不管这一政权的性质是革命的还是反动的，皆不能例外。晚清道光、咸丰年间吏治的腐败是太平天国起义兴起和发展的重要因素；而定都天京后忽视对吏治的整饬，则成为太平天国运动最终失败的根本原因。清朝统治者特别是湘军代表人物痛定思痛，大力整饬吏治，并取得成效，从而奠定了战胜太平军的政治基础。

诚如台湾陈致平先生在《中华通史》中所言："洪秀全等人，起自草莽，既缺乏政治学术，又不能罗致政治人才为辅弼，而始终建立不起一个健全合理的政治组织。人性弱点，往往能共患难而难共安乐，早年誓同生死的患难兄弟，一旦享富尊荣，经不住物欲的诱惑，与权势的冲突，竟自斗而亡。最为讽刺的，是他自己揭橥的革命宗旨，常自行推翻；自己所订的天条，已自行违犯。"① 太平天国领导人的封建特权思想和及时享乐思想严重，政权内部缺乏高瞻远瞩统筹战争全局的军事战略家，缺乏先进的思想家和治国理政的优秀人才，重军纪不重官纪，廉政意识淡薄，其失败也是必然。腐败从根本上动摇了太平天国政权的根基，正如洪仁玕所深刻总结的："其结局并非丧在妖军之手，却在自己之手。"②

中外的历史证明，要根治专制体制下的腐败不能依靠旧式农民及其思想，只有靠新兴阶级带来的民主主义，而民主思想的产生又要靠近代先进生产力的发展，以及商品经济带来的公平交易和市场竞争的观念。

## 第二节　洪秀全的吏治认识

洪秀全（1814—1864），乳名火秀，按家族班辈取名"仁坤"，长大后自己改名"秀全"。广东花县官禄布村人（今广州市花都区新华镇官禄布村），客家籍。他七岁进村塾，十六岁时由于家境穷难辍学，同年第一次参加秀才考试，其后又三次赶赴广州应试，但都无功而返。1836年，洪秀全第二次应考时，在广州街头从基督教传教士手中得到一套由中国基督教教徒梁发编写的名叫《劝世良言》的九本小册子，了解了西方基督教思想，从此创建拜上帝教，走上传教救世的道路。1851年，他在广西金田村率领拜

---

① 陈致平：《中华通史》第九卷，花城出版社1996年版，第291页。
② 《干王洪仁玕自述》，中国史学会主编：《中国近代史资料丛刊·太平天国》（二），上海人民出版社1957年版，第855页。

上帝教教徒揭竿起义，拉开太平天国革命运动的序幕。1864年6月，洪秀全在天京病逝。同年，太平天国运动在清王朝和西方侵略势力的联合镇压下最终失败。

洪秀全作为农民起义的领袖，主要从政治腐败的角度批判了清王朝的腐败吏治，并提出了平等、平均等思想，但他的封建主义与皇权主义思想极为浓厚，又缺乏自律意识，自身腐化堕落，没有做出表率。

## 一、洪秀全前期对清朝吏治腐败的抨击

洪秀全对清朝政治腐败与吏治腐败进行了猛烈的抨击。对于现实社会的黑暗、中国人民的贫困的原因，他归结为清朝权贵的残暴统治。他把清廷视为一切灾祸和苦难的根源，认为想要改变现状，摆脱民族灾难，争取美好社会，必须推翻清朝统治。

洪秀全对清朝政治腐败与官吏腐败进行了抨击。他在《誓师檄文》中对清朝卖官鬻爵、苛捐杂税进行了猛烈批判，指出："律以蛮夷猾夏之常刑，讵惜涿鹿、版泉之义举。而且上下交征利，黄白通宦海之要津。左右皆曰贤，标榜开名场之捷径。既富何忧不贵，佐贰可捐，守命可捐，府道亦可捐。得财讵计妨民，田亩有税，关市有税，山林亦有税。以故貂冠蟒玉，本出市井牙侩之徒，虎噬狼贪，靡顾老稚颠连之苦。二月丝而八月粟，以剥尽民脂民膏，朝食四而暮食三，徒苦着愚夫愚妇。囹圄本平民苦海，贪官视若铜关。献斝岂修士良规，污吏藉为金穴。外引土豪为心腹，覆雨翻云。内联权贵为爪牙，捕风捉日。腰囊既满，命盗之案亦冰销。藜藿难充，乾糇之愆皆决案。一事动倾中人之产，万石难填巨海之冤。妇叹童呼，悲声载道，酷刑厚敛，怨气冲天。蝗虫与水火荐臻，原为昏君示警，疫病继干戈而起，益增黎庶受殃。阳托赈饥团练之名，阴图猾吏升官之便。帑藏既竭，藉可苛敛民财。军政不修，徒示募招乡勇。驱农工以冒锋镝，只见暴骨疆场。勒士绅以助军糈，谁怜委身沟壑。水益深而火益热，虽秦隋之虐政何以加之！剥之极即复之机。知戎狄之末祚已将斩矣。"①

洪秀全指出："照得天下贪官，甚于强盗，衙门酷吏，无异虎狼。皆由人君之不德，远君子而亲小人，卖官鬻爵，压抑贤才，以致世风日下，上下交征。富贵者谄恶不究，贫贱者衔冤莫伸。言之痛心，殊堪发指。即以钱粮一事而论，近加数倍。三十年前之粮，免而复征。民之财尽矣，民之苦极

---

① （清）洪秀全：《誓师檄文》，郑振铎编：《晚清文选》，中国社会科学出版社2002年版，第85页。

矣。我等仁人义士，触目伤心。故将各府州县之贼官狼吏，尽行除灭，以救民于水火之中。"①

洪秀全深受华夷之辨的儒学民族观念影响，对满族权贵统治中国表示愤慨。现实社会的黑暗、人民百姓的贫困、鸦片流毒的泛滥，在洪秀全看来，都应归咎于满族权贵的残酷统治。他经常与洪仁玕等"时论时势则慷慨激昂，独恨中国无人，尽为鞑妖奴隶所惑矣……以五万万兆之花人受制于数百万之鞑妖，诚足为耻为辱之甚者。兼之每年化中国之金银几千万为烟土，收花民之脂膏数百万回满洲为花粉。一年如是，年年如是，至今二百年，中国之民富者安得不贫？贫者安能守法？不法安得不问伊黎省或乌隆江或吉林为奴为隶乎？兴言及此，未尝不拍案三叹也"②。洪秀全把清廷视为一切灾祸和苦难的根源，认定要想改变现状，摆脱民族灾难，争取美好社会，必须推翻清朝统治。

## 二、洪秀全前期对社会政治制度的设计

### （一）人人平等、均贫富的大同世界

在《原道醒世训》中，洪秀全对私有制做了深刻批判。他认为在私有制下"世道乖漓，人心浇薄，所爱所憎，一出于私"。国家之间、省府县乡里各地区之间、族姓之间相陵相夺相斗相杀。提出要建立一个"公平正直之世"的大同世界，来代替那个"陵夺斗杀之世"的旧世界。洪秀全认为天下男女都是兄弟姐妹，不应有此疆彼界之私、尔吞我并之念，而应该实行唐虞三代之世天下有无相恤、患难相救、夜不闭户、路不拾遗、男女别途、选举上德的"天下为公"的大道。

洪秀全所处的时代正面临同样的社会现实。他立志解救民悬，长期生活在农村的经历使他自然地倾向农民平等、平均的观念，并加以继承和发展，设计出农民运动史上第一个平均分配生产资料和生活资料的理想社会方案——《天朝田亩制度》，颁布一系列政策、法令和条规，诏谕太平天国臣民一体遵行。总之，《天朝田亩制度》在土地问题上的基本精神是：试图在小生产基础上，推翻封建土地私有制，由天王所代表的太平天国国家对生产资料和生活资料进行平均分配，以达到"有田同耕，有饭同食，有衣同穿，

---

① （清）洪秀全：《示东王诏》，郑振铎编：《晚清文选》，中国社会科学出版社2002年版，第84页。
② 《钦定英杰归真》，中国史学会主编：《中国近代史资料丛刊·太平天国》（二），上海人民出版社1957年版，第570页。

有钱同使,无处不均匀,无人不饱暖"的目的。这是《原道醒世训》中大同思想的深化与发展,是一种农业社会主义的乌托邦思想。

同时,严明奖惩,推行新的制度。政治上实行考试、招贤、荐举制度,以选贤举能,选拔才俊参政。将男女老幼按性别、年龄、劳动能力、技能等分别编入相应的馆营之中,使之从事相应的劳动,从而得使人尽其才。这些革新把古代农民朴素的平等、平均思想发展到一个前所未有的高度。

不仅如此,洪秀全还把平等、平均思想扩展到其他社会层面。他认为,"天下总一家,凡间皆兄弟","天下多男人,尽是兄弟之辈;天下多女子,尽是姊妹之群。何得存此疆彼界之私?何可起尔吞我并之念"。在他看来,整个人类社会是一个天父上帝统驭之下的社会大家庭,通过家庭关系的纽带,把人类牢牢地结合在一起。在这个家庭里,上帝是家长,大家都是上帝的子女,都是这个家庭的成员,都是兄弟姐妹,应当不分富贵贫贱,而处于同等地位。不应该争夺田产,相互兼并,更不应该存在压迫和剥削的社会现象。为此,他严厉批判了当时现实社会所存在的尊卑贵贱、贫富不均,抨击了尔虞我诈、互相欺骗的邪恶世风。为了扭转世风人心,他主张人们要树立天下为公的理念,克制和消除私欲,共同迈向大同社会。在这个大同社会里,社会成员一律平等,"有无相恤,患难相救","强不犯弱,众不暴寡,智不诈愚,勇不苦怯",没有剥削和压迫,人人都过着"天下一家,共享太平"的美好生活。他提出"天下总一家,凡间皆兄弟",天下男女皆为兄弟姊妹,允许妇女与男子一样作战、参加劳动、读书考试乃至做官,还实行了一夫一妻、禁娼妓、缠足等保护妇女的政策,虽然还谈不上男女平等、平权,但比起以往,妇女的地位确有所提高。在民族问题上,他呼吁"客家本地总相同",主张土客一体、和睦共处。太平军中,汉、壮、瑶等民族将士并肩战斗,不分地域,体现了新型的民族关系。由上可见,洪秀全借鉴了历史经验,构想出一个公平正直之世,天下男女皆为兄弟姐妹,和谐平等,合成一家,共享太平。

为了实践人人平等,也为了战争需要,太平天国初期实行了圣库制度。首先在军队中实行圣库制度,所有财物一律归公,公有共享,不得私藏。之后,在天京大城市实施,还试图在广大农村推行。根据《天朝田亩制度》规定,以二十五家为单位,设立"国库",由两司马管理人们的生产和生活,平均分配土地和生活资料,一切生活取用俱按定式,不许多用一钱。这一方案与历史上的农民起义者做法颇有承袭之处。

洪秀全的农业社会主义乌托邦设计,集中表达了千百年来贫苦农民追求消灭私有财产不均与剥削制度,创建一个天下为公、政治清明的"太平"

世界的理想。马克思把这种消灭私有制的思想称为中国的"社会主义",孙中山也把洪秀全的"均产主义"称为"社会主义"。

### (二) 选贤任能的官吏铨选升黜制度

在洪秀全、杨秀清等领导下,太平天国前期在官吏铨选、升黜问题上,基本上执行了选贤任能、论功过以定升贬赏罚的制度。有功者及时升迁、奖赏,如林凤祥在永安时任御林侍卫,因"素称亡命,每与官兵死战",功勋卓著,在攻打长沙、岳州、汉阳、武昌时屡建军功,均得到及时升擢,直至天官副丞相。[①] 对有特殊功劳者,则打破常规,破格提拔。英勇杀敌的士兵,可以因军功朝为步卒而暮擢师帅。对违犯天条、命令或攻守失利者,轻则降职、革职,重则立斩。清廷有人也承认,太平天国"授职必以能战嗜杀为上……倘皆不为,虽相从日久,未立功绩,断无轻加伪职之理"[②]。

制定了保举制度。按《天朝田亩制度》规定:"凡天下每岁一举,以补诸官之缺。"保举要"列其行迹,注其姓名","举得其人,保举者受赏,举非其人,保举者受罚"。太平天国前期贯彻执行这一制度是较为认真的。燕王秦日纲在禀奏中说,东王指示"凡保举官员,必须查其平素历练老成,精明灵变,然后传该员前来,亲自勘验,观其言语举动,进退趋跄,果堪胜任,再行保举禀奏回朝,毋得徇情滥保"[③]。

制定了保升奏贬制度,即黜陟制度。三年一次进行考核保奏,"若有大功大勋及大奸不法等事",上下相互之间可随时保升奏贬,不受三年的限制。凡所列贤迹或恶迹,都要有确实的事实和凭据,如果滥保滥奏或借机诬奏,则要被革职或处罪。

太平天国还特别制定了乡官的保举办法,每年举行一次。当然,保举的意义绝不只是为了选官,而主要是通过保举活动对各级乡官进行考核,从而对那些尽忠报国的乡官或保举或奖赏,对那些受贿舞弊的官员则进行"或诛或罚"的处置。这无疑是加强地方乡官机构建设的有力措施,是太平天国依据当时基层机构建设需要而进行的精心创制。

太平天国从金田起义之初到定都天京以后的六七年间,对于爵赏的颁赐

---

① 参见(清)张德坚:《贼情汇纂》,中国史学会主编:《中国近代史资料丛刊·太平天国》(三),上海人民出版社1957年版,第52页。

② (清)张德坚:《贼情汇纂》,中国史学会主编:《中国近代史资料丛刊·太平天国》(三),上海人民出版社1957年版,第293页。

③ (清)张德坚:《贼情汇纂》,中国史学会主编:《中国近代史资料丛刊·太平天国》(三),上海人民出版社1957年版,第208页。

和官吏将士的升迁赏罚，基本上是合理而严肃的。凡有战功、能够招军筹饷或有其他功绩的，都可以得到应有的荣誉和奖励；凡是犯法或在军事上丧师失地的，则不论是谁，都要受到严厉的惩处；至于国家的官职爵位，即使得末秩微职，也要由中央最高领导方面统一掌握。太平天国这种严密的铨选制度在鼓励将士为革命事业舍身奋斗方面起了很大的作用，这是连当时的太平天国的敌人也认识得很清楚的。

在洪秀全领导下，太平天国前期军纪律法严明，在实践中雷厉风行，有法必依，违法必究。如周亚九、李连升、丁顺添等吹洋烟（抽鸦片），违反天条，洪秀全亲批处决。① 就是地位很高的太平天国官员、国宗、王戚，违反军律、律法者，也严惩不贷。对此，敌视太平天国的人也不得不承认太平天国"且其法至严，凡有失利取败，违令私财，重则立斩，轻则责降，不敢徇情，略无姑息"②。这与清王朝"官以贿得，刑以钱免"的腐朽官场形成了鲜明的对比。

## 三、洪秀全中后期陷入腐败的漩涡

由于受传统皇权主义思想与农民阶级思想等的影响，洪秀全的皇权思想与封建思想极为严重，迅速发生蜕变。定都天京后，洪秀全的封建意识与日俱增，等级观念、享乐思想尤其突出。主要表现在以下几个方面。

### （一）任人唯亲

太平天国后期，为防范大权旁落，洪秀全一反前期的用人路线，开始用人唯亲，形成一个排斥异姓的洪氏集团，使得后期政治日益腐败，给太平天国内部带来致命危机。石达开是太平军中优秀的统帅，所部又是太平军精锐。他德才兼备，深得全体军民拥戴，天京内讧之后，他是唯一能团结群众辅佐洪秀全重振国势的人选。然而，洪秀全鉴于杨秀清擅权的教训而无端猜忌他，严加防范和限制。为了分散和削弱石达开的权力，升封两位既无才干又无智谋的兄长为王，与石达开同理军政，挟制和排挤他。因此，抱负、才智无法施展的石达开出走远征，致使太平天国出现分裂局面。其后，陈玉成、李秀成打破江北大营、江南大营，京围一解，洪秀全立刻大封王爵，根本不问才德、功劳，封王人数竟达到两千七百人以上，造成后期太平天国朝

---

① （清）张德坚：《贼情汇纂》，中国史学会主编：《中国近代史资料丛刊·太平天国》（三），上海人民出版社1957年版，第206页。

② （清）张德坚：《贼情汇纂》，中国史学会主编：《中国近代史资料丛刊·太平天国》（三），上海人民出版社1957年版，第108页。

政混乱、吏治败坏、军事削弱的局面。

### (二) 等级森严

在太平天国中，天王以下便是中央政府。建都前，职官自军师至两司马共十二级，兼理文武。建都以后，政权机构与军队分开，政权机构为中央与地方两级。中央政府官员的品级次序为王、侯、军师、丞相、检点、指挥、将军等。天王以外，东、北、翼各王均有王府，各王府均设吏、户、礼、兵、刑、工六部。名义上，杨秀清的地位仅次于天王，但他掌握军政大权。东王府设置了庞大的办事机构，总理军政，形成实际上的中央政府。天王府则成了形式上的最高权力象征。地方政权机构共分省、郡、县三级，省设"主将"、"佐将"等官，郡设总制，县设监军。他们既是地方行政长官，也有武装守土之责，为之"守土官"。县以下为基层政权，设各级乡官管理。守土官多由上级任命太平军中级军官担任，乡官多由地方保举产生。法律规定，一切官员都由天王派任，实际上前期均由杨秀清"专决之"，后期则由地方统帅保封，洪秀全下诏认可。各级官员都必须遵守上级命令，向上级负责，其权力不受人民监督。而且，他们都有自己的衙门，配置一套办事班底，形成相对独立的管理机关。由此可见，太平天国实质上沿袭了历代封建统治政权的官僚体制，把天王专制的中央政府的军令、政令层层输出到统治区的城镇、乡村。

洪秀全在创制拜上帝教时，就在基本教义中突出了上帝的万能和权威，使他成为高踞于众生之上的独裁者。洪秀全指出，只有上帝才是名副其实的君王，子女对上帝必须绝对服从，按上帝旨意立身行事。他还借上帝之名，把人分成四类，他说："皇上帝天下凡间大共之父也，君长是其能子，善正是其肖子，庶民是其愚子，强暴是其顽子。"[①] 看来，在洪秀全眼里，人人平等的上帝子女应该根据其素质、能力、品性划分等级，这就给他在政治体制中推行等级制提供了理论依据。他宣扬的平等是在等级制前提下的平等。而且，他在不同情势和不同时期，突出不同的观念。当他要动员群众走上战场，参加推翻清朝的斗争时，就较多地强调平等、平均；当他要维护自己的特权、利益和统治时，就转而提倡尊卑贵贱。所以，在他登上天王宝座时，就极力树立天王的绝对权威地位，强调遵行"君君、臣臣、父父、子子、夫夫、妇妇"的封建伦理道德观念，建立一整套"贵贱分上下，制度必判

---

① 《天条书》，中国史学会主编：《中国近代史资料丛刊·太平天国》（一），上海人民出版社1957年版，第73页。

尊卑"的封建等级制度，宣扬"只有人错无天错，只有臣错无主错"之类极端的神权思想与赤裸裸的封建专制思想。

太平天国还实行职官世袭制。1851年颁行的《太平礼制》就明文规定诸王世袭。同年在永安又规定："凡一概同打江山功勋等臣，大则封丞相检点指挥将军侍卫，至小亦军帅职，累代世袭，龙袍角带在天朝。"总之，天朝官员，从最高的天王到最低的两司马，一律世袭。这种世袭制，就把等级制永远固定下来：为官者，世世为官；为农者，世代为农。

尽管洪秀全曾经提出要建立一个没有以强凌弱、尔虞我诈的公平世界，鼓吹凡天下男人皆兄弟、天下女子皆姊妹的平等思想，但他这些从西方基督教教义中拿来的观点，在其思想中并没有消化，更没有深化。洪秀全很难把这些平等思想付诸实践，只能按照封建王朝的等级制度，即《太平礼制》所规定的等级来规定自己所应该享受的待遇和特权。

官僚体制的底层，便是士兵、农民、妇女与其他平民百姓。起兵之初，这些"上帝子女"还被看作兄弟姐妹，但后来，他们却变成"小民"了。杨秀清就时常告诫："尔等小民，弗违弗忘，如敢逆天，即为蚩顽，戮孥汝等，家破人亡。"①

洪秀全为确保其绝对的、至高无上的权力，还进一步完善了先期即已开始建构的一整套等级制的官僚体制，虽然其职官、爵秩上溯《周礼》，与清朝官爵名区分鲜明，但体制上并无实质的差别。

## （三）奢侈腐化

定都城天京后，洪秀全开始过着豪华气派的帝王生活，他在服饰和起居方面也都仿效历代帝王的模式，越来越讲究排场。

（1）大修宫室。1853年3月，太平军定都南京，洪秀全把原来的清朝两江总督府扩建为天王府，拆毁明故宫及周围的大量民居，"日驱男妇万人，并力兴筑，半载方成"，修建了金碧辉煌、占地极广的天王宫。同年11月不慎失火，毁为平地，1854年2月起，又"复兴土木，于原址重建伪宫，曰宫禁。城周围十余里，墙高数丈，内外两重，外曰太阳城，内曰金龙城，殿曰金龙殿，苑曰后林苑。雕琢精巧，金碧辉煌"②，其富丽堂皇远甚于诸王之殿。

---

① （清）杨秀清：《太平救世歌》，中国史学会主编：《中国近代史资料丛刊·太平天国》（一），上海人民出版社1957年版，第245页。

② （清）张德坚：《贼情汇纂》，中国史学会主编：《中国近代史资料丛刊·太平天国》（三），上海人民出版社1957年版，第164页。

（2）讲求排场。以吃饭为例，洪秀全"朝晚两食，掌庖用金碗二十四只，备水陆珍馐，杯箸亦用金镶，后更用玉盆玉杯，群贼多效之"①。传教士富礼赐记载了他在天京访问时亲眼见到天王进膳的情形："忽然间声音杂起，鼓声、钹声、锣声与炮声高作——是天王进膳了，直至膳毕，各声始停。"② 天王进膳，不但要击鼓奏乐，竟然还要配上炮声，其威风张扬超越了清朝帝王。

（3）生活腐化。天王府人员配备数量庞大，役使人员竟达一千六百多人。他不但役使大批侍役，还广置姬妾。建都天京之初，洪秀全"至江宁选（嫔妃）百八人，陆续增添，大约不满二百人"③。这是指有一定地位的王娘，至于一般宫女，更是多达千人。洪秀全花费许多时间和精力，沉浸在后宫的享乐之中。洪秀全所用各种物品大都是金制的。他的王冠和龙袍，制作得穷工极巧："天王有王冠，以纯金制成，重八斤；又有金制颈练一串，亦重八斤。他的锈金龙袍亦有金钮。他由内宫升大殿临朝亦乘金车名为圣龙车，用美女手牵而走。"④ 种种腐化状况，带有一种小农乍富的低级和贪婪，犹如"暴发户"一般。

皇权主义与封建主义思想浓厚是引起洪秀全思想蜕变、陷入奢侈腐败漩涡的根本原因。正如李秀成所说的"天王失国丧邦，实其自惹而亡"⑤。

## 第三节 洪仁玕的整饬吏治主张

洪仁玕（1822—1864），字益谦，号吉甫，广东花县（今广州市花都区）人，洪秀全族弟。少时学习经史，屡试不第，后以教馆为业。道光二十三年（1843）参加拜上帝会。金田起义后，在香港居住多年，直至1860年4月辗转到达天京。5月，被洪秀全封为"开朝精忠军师顶天扶朝纲干

---

① 汪堃：《盾鼻随闻录》，中国史学会主编：《中国近代史资料丛刊·太平天国》（四），上海人民出版社1957年版，第403页。
② ［英］富礼赐著，简又文译：《天京游记》，中国史学会主编：《中国近代史资料丛刊·太平天国》（六），上海人民出版社1957年版，第949页。
③ （清）张德坚：《贼情汇纂》，中国史学会主编：《中国近代史资料丛刊·太平天国》（三），上海人民出版社1957年版，第310页。
④ ［英］富礼赐著，简又文译：《天京游记》，中国史学会主编：《中国近代史资料丛刊·太平天国》（六），上海人民出版社1957年版，第950页。
⑤ 《李秀成自述》，中国史学会主编：《中国近代史资料丛刊·太平天国》（二），上海人民出版社1957年版，第831页。

王"，总理太平天国朝政。执政时期，作《资政新篇》，提出一套统筹全局的革新方案。1864年11月在江西被清廷捕杀。

洪仁玕从香港回到太平天国后，被委以重任，"到京未满半月，封为军师，号为干王，降诏天下，要人悉归其制"。面对太平天国日渐衰弱之势，他审时度势，因时制宜地提出了学习"邦法"、实施法治、发展工商业等改革思想。与此同时，他也认识到，太平天国在1856年的天京事变后，起义初期那种臂指自如、令行禁止的局面已不复存在，代之而起的是"锐气减半"、"事权不一"的逆转局势。此时的太平天国早已立政无章，滥施爵赏，局面糜烂。洪仁玕看到了卖官鬻爵、结盟联党、贪赃枉法等诸多腐败现象，为此，他在《资政新篇》、《立法制喧谕》等著作中提出了一整套整顿吏治、以强化中央集权和建立一个廉洁稳定的行政体系为主旨的惩治官员腐败的措施。

## 一、洪仁玕整饬吏治的基本主张

### （一）"禁朋党之弊"

洪仁玕"自粤来京，不避艰险，非图爵禄之荣，实欲备陈方策，以广圣闻，以报圣主知遇之恩也"①。他拟向天王条陈的治国方略便是著名的文献——《资政新篇》。《资政新篇》开篇便强调要"禁朋党之弊"。所谓"朋党"，按《辞海》的解释，原本指一些人为自私的目的而互相勾结，朋比为奸；后来泛指士大夫结党，即结成利益集团。朋党之间靠一种义气、师徒、亲属、利益等关系或相似的政治观念集合在一起。这种党派门户之争，不能说全无清浊是非之分，但互相攻伐的结果，往往是敌对的双方都难免意气用事，置国家利益于不顾，使政局变得日益混乱，政治变得益发腐败。在中国政治文化中，所谓"朋党"指的是为争权夺利、排斥异己而结合在一起的政治或利益集团。

韩非子曾经对大臣们结党营私、朋比为奸的行为做了深刻的分析。他认为"党与之具，臣之宝也"②，培植党羽，结党营私，是奸臣须臾不可离开的法宝，也是国家的大害。他们采取威逼利诱的办法，培植党羽，排除异己，无论大臣贤良与否，顺者福，逆者祸；向上欺主，对下掠民，"大臣挟愚污之人，上与之欺主，下与之收利侵渔，朋党比周，相与一口，惑主败法，以乱士民，使国家危削"；君孤于上，臣重于下。"以私为重人（有权

---

① （清）洪仁玕：《资政新篇》，中国史学会主编：《中国近代史资料丛刊·太平天国》（二），上海人民出版社1957年版，第523页。
② 《韩非子·扬权》。

势的人）者众，而以法事君者少矣。"① 紧密勾结，谋取私利。"大臣务相尊，而不务尊君；小臣奉禄养交，不以官为事"②；互相包庇，文过饰非，"交众，与多，外内朋党，虽有大过，其蔽多矣"③。更有甚者，奸臣会内外勾结、上下串通，"观时发事，一举而取国家"，这是奸臣结党营私制造的最大祸乱。

洪仁玕意识到，中央没有一个团结一致的强有力的行政权力机构，励精图治也只能是一句空话。而天京事变后，天国领导集团各有一心，甚至"各有散意"。一些军事将领则"各守疆土，招兵固宠"。官员之中结党营私的更是屡见不鲜。他认为，朝廷封官设将的目的是为了护国卫民、除奸保良，但官吏们如果结盟联党，就会造成"下有自固之术，私有倚恃之端，外为假公济私之举，内藏弱本强末之弊"④ 的状况，危害极大。他分析说，兵士结盟，则将领之军法难行；大臣结党，则君权旁落。这样，百姓虽然欲深倚于君，无奈为大臣所隔绝，君王对百姓的实情并不知悉；而且，即使是真知其为结党营私之人，每一人犯罪，必定有许多人保护隐瞒，则宜潜消其党，勿露其形。下属官员的奏章或面陈，俱是一派谗谄赞誉之言，"若发泄而不能制，反遭其害，贻祸不浅矣"⑤。

### （二）"禁私门请谒，以杜卖官鬻爵之弊"

太平天国从金田起义之初到定都天京以后的六七年间，对于爵赏的颁赐和官吏将士的升迁赏罚，基本上是合理而严肃的。太平天国严密的铨选制度在鼓励将士为革命事业舍身奋斗方面起了很大的作用。然而到了太平天国后期，这种合理的制度却遭到了破坏，出现了把封官设职当作儿戏的情形。

在太平天国后期，跑官卖官现象极为严重，这与当时的滥封有关。这时，由于封建社会家天下思想的影响，洪秀全多任用兄弟子侄。他原封长兄洪仁发、次兄洪仁达为安王、福王以牵制石达开，后因朝臣不服，撤去王爵，改封安、福爵，但仍以"王长兄"、"王次兄"的名号位居群臣前列，后又封信王、勇王之位。据李秀成在自述中所说，洪秀全在朝中第一重用的

---

① 《韩非子·奸劫弑臣》。
② 《韩非子·有度》。
③ 《韩非子·有度》。
④ （清）洪仁玕：《资政新篇》，中国史学会主编：《中国近代史资料丛刊·太平天国》（二），上海人民出版社1957年版，第524页。
⑤ （清）洪仁玕：《资政新篇》，中国史学会主编：《中国近代史资料丛刊·太平天国》（二），上海人民出版社1957年版，第524页。

第三章　太平天国领袖的吏治思想

是幼西王萧有和,掌一切本章是否上奏之权。其次重用的是长兄、次兄和驸马钟万信、黄栋梁等。这些人或缺乏才能和威望,如长兄、次兄;或年幼无知,如幼西王萧有和是洪秀全的外甥,只是个十二三岁的孩子。① 他们居于高位,不仅不能提高太平天国领导层的水平,反而引发许多人不满,加剧了将士的离心倾向。于是,洪秀全"加恩惠下",大量加官晋爵,以固结人心。虽然这种办法收到了暂时的效果,"自此一鼓之锐,振稳数年",但一发而难以收拾,不但进一步助长了各将据地自雄的分散主义,而且使官职越封越多,越封越大,越封越滥,"举朝内外,皆乂皆安"。从1861年9月到1864年7月,在短短的三年中就分封了两千七百多个王,简直成为儿戏。更有甚者,有些王爷连王府都没有,衣兜里带着木头大印到处找住宿。至于封侯、豫、燕、福、安、义六爵以及其他官职者更不可胜数。当时太平天国统治区内传颂的一句民谣"王爷遍地走,小民泪直流"就是这种情况真实的写照。

在如此众多的王爵中,真正凭借自己的功劳而获得王位的人却是极少数的,多数王位往往是通过贿赂洪仁发、洪仁达等人然后被荐举而得到的。对此,李秀成在其自述中说,当时封王,"不问何人,有人保者俱准。司任保官之部,得私肥己,故而保之。有些有银钱者,欲为作乐者,用钱到部,而又保之。无功偷闲之人,各有封王"②。以洪仁发、洪仁达为首的洪氏亲贵在掌握人事任免大权时滥封王侯,不问功过,不辨贤恶,唯以贿赂数目为标准。如此一来,太平天国跑官要官、行贿受贿蔚然成风。

洪仁玕对此滥封现象非常担忧,他说:"凡子臣弟友,各有分所当为,各有奉值,各有才德,各宜奋力上进,致令闻外著,岂可攀援以玷仕途?即推举者亦是为国荐贤,亦属分内之事,既得俸值,何可贪赃?"③ 打算强化制度规章,抑止滥施爵赏的局面。他向洪秀全具本陈奏了陈玉成草拟的以整肃官员铨选制度为内容的《功劳部章程》,作为文武官员铨选的标准。在《功劳部章程》钦定获刊后,眼见邀功请赏、贿赂买官之风依然如故,洪仁玕又专门请旨颁布了一道《立法制喧谕》,强调以法制形式整饬吏治"尤为

---

① 参见《李秀成自述》,中国史学会主编:《中国近代史资料丛刊·太平天国》(二),上海人民出版社1957年版,第808页。

② 《李秀成自述》,中国史学会主编:《中国近代史资料丛刊·太平天国》(二),上海人民出版社1957年版,第830页。

③ (清)洪仁玕:《资政新篇》,中国史学会主编:《中国近代史资料丛刊·太平天国》(二),上海人民出版社1957年版,第537页。

今兹万不容已之急务也"。他呼吁太平天国的官吏、将领们要深刻认识到滥施赏罚的危害性:"且如弟等意见,动以升迁为荣,几若一岁九迁而犹缓,一月三迁而犹未足。夫国家机要,惟在铨选。现经颁发《钦定功劳部章程》,而弟等犹迫不及待,设仍各如所请,自兹以往,不及一年,举朝内外,皆义皆安,更有何官何爵可为升迁地耶?"[①] 他认为如果太平天国最高层对滥封现象再一味隐忍姑息,太平天国政权将会覆灭。他在《立法制喧谕》中明确制定了赏罚原则,将封赏升降之权收归中央,规定"主将在外远征,官兵有功足录,只准注明功劳部(簿),存其劳绩,以俟凯旋奏封",主将以下统兵将领不准对下属"私铸印信,私给官凭",违者处以极刑;对跑官卖官、钻营仕途之人从严惩处,对于有此类行为的人,"审实革职,二罪俱罚",试图以严格规定来杜绝官员滥封加保的弊政,以整饬混乱的人事制度。

### (三) 提出了建立法制、依法治腐的主张

#### 1. 建立健全法制

在香港生活过的洪仁玕意识到,西方资本主义国家之所以繁荣发展,其重要因素之一就是在于有一套详细周密的立法。洪仁玕到天京后,敏锐地看出,洪秀全虽然总揽中枢最高权力,却缺乏严密的法制化运作,导致太平天国"事权不一"的随意性权力运转。太平天国之所以政局紊乱、纲纪不振,关键原因是缺乏法制。官员们缺乏法制意识,也无法可依,自行其政,由此导致了种种弊端。洪仁玕鉴于古代周公作《周礼》而开创八百年江山,欧美各国之发达强盛在于"邦法宏深",明确指出"国家以法制为先,法制以遵行为要,能遵行而后有法制,有法制而后有国家,此千秋不易之大经",强调建立完善的法制是太平天国"万不容已之急务也"。

因此,洪仁玕在《资政新篇》中介绍世界大势时,除了宗教之外,还着重论述了立法是否完善与国家兴衰成败之间的关系,强调英吉利"于今称为最强之邦,由法善也",而土耳其"不知变通,故邦势不振",并由此得出结论:"以上略述各邦大势,足见纲常大典,教养大法,必先得贤人创立大体,代有贤能继起,而扩充其制,精巧其技,因时制宜,度势行法,必永远不替也。"[②] 他说明写作《资政新篇》的要旨是"治国必先立政,而为

---

[①] (清)洪仁玕:《立法制喧谕》,太平天国历史博物馆编:《太平天国文书汇编》,中华书局1979年版,第94页。

[②] (清)洪仁玕:《资政新篇》,中国史学会主编:《中国近代史资料丛刊·太平天国》(二),上海人民出版社1957年版,第532页。

政必有取资"。"立政",就是建立切实可行的政治制度和法制体系;"取资",就是借鉴西方资本主义的法治思想和体制,因时制宜,审势而行。

洪仁玕具体阐释了立法的重要性:"所谓以法法之者,其事大关世道人心,如纲常伦纪、教养大典,则宜立法以为准焉。是下有所趋,庶不陷于僻矣。"① 他认为,一旦"立法善而施法广,积时久而持法严,代有贤智以相维持,民自固结而不可解,天下永垂不朽矣"②,就可以稳固政权,洪氏江山也可以代代相传了。

洪仁玕重视法制与教化之间的关系。他主张贯彻法制,既要严惩罪犯,同时也应从教育感化入手,引导人们的生活走上正轨;他提出了"教法兼行"的论点,指出在严申法令的同时如果能辅之以法制教育,就可以使人们知法、畏法、守法。因为教化是"治人心恶之未形者,制于萌念之始",法律是"治人身恶之既形者,制其滋蔓之多",因此,教化与法制应该结合起来,教法兼行。"教行则法著,法著则知恩。"只有"法外辅之以法",才能使人们树立法制观念,"刑外化之以德",才能少用刑法。只有实行教法兼行、非不教而杀,才有助于人们免生罪念,使一些触犯法律的行为消弭于萌念之始,防微杜渐,防止或减少犯罪的发生和蔓延。在进行法制教育的方式上,洪仁玕提出了各种办法,主要有两点。第一,运用新闻进行普法。兴办书信馆、设立新闻官,发行报纸,"昭法律,别善恶,励廉耻,表忠孝",对人民群众普遍进行知法、守法的法纪教育。第二,利用类似公审的形式进行群众性的法制教育。判处一些重大刑事案件,特别是处以死刑的案件,一般都要召开群众大会,"先彰其罪状并日期,则观者可以股栗自儆"③。他认为,通过教化达到免用刑法固然很好,但是"虽然纵有速化,不鲜顽民,故又当立'以刑刑之'之刑"④。

2. 依法治腐

对于官吏腐败,洪仁玕提出了依法治腐的主张。他提出要进行法制改

---

① (清)洪仁玕:《资政新篇》,中国史学会主编:《中国近代史资料丛刊·太平天国》(二),上海人民出版社1957年版,第527页。

② (清)洪仁玕:《资政新篇》,中国史学会主编:《中国近代史资料丛刊·太平天国》(二),上海人民出版社1957年版,第528页。

③ (清)洪仁玕:《资政新篇》,中国史学会主编:《中国近代史资料丛刊·太平天国》(二),上海人民出版社1957年版,第538页。

④ (清)洪仁玕:《资政新篇》,中国史学会主编:《中国近代史资料丛刊·太平天国》(二),上海人民出版社1957年版,第537页。

革,在立法、执法、普法和监督等方面向西方资本主义国家学习。他认为在依法惩治腐败中,重要的是要做到有法必依。"法制以遵行为要,能遵行而后有法制",有了法制就必须执行。为政者要"器使群材、赏罚严明",因为"器使则人无乱法,严明则人皆服法,无乱而服,则效命取胜之根也"。他强调,作为高居上位的各级官吏,尤其要以身作则,用自己的守法行为来教化部下,只要"奉行者亲身以倡之,真心以践之",那么便能"上风下草,上行下效",否则就会"法令弊生"。同时,他提出,对于文武官员除俸值公费外而收受贿赂者、私收工商水陆关税者、处理民情曲直吉凶等事受贿者、丈量官受赃者,都要依据法律严惩。他强调对于违法腐败分子,无论其官职大小甚至高居王位,都必须明正典刑,直至"律以大辟"。

洪仁玕主张建立一个具有严密法律规范的君主专制体制,期盼洪秀全在法制程序内行使最高军政决策权力,从而使太平天国臣民、将士都在法律约束、保护下行动和生活,形成开明专制的法治社会。其基本目标仍然在于巩固和强化天王专制。洪仁玕这种以法施政治国的构想主要源自西方政治观念,它与中国传统的明君贤相的王道仁政,以及太平天国的天主随意下诏治国的理政,都有着明显的观念反差,因而在实践上难以取得成效。

### (四) 设立新闻官和暗柜制度,以监督有关官吏

洪仁玕认为,要建立权责一致、高效廉洁的中央集权运作程序,就必须大力疏通政治管道,扩大政治资讯的流通,使更多的臣民能够了解情况,参与政治,从而有效地监督和约束官吏的行为。因而他提出"要自大至小,由上而下,权归于一,内外适均而敷于众也。又由众下而达于上位,则上下情通,中无壅塞弄弊者,莫善于准卖新闻篇或暗柜也"[①],即认为兴办新闻报纸和设立举报、意见信箱是利用新闻舆论监督官吏的最好办法。

#### 1. 办报纸

洪仁玕认为,办报纸能够公开报道中央和地方的政情、政策,传播政治资讯,使官民一体,知悉遵行;同时,报纸能够报道民众的政治诉求和愿望,提供有关民意的资讯,使各级政府在决策施政时可以民意作为参照和借鉴,以收民心公议。此外,新闻报道能够将官吏的阴谋诡计、丑事恶行公之于众,使官吏的行为受到民众的监督,所谓"有新闻篇以泄奸谋,纵有一切诡弊,难逃太阳之照矣"。

---

① (清) 洪仁玕:《资政新篇》,中国史学会主编:《中国近代史资料丛刊·太平天国》(二),上海人民出版社1957年版,第532页。

因此，洪仁玕主张在全国建立一个新闻网络，各省设置"新闻官"，举用品性诚实、刚正不阿之人担任。新闻官虽然有职而无权，但是其职责不受其他官吏节制，也不节制其他官吏，对他的赏罚也不准其他官员褒贬，具有独立行使监督的权力。新闻官专门收集全国乃至世界的报纸新闻，"收民心公议"，"以资圣鉴"，那么，"奸者股栗存诚，忠者清心可表"，于是，政情民意可以上通下达，官吏的言行举止也都难逃社会舆论监督，最终可以达到"昭法律，别善恶，励廉耻，表忠孝"的目的。

公开办报，使"上览之得以资治术，士览之得以识变通"，太平天国最高领导层和天王洪秀全可以借此掌握民意和社会舆论动向，扩大资讯来源，有助于决策理政符合民意，从而增加社会支持力，提高中央和天王的威望，增强太平天国的政治凝聚力。

2. 设立暗柜制度

除了设立新闻官这种公开的监督制度之外，洪仁玕还提出了设立暗柜制度的建议。所谓设立暗柜制度，就是建立秘密的举报与意见反映制度。通过专门设立的暗柜，各级官员和平民百姓就可以就政务提出建议，可以揭发举报官吏各种舞弊不法的行径，向中央提供各类违法和腐败线索，以便中央及时核查处理。同时，举报人也因为是秘密举报而不致遭受打击报复，从而有效地保护了举报人的人身安全。

洪仁玕认为，通过设立新闻官和暗柜制度这两种办法，能够有效地监察各级官员的行政情况，各级官员也能处于中央和广大民众的监督之下，从而使他们"敬天扶主、忠孝廉节"，忠诚于太平天国事业。

## 二、洪仁玕整饬吏治主张的积极意义

### （一）提出了学习西方政治制度的思想

在太平天国领导层中，洪仁玕是对西方了解较多的一位。洪仁玕在香港期间，对西方政治制度和法规即有较多的认知，认为西方列强之所以强盛，不只因为有坚船利炮等长技，还因为其"法善"，这较之认识还停留在器物层面上的洋务派无疑大有进步。他对各主要列强的政治发展现状也做过若干调查了解，较之清朝士大夫、洋务派有更多的体认，"他对西方力量所在的若干因素抱着全心全意的、虽然认识很不全面的赞赏态度"[①]。洪仁玕所提

---

① ［美］费正清、刘广京编，中国社会科学院历史研究所编译室译：《剑桥中国晚清史：1800—1911年》（上卷），中国社会科学出版社1985年版，第321页。

出的《资政新篇》,是一个包括政治、经济、文化等各方面内容的具有鲜明资本主义倾向的改革方案,是中国近代史上第一个比较系统地向西方学习的纲领,是他为了挽救太平天国危亡,推行新政改革的一次大胆尝试。

在中国近代政治史上,洪仁玕最先提出在传统政治体制的躯干上嫁接某些西方制度和方法的枝条。通过中西政治的比较和鉴别,他看出西方政治制度的颇多优势,也体察到太平天国天王专制的权力运作中的严重弊病,试图把由经济层面学习西方延伸到政治层面,对现行体制进行修补和调整,建立从中央到地方的法制和监督体系,注意吸纳民意,扩展社会支持力,确保权力结构的集中统一和程序化运作,使太平天国统治由个人独裁导向开明专制。他在《资政新篇》等著作中所提出的一系列以资本主义强国为模式,意在改革太平天国政治的主张,虽未能挽救太平天国的衰亡命运,但在当时的中国开启了学习西方体制的先河。

然而,长期的儒学教育使忠君爱国观念扎根于洪仁玕思想结构的深层,因而他在考察西方政治时,往往注意对表象的法律或政权运作程序的了解,而忽视对政治体制和理念的认知。上述洪仁玕《资政新篇》的举措本意是为了防止君权下夺和整饬吏治,而不是意在建立一个具有资产阶级民主性质的国家。

### (二) 提出的整饬吏治思想具有某些近代化的特征

洪仁玕是太平天国统治层中对吏治认识最为深刻、对吏治整饬最为关切的人物。他不仅从加强中央集权、杜绝卖官鬻爵之弊的角度,强调"禁朋党之弊"、"禁私门请谒"等中国传统吏治主张,而且提出了一些具有某些近代化特征的整饬吏治思想。例如,他提出"以法制为先",依法惩治腐败,对于受贿贪赃的官员,"审实革职"乃至"律以大辟",就符合了近代法治社会的特点。还有,他要求太平天国官吏要"洞悉天人性情,熟谙各国风教",主张选拔任用具备近代新思想的官吏,以及提出设立"新闻馆"和"兴乡官"、鼓励举报等主张都主要源自西方政治观念,不仅切中了太平天国政权的时弊,而且具有近代资产阶级民主政治思想的内涵,具备了近代化的特征,具有时代意义。

# 第四章 洋务派的整饬吏治思想及实践

经过两次鸦片战争和太平天国运动的打击，清朝统治已岌岌可危。这时，在清朝统治集团中出现了一个以奕䜣、曾国藩等发其端，左宗棠、李鸿章、张之洞等人继其后的政治派别——洋务派。他们主张在保持孔孟之道、纲常名教不变的前提下，在练兵、工艺、法制等器物层面师夷长技，以应世变，达到"自强"、"求富"的目标，维持清朝的统治。其理论基础就是后期洋务运动的主要代表人物张之洞所概括的"中体西用"论。

洋务派的代表人物曾国藩、李鸿章、张之洞等人，都是掌握地方实权的总督和巡抚。他们忠于清朝，有着传统忠君爱国思想，深悉当时官场现状，目睹和亲历了吏治腐败、政风不良等诸多积弊造成的社会动荡和天下大乱的灾难性结局，他们为中兴清朝，经过深刻反省，都相当重视整饬吏治，认为整顿吏治是转移世风、拯救危机的关键。他们都提出了一些整饬吏治的思想和原则，并付诸实践，这对当时腐败黑暗的官场产生了一定的纠弊之功。

## 第一节 洋务派整饬吏治思想的产生根源

### 一、太平天国运动爆发的深刻刺激

#### （一）对因吏治腐败而导致太平天国运动爆发的深层次原因的认识

太平天国运动爆发有多方面的原因：腐败的封建统治和沉重的剥削，导致地主阶级与农民阶级之间的矛盾激化；外国资本主义的侵入，给中国人民带来了新的灾难；国家内部自然灾害严重；受西方宗教的影响，人们思想意识可能产生变化，后来建立拜上帝教。

但太平天国起义无疑与晚清道光、咸丰年间吏治直接相关，可以说，是当时吏治的腐败直接导致了太平天国起义的发生。正如太平天国揭露的，"凡有水旱，略不怜恤，坐视其饿莩流离，暴露如莽……满洲又纵贪官污吏布满天下，使剥民脂膏，士女皆哭泣道路……官以贿得，刑以钱免，富儿当权，豪杰绝望"①。在腐朽王朝统治下，民众已经生活不下去了，被逼无奈，只有起来造反。

洋务派官僚们也认识到吏治腐败是农民揭竿而起的主要原因。他们认为，太平天国运动的兴起与朝廷官吏因循苟且、虐用其民、鱼肉百姓有莫大的干系。曾国藩说："今日天下之变，只为混淆是非，麻木不仁，遂使志士贤人，抚膺短气，奸猾机巧逍遥自得。"朝野上下已经形成了一种因循苟且、颟顸泄沓、相与掩饰的局面，各级官吏为保乌纱帽，都怀着"特不欲其祸自我而发，相与掩饰弥逢，以苟且一日之安"的心态，不愿负责任，不敢揭疮疤，致使"积数十年应办不办之案而任其延宕，积数十年应杀不杀之人而任其横行，遂以酿成目今之巨寇"②。曾国藩认为推寻太平天国起义的本源，就在于官吏们"虐用其民，鱼肉日久，激而不复反顾"，他以湖广之耒阳、崇阳，江西之贵溪、抚州等地事例，说明民变的原因即是"贪官借口鱼肉百姓，巧诛横索"③。曾任陕西巡抚的湘军将领、古文家刘蓉也愤然揭露道："今天下之吏亦众矣，未闻有以安民为事者。而赋敛之横，刑罚之滥，朘民膏而殃民命者，天下皆是！"④郭嵩焘认为："天下之患，在吏治不修，纪纲废弛，民气郁塞，盗贼横行。"⑤胡林翼讲得更干脆，说太平天国运动爆发的缘由是官作乱于上，民思乱于下。他在《敬陈湖北兵政吏治疏》说湖北"其已被贼扰之三十余州县，吏惰民骄；其未被贼扰之三十余州县，官仇民而民且仇官。夫吏治之不修，兵祸之所由起也"⑥。左宗棠也指出，天下之乱是由于吏治不修，"惟吏治不修，故贼民四起"。

洋务派官僚们对社会致乱的原因有比较深刻的认识，揭露出清朝吏治的腐败是导致社会动荡不安的重要因素。

### （二）除了采取军事镇压政策外，还必须澄清吏治

咸同时期，清朝吏治极为腐败。清朝在乾隆末年时，国库存底白银达七

---

① （清）杨秀清：《奉天讨胡檄》，郑振铎编：《晚清文选》，中国社会科学出版社2002年版，第78页。

② （清）曾国藩：《严办土匪以靖地方折》，《曾国藩全集》（第1册），岳麓书社2011年版，第72页。

③ （清）曾国藩：《备陈民间疾苦疏》，《曾国藩全集》（第1册），岳麓书社2011年版，第40－41页。

④ 转引自何贻焜：《曾国藩评传》，正中书局1937年版，第11页。

⑤ （清）郭嵩焘著，杨坚点校：《郭嵩焘奏稿》，岳麓书社1983年版，第340页。

⑥ （清）胡林翼：《敬陈湖北兵政吏治疏》，《胡林翼集》（第1册），岳麓书社1999年版，第203－204页。

第四章 洋务派的整饬吏治思想及实践

千万两,经嘉庆、道光朝耗用(仅道光后期战费、河工等临时项开支达七千万两)所剩无几。咸丰帝即位时,户部库银仅存一百八十七万两。太平天国起义发生后,清政府为镇压起义花费了巨额军费,最后到了国库空虚、罗掘殆尽的地步。为镇压太平军,至咸丰三年(1853)六月,清廷已拨军饷二千九百六十三万余两,户部库存正项待支银仅剩二十二万七千余两,"度支万分窘迫,军饷无款可筹",于是千方百计进行搜刮,除加重原有捐税、广开捐输、行大钱、发钞票、实行厘金制度外,清政府曾号召大臣们捐输钱财,结果响应者寥寥。左副都御史文瑞要户部尚书孙瑞珍捐银三万两,孙瑞珍赌咒发誓拿不出来,双方互相争论,几乎打起来。要清朝官员出钱固属不易,要其卖命更难。在太平军进攻面前,清朝文官武将争相逃命,不相伯仲。有些官员因贪生怕死而丢地失职后,为逃避清廷惩罚而搞的种种诡谋,实属匪夷所思。如湖北提督博勒恭武和其女婿署参将阿克东阿双双弃岳州逃跑,博勒恭武改换姓名逃至京郊,阿克东阿更指使亲信伪报其杀敌阵亡,煞有介事地装棺运尸回籍,差一点蒙混过关。正因为晚清文官武将都如此腐败无能,才使得太平军在起义两年后就打到了南京,随后的东征、西征、北伐,皆所向披靡,清朝统治几近崩溃。

洋务派官僚们深刻认识清澄吏治是战胜太平军,防范类似起义再次爆发的关键所在。曾国藩提出要清除民变的乱源,除了采取军事镇压政策以外,还必须从整饬吏治、挽回民心入手。他说:"细观今日局势,若不从吏治人心痛下功夫,涤肠荡胃,断无挽回之理。"提出只有"以吏治人心为第一义"①,从整饬吏治入手挽回民心,才能缓和乱民四起的社会矛盾。其他洋务派官僚也抱有同样想法。丁日昌认为:"欲消弭外患,必先固结民心;欲固结民心,必先整顿吏治。"胡林翼提出,吏事为兵事之本,"救天下之急症,莫如选将,治天下之真病,莫如察吏。兵事如治标,吏治如治本"。左宗棠也强调,"嘉、道以来,天下切要之政莫如讲求吏治"②,主张从整饬吏事入手。左宗棠意识到人民群众反抗清朝的起义与官吏腐败密切相关。他提出当此国难之时,倘若再不严治奸民,慎择官吏,国事将无法收拾。他主张:"勘乱之道,在修军政,尤在饬吏事。军政者弭乱之已形,吏事者弭乱之未发也。用人之道重才具,尤重心术。才具者政事所由济,心术者习尚所由成也。浙江吏事因循废弛已久,故大乱随之……深维致乱之原,于属吏之

---

① (清)曾国藩:《曾文正公全集·书札》,辽宁民族出版社1997年版,第439页。
② (清)左宗棠:《〈林文忠公政书〉叙》,《左宗棠全集 诗文·家书》,岳麓书社1987年版,第274页。

庸鄙猥诈者，实不觉恨之深而绳之峻。"① 郭嵩焘也提出："正朝廷以正百官，大小之吏择人而任之，为朝廷之根本。"他强烈呼吁："吏治不修，长乱终无已时，故急矣而求吏尤，远以全神治盗急矣，而治吏必举为先务。"②

洋务派官僚们强调对吏治的腐败进行整饬，目的是为了防止天下大乱，维护清朝统治。这固然表现出洋务派官僚们所持的阶级立场，但洋务派官僚们认为"吏治不饬，兵祸乃起"，整顿吏治为"弭乱之未形"，说明他们对社会变乱的原因有了比较深刻的认识，揭露出清朝吏治的腐败是导致社会动荡不安的重要因素。

在此思想指导下，洋务派官僚们转变统治手法，选拔人才，惩贪拒腐，自维风气，通过采取一系列措施，如参劾庸劣官员、保举任用贤员、革除胥吏积弊、革除地丁漕粮弊政等，取得了相当成效，使得在其权力所及范围内的吏治有所澄清，从而缓和了这些地区的阶级矛盾，动员起一切能动员的力量，为扑灭太平天国起义，挽救清朝垂危的统治，奠定了坚实的基础。

## 二、传统士大夫忠君报国的体现

在中国传统政治思想中，忠君与爱国是两个性质不同而又有密切关联的概念。忠君，是指在君主专制的政治体制中处理君臣关系的最高道德规范。孔子说，"君君、臣臣、父父、子子"③，"君使臣以礼，臣事君以忠"④，强调按礼制的规定，贵贱有等，主张以礼、忠、信等道德来维系君臣关系，归结点为臣须忠君。宋代司马光更强调"臣之事君，有死无贰"⑤，把忠君的观念推向极致。历代统治者则将忠君与爱国相提并论，以使其臣民在忠君爱国的政治道德追求中稳固自己的统治地位。例如，康熙帝说："读《离骚》，当识其大意所在。屈原以忠君爱国之心，原本山川，极命草木，微文见志，一篇之中三致意焉，遂为千古风骚之祖。"⑥ 在中国封建社会，忠君与爱国又浑然一体。"居庙堂之高则忧其民，处江湖之远则忧其君"构成了传统士大夫的优秀人格要素。

---

① （清）左宗棠：《甄别道员厅县折》，《左宗棠全集 奏稿一》，岳麓书社1987年版，第164页。
② （清）郭嵩焘：《养知书屋诗文集》，（台北）文海出版社1974年版，第471－472页。
③ 《论语·颜渊》。
④ 《论语·八佾》。
⑤ 《资治通鉴》卷二九一。
⑥ 《圣祖仁皇帝实录》卷一二〇。

忠君思想自然离不开传统思想的熏陶。大多数洋务派人士都是地主阶级知识分子，深受儒家传统思想熏陶，受到忠君爱国的观念影响，加之科举顺利，官场得意，受到恩宠，不断加官晋爵，自身利益与清王朝利益已经紧密联系在一起，因此他们忠君观念更加强烈，急君父之忧。正如意大利的政治哲学家尼科洛·马基雅维里在《君主论》的《致洛伦佐·梅迪奇殿下书》中所说的，那些希望得到君主恩宠的人，总是把自己认为最珍贵的物品或者自以为君主最喜爱的东西献给君主。许多洋务派官僚们就是把一腔忠君爱国的热诚献给清王朝最高统治者。

曾国藩从小就受到儒学思想的熏陶，从六岁起，便跟随父亲学习儒家经典，接受严格系统的儒学训练。他"九岁毕五经，十五岁读周礼仪礼史记文选"，虽出身于普通农民家庭，却是封建社会走科举入仕之路的幸运儿。他不仅科考之路顺利，而且仕途上的发展也颇为一帆风顺。曾国藩于道光十八年（1838）中进士，以庶吉士入翰林院庶常馆。两年后授翰林院检讨，秩从七品。道光二十三年（1843）三月初十日，曾国藩参加翰詹廷试，名列二等第一，擢升为翰林院侍讲。他惊喜万分，当即写信回家向祖父报告："……孙名次不如陈文肃之高，而升官与之同。此皇上破格之恩也。孙学问肤浅，见识庸鄙，受君父之厚恩，蒙祖宗之德荫，将来何以为报！惟当竭力尽忠而已。"道光二十七年（1847），他又"蒙皇上破格天恩，升授内阁学士兼礼部侍郎衔。由从四品骤升二品，超越四级，迁擢不次"①，并于此后四年之中遍兼兵、工、刑、吏各部侍郎。他不无自负地写信对他的弟弟说："湖南三十七岁至二品者，本朝尚无一人。予之德薄才劣，何以堪此！近来中进士十年得阁学者，惟壬辰季仙九师、乙未张小浦及予三人。"②

曾国藩对清王朝的知遇任用感恩戴德。感激之余，他以维护清王朝统治为己任，图谋报效。因此，他虚心政事，留心时务，在出任各部侍郎期间，认真研究清代政情利弊、官场风习、山川形势、民生疾苦与军事武备。面对当时政风泄沓、吏治败坏、时局艰危的现实，曾国藩忧思焦虑，接连上了几道奏疏，痛陈政情弊病和吏治的败坏，甚至不惜犯颜直谏。其中最具有重要性的是他在咸丰元年（1851）四月二十六日上奏的一道《敬陈圣德三端预防流弊疏》，矛头直指皇帝本人的弊病。从这一道奏疏足以看出入仕不久的曾

---

① （清）曾国藩：《禀祖父》，《曾国藩全集》（第20册），岳麓书社2011年版，第131页。

② （清）曾国藩：《致澄弟沅弟季弟》，《曾国藩全集》（第20册），岳麓书社2011年版，第133页。

国藩一片忠君爱国的情感。太平天国运动兴起后,曾国藩为拯救清王朝,创建湘军,进行了艰苦卓绝的努力。镇压太平天国运动后,调任直隶总督时,他又明确表示,"明道不敢计功,习勤只以补拙,庶期仰答高厚鸿慈于万一"。

左宗棠由一个三试礼部不第的举人被清廷破格任用并逐步跃升为封疆大吏入值军机,被赐封为伯爵、侯爵,这使得他感到是皇上的天恩雨露垂降于他。左宗棠的这种情感在其家书中也随处可见,他说:"我一书生,蒙朝廷特达之知,擢任巡抚,危疆重寄,义无可诿,惟有尽瘁图之,以求无负。""我一书生,忝窃至此,从枯寂至显荣,不过数年,可谓速化之至。绚烂之极,正衰歇之征,惟当尽心尽力,上报国恩。"左宗棠几乎每次被加官、晋衔、封赏,都要向清廷呈递"谢恩折",以表达他对皇帝的感激和效忠之情。正如他在《补授闽浙总督谢恩折》中所说:"臣湘水庸才,草茅下士。读书未通世务,徒窃虚声;学战谬厕戎行,鲜裨大局。乃荷先皇帝特达之知,由举人不次拔擢,洊至正卿。皇帝御极之初,复蒙畀以封疆重寄。……自顾何人,膺兹宠遇,敢不竭忱尽瘁,以期稍答恩知。"

张之洞出身于世代仕宦之家,曾祖父张怡熊曾任浙江山阴县知县,祖父张廷琛曾任福建古田县知县,父亲张锳曾任贵州兴义府知府,可谓一家世受皇恩。张瑛持家"以俭约知礼为宗",严格教子,并常以家世及"贫,吾家风,汝等当力学"的言语来勉励他,使张之洞从小就在心中埋下崇尚操守、不以贫为耻的种子。张瑛任事奉公,对朝廷恪尽职守,最终积劳成疾,病死于贵州兴义府知府任上,这些自然成为日后张之洞为官视事的楷模。可以说,张之洞清正廉洁的为官之道和忠诚、厚道、俭朴、仁爱的道德风范是深受其家风和家教熏陶的结果。此外,张之洞科举非常顺利。咸丰二年(1852),张之洞应顺天乡试,中式第一名。同治三年(1864)参加会试、殿试,中一甲第三名,为探花,授翰林院编修,入列统治阶级群体中。此后的宦途也非常顺利,使他对清王朝的知遇之恩充满了感激之情。

由于家庭和读书的影响,张之洞树立了强烈的儒家忠君爱国为民的政治道德观与社会价值观,忠心耿耿地对待国家、朝廷、皇帝和事业。他表示:"当此时世艰虞,凡我报礼之士、戴德之民,固当各抒忠爱,人人与国为体。"他平生最痛恨两种人:一种"视国家之休戚,漠然无动于其心",另一种"诋中国为不足有为……日夜冀幸天下有变,以求庇于他人"[①]。所以,张之洞以公忠体国为处世及处理政务的原则,不徇私情,一切从国家利益出

---

① (清)张之洞:《〈劝学篇〉一》,苑书义、孙华峰、李秉新主编:《张之洞全集》(第12册),河北人民出版社1998年版,第9718页。

发,强调"其人忠于国家者,敬之;蠹于国家者,恶之。其事利于国家者,助之;害于国家者,攻之……奉公而不为身谋,期有济而不求名"[①]。

封建王朝与他们自己及家族的命运休戚相关、利害相联。为了封建王朝,洋务派官僚人士立志"当尽忠报国,不得复顾身家之私"。他们的忠君思想决定了他们始终站在同人民反抗清政府斗争相对立的一面。他们都曾参与或主持镇压太平天国、捻军、回民起义等人民群众的正义斗争,在处理国内阶级矛盾中成为封建统治者的卫道士,他们甚至把这些活动作为其"平生之志"。

在封建朝代,官吏腐败危害国家的统治基础是君王们非常头痛的问题。他们或苦口婆心地劝诫,或严刑峻法地惩治。洋务派官僚们以报君忧为志,想尽办法控制腐败。他们就自己权力所及,力饬部属轻征薄赋,政简刑清,做到勤、廉、谦。

### 三、儒家重民思想的体现

以爱民、养民为核心的传统民本意识在曾国藩、张之洞等部分洋务派官僚身上体现得比较明显。他们在"民为邦本"的儒学思想的长期熏陶下,具有扶危济世的道德境界、经世致用的求实学风、报国利民的道德责任感、注重民生的民本关怀和洁身自好的道德自律,成为民本主义政德的真诚实践者。

曾国藩具有儒家的为民请命感,认为"至于尊官厚禄,高居人上,则有拯民溺救民饥之责"[②]。曾国藩深以当时的民心不满为忧,说:"国贫不足患,惟民心涣散,则为患甚大。"而民心涣散是由于民众生活太苦,这主要有银价太昂,钱粮难纳;盗贼太众,良民难安;冤狱太多,民气难伸,以至于官民相仇,积怨太深,才激成巨案。他以湖广之耒阳、崇阳、江西之贵溪、抚州等地事例说明民变的原因即是"贪官借口鱼肉百姓,巧诛横索"[③]。他就自己权力所及,力饬管辖官吏努力做到勤、廉、谦,做到轻征薄赋,政简刑清;要求军队不扰民,力图减少民间疾苦,以缓和社会矛盾。这些在实

---

① (清)张之洞:《致潘伯寅》,苑书义、孙华峰、李秉新主编:《张之洞全集》(第12册),河北人民出版社1998年版,第10119页。

② (清)曾国藩:《谕纪泽纪鸿》,《曾国藩全集》(第21册),岳麓书社2011年版,第547页。

③ (清)曾国藩:《备陈民间疾苦疏》,《曾国藩全集》(第1册),岳麓书社2011年版,第40-41页。

际中起了一定的作用，一些地区情况有了好转。民国时期的学者何贻焜在其《曾国藩评传》中说道："曾公起家寒素，于民生疾苦，体验至深。故后虽显达，公私费用，仍以俭约为本。至为政则以爱民为前提，行军则以勿扰民相告诫。"

郭嵩焘从民本主义立场出发，主张治吏以严为尚，而抚民以宽。他说："宽严异施，文武交济，要之以爱民为本。"① 如 1849 年 5 月，湘阴县大水，郭嵩焘帮助知县夏廷樾办理赈务时，不顾母亲重病依然坚持巡查赈济苦于洪水的灾民。"日夜趋厂所，饥民数十，环跪号呼。问留何处，泊何处，查点船数人数，散给赈律，后复以捐赈余资添置义度。"② 郭嵩焘在关于办理捐输的奏稿中反映了体念民艰、求苏民困的思想，"查广东之富，在商而不在农，历年办理捐输，有派捐、包捐等名目，大率按亩派捐，事同加赋，宽于富户而苛于平民，大失朝廷劝捐之本意。小民势微力弱，忍受苛派，敢怒而不敢言……因思派之农民而其情可悯，不如劝之富商而于心犹安"③。

胡林翼担任湖北巡抚以后，他认识到，"吾儒读书筮仕，其初念未尝不以爱民为心，迨一入仕途，或为俗吏所濡染，或为丁胥所驱使，近习之蔽锢已甚，舆情之疾苦罔闻，而吏治日颓，民生日瘁，此世变所由生也"。所以，他兢兢以养民、安民为念，强调"御贼之法，先结民心，救乱之略，先保民命"。

左宗棠出身于寒素之家，他早年所经历的贫困生活使他对民众的疾苦有比较深刻的认识，进而萌发并逐步形成了以"民生为务"的利民思想。左宗棠认为，为官从政者应当以"为民"作为己任，知晓安民之道。他说："古者设官分职，凡以为民而已。以天下之监司寄之大吏，以天下之郡守寄之监司，以天下之牧令寄之郡守，以天下之民寄之牧令。故牧令之职虽卑，而其任甚巨，其选甚难。"④ 他强调须以贤良之官安民，"贤良进而民隐闻，知人安民之道也"⑤。

左宗棠多次述及为官之道，其主旨是官要以爱民为己任，提倡为官者做事要处以公心。他还希望于此来培养官吏的素质，以使日趋衰败的吏治有所

---

① （清）郭嵩焘著，杨坚点校：《郭嵩焘诗文集》，岳麓书社 1984 年版，第 114 页。
② 郭廷以编：《郭嵩焘先生年谱》，台北中研院近史所 1971 年 12 月发行，第 76 页。
③ （清）郭嵩焘著，杨坚点校：《郭嵩焘奏稿》，岳麓书社 1983 年版，第 149 页。
④ （清）左宗棠：《会试文·癸巳科第三问》，《左宗棠全集　家书·诗文》，岳麓书社 1987 年版，第 408 页。
⑤ （清）左宗棠：《会试文·辟四门明四目达四聪》，《左宗棠全集　家书·诗文》，岳麓书社 1987 年版，第 436 页。

起色。他在《学治要言》中指出:"官无论大小,总要有爱民之心,总要以民事为急,随时随处切实体贴,所欲与聚,所恶勿施,久久官民浃洽如家人父子一般,斯循良之选矣。勤理案牍,操守端谨者次之。专讲应酬,不干正事,沾染官场习气者为下。其因循粉饰,痿痹不仁,甚或倚任丁役专营私利者,则断不可姑容也。"左宗棠在青年时代便形成了忧国忧民、书生参政、经邦治国的强烈意识。道光十三年(1833),年仅二十一岁的左宗棠在第一次赴北京参加会试后写下《燕台杂感》七律诗八首,其中"皆忧危之词,若预知天下将乱"。左宗棠在此诗的第一首中写道:"世事悠悠袖手看,谁将儒术策治安?国无苛政贫犹赖,民有饥心抚亦难。天下军储劳圣虑,升平弦管集诸官。青衫不解谈时务,漫卷诗书一浩叹。"① 左宗棠主张治政应当以"视民如伤"为前提,并要有爱民之心。他在致友人书中指出:"烹鱼烦则碎,治民烦则乱,故以丛脞为戒。器久不用则蠹,政不常修则坏,故以累省为戒……视民如伤,当铭诸心。"② 他正是在利民思想的指导下来治政的。

张之洞"尝考从古帝王所以享国久长者,财力、兵力、权谋、数术皆不足恃,惟民心为可恃"。他认定"官无瑕疵,四民自然畏服,不必专心致志惟务箝民之口,须当惠法兼施,方尽父母斯民之道"③。在他的奏折中,多表露出忧民之情。清朝光绪三年至四年(1877—1878),山西、河南、陕西、甘肃、直隶、山东等省,发生了中国近代历史上最严重的一次旱灾,即"丁戊奇荒",这是一场清朝"二百三十余年来未见之惨凄,未闻之悲痛"的灾难。当时,"逃荒乞丐充塞运河官道之旁,倒毙满路"。张之洞疏请速筹荒政,并提出"借款平粜"、"分地劝贷"、"井工贷赈"等建议,以确保灾民生活和生命安全。他能体察民情,爱惜民力,训导后辈"悉故乡风味、稼穑艰难,于宦途世事未必无益"。他所采取的兴修水利、赈灾免税、豁除累粮、奖励垦荒等措施,有利于发展农业生产,减轻人民的负担。1904年,他回乡祭祖,乘轿出城行到距村里较远的路口,便弃轿步行,以示对桑梓父老的敬重。

---

① (清)左宗棠:《癸巳燕台杂感》《左宗棠全集 家书·诗文》,岳麓书社1987年版,第456页。

② (清)左宗棠:《书赠徐切庵》,《左宗棠全集 家书·诗文》,岳麓书社1987年版,第276页。

③ (清)张之洞:《批署左云县禀开列讼棍姓名》,苑书义、孙华峰、李秉新主编:《张之洞全集》(第6册),河北人民出版社1998年版,第4429页。

## 第二节　曾国藩整饬吏治的思想与实践

曾国藩（1811—1872），字伯涵，号涤生，原名子城，派名传豫，谥文正，湖南湘乡县荷叶塘（今双峰荷叶乡）人。道光十三年（1833）入县学为秀才，翌年就读于长沙岳麓书院，同年中举人。道光十八年（1838），中第三十八名贡士，旋赴殿试，中三甲第四十二名，赐同进士出身，朝考选翰林院庶吉士。自此供职京师，结交并师从穆彰阿、倭仁及唐鉴等人。先后任翰林院庶吉士、侍讲学士、文渊阁直阁事，后擢内阁学士兼礼部侍郎衔，升礼部右侍郎、署兵部左侍郎。太平天国运动爆发后，他在家乡创建湘军，并统帅湘军镇压了太平天国运动。他是晚清重臣，官至两江总督、直隶总督、武英殿大学士，封一等毅勇侯。同治十一年（1872）二月在南京病逝，谥文正。

曾国藩所处的时代，是清朝由乾嘉盛世转而为没落、衰败，内忧外患接踵而来的动荡年代。曾国藩点翰林入朝班时，清朝已危机四伏，内忧外患正纷至沓来。作为科场新贵，他置身其间，被这种危情所震惊。在京十年，曾国藩目睹"士大夫习于优容苟安，揄修袂而养姁步，昌为一种不白不黑、不痛不痒之风"，觉察到清政府吏治腐败和社会风气的败坏流毒已深，担心这将会给清朝带来难以预想的恶果。为此，他对各种弊病尤其是吏治腐败痛加针砭，上书直谏，以冀朝廷有所更张。太平天国运动爆发后，他为捍卫清王朝统治，儒臣创军，率领湘军与太平军进行了殊死搏杀。进入同治朝，曾国藩对太平天国的军事镇压基本告一段落，他腾出手来全力对吏治进行整肃，认为"务须从吏治上痛下功夫，斯民庶得少苏"，清朝的统治亦可趋于稳固。所以他无论在两江总督任内，还是任职直隶总督期间，都把惩治腐败、提高治理效能作为巩固清王朝统治的重要抓手。

### 一、曾国藩整饬吏治的基本思想与实践

#### （一）推崇对官吏的道德教化，注重制定约束官吏的规章制度

曾国藩曾经自我标榜说，他的思想，近者"一宗宋儒"，远者"私淑孟子"。曾国藩曾向倭仁及唐鉴等人学习理学，是当时公认的理学家。他笃信道德的力量，推崇教化的作用。他认为勤教严绳是为官者的责任："古圣人之道，莫大乎与人为善。以言诲人，是以善教人也；以德熏人，是以善养人也；皆与人为善之事也……诲人不倦，即与人为善也。"自己居于高位，就有责任和义务把自己的见解教于诸人。曾国藩在咸丰十年（1860）所上的

第四章 洋务派的整饬吏治思想及实践

奏折中称:"窃见兵兴十载,而军政、吏治二者,积习未改,甚或日趋日下,何以挽回劫运?是以痛心疾首,深自刻责。与将士约,先求勿骚扰百姓,然后能杀敌致果;与官吏约,先求勿沾染坏习,然后能洁己奉公。臣以困勉自励,亦以劝诫僚属。"①

### 1. 在军队中进行思想教育

曾国藩募练的湘军以明代抗倭名将戚继光的戚家军为蓝本。按照他的设想,这支军队将是一支"以忠义之气为主,而辅之以训练之勤",即重视封建儒家思想灌输的军队。湘军的骨干将领罗泽南、彭玉麟、李续宾等人均为儒生,他们和曾国藩一样,都笃信程朱理学,热心于经世致用之学。曾国藩在长沙练军之初就坚持"每逢三、八操演,集诸勇而教诲之,反复开说千百语"。曾国藩将"四书"、《孝经》等儒家经典印成书册,下发军中,教育士卒写字读书,因而军营中常常书声琅琅,如家塾然。曾国藩以血缘、地缘、学缘等伦常情谊作为维系湘军的纽带,他期望儒家的忠义孝道精神能够深入湘军骨髓。曾国藩特别重视民心与军纪,因而他在湘军中大力倡导爱民、守纪的观念。曾国藩把儒家的伦理纲常写进军规或编成歌谣让官兵记诵、传唱。咸丰八年(1858),他亲自编写了《爱民歌》,教育部队处理好军民关系。内有"三军个个仔细听,行军先要爱百姓。贼匪害了百姓们,全靠官兵来救人"②等内容。《爱民歌》以白话为体裁,通俗易懂,传唱军中。为了严肃军纪,曾国藩编写了《禁烟等事三规七条》,禁洋烟,禁赌博,禁喧哗,禁奸淫,禁谣言,禁结盟拜会,禁异服。为了进一步稳定军心民心,团结民众,以乡间所谓"丢谣歌"的形式,作了《保守平安歌》三首,即《莫逃走》、《要齐心》、《操武艺》,此外还有朗朗上口的《水师得胜歌》、《陆军得胜歌》、《解散胁从歌》等,张贴散发。

### 2. 劝诫官吏

陈明事理以规劝。劝诫内容为爱民、尽职、勤奋、廉洁之类。曾国藩在直隶总督任上时亲手制定了约束州县官吏的《劝诫浅语十六条》,作为官吏们廉洁尽职的标准,进行情理上的诱导劝诫。《劝诫浅语十六条》包括《劝诫州县四条》:治署内以端本;明刑法以清讼;重农事以厚生;崇俭朴以养

---

① (清)曾国藩:《钦奉训饬懔遵复陈片》,《曾国藩全集》(第2册),岳麓书社2011年版,第585页。
② (清)曾国藩:《爱民歌》,《曾国藩全集》(第14册),岳麓书社2011年版,第398页。

廉。《劝诫营官四条》：禁骚扰以安民；戒烟赌以儆惰；勤训练以御寇；尚廉俭以服众。《劝诫委员四条》：习勤劳以尽职；崇俭约以养廉；勤学问以广才；戒骄惰以正俗。《劝诫绅士四条》：保愚懦以庇乡；崇廉让以奉公；禁大言以务实；扩才识以待用。① 每条下面都以浅近明快的文字加以说明。这十六条规则皆刻印成册，州县官吏人手一份，作为不贪财、不沽名、做好官的守则。

总督直隶时，曾国藩手撰《劝学篇·示直隶士子》，劝谕通省仕宦在义理、考据、辞章、经济四方面加强学习，要求官员学习为官入仕所应具备的行政道德和应掌握的文字、管理等各方面的才能。他认为倘若大家都能勤以学问，做到各自独善其身，各自恪守其职，自然就不至于伪善奸邪。而且官场之中只要有一些人带头好学，"倡者启其绪，和其衍其波"，彼此交汇旁流，互相劝勉，过不了多少年，就将会洗除官场的暗昧卑污之见，矫然直趋广大光明之域，吏治将得以澄清。②

### （二）劾举官吏

曾国藩认为，造成吏治败坏的因素，首先是由于"大吏过于宽厚"，给予不法之徒以可乘之机，"劣员此处败露，方惧严参，而彼处钻营，反得优保"，致使他们"玩上则簸弄是非，虐民则毫无忌惮"。其次是连年战争，政治秩序被打乱，缺乏严格而又定期的考核官吏的措施，使得官吏优劣不分，政绩突出者得不到奖赏，政绩平庸甚或贪劣成性者得不到惩罚。针对这种情形，曾国藩决心痛加整顿，大加参劾，严厉禁止不法行为，违者重惩，认为"非刚猛不能除此官邪"。

同治二年（1863），曾国藩抱着"贪劣之吏治须严惩"的态度，写下了《特参庐江县知县吴燮和贪劣科派请予革职折》。奏折中指出，他奉命整顿直隶吏治，深知直隶地处天子脚下，达官显贵多如牛毛，很多人都有通天的本事，稍有疏忽就会出大问题。种种狡诈贪鄙的行为，确实是超出情理之外，若不从严惩办，凭什么来勉励廉洁、告诫百官呢？应当请示圣旨，将五品衔代理安徽庐江县事候补知县吴燮和立即革职，永不再用，还要下令追回

---

① 参见（清）曾国藩：《劝诫浅语十六条》，《曾国藩全集》（第14册），岳麓书社2011年版，第444－449页。
② 参见（清）曾国藩：《劝学篇·示直隶士子》，《曾国藩全集》（第14册），岳麓书社2011年版，第486－488页。

所收亩捐钱米，如数清理上缴，以此来告诫那些营私舞弊、欺骗上司的人。① 同治七年（1868），曾国藩将不遵守劝诫、与民争利的署丹阳知县徐鸿保奏请革职，将在冬漕中任丁书索费、控案叠见的江苏新阳县知县戴元鼎予以革职。这对于惩贪治腐，严明法纪起了积极的警戒作用。

同治八年（1869）三月，曾国藩调任直隶总督。上任前他便听说直隶风气之坏，竟为各省所未闻。刚一上任，他就采取一系列刚猛措施，"严立法禁，违者重罚"，着手整顿吏治，清理讼案。他亲自对现任各级官吏做了考查，"博访周咨，不敢轻听浮言，不敢稍涉成见"，在一个月后就上了奏折，将具有"性情卑鄙，操守不洁"、"貌似有才，心实贪酷"、"擅作威福，物议沸腾"、"品行卑污，工于逢迎"、"浮征勒派，民怨尤甚"等劣迹的十一名官吏据实汇奏清廷，进行参劾。同时又据实情将李朝仪等十名廉正贤员的事迹加以表彰。② 这些好官虽未因此加官晋爵，但做到了赏罚严明、惩恶扬善的作用，震动了直隶政坛，使直隶吏治因之有所改观，官场风气有所好转。五个月以后，他经过多方考察，又将第二批举劾官员的奏折递上，其中参劾劣员八名，保举贤员九名。虽然曾国藩在短时期内不可能使直隶吏治彻底改观，但也基本上达到了"奖劝所加，精神一振，观摩惕励，郅可渐跻循良之域"的目的。

### （三）严管胥吏，以刚猛手段清除贪劣官吏

胥吏是指封建社会中各级政府机构的低级办事人员。徐珂在《清稗类钞》中写道："胥吏，公家所用掌理案牍之吏也，各治其房科之事，俗称之曰书办。"在历代沿革中，胥吏的具体名称虽屡有变化，但职掌却大致相同，主要就是"抱案牍、考章程、备缮写"③。清代胥吏倡兴。满洲贵族入主中原后，为借鉴汉族人的统治经验，延聘一些熟谙旧规俗例、了解地方情况的胥吏以为从政的补充便是十分自然的事情。正如袁枚在《答门生王礼圻问作令书》中所言："胥吏者，官民交接之枢纽也。"④ 可以这样认为，没有胥吏的大量工作，国家机器就无法正常运转，社会秩序就得不到基本保障。而胥吏阶层存在的合理性也正在于此。

---

① 参见（清）曾国藩：《特参庐江县知县吴燮和劣绅派请予革职折》，《曾国藩全集》（第6册），岳麓书社2011年版，第373—374页。
② 参见（清）曾国藩：《参劾直隶劣员并保贤员折》，《曾国藩全集》（第10册），岳麓书社2011年版，第350—353页。
③ 《皇朝经世文编》卷二十四。
④ （清）徐栋编：《牧令书辑要》卷一，同治七年（1868）江苏书局刻本。

还应该看到，胥吏对于清代国家机器的运转虽然起到了润滑的作用，但随着国家行政制度的细密和政治腐败程度的加深，胥吏专权也逐渐成为清朝政治的一大弊端。胥吏的权力膨胀及徇私舞弊和差役泛滥成灾及危害百姓是嘉庆、道光两朝吏治危机的又一表现。

曾国藩根据经验提出一个原则、两个办法。一个原则是："为官者欲治此六项人，须先自治其身。"办法之一："凡银钱一分一毫，一出一入，无不可对人言之处，则身边之人不敢妄取，而上房、官亲、幕友、家丁四者皆治矣。"办法之二："凡文书案牍，无一不躬亲检点，则承办之人不敢舞弊，而书办、差役二者皆治矣。"他在任直隶总督时，制定了章程以戒偷惰，主要是工作条例《直隶清讼事宜十条》和奖惩条例《直隶清讼限期功过章程》。

曾国藩要求官员们必须躬亲处事，不得假手于胥吏。他认为州县之官是最重要的一级官吏，如果不能做到才德俱佳，就很难说称职。他在任直隶总督时，认为"直隶怠玩之习相沿已久"，原因在于州县之官事事依赖幕友丁书，以致迁搁办案时日，给老百姓带来严重损失。他要求直隶各州县官尽力做到：放告之期，亲自收状；能断案者立即断结，不能断案者交幕僚拟批，不能完全听信幕僚和胥吏之言，必须躬亲处事。差票传人，亲自删减；人命和盗窃大案，亲自勘验，愈速愈妙，承审限期，亲自计算时日，监禁管押之犯，应当经常看视，上报情形，亲自经理，"如其识字太少，不能躬亲者，严参不贷"①。

曾国藩深知官吏在诉讼官司中的舞弊作恶行为。他要求"禁止滥传滥押"和"禁止书差索费"。曾国藩指出，一般人在最初打官司之时，原告、被告往往任意混写多人，而且往往还有"差役勾中，牵人呈内者"。对此，他做出严格规定：各级官吏在清理讼案时，不准多传人犯、人证，而传到之人证，非命盗大案，不准轻易关押，且须将在押之人姓名逐一书明牌上，为公众所周知。一旦发现并未悬牌，或牌上人数与在押人数不相符合，必定记过重惩。曾国藩强调指出，丁书索费之恶习必须彻底改变，否则"一纸到官，百端需索。疮痍赤子，其何以堪"②。他严格规定自今以后，各级官吏必须尽除这一积弊，应当设身处地地多为老百姓着想。如果访察得有索费实

---

① （清）曾国藩：《直隶清讼事宜十条》，《曾国藩全集》（第14册），岳麓书社2011年版，第477页。

② （清）曾国藩：《直隶清讼事宜十条》，《曾国藩全集》（第14册），岳麓书社2011年版，第478页。

据,必定随时严惩。同治元年(1862),当他得知安徽休宁县的书役吏胥"飞粮买卯"之弊时,鉴于农民反抗的教训,立即严札申饬休宁知县:"岂天已悔祸,而人心尤未厌乱耶?"饬令道、府严惩营私舞弊的吏胥,并命令皖南各属一律出示晓谕"严禁买卯诸弊,以纾民困",并向各州县发出劝诫,要各州县官应以"重农"、"薄敛"、"减役"为要务。

### (四) 选拔德才兼备的官员

曾国藩奉人治为圭臬,以吏治为要政,高度重视求才得人。他认为天下并不缺乏人才,但缺乏激扬人才奋起的方法。曾国藩考察了清朝历代皇帝对待士大夫的政策,指出,自从道光皇帝对士大夫"敛之以镇静"后,致使"一时人才,循循规矩准绳之中,无有敢才智自雄、锋芒自逞者",造成官场"以畏葸为慎,以柔靡为恭"的风气。守成保守者多,奋发有为者少。他在任京官时,就在《应诏陈言疏》中提出当时"京官之办事通病有二,曰退缩,曰琐屑。外官之办事通病有二,曰敷衍,曰颟顸"。这四者互相关联,但求苟安无过,不求振作有为,以致通国"十余年间,九卿无一人陈时政之得失,司道无一折言地方之利病,相率缄默"[1]。他认为朝廷中如果都是谀媚软弱之人占据要津,一旦天下有变,就会出现相与袖手、一筹莫展的局面,后果将不堪设想。针对这种现状,他认为救世之道首先就是要选拔人才,因而提出了"今日所当要求者,惟在用人"的治政方案。

曾国藩认识到,皇帝的态度和喜好直接影响到官风的取向。要转移政治风气,培养有用人才,全在皇帝个人的态度。因此,他在太平天国起义爆发后,又向咸丰帝陈奏《敬陈圣德三端预防流弊疏》,提醒年轻的皇帝应防琐碎,杜文饰之风,消骄矜之气,特别对当朝苛责礼仪细节,不求得人治政之道表示了不满。这份奏折因笔锋犀利、言辞尖锐而使咸丰帝"怒掷其折于地",并欲加罪于他。事后,他在家信中写道,"现在人才不振,皆谨小而忽于大,人人皆习脂韦唯阿之风。欲以此疏稍挽风气,冀在廷皆趋于骨鲠,而遇事不敢退缩"[2],表明他就是打算用此折来刺激一下皇帝,以引起朝廷对人才的重视,于政事吏治有所更张,从而达到兴人才以振吏治,振吏治以清世风的目的。

曾国藩创建湘军后,始终将选拔人才作为重要工作,认为人才的多寡好

---

[1] (清)曾国藩:《应诏陈言疏》,《曾国藩全集》(第1册),岳麓书社2011年版,第8页。

[2] (清)曾国藩:《致澄弟温弟沅弟季弟》,《曾国藩全集》(第20册),岳麓书社2011年版,第189-190页。

坏直接关系到军政吏治的兴衰与社会风俗的向背。他提出:"居高位者,以知人晓事二者为职。"在他掌握军政实权后,非常注重奖掖人才。他在给胡林翼的信中说:"默观天下大局,万难挽回。侍与公之力所能勉者,引用一班正人,培养几个好官以为种子。"他把培养人才作为转移官场风气、挽救清王朝统治危机的希望,"欲厚风俗,不得不培养人才";还说法虽可恃,但执法之人更重要。总之,没有人才基础,什么事也办不了。所以,曾国藩概括道:"窃以为人存而后政举,方今四方多难,纲纪紊乱,将欲维持成法,仍须引用正人。"① 就是说不仅要发现、培养、任用大量的各种类型的人才,而且尤其要注意造就和使用品德较好的人为官,并把这作为整饬吏治、拒腐倡廉的保障和出路加以重视。

他在几十年的军政生涯中独创出一套培养人才、发现人才、任用人才的理论和方法,并且收到了实际的效果。首先,他衡量、使用人才的标准是德才兼顾,以德为重。曾国藩说:"司马温公曰:'才德全尽,谓之圣人;才德兼亡,谓之愚人。德胜才,谓之君子;才胜德,谓之小人。'余谓德与才不可偏重。"他认为,为官之人"若以明德、新民为分外事,则虽能文能诗,而于修己治人之道实茫然不讲,朝廷用此等人作官,与用牧猪奴作官何以异哉"②?

他提出观人之法,就是以"有操守而无官气,多条理而少大言"为主。他制定的湘军选将标准有四条:"一曰才堪治民,二曰不畏死,三曰不急名利,四曰耐辛苦。"第一条是才,后三条是德,两方面缺一不可。他说,才与德如果不能兼具,与其无德而近于小人,毋宁无才而近于愚钝。他说这样做的目的就是不能开坏风气,引导天下以恶习。在他这一标准的严格要求之下,湘军将领大多能以忠君卫道为职志,具有治国平天下的理想。

另外,公正选人。曾国藩强调:"办事择人,择心公而事举,为人谋事,择心私而事废。"在这方面,他对自己的亲信故旧亦不例外。李元度是曾国藩的得力将领,在靖港、九江和樟树镇大败后的艰难岁月中,患难与共,可谓生死之交。后来李元度违反指令,打了败仗,曾国藩坚持具疏弹劾,以申军纪。江苏按察使李眉生是曾国藩的故交,精通书法,工诗古文,却于政务耳目闭塞,拖延公事,因而曾国藩在考察时坚决不予奏留。他对廉正不阿的官员则倍加赞誉。例如,两江总督李宗羲两次上书清廷,劝阻修建

---

① (清)曾国藩:《曾文正公全集·书札》,辽宁民族出版社1997年版,第115页。
② (清)曾国藩:《致澄弟温弟沅弟季弟》,《曾国藩全集》(第20册),岳麓书社2011年版,第35页。

第四章 洋务派的整饬吏治思想及实践

圆明园工程。总理各国事务衙门准备开会讨论有关海防问题，通知各督抚准备意见，李宗羲上书建议：重视人才的发现和使用，开发矿产，自办工业；提高海关税收，增加财源；停止兴修宫殿，节减行政支出，开发台湾，增强海防；选派得力人才充任使节，加强外交工作等。曾国藩对李宗羲力谏西太后停修颐和园、热心关注西方政教修明的行为大为敬佩，赞誉他为人正直、见识不凡。再如，沈葆桢是曾国藩任两江总督后向朝廷力荐担任江西巡抚的，后来沈葆桢与曾国藩因拨款、争饷之事平生嫌隙，但曾国藩认为沈葆桢有胆有识，始终没有与之结怨。

最能证明曾国藩用人大公无私的例子就是他对左宗棠的大力举荐。左宗棠自恃才高，常与曾国藩在战机、政事上有争论、闹意见，甚至公然对抗。曾国藩也心存不满，曾经以左宗棠（字季高）之名写过一副对联，上联"季子才高，与吾意见常相左"，说明了两人之间的冲突。然而，曾国藩本着为国求贤的态度，对两人之间的隔阂从不介怀，反而于咸丰十年（1860）四月奏称："查左宗棠刚明耐苦，晓畅兵机。当此需才孔亟之际，或饬令办理湖南团防，或简用藩臬等官，予以地方，俾得安心任事，必能感激图报，有裨时局。"① 在他的多次举荐下，左宗棠很快就被擢升为封疆大吏。左宗棠深感此点，他在曾国藩死后痛悼："谋国之忠，知人之明，自愧不如元辅；同心若金，攻错若石，相期无负平生。"② 蔡锷曾感慨地说："昔贤于用人一端，内举不避亲，外举不避仇。其宅心之正大，足以矜式百世。曾公之荐左宗棠，而劾李次青，不以恩怨而废举劾。名臣胸襟，自足千古。"③ 曾国藩用人戒私、重才，招徕全国杰出人才，幕府里人才济济，"故中兴将吏，大半出于其幕"。

## 二、曾国藩勤俭廉洁，修身齐家

曾国藩治政治吏，强调以身作则，修己治人，做到"勤恕廉明"。他说："勤以讼事，恕以待人，廉以服众，明以应务。四字兼全可为名将，可为好官，不论文武大小，到处皆行得通。"为此，他严格要求自己，经常反躬自省。

---

① （清）曾国藩：《复奏未能舍安庆东下并恳简用左宗棠折》，《曾国藩全集》（第 2 册），岳麓书社 2011 年版，第 488 页。
② 李秉新、徐俊元、石玉新校勘：《清朝野史大观》卷七，河北人民出版社 1997 年版，第 809 页。
③ 蔡锷编：《曾胡治兵语录》，中国民族摄影艺术出版社 2002 年版，第 17 页。

## （一）一生勤奋，以心力劳苦自任

习劳是曾国藩修身的基点，也是他治家的基点。

勤劳是中国自古以来前人崇奉的传统美德，也是曾氏的祖训家风。曾国藩强调"身勤则强，佚则病；家勤则兴，懒则衰；国勤则治，怠则乱；军勤则胜，惰则败"①。他倡导"勤致祥"，一生行事，以心力劳苦自任。他说："以人事与天事争衡，莫大乎'忠勤'二字。乱世多尚巧伪，惟忠者可以革其习；末俗多趋偷惰，惟勤者可以遏其流。忠不必有过人之才智，尽吾心而已矣；勤不必有过人之精神，竭吾力而已矣。能剖心肝以奉至尊，忠至而智亦生焉；能苦筋骸以捍大患，勤至而勇亦出焉。"

曾国藩力主为政者要勤廉爱民，并常以此自省和劝诫同僚："默观近日之吏治、人心及各省之督抚将帅，天下似无裁定之理。吾惟以一勤字报吾君，以爱民二字报吾亲。才识平常，断难立功，但守一勤字，终日劳苦，以少分宵旰之忧，行军本扰民之事，但刻刻存爱民之心，不使先人积累自我一人耗尽。"

曾国藩在训导下属的《劝诫浅语十六条》中更是将"勤"列为五点："勤之道有五：一曰身勤。险远之路，身往验之；艰苦之境，身亲尝之。二曰眼勤。遇一人，必详细察看；接一文，必反复审阅。三曰手勤。易弃之物，随手收拾；易忘之事，随笔记载。四曰口勤。待同僚，则相互规劝；待下属，则再三训导。五曰心勤。精诚所至，金石亦开；苦思所积，鬼神亦通。五者皆到，无不尽之职矣。"②

随着位高权重，曾国藩对自己的要求越来越严格。到了晚年，他干脆给自己的日常工作列出了个日程表："上半日：见客，审貌听言，作折核保单，点名看操，写亲笔信，看书，习字；下半日：阅本日文件，改信稿，核批札稿，查记银钱账目；夜间：温诗、古文，核批札稿，查应奏事目。"曾国藩晚年虽身体不好，尤其是有眼疾，但仍然勤于政事，未尝倦怠。同治三年（1864）七月，他两日内亲阅李秀成多至五万余字的供状。他告诫自己"大约吏事、军事、饷事、文事，每日须以精心果力，独造幽奥，直凑单微，以求进境。一日无进境，则日日渐退矣"。在两江总督任上，他矫正风俗，训导僚属，招徕士人，安插流徙，繁荣农村，提倡文化，清查保甲，慎

---

① （清）曾国藩：《致宋梦兰》，《曾国藩全集》（第24册），岳麓书社2011年版，第64页。

② （清）曾国藩：《劝诫浅语十六条》，《曾国藩全集》（第14册），岳麓书社2011年版，第447页。

审案件等;在直督任内练兵饬吏,清理讼案,注重河工,还劝勉士子向学。据统计,自1869年5月至12月期间,在曾国藩的亲自主持督促之下,直隶全境共审结注销1869年以前旧案12074起、新案28121起,基本上解决了长期积案的问题。足可见晚年曾国藩的忠勤精神。

曾国藩在教育儿子时将勤奋作为重要的一点:"四曰习劳则神钦。凡人之情,莫不好逸而恶劳,无论贵贱智愚老少,皆贪于逸而惮于劳,古今之所同也。人一日所着之衣所进之食,与一日所行之事所用之力相称,则旁人赞之,鬼神许之,以为彼自食其力也。若农夫织妇终岁勤动,以成数石之粟数尺之布,而富贵之家终岁逸乐,不营一业,而食必珍羞,衣必锦绣,酣豢高眠,一呼百诺,此天下最不平之事,鬼神所不许也,其能久乎?古之圣君贤相……盖无时不以勤劳自励……为一身计,则必操习技艺,磨炼筋骨,困知勉行,操心危虑,而后可以增智慧而长才识。为天下计,则必已饥已溺,一夫不获,引为余辜……故勤则寿,逸则夭,勤则有材而见用,逸则无能而见弃,勤则博济斯民,而神祇钦仰,逸则无补于人,而神鬼不歆。是以君子欲为人神所凭依,莫大于习劳也。"①

## (二) 以廉俭自矢

面对纷乱淡薄的世道人心,曾国藩强调"自立准绳,自为守之,并约同志者共守之,无使吾心之贼,破吾心之墙子",只有自己站得直,行得正,并身体力行,才有威信。他特别强调高级官员要自维风气,廉俭自律,认为"风气之正与否,则丝毫皆推本于一己之身与心,一举一动,一语一默,人皆化之,以成风气,故为人上者,专重修身,以下之效之者,速且广也"②,希望通过高级官员的倡率,引用一班正人好官,养成一时一地的好风气,然后推广开去。

曾国藩三十七岁时就官至二品,但他却不以升官发财为人生追求,而是谨记"居官以不要钱为本"。曾氏还以"不要钱,不怕死"相标榜,常常以廉俭自律。入仕不久,他就立定不慕名利的志向,以一心追求升官发财为可耻。他没有流俗的欲望,所以不必随流俗浮沉,因而始终保持着清正不阿的操守。他立誓要清廉为官:"予自三十岁以来,即以做官发财为可耻,以宦囊积金遗子孙为可羞可恨,故私心立誓,总不靠做官发财以遗后人。神明鉴

---

① (清)曾国藩:《谕纪泽纪鸿》,《曾国藩全集》(第21册),岳麓书社2011年版,第547-548页。

② 蔡锷辑录:《曾胡治兵语录》,巴蜀书社1995年版,第125页。

临，予不食言。"① 他无论是作为湘军统率，还是作为封疆大吏，虽"财权在握，未闻其侵吞涓滴自肥或肥其亲族"②，而且有时还将自己的薪饷与廉俸捐资办学。曾国藩死后仅有二万两白银的遗产，只及他总督任内一年的养廉银而已。

曾国藩强调以俭养廉。他说："欲服军心，必先尚廉介；欲求廉介，必先崇俭朴。不妄花一钱，则一身廉。"③

曾国藩在居官期间，布袍鞋袜多系夫人、儿媳妇或女儿亲手所做。他认为，"居家之道，惟崇俭可以长久，处乱世尤以戒奢侈为要义。衣服不宜多制，尤不宜大镶大缘，过于绚烂"。他三十岁生日那天，家人帮他缝制了一件青缎马褂，他只有在节庆之日或过年时才穿。他逝世后，那件衣服依然像新的一样。在饮食方面，曾国藩也十分节俭。他在吃饭时遇到谷粒时，从来不把它一口吐在地上，而是用牙齿把谷剥开。他担任两江总督期间，有一次到扬州巡视，扬州的盐商见总督大人驾到，不敢怠慢，当即设宴款待。吃饭时，曾国藩面对满桌的山珍海味，只拣自己面前的菜吃。退席后，曾国藩颇为感叹："一食千金，吾不忍食，吾不忍睹。"后来曾国藩曾总结道："余服官二十年，不敢稍染官宦气习。饮食起居，尚守寒素家风，极俭也可，略丰也可，太丰则吾不敢也。"④

曾国藩布衣粗食，吃饭每餐仅上一个荤菜，除非有客人，否则不另外增加。当上大学士后仍然一如既往，"每食只蔬菜一品，决不多设。虽身为将相，而自奉之啬，无殊寒素，时人以其每食具菜一品，因呼之为'一品宰相'"⑤。与他共事的同僚都知道他"疏食菲衣，自甘淡薄，每食不得过四簋，男女婚嫁不得过二百金"的廉洁作风。

他也倡率和希冀僚属效法此风，做清廉之吏。所以劝诫州县委员、绅士、营官的规则中均有期望崇尚俭朴、廉洁自律的内容。他要求官吏应该以清廉为本，以才能为辅。他对作风廉洁的人非常看重。他赞扬进士罗遵殿，为官二十五年，治行第一，家无余钱，为当世第一清官，而对贪鄙枉法之

---

① （清）曾国藩：《致澄弟温弟沅弟季弟》，《曾国藩全集》（第20册），岳麓书社2011年版，第163-164页。

② （清）容闳：《西学东渐记》，岳麓书社1985年版，第71页。

③ （清）曾国藩：《劝诫浅语十六条》，《曾国藩全集》（第14册），岳麓书社2011年版，第446-447页。

④ （清）曾国藩：《谕纪鸿》，《曾国藩全集》（第20册），岳麓书社2011年版，第289页。

⑤ 何贻焜：《曾国藩评传》，上海书店1989年版，第186页。

辈，则深恶痛绝。

### （三）严格要求家属

曾国藩对于子弟的教育，注重戒除骄惰之习和奢靡之气，力图使他们养成谦勤俭朴的品德。

曾国藩出身于湖南农村之家，家风淳朴，走的是学而优则仕的封建科举之路。曾国藩的祖父曾玉屏教导谨严，倡导"耕读家风"。他编了八句话作为家规，即"书蔬鱼猪，考早扫宝，常说常行，八者都好；地命医理，僧巫祈祷，留客久住，六者俱惰"，要求子孙记住。曾玉屏身体力行，率先垂范，并对子孙时刻训诫鞭策。在曾国藩考中进士、步入仕途后，曾星冈曾对家人说："宽一（曾国藩的乳名）虽点翰林，我家仍靠作田为业，不可靠他吃饭。"① 也就是告诫晚辈要自力更生，耐得住清贫。曾国藩敬畏其祖父曾玉屏，也认真效仿其行为。他在其祖父的先训基础上，最终将曾氏家训完善为"书、蔬、鱼、猪、早、扫、宝、考"八个字，分别为读书、种菜、养鱼、养猪、早起、打扫、祭祀和善待亲邻的意思，并且将"书"字摆在首位，目的在于确立耕读家风。

曾国藩说，"吾教子弟不离八本、三致祥"，其中"八本"就有"做官以不要钱为本"②。他曾郑重向家人言明：以做官发财为可耻，以宦囊积金遗子孙为可羞可恨，立誓总不靠做官发财以遗后人。"将来若作外官，禄入较丰，自誓除廉俸之外，不取一钱。廉俸若日多，则周济亲戚族党者日广，断不畜积银钱为儿子衣食之需。盖儿子若贤，则不靠宦囊亦能自觅衣饭；儿子若不肖，则多积一钱，渠将多造一孽，后来淫佚作恶，必且大玷家声。故立定此志，决不肯以做官发财，决不肯留银钱与后人。"③

曾国藩要求儿女勤俭度日。他反复告诫家人，要保持耕读本色，继承勤俭家风，千万不要沾染官宦子弟习气。他强调："凡仕宦之家，由俭入奢易，由奢返俭难。尔年尚幼，切不可贪爱奢华，不可惯习懒惰。无论大家小

---

① （清）曾国藩：《致澄弟》，《曾国藩全集》（第 21 册），岳麓书社 2011 年版，第 430 页。

② （清）曾国藩：《谕纪泽纪鸿》，《曾国藩全集》（第 20 册），岳麓书社 2011 年版，第 594 页。

③ （清）曾国藩：《致澄弟温弟沅弟季弟》，《曾国藩全集》（第 20 册），岳麓书社 2011 年版，第 164 页。

家、士农工商，勤苦俭约，未有不兴，骄奢倦怠，未有不败。"① 他在城市里面见到不少官宦子弟奢侈腐化、挥霍无度，因此，他坚持让自己的孩子住在乡下老家，他对两个儿子曾纪泽、曾纪鸿严加约束，要求他们自强自立，告诫他们除勤劳和节俭之外，别无安身立命之法。他说："凡世家子弟，衣食起居，无一不与寒士相同，庶可以成大器；若沾染富贵气习，则难望有成。吾忝为将相，而所有衣服不值三百金。愿尔等常守此俭朴之风，亦惜福之道也。"曾国藩告诫儿女们不准许坐轿，不准许使唤奴婢做取水添茶的事情，要亲自做拾柴收粪、播种除草之类的事情。他认为只有这样，才能避免骄奢放逸，才算具备了立身的根本，并告诫他们，饭菜不能过分丰盛，衣服不能过分华丽，出门要轻车简从，考试前后不能拜访考官，不能给考官写信等。对于儿女的婚事，曾国藩也从不大操大办。他规定：嫁女压箱银为一百两，娶媳妇也以此为标准。他在咸丰九年（1859）七月二十四日的日记中写道："是日巳刻，派潘文质带长夫二人送家信并银二百两，以一百为纪泽婚事之用，以一百为五十侄女嫁事之用。"② 由于曾国藩思想的熏陶，曾氏家族并没有像其他豪门贵族一样迅速衰败，而是世代有人才，长盛不衰。

### 三、简要评价

曾国藩一生奉行为政以廉洁、勤俭为要义，主张凡事要勤俭廉劳，不可居官自傲。他修身律己，德礼并行，以忠谋政，讲求实效，注重政绩，率先垂范，在官场上获得了巨大的成功。曾国藩及其统率的湘军的崛起，对清朝的政治、军事、文化、经济等方面都产生了深远的影响，也使风雨飘摇中的晚清政府振作一时，吏治得到一定程度的澄清。

第一，曾国藩振顿吏风、正己率属以及修文兴教、劝农课桑等努力，使得凡经他管理过的部门和治理过的地方，吏治均得到了不同程度的澄清，社会风气也有明显的好转之势。"不数年间，民气大苏，而官场浮滑之习，亦为之一变"③，多少露出了一些大变乱之后复苏与复兴的气象。连痛诋曾国藩历史过错的章太炎也认为其是晚清"吏道为清"的人物。

第二，一些将领较廉洁。由于曾国藩严于律己、知人善任，因而在他的影响下，同治年间一批湘军将领出任地方官员之后，大部分都比较廉洁，如

---

① （清）曾国藩：《谕纪鸿》，《曾国藩全集》（第20册），岳麓书社2011年版，第289页。
② （清）曾国藩：《曾国藩全集》（第16册），岳麓书社2011年版，第454页。
③ （清）容闳：《西学东渐记》，湖南人民出版社1981年版，第74页。

左宗棠、胡林翼、王鑫、罗泽南、江忠源、李续宾、刘长佑、刘锦棠、郭嵩焘等人。

曾国藩强调:"用兵之道,以保民为第一要义。除莠去草,所以爱苗也;打蛇杀虎,所以爱人也;募兵剿贼,所以爱百姓也。若不禁止骚扰,便与贼匪无异,且或比贼匪更甚,要官兵何用哉?故兵法千言万语,一言以蔽之曰爱民。"许多湘军出身的官员在治军时,军纪都较为严明,能禁止兵勇奸淫掳掠和抢劫民间财物;在治政时,作风较为清正廉明,能够严饬属吏、惩贪拒腐、转移风气。史学家蒋廷黻也认为,"前清末年的官吏,出自曾文正门下者皆比较正派,足见其感化力之大"①。

虽然一些湘军主要将领,如曾国荃等,存在攻陷城池后纵兵劫掠、瓜分战利品的情形,但也有些将领能够较严格地要求自己。如彭玉麟官至总督、兵部尚书,"治军十余年,未尝营一瓦之覆、一亩之殖,以庇妻子",死时只有三间旧房,私产也较少。彭玉麟自咸丰五年(1855)至同治元年(1862),七年之间,除正式薪俸外,应得养廉银二万一千五百余两,但他分文不取,全数上交国库充作军饷。彭玉麟考虑到他一个人这样做可能使人怀疑他沽名钓誉,因而又请求曾国藩出面向朝廷说明。于是曾国藩在奏折中说:"查彭玉麟带兵十余年,治军极严,士心畏爱,皆由于廉以率下,不名一钱。今因军饷支绌,愿将应得养廉银两悉数报捐,由各该省提充军饷,不敢仰邀议叙,实属淡于荣利,公而忘私。"曾国藩的评价语言,确不为过。

比起"诸将贪纵侵昌,鸿章亦绝不过问"的李鸿章及淮系集团来说,曾国藩及湘系集团多少要做得好些。李鸿章讲究人情世故,往往不惜为僚属、同乡而徇私枉法。如他的幕僚杨宗濂遭到弹劾被革职后,在李鸿章的指点下,向醇亲王"报效二万金",遂官复原职,交北洋委用。时人评价:"李鸿章待皖人,乡谊最厚。晚年坐镇北洋,凡乡人有求,无不应之。久之,闻风麇集,局所军营,安置殆遍,外省人几无容足之所。"②

第三,曾国藩整饬吏治的成效终究有限。一是由于晚清封建官场已经整体腐败,以个人努力不可能根本逆转;二是由于曾国藩的从政生涯以军事为主,专门治政的时间毕竟不多。他三次出任两江总督,一次出任直隶总督,每次时间都不长,且屡被剿捻军务、天津教案等事务打断。许多政策不能一以贯之,许多反腐倡廉的措施也不能一一实践。

梁启超给予曾国藩高度的评价,他1916年在《曾文正公嘉言钞》序中

---

① 蒋廷黻:《中国近代史》,海南出版社1994年版,第53—54页。
② (清)胡思敬:《国闻备乘》卷一,《近代稗海》(第1辑),第213页。

说:"曾文正者,岂惟近代,盖有史以来不一二睹之大人也已;岂惟我国,抑全世界不一二睹之大人也已。然而文正固非有超群绝伦之天才,在并时诸贤杰中称最钝拙;其所遭值事会,亦终身在拂逆之中。然乃立德、立功、立言,三并不朽,所成就震古烁今而莫与京者,其一生得力在立志自拔于流俗,而困而知,而勉而行,历百千艰阻而不挫屈;不求近效,铢积寸累,受之以虚,将之以勤,植之以刚,贞之以恒,帅之以诚,勇猛精进,坚苦卓绝。如斯而已,如斯而已。"他对曾国藩倾心推崇,称"吾党不欲澄清天下则已,苟有此志,吾谓《曾文正集》不可不日三复也"①。

因其文治武功成就卓越,曾国藩被史家誉为晚清"中兴第一名臣"。正如章太炎所说:"曾国藩者,誉之则为圣相,谳之则为元凶。"② 但他的廉政是好的,影响也是好的。

## 第三节 张之洞整饬吏治的思想与实践

张之洞(1837—1909),字孝达,号香涛,晚年又自号抱冰老人,直隶南皮(今河北南皮)人。出身于官宦之家,从小受到严格的传统封建教育。咸丰二年(1852)中顺天府解元,十八岁中举人,二十六岁中进士。同治二年(1863)中探花,庶吉士,历任翰林院编修、教习、侍读、侍讲学士及内阁学士等职。同治六年(1867)9月,三十岁的他被简放湖北学政。1873年,简放四川学政,整顿四川科举积弊。光绪七年(1881),授山西巡抚。1884年春,中法战争前夕,奉命署理旋又补授两广总督。1889年,调湖广总督。此后十八年间,除两度暂署两江总督外,一直久于此任。1901年,他与刘坤一联衔上三次疏奏陈变法,多为清廷采用。1906年,擢体仁阁大学士,授军机大臣。1909年10月4日去世,死后,清廷加赠太保,谥文襄。他是洋务派后期的主要代表人物,其著作《劝学篇》大力倡导"中学为体,西学为用"。

张之洞一生以正统儒臣自居,痛恨败坏礼义道德、欺君害民的官场腐败恶习。他"任疆寄数十年",为官讲究操守,不为世风所左右,旗帜鲜明地倡廉反贪,给当时腐败骄奢的官场带来一些纠弊之功。他始终注重整饬吏治,并能做到清廉。在张之洞看来,中国犹如"赢之躯而复为百病诸创所

---

① 梁启超:《饮冰室合集·专集》卷四,中华书局1989年版,第134页。
② 章太炎:《检论·杂志》,刘凌、孔繁荣编校:《章太炎学术论著》,浙江人民出版社1998年版,第223页。

攻削",要想治理好它,非表里兼治不可,而整饬吏治尤为第一要著。张之洞深信作为官吏,只要"廉正无欲,必有政绩可观"①。他认为,"澄清吏治,以养廉课吏为首"。翻阅《张之洞全集》,我们发现其中不少奏议、公牍、书札、信函都涉及张之洞整饬吏治的思想和言行。他对法纪废坏、贪腐成风的晚清官场痛心疾首,表示决意挽此颓风。不仅在力所能及的权限内惩治贪官污吏,而且多次上奏朝廷参劾,以警戒、教育他人。

## 一、张之洞整饬吏治的基本措施

张之洞外放地方官前是"清流党"健将。"清流党"是晚清时期京师活跃着的一班以清高博雅自重,以指弹时政为任的士大夫,主要是一批御史和翰林。这些"台谏词垣"大多有声望地位而无实权实责,他们标榜风节,严辨义利,以经世匡时为己任。每每上书谏事,直言无忌,颇令权臣不悦,间或也使皇上及两宫太后下不来台。清流派"连同一气,封事交上,奏弹国家大政,立国本末",一人言事,众口相帮,互为声援,形成一股势力,颇能左右朝中舆论。

光绪三年(1877)至光绪七年(1881),张之洞居官京师,先后充任教习庶吉士,补国子监司业,补授左春坊中允,转司经局洗马,晋翰林院侍读,充日讲起居注官,又转左春坊左庶子,补翰林院侍讲学士。这一系列职官,均无多少实责实权,四年之中,张之洞的主要精力都耗费在谏言献策上,"不避嫌怨,不计祸福,竞以直言进"②。在张之洞的清流生涯中,尤令时人叹服的有两件事:一是他与陈宝琛在慈禧盛怒、众官缄口之际,抗疏力谏"庚辰午门案",灭宦官之淫威,扬民心之正气,因而博得"风节动宫闱"的赞誉;二是光绪五年(1879)五月十一日,张之洞一天之内连上《重案定拟未协折》、《陈明重案初起办理各员情形片》和《附陈蜀民困苦情形》三折,揭露四川东乡知县孙定扬"横征暴敛,妄招外兵,残民以逞,民不叛而诬为叛"等罪行,促使清政府严惩了涉案的孙定扬、署理四川总督文格、提督李有恒等相关官吏,使冤死四百余人的特大惨案——东乡案在延宕数年后,沉冤终得以昭雪。当时,张之洞与张佩纶、黄体芳、宝廷并称"翰林四谏",再加上刘恩溥、陈宝琛,又称"清流六君子",而张之洞实际

---

① (清)张之洞:《輶轩语·语行第一》,苑书义、孙华峰、李秉新主编:《张之洞全集》(第12册),河北人民出版社1998年版,第9774页。

② (清)张之洞:《直言不宜沮抑折》,苑书义、孙华峰、李秉新主编:《张之洞全集》(第1册),河北人民出版社1998年版,第21页。

上是其中的领袖人物。

### （一）注重官德教育

儒家注重进行思想教化，强调"德礼为政教之本"。张之洞自小接受儒家思想教育与熏陶，他的思想和言行中深深地打上了儒家思想的烙印。他八岁即读毕"四书"、"五经"，二十六岁时通过科举考试取得了功名，将儒家提倡的"学而优则仕"的读书目标付诸现实。张之洞笃信儒学，是儒家伦理道德的忠实捍卫者。他称自己"虽为外吏，本系迂儒"，在与袁世凯书信中也承认自己"弟儒家者流"①。在《劝学篇》中，他承认自己的学术思想是孔孟之嫡系，其政务行为也多是历代贤臣良吏行事的翻新，他说："余性鲁钝，不足以窥圣人之大道，学术惟与儒近。儒之为道也，平实而绌于势，恳至而后于机，用中而无独至，条理明而不省事，志远而不为身谋，博爱而不伤，守正而无权……余当官为政，一以儒术施之。"② 他的幕僚辜鸿铭将其与曾国藩、李鸿章相比较后也得出"张文襄，儒臣也"③ 的结论。

儒臣的精要处在于奉儒家思想为施政圭臬。仁政是儒家政治学说的重要内容，"夫仁者，己欲立而立人，己欲达而达人"④。所谓"仁政"，不过是统治者出于完善自身德行而施之于民众的一种蕴含仁爱的开明政治，反转过来，它又可以巩固统治者自身的地位，"为政以德，譬如北辰，居其所而众星共之"⑤。孟子就将仁政的君王本位内涵阐述尽致，他把王者的"施"与"不施"作为"仁政"成立与否的关键。

所以，以儒学为理论基础的中国封建传统政治，又可以"人治"二字加以概括。明君贤相秉政则神州安宁，海晏河清；昏君佞臣当道则天下离乱，民不聊生。从人治着眼，儒家政治学说认为治国安邦的首要任务不在法家所主张的"宣法明制"，而是强化统治者自身的道德修养，以"修己以安人"，"修己以安百姓"⑥。

---

① （清）张之洞：《致袁慰亭》，苑书义、孙华峰、李秉新主编：《张之洞全集》（第12册），河北人民出版社1998年版，第10279页。

② （清）张之洞：《傅鲁堂诗集序》，苑书义、孙华峰、李秉新主编：《张之洞全集》（第12册），河北人民出版社1998年版，第10057-10058页。

③ （清）辜鸿铭：《张文襄幕府纪闻》，黄兴涛等译：《辜鸿铭文集》（上卷），海南出版社1996年版，第418页。

④ 《论语·雍也》。

⑤ 《论语·为政》。

⑥ 《论语·宪问》。

张之洞是儒家仁政与人治学说的力行者。张之洞认为，"窃惟古来世运之明晦、人才之盛衰，其表在政，其里在学"①，学教才是关键。他相信言教的力量，本着诲人不倦的精神，以儒家思想为言教的依据，以抨击、表扬、劝导、训诫等为言教的方式，教育官员们注重品德和官德的修养，尚俭爱民、勤政务实，以图整肃官常，刷新吏治。张之洞注重言教在整饬吏治中的作用，赞同古人说的，以身教者从，以言教者讼，诲人不倦，以言教明辨是非。他谆谆教诲同僚属吏"同修职守，上报国家厚恩，下为民生造福"②。他不仅自己以儒家经典和思想作为行事论道的依据，还要求其他学子或士人以儒家倡导的修身、气节、人品、德行为奋斗目标，他对属吏和属员苦口婆心地进行规劝，说："儒者自有十三经教人为善，何说不详。果能身体力行，伦纪无亏，事事忠厚正直，自然行道有福，何用更求他途捷径哉！"③他要求读书为官之人修身养性，追求"德行谨厚"、"砥砺气节"、"人品高峻"、"习尚俭朴"、"不孳孳为利"的伦理道德目标，不以权谋私。

张之洞告诫官吏抵制腐败应从小事做起，防微杜渐。"尚俭去奢"属中华民族优良道德范畴，他劝导官吏属员崇尚节俭，力戒奢华。告诉他们节俭可以兴国、廉官、足民、兴利，并引用儒家经典以示肃正："《易》云：节以制度。《诗》云：俭者，德共之。"他认为节俭可以兴国、廉官、足民、兴利，历史上的汉、晋、隋、唐、宋等朝的许多皇帝都以俭约著称，所以国家兴盛；官吏俭朴则廉洁，平民俭朴则足用，"不崇侈靡，则商业轻成本而增多其盈余"。张之洞对官场中奢华、浮靡等现象深恶痛绝，上奏折呼吁朝廷力戒奢华、勿得浮靡，停止一切不急之务，裁减一切无益之费，所有官车、服饰、外出巡视官员的舟车馆舍、伙食供应等皆力求朴素，重惩私营靡费者。

（二）坚持赏罚分明，惩贪奖廉，激浊扬清

张之洞认为，"官之元气在官项无亏累，上司无诛求，贤否不颠倒，功过有黑白，而滥恩曲法不与焉"④。惩贪赏廉是促使官吏廉洁从政的基本举措。他说："激扬之术，道贵兼施。尝考西汉之世，循良之吏，玺书褒勉，

---

① （清）张之洞：《劝学篇·序》，苑书义、孙华峰、李秉新主编：《张之洞全集》（第12册），河北人民出版社1998年版，第9704页。

② （清）张之洞：《张文襄公全集》（第2册），中国书店1990年版，第462页。

③ （清）张之洞：《张文襄公全集》（第4册），中国书店1990年版，第597页。

④ （清）张之洞：《整饬治理折》，苑书义、孙华峰、李秉新主编：《张之洞全集》（第1册），河北人民出版社1998年版，第101页。

所以吏治蒸蒸，最为近古。臣于晋省害民不职之员，已经专折奏参。至实心爱民，为守兼优者，亦应上达宸聪，恳加褒奖，然后群吏所知趣向。"①

一方面，张之洞对德才兼备的官吏提请朝廷褒奖、表扬，努力向朝廷举荐廉能之吏。据不完全统计，他一生保荐各类人才有三百多人，史称他"择贤任能不苟以文法"，不计个人恩怨，没有门派之分。早在湖北学政任上，他就注意寻访人才，"诸生有讲求经学、博闻强识者，特加甄拔，悬牌奖励，并捐廉优奖；其浮薄卑污、健讼多事者，随时访查确实，分别注劣褫革"。担任地方督抚后，他注意对治辖区域内实心爱民、操守兼优的官员给予褒奖，意欲以此树立廉洁自律、勤政为民、恪尽职守的良吏典范。如任山西巡抚期间，署太原知府马丕瑶、候补直隶知州方龙光、朔州知州姚官澄、阳曲县知县锡良、万泉县知县朱光绥、太原县知县薛元钊六人，皆因"官声最好，众论佥同"，被奏请降旨嘉奖勉励。总督两广期间，向朝廷奏请褒奖对"三次出关讨平越乱"、"忠诚廉直皆同，而其得人心亦同"的冯子材、李秉衡，荐举了广东雷琼道朱采和署潮州知府曾纪渠等人。②

另一方面，张之洞对那些尸位素餐、剥削百姓、贪赃枉法之徒，在职权范围内或严厉惩处，或向朝廷上奏参劾，以砥砺廉隅，申饬群吏。他一生写过许多参劾贪贿不法官员的奏折，揭露和抨击贪官们的种种劣行，要求朝廷给予惩治。

在山西巡抚任上，张之洞不遗余力地抨击那些互相推诿、明哲保身、擅权纳贿、庇恶营私、钻营利禄的贪官污吏，并处罚了一批不法官吏。任职山西巡抚半年后，他即针对"晋省公私困穷，几乎无以自立。物力空匮，人才艰难。上司政出多门，属吏憨不畏法……吏胥敢于为奸"③的现象，向朝廷上奏《整饬治理折》，提出了一系列治理山西的方略。他在查革山西省两项积弊的过程中，发现了藩司葆亨、冀宁道王定安等人营私舞弊的行为。他认为，山西数年来出现的"元气益索、度支益艰、吏治益敝"的局面，基本上都是葆亨、王定安二人所为。他们沆瀣一气，朋比为奸，坏法乱纪，不对他们进行惩处，就无法向晋省百姓交代，无法挽救山西官场的风气。因

---

① （清）张之洞：《保奖循良片》，苑书义、孙华峰、李秉新主编：《张之洞全集》（第1册），河北人民出版社1998年版，第98页。

② 参见（清）张之洞：《密荐人才片》，苑书义、孙华峰、李秉新主编：《张之洞全集》（第1册），河北人民出版社1998年版，第737页。

③ （清）张之洞：《整饬治理折》，苑书义、孙华峰、李秉新主编：《张之洞全集》（第1册），河北人民出版社1998年版，第101页。

此，他要求朝廷对葆亨、王定安革职查办。朝廷采纳了他的意见，不仅革了二人的职，还将他们发往军台效力赎罪。另外，张之洞根据掌握的情况，参劾了九名"实迹彰闻，断难宽假"的劣员，如萨拉齐同知定福"贪纵害民，行检不修，声名最劣"，候补知州李春熙"行径鄙俗，私加厘金、剥商扰民"，补用知县洪贞颐"习染最恶，征收弊混"，他奏请朝廷将三人即行革职。① 并严惩了贪欠公款七万余两的总兵罗承勋、参将王同文等一批贪赃枉法的官吏，以压邪气。

在两广总督任上，张之洞将一些借差营私、不顾公事、操守不谨、嗜利扰民的官吏或革职查办，或留职试用。并从严参劾了一批营私舞弊、贪污官款的盐务人员、洋务人员和军官士卒，其中有"料价既多不实，工匠亦不足额，物议繁多"的机器局总办温子绍，"缉私勇丁缺额太多，公项亦多含糊"的前山妖局委办张光裕，"挪移厘款，浮开公用"的知县吕椿培等人。他奏请清政府对这些人严加惩处，并责令他们赔偿给国家造成的损失，将贪污的公款缴回国库。

### （三）重视人才

重视人才是封建社会明君贤相注重的治国要领。唐太宗肯定得人是为政的要领所在："为政之要，惟在得人，用非其才，必难致治。"② 强调任用官吏，必须以德行、学识为本。得到有德有学问的人才是为政的要领所在。宋代名臣包拯强调了用人的重要性，以及用人之道的要旨："天下不患乏人，患在不用。用人之道，不必分文武之异，限高卑之差，在其人如何耳。若得不次进用，则必有成效。"③ 洋务派官员也认为时局危乱而不能治理的原因就在于缺乏人才。如胡林翼认为："天下以盗贼为患，而乱天下者，不在盗贼而在人才不出，居人上者，不知求才耳。"④ 上述的曾国藩也以重才、识才、用才而闻名。

张之洞同样也重视人才的作用，他认为，"盖闻经国以自强为本，自强

---

① 参见（清）张之洞：《特参害民不职各员折》，苑书义、孙华峰、李秉新主编：《张之洞全集》（第1册），河北人民出版社1998年版，第99页。
② 《贞观政要》卷七，《崇儒学》。
③ （宋）包拯著，（宋）张田编：《包拯集》卷一，中华书局1963年版，第3页。
④ （清）胡林翼：《致严树森》，《胡林翼集》（第2册），岳麓书社1999年版，第202页。

以储才为先"①。张之洞在临死前，仍然强调"至用人养才，尤为国家根本至计"，奏请皇帝要用廉正之人，不用腐败之人。他在《遗折》中说："方今世道陵夷，人心放恣，奔竞贿赂，相习成风。尤愿我皇上登进正直廉洁之士，凡贪婪好利者，概从屏除。举直错枉，虽无赫赫之功，而默化潜移，国家实受无穷之福，正气日伸，国本自固。"②

张之洞对于儒家人治学说笃信不疑，且加以力行。同治二年（1863）四月，二十六岁的张之洞以复试一等第一名参加殿试。就在这决定科场命运的关键时刻，他直抒胸臆，在殿试对策中指陈时政之弊，并依据儒家的人治思想，做出"任人者治，任法者乱"的理论论证。他批评"今日人材之乏，资格太拘、科目太隘致之也"，建议"多其途，优其用，严其限，重其不举之罪"，以利于人才趋集京师，然后，"陛下欲综核名实，则何不试其言之效不效，以为用不用之权衡哉"。其论与顾炎武异曲同工。

关于"任人"与"任法"的优劣，张之洞有自己独到的见解。他认为，"先王用刑，临事酌断，不豫设详细条目"，其理由是"若纤悉毕载刑书，布之民间，则奸民必有挺身扞法、避就、告讦诸弊，蠹吏亦有舞文鬻狱之弊"。正因为如此，"晋铸刑鼎，仲尼非之"，"而赵鞅荀寅弃被庐之法，铸范宣之刑书，则失中又失矣"。他总结道："随时酌断，岂得无弊？但任人之弊，弊在官；任法之弊，弊在吏。任人之弊在国家，任法之弊在奸民。两害相形取其轻，不如任人也。"③ 张之洞立足于人治优于法治，任人优于任法的基本认识，在其宦海一生中，无论是为学政、做京官还是任督抚，自始至终注意人才的培养、选拔与任用，强调"治术以培植人才为本，经济以通达时务为先"，"学术造人才，人才维国势，此皆往代之明效，而吾先正不远之良轨也"。"惜才"、"得人"更成为他奏议、电牍、公文、信札中出现频率极高的语汇。

张之洞认为，"筹饷事理，尤在度支得人"。如在两广总督任上，为开发海南，他强调，"必破格而后可言得人，必得人而后可言辟土"④。在各类奏稿中，张之洞一再申述得人的重要性，如"边防实效全在得人"，"得其

---

① （清）张之洞：《延访洋务人才启》，苑书义、孙华峰、李秉新主编：《张之洞全集》（第4册），河北人民出版社1998年版，第2400页。

② 许同莘编著：《张文襄公年谱》，商务印书馆1946年版，第223页。

③ （清）张之洞：《议事以制说》，苑书义、孙华峰、李秉新主编：《张之洞全集》（第12册），河北人民出版社1998年版，第10039页。

④ （清）张之洞：《密陈琼防人才片》，苑书义、孙华峰、李秉新主编：《张之洞全集》（第1册），河北人民出版社1998年版，第497页。

人则皆胜算也,不得其人则尽空文也"①,"各属兴办学堂,全赖师范得人,课程方能合度,管理才能得宜"。总之,"凡百政事,皆须得人而理"②。张之洞还总结出得人之道有七:"一曰至诚。责大臣以荐举,不荐不止。广条目以求才,不得不休。二曰秉公。务采物望,务拔幽滞,黜尸素,禁滥竽。不以喜怒为爱憎,不以异同为去取。三曰虚心。不患下无才,但患上不求。朝廷以枢臣为耳目,枢臣当以公论为耳目。宜储之于夹袋,不可取办于临时。四曰破格。勿计年资,勿泥成例。奇杰之才不拘文武,艰钜之任不限疏戚。五曰器使。足食足兵,量能授任,南船北马,各用所长。即塞外番僧,泰西智巧,驾驶有方,皆可供我策遣。六曰节取。边才每多偏驶,健将每涉不羁。不以一眚掩大德,不以二觳弃干城,或取其技能,或采其议论。七曰造就。有边事始有边才,颇牧卫霍,非本天生,皆有习练。疆圉孔棘之秋,正磨砺人才之具。"

根据不同的需要,不拘一格地及时延访、选拔、推荐人才,是张之洞的一贯做法。

同治年间,他先后出任浙江乡试副考官、湖北学政、四川乡试副考官、四川学政。在选拔科举人才时,他"所录专看根柢性情才识,不拘于文字格式,其不合场规文律而取录者极多"③,"平日衡文不举一格,凡有一艺之长,无不甄录,而尤注重于经史根柢之学"。近代史上颇著声名的袁昶、许景澄、孙诒让、杨锐、宋育仁等,均为张之洞所提携登进。

抚晋期间,为改变"三晋表里山河,风气未开"的闭塞局面,张之洞亲撰《延防洋务人才启》,通告全省,"延访习知西事通达体用诸人……但有涉于洋务,一律广募。或则众美兼备,或则一艺名家,果肯闻风而来,无不量材委用"④。光绪八年(1882)四月,他上《胪举贤才折》,荐举京秩十四人、外官二十九人、八旗大臣六人、武职十人。一次荐举五十九人之众,这在当时是极为罕见之举,造成官场惊诧。另外,他还极力促成隐居故里的理财行家阎敬铭复职,出任户部尚书,以堪国用。总督两广时,他于中

---

① (清)张之洞:《边防实效全在得人折》,苑书义、孙华峰、李秉新主编:《张之洞全集》(第1册),河北人民出版社1998年版,第42页。

② (清)张之洞:《整饬治理折》,苑书义、孙华峰、李秉新主编:《张之洞全集》(第1册),河北人民出版社1998年版,第102页。

③ (清)张之洞:《抱冰堂弟子记》,苑书义、孙华峰、李秉新主编:《张之洞全集》(第12册),河北人民出版社1998年版,第10613页。

④ (清)张之洞:《札司局设局讲习洋务》,苑书义、孙华峰、李秉新主编:《张之洞全集》(第4册),河北人民出版社1998年版,第2399页。

法战争的胜负关键之机,慧眼识才,毅然启用已近古稀之年的老将冯子材,又多方回护抗法众将,如"且有治众之才"的黑旗军首领刘永福等人,为夺取战争的胜利创造了重要的人事条件。另外,他"密陈于荫霖才堪大用","为粤省第一贤员";请调"清操卓绝,才力强毅而又能权宜因应"的山西按察使河东道黄照临来粤差委;挽留"端法公明,刚柔得中,专务力行,周悉民隐"的广州知府萧韶;特别是奏请将"志向端谨,才识精详","实为办理洋务不可多得之员"的候选知府蔡锡勇留粤补用,都可谓知人善任的例证。

移节两湖及暂署两江期间,张之洞更是广为延揽各方名士,"以广大风雅之度,尽量招纳,以书院学堂为收容之根据,以诗文讲学为名流之冠冕。其时有罣误失意之朝士,在两广则延揽朱一新等,在两湖延揽吴兆泰、梁鼎芬、蒯光典等;又有告假出京之朝士在两湖,如周树模、周锡恩、屠寄、杨锐、郑孝胥、黄绍箕、沈曾植、曹元弼、杨承禧等"①。

学通中西的"怪才"辜鸿铭(1856—1928)也被张之洞聘为幕僚,协办外交,"粤鄂相随二十余年"②。辜鸿铭十四岁即赴欧游学,十一年间辗转英、法诸国,学习文学、法学、政治学、哲学,精通英、法、德、希腊、拉丁等九种语言,获十三个博士头衔,而汉文却十分生疏。他本人回忆道,他在张公幕府中,遍请那些翰林、进士老先生们教他汉文。老先生们的回答都是这一句话:"你是读洋毛子书的,没有资格读我们中国的经传。"他没有办法,于是购买了一本官话指南。那本书是日本人写的,书中搜集了中国官话,译成英文。他便把那本书作为汉文读本,苦恼的是不会查中国字典,遇到生字,还是没办法。张之洞知道这件事后,对他说:"孔子说,'自行束脩以下者,吾未尝无诲也'。他们不是不肯教你,是因为你无礼貌。师道严肃,未可唐突。"从第二天起,张之洞便亲自教他读《论语》,查字典。③

张之洞于湖广总督任内大办洋务,盛极一时。对于洋务人才,更是予以格外优礼。他奏调近代著名科学家徐建寅(1845—1901)督办保安火药局。徐建寅因试制无烟火药失事,以身殉职。张之洞痛惜失去了一个从事洋务的臂助,更可惜中国少了一个人才,特请求朝廷"敕部照军营阵亡例,从优

---

① 刘禺生撰,钱实甫点校:《世载堂杂忆》,中华书局1960版,第81页。
② (清)辜鸿铭:《张文襄幕府纪闻·弁言》,黄兴涛等译:《辜鸿铭文集》(上卷),海南出版社1996年版,第411页。
③ 参见兆文钧:《辜鸿铭先生对我讲述的往事》,文史资料研究委员会编:《文史资料选辑》(第8辑),山东人民出版社1980年版,第183-184页。

议恤"①。他还建议委任程仪洛、潘学祖二人共同主持上海制造局,并向同僚担保,"两人相济,各尽其长,如此而沪局仍无实际起色,则鄙人甘受妄言之咎可也"②。光绪二十四年(1898)六月,张之洞向朝廷推荐出使国外的人才,列名者有外交家黄遵宪、钱恂等。光绪二十八年(1902)九月和十二月,他两次保荐经济特科人才,列名者有历史地理学家杨守敬、教育家姚晋圻、考古及文字学家罗振玉、地理学家邹代钧、经学家孙诒让等。在张之洞屡次保荐人才的奏折中,推举者还有伍廷芳、缪荃孙、汤寿潜、劳乃宣、徐世昌等近代史上的著名人物。

张之洞对于青年俊杰,尤其奖掖有加,寄予厚望。他督学四川,将高才生杨锐、范溶、毛席丰"召之从行读书,亲与讲论,使研经学"。后来,杨锐因参与维新变法,身陷囹圄,张之洞极力营救,终未得免,为之痛惜不已。对于才华出众、英年早逝的鄂籍经义治事学舍学生贺人驹、陈作辅、付廷浩、范昌棣,张之洞"感念怆怀,不能已已,乃合光禄《五君咏》,工部《八哀》、《七歌》之体,作《四生哀》以存其名"③。张之洞爱才心切,思贤若渴,对于那些确有才能的青年学生,如吴禄贞等人,即使其政见与己不合,甚至有的还参加资产阶级革命派组织,他也往往加以回护。

张之洞信人治,重得人,一生中确实擢拔、任用了不少优秀人才,但也有看错人、用错人的时候。前文提到他于山西巡抚任内一次荐举五十九人,名列榜首者就是他深引以为同道的翰林院侍讲张佩纶。张之洞称张佩纶"内政外事皆所优为,论其志节才略,实为当代人才第一"④。但正是这个张佩纶,受命"会办福建海疆事宜",麻痹轻敌于前,临阵脱逃于后,空言误国,致使马江惨败,福建水师全军覆没。张佩纶原与李鸿章形同水火,马江一役得咎,革职充军,期满返京,无所归依,竟投附李鸿章门下为其幕僚,还做了李鸿章的上门女婿。不唯志大才疏,其气节人品也为世所诟。又如湖北罗田人周锡恩为张之洞所赏识,视为得意门生,后点翰林。张之洞看重其才华,待其为上宾。张之洞五十五岁寿辰时,周锡恩所撰的寿文"典丽裔

---

① (清)张之洞:《为徐建寅等请恤折》,苑书义、孙华峰、李秉新主编:《张之洞全集》(第2册),河北人民出版社1998年版,第1390页。

② (清)张之洞:《致鹿滋轩》,苑书义、孙华峰、李秉新主编:《张之洞全集》(第12册),河北人民出版社1998年版,第10228页。

③ (清)张之洞:《四生哀》,苑书义、孙华峰、李秉新主编:《张之洞全集》(第12册),河北人民出版社1998年版,第10477页。

④ (清)张之洞:《胪举贤才折并清单》,苑书义、孙华峰、李秉新主编:《张之洞全集》(第1册),河北人民出版社1998年版,第89页。

皇，渊渊乎汉魏寓骈于散之至文也"，张之洞大为激赏，有名人来时，必引观此屏。后经机要文案赵凤昌看出此寿文竟大半抄袭龚自珍所作《阮元年谱序》，张之洞核实，长吁曰："周伯晋（周锡恩字伯晋）欺我不读书，我广为延誉，使天下学人同观此文者，皆讥我不读书，伯晋负我矣，文人无行奈何，非赵竹君（赵凤昌字竹君），尚在五里雾中。"① 此后与周锡恩日渐疏远。

### （四）裁革陋规，裁减苛捐

晚清时期的官场陋规繁杂多样，"督抚出巡则有站规，有门包，常时则有节礼，有生日礼，按年则又有帮费，升迁调补之私相馈谢者，尚未在此数也。以上诸项，无不取之州县，州县则无不取之于民钱粮"②。州县本来就公务繁重，财政困难，为迎合这些陋规，官吏们只能向百姓摊派苛捐杂税。

同治年间，御史王堃指出："至今日而道府州县之养廉，因公费繁多，往往为藩署扣尽。于是道府不得不借资于州县，谓之津贴。州县费用尤繁，则于征收钱粮正额外，亦另有所谓津贴。此皆人所共知，相沿已久，第未著为明文……上下相蒙，各为弥缝徇隐之计，而吏治遂至不可问。"③ 由此可见，地方政府由于公务应酬频繁，所需公费繁多，导致官员养廉银不堪负累，于是道府借此向州县收取，并用于补贴公务支出。津贴除补助公务用途外，似有逐渐演变为官员个人额外收入的趋势。

张之洞认识到，陋规、苛捐是导致吏风败坏的苛政，是贪官污吏搜刮民财聚敛财富的途径之一。裁革陈规陋习是从源头上切断官吏损公肥己、徇私枉法的渠道的方法。张之洞在任职督抚期间，就注意在所辖地区采取裁抵摊捐、减免差徭、禁止馈送、整顿厘卡、裁免捐摊、裁革公费等举措。

张之洞出任山西巡抚时就指出，摊捐实为官场第一弊端，"欲讲晋省吏治，必先尽去摊捐累，使州县之力宽然有余，而后下不至以朘削者累民，上不至以亏挪者累国"④。他倡议"裁抵摊捐，以清吏治之源"。他设立了"清源局"，负责清理各类摊捐；采取从优倍给"销饭银"、"解饭银"等措施，使"部吏有纸笔办公之资，无从借口，其于销案准驳，当可洗心敛

---

① 刘禺生撰，钱实甫点校：《世载堂杂忆》，中华书局1960年版，第63-64页。
② 引自刘厚生：《张謇传记》，上海书局1985年版，第123页。
③ （清）王堃：《请定外吏津贴公费疏》，盛康辑：《皇朝经世文续编》卷二十，武进盛氏思补楼刻本，1897年，第62页。
④ （清）张之洞：《裁抵摊捐折》，苑书义、孙华峰、李秉新主编：《张之洞全集》（第1册），河北人民出版社1998年版，第115页。

手",从而"无借口亏挪穷困扰民之弊"①,认为山西盐务之弊在于陋规贪索甚重。他首先查禁陋规。光绪九年(1884)四月,他向河东盐道和各州县发行札文,指出河东潞盐商人遭受各级官差的勒索达千万计,一年更换两任官差,使商贩备遭盘剥,是山西盐运滞销的主要原因。故此,他严令河东道及各有关州县官差,饬止陋规。对于"节寿"、"月规"、"季规"等捐派,一律严令禁止;规定每名商人除了收取应该收的税厘外,其他盘剥一概停止,谁再敢违例乱收,准许商人告发。为此,他手制章法十三条,其中有六条是责令官差停收各种陋规浮收者的,七条是责令商人不许掺沙、短秤、加价的。张之洞将这十三条明布官差和商人,以供遵守。

在短短的时间内,山西存在了几十年的摊捐等积弊被裁革。山西自光绪六年(1880)实行裁汰陋规改定公费,光绪八年(1882)张之洞定巡抚衙署公费一万九千五百五十两,供支桌饭银六千四百两,其余门包等陋规全行裁革,通计全省每年节省经费七万八千九百一十六两。而全省公费统一在官盐运输及销售利润中提取分配。这一做法确有澄清吏治之收效。二十多年后该省清理财政时回顾:"裁免摊捐,酌定津贴以轻官累……财政乃渐有条例。故近来考求库帑出纳维谨,而官民之得以相与休息者将近二十年,必推文襄公为首功。"其后两任巡抚均有较充足的财政发给官员津贴。

在任两广总督时,他发现广东州县的许多积弊,如"于地方应办公事、应筹经费者,则吝啬支饰,因循不办。然于正部各款,仍然不免挪用,每至交代无不亏短……不肖者甚至觊法鬻狱,贿卖案首,藉案勒罚入己,遇事侵蚀浮开……巧取库款"。他认为推究其因,在于摊款、陋规、办差等项目上的浮费过多,以致公私交迫,操守难舍。他以革除陋规为突破口,涤弊清源,整饬吏治。对广东司道馈送陋习严厉禁止,使"数年以来,贿赂之风渐息,各属员贪以败官者,较前略少"②。

## 二、张之洞勤政、清廉律己

### (一)勤于政务

张之洞政绩显著,史称其"莅官所至,必有兴作",在兴学育才、举办实业、编练新军等方面颇有建树,这与他勤于政务的精神和干练务实的工作

---

① (清)张之洞:《请明定报销饭银折》,苑书义、孙华峰、李秉新主编:《张之洞全集》(第1册),河北人民出版社1998年版,第198页。

② (清)张之洞:《札司、道禁止收受馈赠》,苑书义、孙华峰、李秉新主编:《张之洞全集》(第4册),河北人民出版社1998年版,第2585页。

作风是分不开的。早在做四川学政时，张之洞就亲历各地考察，大刀阔斧地清除教育流弊。在一年多的时间里，他走遍四川省十几个州府，其辛苦"甚于在楚时数倍"。通过惩办受贿的考官、枪替、拉和讼棍，士习风气为之一新，试场秩序井然有序。好学之士欢颜称庆，官绅富贾也啧啧赞誉，称张之洞为川省几十年来唯有的公正廉洁的学政。曾国藩评价说："往时祁文端、张海门视学吾乡，最得士心，近张香涛在湖北，亦惬众望。三人者皆宏奖士类，津津乐道。"

担任地方官后，张之洞"勤于政务，无片刻暇，诗文皆辍笔"。在此后的宦海生涯中，勤劳本色一直没有改变。他曾说："洞自为外吏以来，如日行荆棘中，愈入愈深，毫无佳境。"

任职山西巡抚时，张之洞发现"晋省可办事体甚多，惟习染太坏，病痛括之以懒、散二字（因懒成散，官民同病）。懒散之极，将有鱼烂瓦解之忧矣"①。因此，他在巡抚任上，整顿吏治，兴革山西省诸事，百废俱举，无不尽心尽职，身体力行，以致三年下来离任时，因"劳顿过度，心忡气喘，须发多白，行时甚病，途中时用药饵，不能兼程"②。

张之洞督粤之初，正逢中法战急，"自到任以至解严，夜寐不过数刻，罕有解带安息之事"③，以致心血过伤，肝脾俱病。当时广东财政困难重重，"到广之日，即逢海警，内防外援，应接不暇。兵、食兼筹，无一不难"④。但在张之洞"夜以继日，寝馈不遑，并无片刻休息之时"的努力下，粤省财政窘迫日蹙的状况出现了转机，除去在足军实、造兵船、创建广雅书院等军事、文教方面的开销，还有结余。据记载，张之洞"初到粤时，藩库存款不及五十万，善后局欠债无算。临去粤时，存现款银正项银二百万两、书院书局杂款银五十余万两，皆存汇丰，藩库所储在外，面交李筱泉督部。时中外哗言在粤滥用巨亏。李至是愕然大惊服，肃然起立，长揖以谢"⑤。

督鄂时，张之洞以"能示人廉，能洁己勤，能率属"的工作作风，不辞辛苦，以急起直追、后来居上的气势和规模，兴办了一大批领先全国，甚

---

① （清）张之洞：《致张幼樵》，苑书义、孙华峰、李秉新主编：《张之洞全集》（第12册），河北人民出版社1998年版，第10139页。
② 胡钧：《清张文襄公之洞年谱》，台湾商务印书馆1978年版，第70页。
③ （清）张之洞：《请开缺回籍调理折》，苑书义、孙华峰、李秉新主编：《张之洞全集》（第1册），河北人民出版社1998年版，第378页。
④ （清）张之洞：《致潘伯寅》，苑书义、孙华峰、李秉新主编：《张之洞全集》（第12册），河北人民出版社1998年版，第10119页。
⑤ 许同莘编著：《张文襄公年谱》，商务印书馆1946年版，第66页。

第四章　洋务派的整饬吏治思想及实践

至领先亚洲的实业项目,如汉阳铁厂、卢汉铁路、湖北布纱丝麻四局等,推动了洋务运动的发展。其政绩受到世人公认,"离鄂时,鄂民开大会将为公建楼造象,以志遗爱"。

作为洋务运动的领袖人物,经他手审议兴办的实业以数十百计,不知费了多少力,吃了多少苦。据《石遗室文集》卷一《书广雅相国逸事》记载,张之洞每日深夜两点半即起,三点钟看公事,上午七点钟开始见客。午饭后睡觉,到了夜晚又开始处理公务。一天当两天用,终年如此。他有事必躬亲的好习惯,如在撰拟奏稿或公文时,他都是亲自动手,自己改定,甚至自创。其撰拟奏稿公文,不假手他人,月脱稿数万。遇有重要奏议,往往闭门谢客,终夜不寝,数易其稿而后成。"奏议告教不假手他人。月脱稿数万言。其要者往往闭门谢客,终夜不寝,数易稿,而后成书札。有发行数百里追还易数字者。"

### (二)　廉洁自律

张之洞正己率属,俭廉示人,是晚清官场中矫然自拔于污秽的榜样。他不贪私财,不谋私利,做到了"官项无亏累,上司无诛求"。据辜鸿铭回忆,他在张之洞幕府中时,"一日晤幕僚汪某,谓余曰:'君言皆从是非上著论,故不能耸听。襄帅为人是知利害不知是非,君欲其动听,必从利害上讲,始能入。'后有人将此语传文襄耳,文襄大怒,立召余入,谓余曰:"是何人言余知利害不知是非?如谓余知利害,试问余今日有偌大家事否?所谓利者安在?我所讲究者乃公利,并非私利。私利不可讲,而公利却不可不讲。"① 在几十年的仕官生涯中,他坚持清正廉洁,"服官所到,从不收受属吏馈送礼物"②,更没有贪污豪取、中饱私囊的劣行。

同治六年(1867),张之洞简放湖北学政,此后又出任过四川学政。学政即"提督学政",为钦差之官,清廷设此职,派往各省掌生员之考课黜陟,称为案临。任职者从进士出身的侍郎、京堂、翰林、科道等官中简派,任期三年,掌管一省的学校、士习、文风之政令。任学政期间,不问本人官阶大小,均与督、抚平行。对于比较清贫的京师翰林来说,凡外放为乡试考官或学政,都是不可多得的美差,于是有如此说法:"承平时,京官最称清苦。翰林仰首望差,阅三年得一试差,可供十年之用;得一学差,俭约者终

---

① (清)辜鸿铭:《张文襄幕府纪闻·公利私利》,黄兴涛等译:《辜鸿铭文集》(上卷),海南出版社1996年版,第425页。

② (清)张之洞:《通饬各属禁止馈送》,苑书义、孙华峰、李秉新主编:《张之洞全集》(第4册),河北人民出版社1998年版,第2460页。

身用之不尽。"① 但张之洞一心督办学务，从不收受贿赂，两袖清风，并未因当过两任学政而发财。如他在四川学政任上时，"于例得参费银二万两辞而不受。其他恩优岁贡及录遗诸费，皆定为常额，不许婪索。及去任，无钱治装，售所刻万氏十书经版，始克成行以去"②。以至于他在任满返回北京后，生活困窘，生日时无钱操办，还是其夫人典当衣物才得以置办酒席。③

在山西巡抚任上，有人因为他爱好古书典籍，以宋本经史五种为赠，"不索值，但乞在山西听鼓当差而已"。张之洞不为所动，秉公处置，婉言谢绝。张之洞任两广总督时，商人何昆玉在其支持下开采已停产多年的端溪砚，收效颇丰。为报答张之洞，寄了十方上好的端溪砚送给他，而张之洞却"予以时价每方二十金"④。他在两广总督任内过生日，为拒绝寿礼，他紧闭辕门，不纳贺客。按惯例，广东海关每月要送三千两公费银作为总督私有，他在任时，将此款按月存入善后局作为专款。后来他用这笔款修广雅书院，救济灾民，施予贫困的亲友和幕僚。暂署两江总督时，一个大商人想在海州开矿，便以送寿礼为名送给张之洞白银二十万两，被他断然拒绝，并将引见大商人的官员贬官处置。

1889年，张之洞调补湖广总督。抵任前，他便致电江夏、汉阳两县："十一月中旬到鄂，所有公馆及衙署供应，务从俭朴，不得华侈繁费，不准用绸缎锦绣燕菜，不准送门包前站礼。一切使费，所有到任供张，如有公款，勿过领款之数；如无公款，用过若干，开账照数发还。万勿故违。"抵任之后，制定了一系列廉洁从政的政策，如："禁止官场赌博、演剧、宴会奢侈"；规定每次宴请宾客的时候，菜不得超过五盘；不准所属州县供支馈送；等等。

张之洞居官四十余年，位及一品。正俸加上养廉银等，也算是收入颇丰。但由于他不收受贿赂，也不收受礼金，而且"平生性情好施予而不喜奢侈"，请客宴会，送礼赏赐，都是用自己的俸银，所以常常手头拮据，甚至年关时拿东西去典当以解燃眉之急。他平时生活节俭，厉行节约，平时"朝珠、带钩、杂佩，所值无过十金者，裘服无华美者。至今燕居皆服布

---

① （清）胡思敬：《国闻备乘》卷一，荣孟源、章伯锋主编：《近代稗海》（第1辑），四川人民出版社1985年版，第213页。

② 许同莘编著：《张文襄公年谱》，商务印书馆1946年版，第224—225页。

③ 参见（清）张之洞：《永叹·悼亡室福山王氏》，苑书义、孙华峰、李秉新主编：《张之洞全集》（第12册），河北人民出版社1998年版，第10503页。

④ （清）张之洞：《抱冰堂弟子记》，苑书义、孙华峰、李秉新主编：《张之洞全集》（第12册），河北人民出版社1998年版，第10630页。

第四章 洋务派的整饬吏治思想及实践

衣、帷幔、坐具、里衣,皆用布"①。在兼署广东巡抚时,还曾在抚署后园内辟畦种菜,筑草亭其中,上书一联——"稼穑艰难君子教,菜根风味士夫知"②,以倡导清廉之风。1897年,他省亲祭祖,皇帝赐银五万两,他用此款和平日廉俸所余,为家乡修建了一所学堂,并捐置庄田,作为常年经费。

张之洞是洋务运动后期的巨擘。他不惜花费巨资建学校、工厂和其他设施,但他绝不利用权势捞钱。做地方官之时,"所到各省,从不用门丁,不收门包,不收馈遗礼物"。在贪泉泛滥的晚清,从紫禁城内到亲王、大臣和各级地方官,收各种节敬、红包、礼物和手下人收门包等,已经成为见怪不怪的习惯。稗官野史中不乏这样的记载:即使亲王巴结慈禧,给她送礼,因为没有给太监塞红包,礼物也到不了慈禧手上。张之洞尽管不能不孝敬上司和赏赐上司的门丁,自己却不沾陋习,可谓难能可贵。他也不因私滥用公权力。如张之洞虽希望自己的儿子能到海外游历以开阔胸襟,却没有利用自己当时任湖广总督有经手选拔官费赴海外游学青年学子的权利,而是请他的姐夫、广东巡抚鹿传霖出了一封权为介绍的公函,且请声明"自备资斧,不领薪水"③。

张之洞久居官位,且一生经办的企业数以百计,经手的钱财也不在少数,但他只善为国家用财,不为一己私财。辜鸿铭曾说:"张之洞本人的生活很俭朴。他在武昌任总督期间,全中国的总督衙门再也没比他的衙门更破旧不堪,或更不讲排场的了。"④ 张之洞"任疆寄数十年,及卒,家不增田一亩云"⑤,去世后,囊橐萧然,"家无一钱,惟图书数万卷"⑥。且不说为子孙后辈计,连治丧所需费用,也来自于门人、僚属的赙金。英国伦敦会来华传教士杨格非(格里菲斯·约翰,Griffith John,1831—1912)曾经与张之洞会谈过,他的印象是:"张之洞在中国官吏中是一个少有的人才。他不爱财,在这个帝国他很可能成为一个大富翁,但事实上他却是个穷人。财富

---

① (清)张之洞:《抱冰堂弟子记》,苑书义、孙华峰、李秉新主编:《张之洞全集》(第12册),河北人民出版社1998年版,第10630-10631页。

② 许同莘编著:《张文襄公年谱》,商务印书馆1946年版,第68页。

③ (清)张之洞:《致鹿滋轩》,苑书义、孙华峰、李秉新主编:《张之洞全集》(第12册),河北人民出版社1998年版,第10229页。

④ (清)辜鸿铭:《清流传》,东方出版社1997年版,第95页。

⑤ 《清史稿》卷四三七。

⑥ (清)徐世昌:《大清畿辅先哲传》(上册),北京古籍出版社1993年版,第248页。

进了他的衙门,都用在公共事业和公共福利上。"①

作为一个杰出的政治家,张之洞对官吏腐败的危害看得很清楚。他在《遗折》中说,"方今世道陵夷,人心放恣,奔竞贿赂,相习成风。尤愿我皇上登进正直廉洁之士,凡贪婪好利者,概从屏除。举直错枉,虽无赫赫之功,而默化潜移,国家实受无穷之福,正气日伸,国本自固",明白地表达了他一生孜孜于廉洁的目的。

张之洞与曾国藩、左宗棠、李鸿章并称晚清"四大名臣"。他在四十多年的仕宦生涯中,注重吏能,讲求吏节,抨击腐败,致力于整饬刷新吏治。他整饬吏治的思想和实践对晚清腐败黑暗的官场产生了一定的纠弊之功。

在清朝官员中,张之洞素以清廉闻名,就他个人而言,并没有贪污受贿的劣迹。身为张之洞幕僚二十多年而又直言不讳的辜鸿铭说:"文襄自甲申后,亟力为国图富强,及其身殁后,债累累不能偿,一家八十余口几无以为生。"②但张之洞毕竟是封建时代的政治家。甲午战争失败的第二年,战败的屈辱还像满天的阴霾笼罩在中国大地,四亿五千万两庚子赔款的沉重担子还压在老百姓的肩头,张之洞仍然按照惯例举行了慈禧太后万寿庆典,"各衙署悬灯结彩,铺张扬厉,费资巨万,邀请各国领事,大开筵宴"③。在国贫民穷时,动用官款,大肆铺张来显示朝廷的德政,表示对慈禧太后的忠诚,这不过是清政府腐败的另一种表现形式,号称清廉的张之洞也不能违背这一惯例。

---

① 《英传教士对张之洞的印象》,译文载《武汉春秋》1987年第3期。
② (清)辜鸿铭:《张文襄幕府纪闻·廉吏不可为》,黄兴涛等译:《辜鸿铭文集》(上卷),海南出版社1996年版,第427页。
③ (清)辜鸿铭:《张文襄幕府纪闻·爱国歌》,黄兴涛等译:《辜鸿铭文集》(上卷),海南出版社1996年版,第428页。

# 第五章　早期资产阶级改良派的整饬吏治思想

19世纪60—70年代，随着外国资本主义势力对中国政治、经济、文化领域的侵入和民族资本主义近代工业的产生，出现了反映民族资产阶级利益的早期改良派的维新思潮，代表人物主要有冯桂芬、容闳、王韬、薛福成、马建忠、郑观应等。他们提出"以中国之伦常名教为原本，辅以诸国富强之术"的思想，在倡导封建儒家道统的同时，学习西方的科学技术，发展资本主义工商业，以自富自强而救国；在政治上，主张革除封建传统弊端，提出设议院、建立君主立宪制等设想。早期资产阶级改良派上承魏源的"师夷长技"思想，下启戊戌变法的政治变革，对于近代中国社会的变革与演化具有深远的影响，是近代中国社会变革思想史上重要的里程碑。

早期资产阶级改良派生活的年代主要是在咸丰、同治年间，此时官场恶浊、吏治腐败、内政不修已发展成为不治之症。清政府在帝国主义和农民起义军的夹击下摇摇欲坠，面临"数千年来未有之变局"，封建衰世迹象明显，朝野有识之士无不对吏治进行鞭策，振臂以谈革新。长期接触西学的早期资产阶级改良派也对此进行了积极思索，结合自己的生活体验与思索，提出了整饬和改革吏治的思想。

## 第一节　西学东渐背景下的吏治改革思想

### 一、对吏治腐败的忧愤和批判

同治朝吏治之坏在清朝历史上是公认的，从以下两个例子就可以看得很清楚。如同治四年（1865）刑部郎中、军机章京萨隆阿在军机处偷窃了湘军缴获的太平天国天王洪秀全的金印，送至银店熔化，获利甚巨，仅分给银店的赤金就达十余两。[①] 这个无比珍贵的旷代文物、对清政府而言富有重大政治和历史意义的战利品竟被贪官毁于一旦。地方大吏的贪污更是骇人听

---

① 参见（清）赵烈文：《能静居士日记》，太平天国历史博物馆编：《太平天国史料丛编简辑》（第3册），中华书局1962年版，第400页。

闻。再如，吴棠在同治七年（1868）任四川总督，第二年即被人以"荒谬贪污，物议沸腾"的罪名参奏，称其入川时用夫役三千余名，四人轿一百余顶，到任后收受属员规礼不下十余万两，随后又卖缺卖差，甚至索贿索到了洋人头上。几个月中云南巡抚岑毓英又差人去成都谒见吴棠七八次，"每次必有馈遗，为数甚巨"。当时传言，因为收受贿赂太多，以致吴棠不得不"饬造木桶装银"。可见同治朝官员的贪污愈演愈烈，远迈前代。

对于清政府已经极端腐败的吏治，早期资产阶级改良派们有着深刻的感知。他们如此描绘当时昏昧腐朽的局面："今观中国之所长者无他，曰因循也，苟且也，蒙蔽也，粉饰也，贪罔也，虚骄也；喜贡谀而恶直言，好货财而彼此交征利。"① 王韬认为，太平天国农民战争和第二次鸦片战争严重破坏了中国的社会经济。虽然此时已经是民生日蹙、国计益敝，但清朝统治阶级从君主到各级官员为了满足自己的欲望，仍然对劳动者大肆搜刮，他们"惟知耗民财，殚民力，敲'骨'吸髓，无所不至，囊橐既饱，飞而飏去；其能实心为民者无有也。夫设官本以治民，今则徒以殃民；不知立官以卫民，徒知剥民以奉官"②。包世臣斥责当时的官场是"百为废弛，贿赂公行，吏治污而民气郁"。郑观应认为中国大乱的根由就在于现在的官吏名义上是百姓之父母官，实质上是百姓之寇仇。他们剥民则无所不为，保民却漠然置之，这些贪官污吏"一事不为而无恶不作，上朘国计，下剥民生"，为官只要能博取上司的欢心，获得同僚的赞誉，"天变不足畏，人言不足恤，君恩不足念，民怨不足忧"，一心搜刮民财，"作官十年而家富身肥"③。出现官场唯利是趋的现象，主要是因为大官吏之利取之于小官吏，小官吏之利取之于老百姓。这样层层盘剥，上行下效，官场自然成了"孔方兄为之斡旋，阿堵物为之居间"的肮脏之地。

他们认为这些腐败的官吏之凶狠实过于豺狼，"纵此成群豺狼于民间，吏治焉能清明"，所谓求富求强云云，实际上等同画饼。他们痛感如果不铲除吏治腐败，要求发展民族工商业是绝不可能的，因而要求大力整顿官场，以使吏治日清，国本巩固。

---

① （清）王韬著，陈恒、方银儿评注：《变法中》，《弢园文录外编：一个卓立特行者的心路历程》，中州古籍出版社1998年版，第54页。

② （清）王韬著，陈恒、方银儿评注：《重民下》，《弢园文录外编：一个卓立特行者的心路历程》，中州古籍出版社1998年版，第66页。

③ （清）郑观应：《吏治上》，夏东元编：《郑观应集》（上册），上海人民出版社1982年版，第353页。

洋务运动作为一项许多实权官僚倾力从事的运动,没有达到"自强"、"求富"的目标,其失败的原因是多方面的,而吏治的腐败应是其中一个根本的原因。就洋务企业而言,它一开始就是在清朝的控制之下,在腐朽已极的社会环境中运营的。由于整个官场腐败得不到肃清,企业内部也就普遍存在着盲目决策、任用私人、管理混乱、贪污舞弊等弊端。管理时,"全用官场办法,习气太重,百弊丛生,不可穷诘"。时人曾形容道,对于一些官吏来说,洋务企业"正如肥肉自天而降,虫蚁聚食,不尽不止"①。因此他们不择手段地巧取豪夺、化公为私,或在原料采购、经销活动中大捞回扣,或在承包经费上大作文章,或挪用公款,或在经营中伺机谋取私利等,不一而足。这样的企业别说发展,就连勉强生存也极为困难。

早期资产阶级改良派认为要真正达到"自强"、"求富"的目标,就必须解决吏治腐败问题。

## 二、从政治体制上解决吏治腐败问题的思考

近代以来,改革封建弊政和学习西方先进事物,最终使中国走上独立、富强、进步之路,始终是一切进步的思想家关注的焦点。龚自珍、魏源等人在这方面可谓是开风气之先,但他们用来批判封建弊制的理论武器主要来自传统儒学。例如,龚自珍只是揭露鞭挞了清代封建专制的种种弊端,未能同时提出学习西方的课题;魏源虽然提出了向西方学习的任务,主张"师夷之长技以制夷",但他所要学习的只是西方的坚船利炮,即他的着眼点仍停留在器物层面上,还未进入到西方的政治制度这一较深的层次并用以批判中国自身的封建弊政。概言之,在龚自珍、魏源等地主阶级改革派那里,改革封建弊政和学习西方仍是互不相涉的两回事。而早期资产阶级改良派的思想恰恰就是在这方面突破了龚自珍、魏源的上述局限,对西方的学习已进入政治制度的层面,并以此为参照系来对封建制度的种种不合理性进行批判,使两者初步水乳交融起来,并在一定程度上尝试用"西药"来为清朝疗疾,这是吏治思想的一个重大的进步。这表明其吏治改革思想已初步体现出了近代资产阶级思想特征,无论在深度上还是广度上,都远远超越了鸦片战争时期龚自珍、魏源等经世思想家社会批判的框架。

早期的资产阶级改良主义思想家多数饱含中国传统经学素养,又有着西方文化浸润。同时又没有当官,所受拘束少,视野开阔。他们认为,传统的

---

① (清)汪康年:《论政界不宜自营实业》,《刍言报》宣统三年闰六月初六日。

整饬吏治的方法之所以未能取得实效,是因为它只是头痛医头,脚痛医脚。他们试图通过变革某些封建制度来消除弊政,以澄清吏治。因此,早期资产阶级改良派的吏治思想突出表现为他们试图以西方资产阶级民主思想为指针,以西方资本主义民主制度为参照,另辟蹊径,并结合自身的特殊经历,提出改革用人制度、彻底惩治腐败、体恤民生等一系列整饬吏治的主张,从政治体制上解决吏治腐败问题。这是从旧的吏治思想通向新的吏治思想的一座桥梁。他们的吏治改革思想上承地主阶级经世派的社会批判思想,下启近代资产阶级的民权民主思想,影响和意义十分深远。

## 三、早期资产阶级改良派吏治改革思想形成的主要原因

思想来源于时代。早期资产阶级改良派的共同特点都是既受中国传统熏陶,又受到西方思想影响。19世纪中叶前后开始,西方思想通过各种媒介进入中国,形成了西学东渐的潮流,他们作为沿海地区先进的中国知识分子,深受影响。

冯桂芬,道光二十年(1840)中进士,被授翰林院编修,长期在东南沿海地区生活;后担任李鸿章的幕僚,参与谋划镇压农民起义及筹办洋务事宜。

郑观应,咸丰八年(1858)应童子试未中,即奉父命远游上海,弃学从商,在任上海新德洋行买办的叔父郑廷江处"供走奔之劳"。曾充当英商宝顺洋行、太古轮船公司买办,后在上海机器织布局、上海电报局、轮船招商局、汉阳铁厂和商办粤汉铁路公司等担任会办、总办等高级职务,投资兴办了不少贸易、金融、航运、工矿等企业。

薛福成,虽出身于书香门第、官宦之家,但自幼即受时代影响,广览博学,致力于经世实学,不作诗赋,不习小楷,对八股文章尤为轻视。他曾参与曾国藩幕和李鸿章幕,为洋务运动出谋划策。后又出任大臣,出使英、法、意、比等国。

马建忠,出身于江苏镇江府的一个天主教家庭。从小学晓中国传统经史,并就读天主教会学校,成了一位"善古文辞,尤精欧文,英、法现行文字以至希腊、拉丁古文,无不兼通"的学贯中西的新式人才。后成为李鸿章的幕僚,随办洋务。以郎中资格被李鸿章派往法国学习国际法,同时兼任中国驻法公使郭嵩焘的翻译。曾去印度、朝鲜处理外交事务,并任轮船招商局会办、上海机器织布局总办。

王韬,出身于乡村塾师家庭,"少承庭训,自九岁迄成童,毕读群经,

旁涉诸史,维说无不该贯"①。1846年,王韬乡试未中,从此绝意科举,倾心实学。后为生活所迫,在上海墨海书馆达十二年之久,上书失败之后移居香港,并赴欧洲、日本等地游历。

办洋务、当买办、留洋学习、出使国外等经历,使早期的资产阶级改良派对西方资本主义文化有了更加深入的了解,世界观也开始发生实质性的变化,从而为他们思想的巨变奠定了基础。对于自幼受中国传统文化的熏陶,生活在"严夷夏之大防"的社会氛围中的封建士子来说,如果不走出国门,目睹西方国家的繁荣富强,领略现代文明的魅力,那么他们可能会自高自大、浑浑噩噩地走完一生。办洋务、当买办、海外游历等使早期资产阶级改良派对西方文明经历了从鄙夷到赞赏,进而主张师法的思想历程,从而使他们能够成为中国近代史上站在时代前列的人物,对近代中国的思想启蒙、社会发展起了一定的推动作用。

早期资产阶级改良派特殊的经历,使他们既受到了中国传统文化的熏陶,又深受西方民主思想的影响,因此,他们的吏治改革思想既有传统思想的回光返照,又时时闪耀着资产阶级民权思想的光辉。早期的资产阶级改良主义思想家吏治改革思想的这种时段性和过渡性既是其人生经历的一种体现,也折射出中国社会近代化的艰难历程。

地主阶级改革派龚自珍、魏源等人是近代较早揭露吏治腐败、探索整饬吏治的思想家,但他们用来批判封建官僚弊制以及整饬吏治的理论武器主要来自传统儒学;而早期资产阶级革新派主要是在对封建专制政治制度进行大胆批判的基础上,对晚清吏治腐败产生之根源进行深刻揭示,并以当时西方的政治制度作为参照系,提出整饬吏治改革的思想主张。我们对二者进行比较就可以发现,无论在深度上还是广度上,革新派都远远超越了龚自珍、魏源等经世思想家社会批判的框架,已经初步体现出了资产阶级民权思想特征。

## 第二节　冯桂芬的吏治改革思想

冯桂芬(1809—1874),字林一,号景亭,江苏吴县人,道光二十年(1840)一甲二名进士(榜眼),授翰林院编修。1853年在苏州办团练,升任右中允。1860年太平军攻克苏州时逃至上海,后入李鸿章幕府。1862年

---

① (清)王韬著,陈恒、方银儿评注:《弢园老民自传》,《弢园文录外编:一个卓立特行者的心路历程》,中州古籍出版社1998年版,第386页。

后,在苏州、扬州等地讲学立说,直至病逝。

冯桂芬多次建议改革时政,重视经世致用之学,主张学习西方,提出"采西学"、"制洋器"的主张和"以中国之伦常名教为原本,辅以诸国富强之术"①的著名思想,对洋务派有很大的影响,也被资产阶级改良派奉为思想先导。由于冯桂芬的思想中西都有,其吏治思想也是如此。

## 一、冯桂芬的传统吏治整饬思想

### (一)指出捐纳弊害,提出"停给实官而予虚衔"的办法

捐纳,又叫货选、开纳,有时也称捐输、捐例,它是中国历代王朝实行的卖官制度,一个人只要捐纳一定数量的银两或实物即可获得授予的官衔(虚衔或实授)。捐纳开办由来已久,早在秦汉时就已出现。公元前243年,因蝗灾大疫,秦始皇嬴政令"百姓纳粟千石,拜爵一级"②。公元前189年,汉惠帝令民得卖爵。据史书记载,秦汉两代每逢军兴、河工或灾荒,统治者每多举卖官爵,以增加政府财政收入。此后历代王朝多有沿袭。

捐纳制度虽具有"搜集异途人才,以补科目所不及"(康熙帝语)和稳定封建统治秩序的作用,但也存在着行政管理方面的弊端。文人孙兆雄则指出,咸丰、同治年间广开捐例,捐员"视民生之休戚,地方之理乱,漠然不动于心,而日朘月削,惟一己之囊橐是肥,吏治之坏,半由于此"。因而提出不废除捐纳,天下终难治理。

冯桂芬也深刻认识到捐纳制度的弊害。他认为,当时捐员之中,品行操守好、智识才能强的可能千分之一二都不到。在《变捐例议》一文中,他一针见血地指出了捐纳的危害:"近十年来,捐途多而吏治益坏,吏治坏而世变益亟,世变亟而度支益蹙,度支蹙而捐途益多,是以乱召乱之道也。"③

如何消除捐纳的危害呢?冯桂芬的设想是停给实官而予虚衔,并相应尊崇之,"其实职升衔加级及贡监,一切停止",而"请留封典、虚衔二者,倍蓰其捐数,许于若干年内,移名若干次,有官者不与。更仿令丞抗礼之制,明定礼节以荣之"。至于现任的捐纳官员,有政绩的,由上司奏请留任,改其出身为荐举;其他无论实缺或候补、候选官员,都视其原来的捐纳

---

① (清)冯桂芬著,戴扬本评注:《采西学议》,《校邠庐抗议:洋务运动的理论纲领》,中州古籍出版社1998年版,第211页。
② (汉)司马迁:《史记·秦始皇本纪》。
③ (清)冯桂芬著,戴扬本评注:《变捐例议》,《校邠庐抗议:洋务运动的理论纲领》,中州古籍出版社1998年版,第102页。

银数,改为上述的封典、虚衔,"以示大信,且令天下晓然,知非往时甫停复开之比"。如此,则"捐班中果有才士,无所冀幸,无所需待,将群然淬厉鼓舞于正途,斯官方可以澄叙,人材可以奋兴矣"①。

### (二) 提出解决胥吏问题的办法

在清朝,胥吏的地位和实际作用极端矛盾。本来,有官就必有吏,有吏有官就必有衙役,胥吏作为主管官员的下属工作人员,是封建国家机器中不可缺少的环节。而且清代官员无论是满洲亲贵,还是科举入仕、捐纳出身者,皆对烦琐冗滥的律条不熟悉,因而更需要依赖了解地方实际情况、熟悉律条的胥吏。如此按理说,胥吏应该受到应有的重视,获得较高的政治地位和经济报酬。

然而,清政府却对胥吏极端歧视,将其实际上列入了贱民的行列,即所谓"限其出路,卑其流品,而不得列于士人君子者,吏也"。在政治上,胥吏实际上是处于封建官僚体制之外,因为他们不仅无权享受政府的俸禄与养廉银,甚至连一点名誉上的待遇也沾不上边,如乾隆十年(1745)十月"禁吏员膺用章服",乾隆二十八年(1763)八月"命各省督抚学政、盐政、藩桌两司书吏不许私用顶戴",而且还体现在政府对胥吏子孙的待遇上。前朝对胥吏子弟也可蒙荫的恩赐在清代已不可能再出现,清代的胥吏、幕宾和以前不同,不再是国家的正式官员,没有职级,不入流品,也没有秩禄。不仅如此,政府还有规定,胥吏的子孙在三代以内都是不允许科举入仕的,如有违反,严惩不贷。这样就从根本上断绝了胥吏子弟出人头地的机会。在经济上对胥吏地极端苛刻。据记载,清代前期皂隶、禁卒每年法定收入只有银六两,根本无法糊口。

这些措施导致了胥吏的官场形象不佳,社会地位低下。士人多不屑与胥吏为伍,明末清初著名学者王夫之甚至在遗训中告诫后代:"勿作吏胥,勿与吏胥人为婚姻。"这种矛盾造成的后果则是:善良之人不屑为胥吏,奸恶之人却愿意做胥吏,致使多数胥吏寡廉鲜耻,利用掌握的办事权力营私舞弊,攫取不义之财。至晚清时,胥吏政治和经济待遇低下与实际掌握行政权的这一矛盾更加尖锐,胥吏管理几乎陷于失控状态。

冯桂芬概括这种情况说:"后世流品,莫贱于吏,至今日而等于奴隶

---

① (清) 冯桂芬著,戴扬本评注:《变捐例议》,《校邠庐抗议:洋务运动的理论纲领》,中州古籍出版社1998年版,第103页。

矣。后世权势，又莫贵于吏，至今日而驾于公卿矣。"① 他认为造成胥吏乱政的情况有多方面的原因，单纯依靠法律惩治、严刑峻法是解决不了问题的，"正名定罪，非尽杀不可，然非一杀之而即已也，杀一虎狼，复养一虎狼，其噬人自若"，裁减胥吏名额也并非良策，因为未裁掉的还要使用。冯桂芬提出了给胥吏以身份和地位的设想："既不能不用之，即宜有以尊之。惟今日吏之贱中于人心，骤尊之清流犹不就也。"② 他提出了三个办法：

其一，精简烦琐的则例。冯桂芬一针见血地指出："吏之病根安在？在例案太繁而已。"③ 清朝统治者为了控制中央和地方的权力，极其注重祖宗成法，规定处理政务就是比附律例、查稿办案。于是清代律例泛滥成灾，"千宗百架，鼠蠹雨浥"，"不但经生黔首懵不见闻，即有司专职亦未尝检阅校勘"。官员不了解烦琐的条例，只有胥吏才熟习有关例律，从而在客观上造成了胥吏凭借其熟习例律的优势而专权舞弊、非法牟利的局面。如何解决这个问题？冯桂芬提出的方法就是，请谙习吏事之人根据《会典》、《则例》等书，择要编成中央各部的《简明则例》，每本不超过二十万字，将新例发给各级官员按此执行，原有的旧例则一概销毁，并统一公文格式，删去头尾复述的套话，制定标准化、规范化的文书样式。他认为这样做，官员们"纵中材暮齿，不习吏事，亦能通晓"，从而杜绝胥吏舞弊的可能性。

其二，改变胥吏的来源并提高其社会地位。冯桂芬指出精简则例后，案牍减去大半，可将外任地方官的胥吏和幕友合并，称为"幕职"，这些人不得以社会闲杂人员担任，而"由郡县学、山长择诸生中有才有行，而文学中平，历三试不中式者，送郡县充选"④，并准其继续参加科举考试，给予入仕之途。九年中没有重大过失，脱离试籍，郡县丞倅佐贰等官可从中聘任，其优者荐用大吏及部院幕职。

其三，改变任官回避本籍制度。冯桂芬认为官员选用中的回避本籍制度也是造成胥吏权重的因素之一。官员回避制度本是防范权力腐败的制度，但俗语说"铁打的营盘，流水的兵"，外来官员开展工作，处理政务离不开长

---

① （清）冯桂芬著，戴扬本评注：《易吏胥议》，《校邠庐抗议：洋务运动的理论纲领》，中州古籍出版社1998年版，第99页。

② （清）冯桂芬著，戴扬本评注：《易吏胥议》，《校邠庐抗议：洋务运动的理论纲领》，中州古籍出版社1998年版，第100页。

③ （清）冯桂芬著，戴扬本评注：《省则例议》，《校邠庐抗议：洋务运动的理论纲领》，中州古籍出版社1998年版，第96页。

④ （清）冯桂芬著，戴扬本评注：《易吏胥议》，《校邠庐抗议：洋务运动的理论纲领》，中州古籍出版社1998年版，第100页。

期在本地经营的胥吏,顾炎武曾言:"自南北互选之后,赴任之人动数千里,必须举债方得到官。而土风不谙,语言难晓,政权所寄,多在猾胥。"冯桂芬也批评回避制度,认为官员到异地就职,人地生疏,风土人情甚至语言都不通,必然利弊无从咨访,狱讼无从了然,"不得不倚奸胥为耳目,循宿弊以步趋"。因而,他主张清政府任命府厅州县各官时,"无论有亲无亲,皆选近省。县丞以下不出省,复古乡亭之职"①。

### (三) 主张提高官吏的薪俸

"仓廪实而知礼节,衣食足而知荣辱。"清代官员贪污受贿问题的产生,除了剥削阶级的追逐财富、骄奢淫逸的劣根性外,很重要的一个原因则在于清代官员的低俸制。

据统计,清前期中央和地方官员的家庭常用开支,是他们官俸的三十余倍。依靠正俸"仰不足以养父母,俯不足以活妻子",不能够养家糊口。既然低俸禄不够生活开支,那么就要想办法增加俸银。来源就是取之百姓的养廉银子、各种杂税以及取之下属的冰炭敬及其各种陋规。一方面奢侈之风盛行,另一方面是俸禄还不足以维持家计。在这种情况下,大小官员便想方设法贪污纳贿,巧立名目层层搜刮。

早期的资产阶级改良主义思想家郑观应就认为"天下之人未有饥寒切体内顾增忧,而能致其身为国家用者"②。而当时,地方官吏的廉俸入不敷出,生活开支紧张是造成贪污腐化的原因之一,有鉴于此,郑观应提出今欲整饬吏治必先从加薪开始。

冯桂芬对此有着深刻的认识。他指出,有些官员之所以贪污并非其本性贪婪,而是国家俸禄太低,使其不得不贪。他具体指出:"夫王道不外人情,士从田间来,寒士居多,虽在一命之微,莫不有父母之养,妻子之赡,宫室舆马、衣裘仆从之需,亲戚故旧之赒恤,官愈大则用愈多。"③ 他估计,京官从翰林部曹至一品官,每年生活花费所需为银子一千两至一万两不等,外官所需如按各自目前所得养廉银计算,牧令约增加十倍,督抚需增加两三倍,其他官员需增加四五倍方可维持正常的生活办公,皆远远超过其目前的

---

① (清)冯桂芬著,戴扬本评注:《免回避议》,《校邠庐抗议:洋务运动的理论纲领》,中州古籍出版社1998年版,第83页。

② (清)郑观应:《廉俸》,夏东元编:《郑观应集》(上册),上海人民出版社1982年版,第450页。

③ (清)冯桂芬著,戴扬本评注:《厚养廉议》,《校邠庐抗议:洋务运动的理论纲领》,中州古籍出版社1998年版,第85页。

法定收入。于是,为了生活需要,官员们只好赚取俸禄以外的钱财,致使"大小京官,莫不仰给于外官之别敬、炭敬、冰敬,其廉者有所择而受之,不廉者百方罗致,结拜师生兄弟以要之。大抵大官之廉者仅足,不廉者有余;小官则皆不足……然则非本性之贪,国家迫之,使不得不贪也。而犹且设为空虚不用之律例,凡俸禄外丝毫有取,皆坐枉法论赃,以综核名实之法治之,曹局一空矣"①。而外任地方官则对官缺的肥瘠津津乐道,"外官自督抚以至典史,某缺肥,岁赢若干;某缺瘠,岁赔若干……扬扬然习于人口,不以为怪,骤闻之,几疑官名为市肆之名"②。

冯桂芬责问说,这种情况难道朝廷真的不知道吗,还是知道而故意纵容呢?他主张按官员的生活、办公实际所需如数给他们增加薪俸。京官从翰林部曹岁起发给千金,逐级增加至一品官员发给万金;而外官经雍正朝的俸禄制度改革后,养廉银虽然有所增加,但是还不够,县令应给本数的十倍,丞倅以上四五倍,至督抚二三倍,如数拨付。如此实施之后如还进行贪污受贿的,就真的是无可救药的贪婪之人了。他认为,对于这样的人应该进行严厉惩处:"京官取外官一钱,上司取属员一钱,官取所部一钱,杀无赦,夫而后吏治始可讲也。"③ 即在提高薪俸的基础上辅之以强化法纪。这样做无疑抓住了肃贪的要害,与现代政府的高薪养廉、严法肃贪的观点不谋而合。

## 二、冯桂芬的近代吏治创新思想

学习西方科学技术的长处,走发展民族工商业之路,是早期资产阶级改良派的基本思想。冯桂芬将这一思想运用到吏治问题的解决中,提出了一系列具有近代意义的创新措施。

### (一) 对封建弊政进行近代化改革

冯桂芬对西学一直十分重视,曾直言不讳地宣称:"法苟不善,虽古先吾斥之;法苟善,虽蛮貊吾师之。"④ 他对西学的提倡,首先是提倡学习科

---

① (清)冯桂芬著,戴扬本评注:《厚养廉议》,《校邠庐抗议:洋务运动的理论纲领》,中州古籍出版社1998年版,第85页。
② (清)冯桂芬著,戴扬本评注:《厚养廉议》,《校邠庐抗议:洋务运动的理论纲领》,中州古籍出版社1998年版,第85页。
③ (清)冯桂芬著,戴扬本评注:《厚养廉议》,《校邠庐抗议:洋务运动的理论纲领》,中州古籍出版社1998年版,第86页。
④ (清)冯桂芬著,戴扬本评注:《收贫民议》,《校邠庐抗议:洋务运动的理论纲领》,中州古籍出版社1998年版,第154页。

学技术，主张"始则师而法之，继则比而齐之，终则驾而上之，自强之道，实在乎是"。鉴于许多封建弊政的产生根源于落后的生产技术与僵化的行政手段，冯桂芬主张通过运用近代商业手段和西方科学技术来防范与消除一些封建弊政。

1. 绘制精确地图以均赋税、测灾情

冯桂芬认为，"赋税不均，由于经界不止"，而这是由测量不准所致。历次丈量田亩都没有科学数据，只凭一纸空文，造成百弊丛生。有鉴于此，冯桂芬提出应按西洋方法绘制出精确地图，正确计算出田亩数字，这样使地主豪强无所欺隐，善良百姓无所赔钱亏累。冯桂芬还提出绘地图以查核旱涝灾害，杜绝赈灾中的若干舞弊行为。冯桂芬指出："州县一遇水旱，吏胥即有注荒费之目，有费即荒，无费即熟，官即临乡亲勘，四顾茫然，发踪指示，一听诸吏，虽勘如不勘也。"① 他认为如果能够绘制出一个地方的正确的地形地貌图，则可根据此图推测灾情，州县官员凭此可掌握全部真实情况，胥吏想要舞弊也难以做到。

2. 运用商业采买方式来取代"南漕"和"土贡"等封建行政行为

对于漕运、进贡、盐务诸政等清代吏治腐败的重灾区，冯桂芬没有因循时人所主张的通过改良行政手段、加强行政控制的老路，而是主张打破封建垄断，运用商业手段来取代封建行政行为，以消除这些弊政赖以存在的基础。

（1）"折南漕"。

冯桂芬认为南漕只不过三百余万石粮，清廷却设置漕运总督这一"以少司马领行台开府，握兵符，控制七行省"的"巍巍大官"来主持，下设包括粮道、督粮同知、管粮通判、主簿和卫弁三百、标兵二千在内的一整套庞大而冗员充斥的管理机构，办事不足而盘剥有余。其结果是，每石漕粮运抵北京大约费银十八两，远远超过了粮食的正常价格，给人民和清政府财政造成了极大的负担。冯桂芬主张罢漕运，将东南各省应解的漕粮按清廷所定的每石一两八钱的价格折成现银解京，直接发给领粮的八旗人等，由其自行购粮，而在天津、通州、北京三地招商贩运粮食，给予免税带货等优惠。他认为价格高远客自然会来，在利益的驱动下，商人必定会踊跃向北方运粮，

---

① （清）冯桂芬著，戴扬本评注：《稽旱潦议》，《校邠庐抗议：洋务运动的理论纲领》，中州古籍出版社1998年版，第111页。

北京等处的粮食供应绝对不会匮乏,"都门百货所集,即川滇闽广之产,尚可咄嗟立办,一旦南粮不来,米价贵,即杂粮随之而贵,又有带免他税之例……况近来商贾路窄,一闻北地价贵,必趋之若鹜,更不患无米"[①]。他认为这样,南方所交之数即北方八旗人所得之数,国家没有毫厘损失,免去了运送之资,而且省去了漕运款项,一共可以节省千万两银子。这有大利于国家和人民,何乐而不为呢?如此一来,由漕运所致的吏治弊端就可彻底根除。

(2)"改土贡"。

进贡是中国古代社会的一个传统。据《禹贡·疏》载:"贡者,从下献上之称,谓以所出之谷,市其土地所生异物,献其所有,谓之厥贡。"上贡,其性质属于皇家独享的一种赋税制度,以实现"普天之下,莫非王土"的产权理论、"率土之滨,莫非王臣"的分封治理关系,以及"君臣父子"的政治社会伦理。西周以分封建国,设九贡以致邦国之用,进贡成为天子与诸侯间政治经济的联系纽带。秦汉以降,进贡主要有三种形式:一是朝贡;二是地方向朝廷进献的常贡、例贡,其特点是岁有定额,有固定的进献方物;三是地方、中央个人向皇帝的进贡,此类进贡无定制,取决于社会风气、吏治状况、皇帝个人喜好等诸多因素。到了清朝时,进贡制度仍然延续。

对于各地向皇室进贡,冯桂芬认为其和漕运一样,也是误国害民、滋生官员腐败的弊政。他设计的改革方案与"折南漕"类似,仍然是通过商业购买的方法来取代进贡,只有那些"非其地不出,而京师又不时有者,始由其地进纳"[②],但也不必由专人采买护送,而由按例进京的官员顺便带来。

此外,冯桂芬还主张取消一些封建垄断性商业,如两淮盐业,认为可由民间自由贩运,以利国便民,等等。

商品交换本质上是一种等价交换的行为,它要求公平、公开和自由竞争,与封建垄断、超经济剥削是根本对立的。冯桂芬企图以商品自由买卖、商品交换来消除由垄断产生的封建弊政,是早期资产阶级改良派的解决思路,可谓找到了根治痼疾的良方。

### (二)公开荐举和督察官员

施政依靠官员。合格官员从哪里来,这就涉及储才和用人制度。清朝主

---

[①] (清)冯桂芬著,戴扬本评注:《折南漕议》,《校邠庐抗议:洋务运动的理论纲领》,中州古籍出版社1998年版,第128页。

[②] (清)冯桂芬著,戴扬本评注:《改土贡议》,《校邠庐抗议:洋务运动的理论纲领》,中州古籍出版社1998年版,第136页。

第五章　早期资产阶级改良派的整饬吏治思想

要的储才和用人途径依然是传统的科举制度。存在的弊端有目共睹，冯桂芬提出了自己的思考和建议。

官员如何任用。冯桂芬认为自秦汉以来封建政权实行的取人之法，由于"才德虚而无据，公论又散而无纪"的原因，不外乎是通过考试录用，或是由少数大臣举荐，真正的有用之才未必能脱颖而出。为此，冯桂芬设计了一种有限的民主荐举和督察官员的方法：扩大参与荐举的官员的面，准许中下级官员来推荐贤员升迁，"以明会推之法，广而用之；又以今保举之法，反而用之。会推必重臣之贵，今广之于庶僚；保举为长吏之权，今移之于下位"①。具体方法是"责成京官自中书以上，皆岁举六部九卿一人，翰詹科道一人，外省知府以上一人，吏部籍之。以得举多少为先后，遇应升缺列上，其无举者不得列。又令岁举部院司官一人，吏部交各堂官，有请升缺，用其举多者；若用举少者，则必言其故，候钦定"②。在这里，冯桂芬主张实行的类似于民主选举的多数决定的原则。按此原则，这些官吏的任用是由一大批中下级官吏民主推荐所决定的，吏部和皇帝只不过是从法律上认可和批准这种决定而已。这就与清廷一直强调的所谓"用人行政乃朝廷所操之柄，不可下移"的封建专制的原则形成了根本的对立。

对于中下级外官的荐举，冯桂芬则主张由乡绅等在野之人而不是由在任官员来荐举："外官则令在籍在京在外各绅及诸生、各乡正副董耆老，岁举同知以下、巡检以上一人，上之郡，郡核其得举最多者，上之大吏，大吏博采舆论折衷之。许删不许增，造册奏闻。有缺，以次保升。"③ 所谓大吏对被荐举者"许删不许增"，其目的是防止高级官员趁机营私舞弊，滥塞私人。

冯桂芬认为此法能真正反映出官员的优劣，"未有乡人皆好而非好官者，即未有乡人皆恶而非劣员者，故此法至当不易"④。他还主张考官、学政、教官也应按此法公举，而各官的考绩也应与其举荐人才的成效联系起来，"至各官考绩，宜首以所举得人与否为功罪，以重其事。所谓取才取

---

① （清）冯桂芬著，戴扬本评注：《公黜陟议》，《校邠庐抗议：洋务运动的理论纲领》，中州古籍出版社1998年版，第72—73页。

② （清）冯桂芬著，戴扬本评注：《公黜陟议》，《校邠庐抗议：洋务运动的理论纲领》，中州古籍出版社1998年版，第73页。

③ （清）冯桂芬著，戴扬本评注：《公黜陟议》，《校邠庐抗议：洋务运动的理论纲领》，中州古籍出版社1998年版，第73页。

④ （清）冯桂芬著，戴扬本评注：《公黜陟议》，《校邠庐抗议：洋务运动的理论纲领》，中州古籍出版社1998年版，第73页。

德、取千百人之公论者如此"①。对于县以下的乡官，冯桂芬则主张由乡民直接选举产生，"驻城各图，满百家公举一副董，满千家公举一正董，里中人各以片楮书姓名保举一人，交公所汇核，择其得举最多者用之"②。而被举者的地位身份皆以诸生③以下为限。同时，他还提出应对乡官实行轮换和监督："正副董皆三年一易。其有异绩殊誉功德在闾里者，许入荐举，有过者随时黜之。"④

这样，冯桂芬就形成了其完整的关于官员选举体系的构想：中央和地方的高级官员由中央较低级的官员选举产生，地方的中下级官员由士绅选举产生，乡官则由民众直接选举产生。显然，这是模仿西方代议制的做法。根据著名历史学家陈旭麓先生的研究，依据上海图书馆所藏的《校邠庐抗议》稿本，可见冯桂芬当年对稿本文字的一些改动。《公黜陟议》的原稿的末段足以证明这一点："及见诸夷书，米利坚以总统领治国，传贤不传子，由百姓各以所推姓名投匦中，视所推最多者立之，其余小统领皆然。国以富强，其势骎骎然凌俄英法之上，谁谓夷狄无人哉！"从中可以看出冯桂芬对美国的普选制是持充分肯定的态度：不仅一切官员皆要由选举产生，连一国的元首也应由选举产生，并认识到美国的富强正基于此。所以，他不仅主张对官员进行选举，而且实际上对清朝的帝制也有微词。同时他又主张在一定范围内允许官员根据自身才力等实际情况自选职缺，这也是其关于民主选举官员的思想的延伸。

### （三）主张舆论调查和舆论监督

封建社会政治上的弊政则是由封建君主专制引发的上下相隔而造成的，对此，冯桂芬同样有深刻的认识，做了详细的论述："三代以下，召乱之源，不外两端：下所甚苦之政，而上例行之，甚者雷厉风行以督之；下所甚恶之人，而上例用之，甚者推心置腹以任之。于是乎鸾鸱可以不分，鹿马可以妄指，沸羹可以为清宴，嗷鸣可以为嵩呼，五尺童子皆以为不然，而上犹

---

① （清）冯桂芬著，戴扬本评注：《公黜陟议》，《校邠庐抗议：洋务运动的理论纲领》，中州古籍出版社1998年版，第73页。
② （清）冯桂芬著，戴扬本评注：《复乡职议》，《校邠庐抗议：洋务运动的理论纲领》，中州古籍出版社1998年版，第92页。
③ 诸生：明清时期经考试录取而进入府、州、县各级学校学习的生员。生员有增生、附生、廪生、例生等，统称诸生。
④ （清）冯桂芬著，戴扬本评注：《复乡职议》，《校邠庐抗议：洋务运动的理论纲领》，中州古籍出版社1998年版，第93页。

以为然。"① 他还指出这种状况在当时更为严重。冯桂芬分析造成这种状况的原因是上下沟通不畅，民间隐情难以传到上面。更可贵的是，他又对照西方的情况，将此列为著名的"四不如夷"之一："人无弃才不如夷，地无遗利不如夷，君民不隔不如夷，名实必符不如夷。"② 为了解决这一根本性的吏治弊端，冯桂芬提出了"公黜陟、重儒官、复乡职、复陈诗"等方法，其实质是借用资产阶级民主思想。

以"复陈诗"为例。"复陈诗"即通过诗歌反映下情。冯桂芬自认为："尝体味群经，而始知诗者，民风升降之龟鉴，政治张弛之本原也。"③ 因而能用来通上下之情。他设计的方法是："宜令郡县举贡生监，平日有学有行者，作为竹枝词、新乐府之类，抄送山长，择其尤，椟藏其原本，录副隐名，送学政进呈，国学由祭酒进呈，候皇上采择施行。"情况反映有效者则由祭酒、学政呈上作者姓名，由朝廷予以奖赏，无效者也不处罚；如祭酒、学政对于有重大价值的诗词未予采录，则要对其进行处罚。冯桂芬认为采用这种方法的最大好处，在于能真实反映民间实际情况，"九州之大，万口之众，果有甚苦之政，甚恶之人，宜必有长言咏叹以及之者矣。夫文人结习，感时触事，莫或使之，犹将矢口成吟。今有赏以动其奋兴，无罚以绝其顾忌；不显主名，使无丛怨之虑；不讳姓名，使无告密之嫌，导之使言，如是有不明目张胆，直言无讳乎"④。

冯桂芬的"陈诗"之法实际上是西方资本主义社会的舆论调查和舆论监督的翻版，只不过他对舆论主体和舆论形式做了限制：提供舆论者只限于一部分知识分子，舆论本身也只限于诗歌这种并不普及的形式。他还认为这种方式要比御史上书、百姓上访等方式安全有效，不会失控，这更反映了他维护清朝统治的保守的立场。但他所主张的"从舆论了解民情"、"言者无罪"、"无记名"等原则，却颇符合西方的资产阶级民主精神，特别是在君主专制钳制舆论，造成万马齐喑的社会环境中，这种主张更显示出时代的进步意义。

---

① （清）冯桂芬著，戴扬本评注：《复陈诗议》，《校邠庐抗议：洋务运动的理论纲领》，中州古籍出版社1998年版，第161页。

② （清）冯桂芬著，戴扬本评注：《制洋器议》，《校邠庐抗议：洋务运动的理论纲领》，中州古籍出版社1998年版，第198页。

③ （清）冯桂芬著，戴扬本评注：《复陈诗议》，《校邠庐抗议：洋务运动的理论纲领》，中州古籍出版社1998年版，第160页。

④ （清）冯桂芬著，戴扬本评注：《复陈诗议》，《校邠庐抗议：洋务运动的理论纲领》，中州古籍出版社1998年版，第161页。

## （四）主张向基层分权

冯桂芬的分权思想主要是企图削弱君主专制的独裁权力，分权于基层。他认为分权是一种必然的趋势，君主不能独治天下而要分权于各省大吏；同样的道理，各省权力也必须依次分给郡守、县令，直到基层小官。他认为在宝塔式的封建官僚体系中，真正的治民之官只有县令，其余的皆是治理官员的官。他认为这本来就不利于官民相通、君民相通，因为治官的大官多就世道必衰，而治民之小官多则世道兴盛。然而，即使是县令，由于集全县大权于一身，事无巨细都要管理，其结果必然难以亲民。"今世治民之官颇少矣，县令藐然七尺耳，控一二百里之广，驭千百万户之众，其能家至户到，而周知其循莠勤惰，饱饥甘苦哉？"县令以下的小官只不过是县官的助手，不仅无亲民之责和权力，而且"非赀选即吏员，流品既杂，志趣多庸，加以间关跋涉，千里万里而来，身家妻子惟一官是食，犬马于富民，鱼肉乎贫民，视令以上尤甚，蠹民而已，何有乎治民"①?

所以他主张应向基层分权，通过民主选举副董、正董等乡官，其上则设巡检、县丞、主簿等。正、副董从县令处分得一部分民事诉讼和轻微治安案件的审判权，规定他们"以本地土神祠为公所。民有争讼，副董会里中耆老，于神前环而听其辞，副董折中公论而断焉。理曲者责之罚之，不服则送正董，会同两造族正，公听如前；又不服，送巡检。罪至五刑送县"②。为确保这种权力的合法性和权威性，冯桂芬又主张，应该规定乡民诉讼如不由副董、正董经手而直接越级上诉的，不予受理。由于副董、正董管辖的范围分别是百户和千户，这就大大加强了官民联系，有利于加强基层统治。冯桂芬主张的这种分权，可以称为行政系统的纵向分权，其目的是更好地治理百姓。

## 三、基本评述

冯桂芬的思想虽领先别人一步，但并没有远远超越他所处的那个时代。冯桂芬在学术上属于讲求实际的经世致用学派，但他主张"要以不畔（通'叛'）于三代圣人之法为宗旨"，死抱着封建名教纲纪不放，妨碍了向西方学习。这表现在吏治上，就是主张改革传统吏治，学习西方的长处，但不进

---

① （清）冯桂芬著，戴扬本评注：《复乡职议》，《校邠庐抗议：洋务运动的理论纲领》，中州古籍出版社1998年版，第91页。

② （清）冯桂芬著，戴扬本评注：《复乡职议》，《校邠庐抗议：洋务运动的理论纲领》，中州古籍出版社1998年版，第92页。

行制度性变革。

### （一）"以中国之伦常名教为原本"，继承传统的吏治思想

冯桂芬的吏治改革方案秉承古代路线。首先，他对清朝政治制度弊端的诊断与其前辈思想家龚自珍、魏源等基本一致，所见的都是清朝在走向衰败时所暴露的那些病症，诸如官员贪腐无能，革新能力不足；政府机构叠床架屋，冗员充斥；科举制度扼杀人才，人才枯竭等，应该说基本上是比较表层的东西。其次，他的许多吏治改革设想没有超越传统的套路，主要还是传统的以反腐、节用、裁减机构淘汰冗员等方法。

冯桂芬的吏治改革主张其实也存在只治标不治本的问题，如汰冗员、免回避、省则例、易胥吏、变捐例等建议实际上都与加强官员的执政能力、提高行政效率有关，以解决官员敷衍塞责、消极懈怠、效率低下、执行力不足、官僚病等问题。而对于君权，他是十分维护的。例如，在《复陈诗议》中，他就反对士人上书言事，认为这样容易"呼群引类，以启党援"，威胁到君主的统治。

### （二）"辅之以诸国富强之术"，效法西方，学习西方

冯桂芬比当时士人突出的是对西方和西学的认识比较超前，领先其他人一步。他产生了"法苟不善，虽古先吾斥之；法苟善，虽蛮貊吾师之"的识见，所以他的行政改革主张里也有"采西学"的内容，这也是他的行政改革思想异于前人的特点之一。如他公然表示中国有不如夷的地方，就是"人无弃才不如夷，地无遗利不如夷，君民不隔不如夷，名实必符不如夷"。至于军旅之事，则"船坚炮利不如夷，有进无退不如夷"。所以，在他的行政改革方案中，取人重公论、部分高级官员由选举产生、"考官、学政皆由公举"以及乡官由乡民选举的设想都是借鉴了西方的民主选举制度。

总体来说，冯桂芬的行政改革思想的确是切中时弊，颇具针对性和实用性，并不是纸上谈兵，有一定的价值和见地。

## 第三节　王韬整饬吏治的思想

王韬（1828—1897），原名利宾，江苏长州（今吴县）人。去香港后，更名韬，字仲弢，又字紫诠，晚年自号弢园老民、天南遁叟等。他1845年考取秀才，后因乡试未中，从此绝意科举。1849年，他应英国传教士麦都思（Walter Henry Medhurst）之邀，到新教伦敦教会办的上海墨海书馆担任中文编辑，并帮助编辑中文刊物《六合丛谈》。1862年，王韬因化名黄畹上

书太平天国被发现,遭到清廷通缉,在英国驻沪领事帮助下逃亡香港,开始他长达二十三年之久的海外流亡生活。流亡期间,他游历了英、法、日本等国。1874年在香港创办并主编政论报纸《循环日报》。1884年经李鸿章默许,回到上海定居,并担任格致书院掌院,直至1897年病逝。

王韬具有强烈的社会忧患意识,加上科场失意,家境穷困,对现实政治不满,产生了强烈的批判精神。尤其是在吏治方面,他提出了许多整饬吏治的思想。

## 一、王韬的传统吏治整饬思想

王韬清楚地认识到,19世纪中叶后的西方资本主义国家政通人和,经济发达,对外扩张蓬勃发展,反观清朝,就像一个得了大病的社会,它不仅外表百孔千疮,而且内部严重亏虚,"国家自军兴以来,括天下之财赋以填巨壑,民生益蹙,国计益敝"①。而麻木不仁、昏庸愚昧的清王朝却还在自我陶醉,弥缝苟且,歌舞升平。清王朝的官场苞苴公行,"内自部员,外自上宪,利不至则官不显,上下蒙蔽,刑不加,罚弗及,肆然无忌,而曰取盈焉"。官吏唯利是趋,大吏之利取之于小吏,小吏之利取之于民间,层层盘剥,上行下效,官场已然成为"孔方兄为之斡旋、阿堵物为之居间"的肮脏之地。所以,他认为必须"清仕途",整肃官僚队伍。

### (一) 主张精简官僚队伍

晚清时期官吏冗滥、机构臃肿的情况相当严重。清朝中央官制实行满汉复位,官员本已够多(每部堂官六人,外加郎中、员外郎、主事等大大小小的官,总数不下百万),地方行政机构中冗吏冗员的情况更为严重。

当时,以一省为例,负责刑名、钱粮的除按察使、布政使外,尚有善后局、洋务局、牙厘局、发审局等各种关差厘局的提调、委员以及巡道、分巡道、盐道、粮道等;府、厅、州、县除知府、知州、知县外,尚有同知、通判、州同、州判、经历、县丞、主簿、吏目等,合计一省大小官吏不下数万。此外,河防、漕运、盐务衙门无不如此。漕运总督以少司马领行台,开府握兵符,控制七行省,辖卫弁三百,标兵三千,暖衣饱食,安坐无事。此外,更有粮道、督粮同知,管粮通判,主簿之类,皆坐收潜规,不务漕务。靡费国帑,需索州县,鱼肉百姓而已。至于各省临时添设局所人员更多,既

---

① (清)王韬著,陈恒、方银儿评注:《补救起废药痼议》,《弢园文录外编:一个卓立特行者的心路历程》,中州古籍出版社1998年版,第297页。

有督办，又有会办，提调以及委员司事，少则数十人，多则数百人。庞大的官僚机构和上百万官吏不仅给人民带来沉重负担，而且严重败坏了吏治。早期资产阶级改良派思想家郑观应曾指出了冗员的害处，说："国家多一冗员，不特多一糜廪禄之人，即多一朘民膏之人，甚且多一偾国是之人。"他强调这种人必须予以裁汰，"亦使幸位之流，素餐之辈，无所托足耳"①。

王韬主张在权力运作方面，创建现代化的官僚机构，精简官僚队伍，裁撤冗员，提高官员素质和行政效率。

第一，指出冗官的弊端。王韬认为，官吏冗滥必将导致官场内部摩擦内耗，降低行政效率，"闲员末秩，备位枝官，无益于民事，徒足以耗国家度支者……一省之中，既有巡抚而复有总督，有时意见龃龉，而事权不能归一，往往至于误国偾事"②。而且在人浮于事、官吏多薪俸低的情形下，"官场游民"们极易绞尽脑汁欺诈、勒索人民，极易将其精力倾注在对非法利益的疯狂追求和钻营奔竞之上，这势必导致整个官场风气的败坏。

第二，主张裁汰冗官。王韬认为官吏贵精不贵多，建议对清朝各级官府实行一次甄别筛选的普查，凡属冗员，不论是官是吏，"无论文武，悉从而汰之"。针对一省中存在着总督和巡抚权力重叠的问题，王韬主张除直隶、四川、甘肃之外（这三省未设巡抚，故无权限纠纷），其余各省总督一职皆可废除。

第三，主张延长官吏的任期。王韬认为，官吏频繁调动不仅导致地方政令朝颁夕改，"令方行而遽寝，政未成而旋罢"，而且使得官民互仇，政情不通，导致政府实际管理效率低下。因此，王韬主张君主对文武百官既用之，则必信之；既任之，则必专其职、久其任，只有这样，才能使"民便于官，吏习于治"，从而有利于地方社会的稳定发展。

## （二）求真才

### 1. 主张储备贤才，任用贤才

早期资产阶级改良派吏治的重要特点之一就是强调人才的重要性。他们认为，政之兴，在得人，"地方之治乱，视官吏之贤否为转移；朝廷求治，亦视用人何如耳。一县得人则一县治，一郡得人则一郡治，一省得人则一省

---

① （清）郑观应：《汰冗》，夏东元编：《郑观应集》（上册），上海人民出版社1982年版，第457页。

② （清）王韬著，陈恒、方银儿评注：《除弊》，《弢园文录外编：一个卓立特行者的心路历程》，中州古籍出版社1998年版，第93页。

治，天下得人则天下治"①，人才的选拔和培养关系到国家的兴衰存亡。

王韬充分认识到人才的重要性。他认为"夫贤才者，国家之元气也。贤才在上则国治，贤才在下则国乱"②。这就是说，贤才与国家前途命运息息相关。他认为，一个国家繁荣与否，主要不是受自然条件的支配，而是更多地取决于人才因素。"老成持重者为精能，阘冗畏事者为历练，而英敏不羁畸异不群之士概无由进……其用人也，一循以资格，不问其才否。持身自固，蒙蔽日深。"③ 在这里，王韬显然已经看到政治僵化必然带来官僚阶层的不求进取和人才的全面危机，而后者正是近代中国社会缺乏生气和难以前进的主要原因。因此，王韬十分重视人才的培养、储备和选拔，把它视为变法自强的关键所在，置于诸事之首。1865年他在给李鸿章的信中说，国家之有人才，犹如人身上有精神一样，如果丧失人才，国家必然萎靡不振。所以他提出，"故今日我国之急务，其先在治民，其次在治兵，而总其纲领，则在储材"④。

2. 对科举、捐纳、保举的批判

清朝官场历来是科举、捐纳、保举三途并进，发展到晚清时期已经是既杂又滥。王韬对此进行了批判，并且提出了取代之法。

（1）对科举的批判。

王韬屡试不中，抱负无法施展，使他对八股科举痛恨至极。他对科举制度进行了尖锐的批判："本朝试科以制艺，实沿明代旧习，遂使英贤杰士壮志消磨，皓首穷经，未蒙推选，不知湮没几何人品矣！"⑤ 王韬认为八股取士制度严重脱离社会现实，它培养出来的人必是"问以钱谷不知，问以兵刑不知，出门茫然，一举步即不识南北东西之向背"的无用之才，虽然符合统治者的需要，但是对国家和民族的发展而言却是贻害无穷。王韬指出："今国家取士，三年而登之贤书，升之大廷，称之曰进士，重之曰翰林，以

---

① （清）郑观应：《吏治上》，夏东元编：《郑观应集》（上册），上海人民出版社1982年版，第352页。

② （清）王韬著，陈恒、方银儿评注：《原才》，《弢园文录外编：一个卓立特行者的心路历程》，中州古籍出版社1998年版，第44页。

③ （清）王韬著，陈恒、方银儿评注：《补苴起废药痼议》，《弢园文录外编：一个卓立特行者的心路历程》，中州古籍出版社1998年版，第298页。

④ （清）王韬著，陈恒、方银儿评注：《变法下》，《弢园文录外编：一个卓立特行者的心路历程》，中州古籍出版社1998年版，第56页。

⑤ （清）王韬：《与杨莘圃》，朱维铮编：《弢园文新编》，生活·读书·新知三联书店1998年版，第182页。

## 第五章　早期资产阶级改良派的整饬吏治思想

为天下人才在是矣。不知所试者时文耳,非内圣外王之学也,非治国经野之道也,非强兵富民之略也。"① 他认为,科举制度选拔出来的所谓人才,所习非所用,所用非所长,文不能治国兴邦,武不能御敌护国,是一种误人子弟、败坏风气的制度。

王韬猛烈批判八股取士"败坏人才,斫丧人才,使天下无真才",犹如枷锁,消磨锐气,埋没人才。他大声疾呼:"不废时文,人才终不能古若,而西法终不能行,洋务终不能明,国家富强之效,终不能几。"② 在王韬的思想里,考试用八股文,不仅浪费人才而且败坏人才,不废八股文,不仅实学难以兴起,连西学也不可能流行,国家富强的梦想也终于不能实现。

(2) 对捐纳的批判。

捐纳是清朝用人制度中比八股取士更腐败、更不得人心的一项弊政。王韬也注意到这一问题的严重性,他揭示道:"天下自捐纳之开,朝廷之上几有市道焉。内官自郎中始,外官自道员始,以次递下,一切皆有价值……其用资尤多者,即可领凭赴任。其指省分发,需次省垣者,亦复随行逐队,听鼓应官,公然以为民上自居矣……月取数十金或百余金,而问其果皆实心办事否,则月至不过数日,余皆委之司事而已……其所以糜费朝廷之府库者,不知凡几,是挟数百金数千金而月收其利至于无算……及其挨班得缺,取盈于民,尚忍言哉?"③ 捐纳制度使得堂堂朝廷变为交易市场,大小官职,标价出售。掌握任免大权的高官"只以情面为瞻徇,请托为引援,钻营为阶进,财贿为升擢,逢迎结纳为与畀",只为了谋取一己之私利。而被任命的捐官,由于捐纳之初,既以利进,入仕之后,便难免以获取钱财为目的,寡廉鲜耻,不择手段。而这无疑又会加重人民的负担,加深官与民的相互不信任。百姓无路可走,只好群起劫官犯上。王韬警告当局:"捐纳之弊,大者祸国殃民,小者空糜廪禄,故不废捐纳,天下终不得治。"④

(3) 对保举制的批判。

作为一种选官方式,清代文官保举制度确立于顺治初年。主要有诏令保

---

① (清)王韬著,陈恒、方银儿评注:《原才》,《弢园文录外编:一个卓立特行者的心路历程》,中州古籍出版社1998年版,第44页。
② (清)王韬著,陈恒、方银儿评注:《洋务下》,《弢园文录外编:一个卓立特行者的心路历程》,中州古籍出版社1998年版,第83页。
③ (清)王韬著,陈恒、方银儿评注:《停捐纳》,《弢园文录外编:一个卓立特行者的心路历程》,中州古籍出版社1998年版,第102页。
④ (清)王韬著,陈恒、方银儿评注:《停捐纳》,《弢园文录外编:一个卓立特行者的心路历程》,中州古籍出版社1998年版,第103页。

举、考绩保举、劳绩保举等类型。清朝在赋予督抚等保举人荐举权力的同时，也通过严格保举的条件，追究保举人的连带责任，严惩徇私和滥举行为等措施，力图规范保举行为。但是，晚期时期的保举日益泛滥，且已经是严重变质，亲缘、地缘、师生、贿赂等关系大量渗透其间，为官场结党营私、贿赂公行大开方便之门，完全失去了为国家求贤的本意。王韬揭露清政府在选拔官吏时的荐举制弊端重重，"苟无利焉，大吏遭驳议矣，小吏干退黜矣，升迁无望，调补无期。卓异荐举，皆孔方兄为之斡旋也；注阙得官，皆阿堵物为之居间也"①。

（4）提出的改革方案。

第一，废除八股而代之以实学。王韬从开发和选取人才的角度，坚决主张废除八股而代之以实学。他指出，八股制艺不可能培养出经国济世的人才，因而要选拔真正有用的人才，必须废除八股，提倡实学。所谓实学，即以西方的科学技术为主要内容的经世致用之学。他又进一步提出用以实学为主要内容的取士方法代替八股取士。因为"以时文取士，盖欲其废书不观，使之囿于一隅之中而莫能出其范围；往往有髫龄就学，皓首无成，而士之受其愚不少矣"②。因此，"为今计者，当废时文而以实学……且士既不为时文，其心思智慧，咸磨砺以成有用之学"③。

第二，废除捐纳，以改良后的科甲、保举制度并行。王韬主张这种"使天下无真才"的选拔用人制度亟须改革。至于如何求得真才，他在《尚简》一文中提出了取代之法，即"请废捐纳一途，而以科甲保举二者并行"④。王韬还提出了改革科举制度，以选拔新式人才的主张。因此，科举与保举都要进行改革。科甲考试方面，主张"废时文而尚实学"，即废除八股文，专尚实用之学。他认为经学、史学、掌故之学、辞章之学、舆地、天算、律例、辩论时事、直言极谏四科，无论出自哪一科，都得取之为士，试之以官。在保举方面，则分孝悌贤良、孝廉方正、德著行修等数门，凡才识兼备，或"身怀某一技艺不论其有无通过科举考试者"，只要地方上选举或

---

① （清）王韬著：《瞍谭·肃官方》，《弢园文录外编》，中华书局1959年版，第377页。

② （清）王韬著，陈恒、方银儿评注：《原士》，《弢园文录外编：一个卓立特行者的心路历程》，中州古籍出版社1998年版，第48页。

③ （清）王韬著，陈恒、方银儿评注：《原士》，《弢园文录外编：一个卓立特行者的心路历程》，中州古籍出版社1998年版，第47-48页。

④ （清）王韬著，陈恒、方银儿评注：《尚简》，《弢园文录外编：一个卓立特行者的心路历程》，中州古籍出版社1998年版，第100页。

推荐，国家就不必试其文字，应当破格任用。

王韬主张废捐纳、废时文，另辟"荐举入仕"之途，其目的就是发现和提拔有实学和技能的近代人才，为发展资本主义经济及与之相适应的政治革新服务，从而改变当时中国的状况，使得国富民强，长治久安。

王韬还针对捐纳停止后清政府财政困难这一点，提出"富国不在捐输"，他说："矧乎兴利之法，于今实多，又何必鬻爵售官，至于累民病国。如开辟矿务，整顿鹾纲，鼓铸钱文，皆今日之要务也，何不次第而举行之？"①

### （三）整肃官僚队伍，惩治贪官

王韬对贪官污吏极为痛恨，鞭挞可谓是不遗余力。他揭露了封建专制制度的官吏贪污横行、营私舞弊的腐败现象，描绘了腐败官吏丑恶形象："惟知耗民财，殚民力，敲'骨'吸髓，无所不至，囊橐既饱，飞而飏去；其能实心为民者无有也。"② 王韬指出国家的财富既不归于国家，也不存于人民，而是被贪官污吏所占有。这些财富"大吏之利取之于小吏，小吏之利取之于民间"。有鉴于此，他明确主张严惩官吏贪墨。

为整肃官吏，王韬主张"抑躁竞"、"惜名器"、"惩贪墨"。抑躁竞，就是厚风俗，端教化，励名节，戆廉耻；惜名器，就是尊有功，赏有德，养士气，作士志；惩贪墨，就是肃官箴，清仕途，伸国法，足民生。要罢斥官场上那些"便辟侧媚、结纳逢迎、趋承奔走、廉耻丧尽"的无能无耻之徒，严厉惩治贪贿不法官吏。王韬认为这是整肃官场的关键所在，"三者既行，官途当为之一变矣"。

王韬建议在选拔官吏时，应"先于慎简督抚，俾其黜陟贤否，甄别其才能，行久任之法，立不资不赏。当使视民事如己事，务实心以行实政，而天下自无不治矣"。裁汰冗员，惩治贪官，奖励合格官员，通过一系列的措施促使官员摆脱因循守旧思想，更摆脱那种无过便是功的官场潜意识。只有官员之间相互效仿，相互敦促，才能最终"治道可兴"。

王韬建议对清朝各级官吏实行一次严格地甄别筛选，凡属贪官污吏，则"必严其典章，纠其贿赂，戍边不赦，籍没不贷，即其家资以充军需，使墨吏徒有贪饕之名，而无享受之实"，严厉处置，毫不手软。而对经过筛选合

---

① （清）王韬著，陈恒、方银儿评注：《停捐纳》，《弢园文录外编：一个卓立特行者的心路历程》，中州古籍出版社1998年版，第104页。

② （清）王韬著，陈恒、方银儿评注：《重民下》，《弢园文录外编：一个卓立特行者的心路历程》，中州古籍出版社1998年版，第66页。

格留任的官员则应该赋予其更大的权力,增加其薪俸,使其尽心职守,做好行政管理工作。他认为通过采取这些奖廉惩贪的措施,官员必将"顾恤名节,相尚以廉,而治道可兴"。

王韬在香港时期的社会批判思想既超过了他在上海时期所达到的水平,也大大超越了鸦片战争时期龚自珍、魏源等"经世派"思想家社会批判的框架。

### (四) 胥吏问题

胥吏问题是清朝官场弊病。王韬也深有感触,认为"舞文弄法,半由于吏……今之为吏者,大抵皆狡黠龌龊,足以持官短长"。他甚至提出:"今天下之所谓吏者,必尽行裁撤而后可。内自京师,外至直省,大自六部,小至州县,举二百余年来牢不可破之积习,悉一扫而空之。"① 为从根本上解决胥吏问题,王韬提出了以下主张:

第一,删减律例。这些言论,可谓是对冯桂芬在《省则例议》一文中提出的"谈者谓今天下有大弊三:吏也,例也,利也。任吏挟例以牟利,而天下大乱,于乎尽之矣"② 观点的深化与发展。王韬指出中国律例繁多,刑狱琐碎。繁杂的律例不仅便于吏胥贪赃枉法,鱼肉百姓,而且增加行政程序的复杂性,对于行政治理与经国治民毫无益处。他说:"自汉至今,几二千余年,人情之诈伪极矣,风俗之浇漓至矣。律例繁多,刑狱琐碎;文法之密,逾于网罗;辞牍之多,繁于沙砾。动援成法,辄引旧章,令人几无所措其手足。各直省禀报之案,虚词缘饰,百无一真,而更益之以六部之律例纷纭,互相牵制。不知此特便于吏胥舞文弄法,索贿行私,以上下其手而已。非特不能为治,且足以坏政体,而于经国治民毫无裨补。"③ 对于律例繁文和臃冗胥吏给中国政治所带来的危害,他带着一种极为激愤的心态来呼喊将之废除,认为"吏胥所据之部例,士子所习之时文,皆可尽付之祝融虐焰中而后大快也"④,"凡昔日之拘文牵义,以一字为重轻,借片言为轩轾,得

---

① (清)王韬著,陈恒、方银儿评注:《变法自强中》,《弢园文录外编:一个卓立特行者的心路历程》,中州古籍出版社1998年版,第88页。

② (清)冯桂芬著,戴扬本评注:《省则例议》,《校邠庐抗议:洋务运动的理论纲领》,中州古籍出版社1998年版,第95页。

③ (清)王韬著,陈恒、方银儿评注:《尚简》,《弢园文录外编:一个卓立特行者的心路历程》,中州古籍出版社1998年版,第99页。

④ (清)王韬著,陈恒、方银儿评注:《尚简》,《弢园文录外编:一个卓立特行者的心路历程》,中州古籍出版社1998年版,第99页。

以上下其手者，悉付之于一炬而后大快"①。

王韬以汉高祖刘邦的约法三章为例，赞美中国古代法律"尚简"。他赞赏当时英法美等国的法律制度，认为美国独立战争后制定的宪法也只有两百多条，多年来从未增加，却政治清明、国家稳定。因此，他主张起用熟悉新法律之人，"就西洋律例之精意"，重新厘定中国的全部法律，对于不适用的旧律例一概废除与裁撤，以求达到以法律简明实现政治清明。这体现了王韬对西方近代政治民主中的法治精神的向往。

第二，精减胥吏数额，提高胥吏的素质。王韬提出州县胥吏不得超过百人，"州县胥役，限以定数，毋得逾百人"②。同时，他认为"今欲使吏之不奸，莫若高其品，优其选，使士人为之"，即要改变胥吏的来源，提高其社会地位，让更多的品德好的读书人加入到胥吏中来，"而以为士之明智律例者，以充其任"③。在此基础上，王韬还主张对胥吏的勤惰、优劣严加甄别考核，如三年内没有过失，就授予其一个官职加以鼓励。

### （五）主张体恤民艰、革奢崇俭

第一，实施抚民政策，与民休息。王韬本着民为邦本的传统儒家思想，认为，"今夫富国强兵之本，系于民而已矣"④。他说："善为治者，贵在求民之隐，达民之情，民以为不便者不必行，民以为不可者不必强，察其痌瘝而煦其疾痛，民之与官有如子弟之于父兄，则境无不治矣。"面对晚清纷乱的时局，他提出："今日时务之急，莫在乎收拾民心。"⑤ 王韬认为治民之要，"在抚字以结其心，勇敢以作其气，忠孝节义以厉其心志，轻徭薄赋以养其身家，务使安其居，乐其业，可静而不可动，而忠君爱国之心自油然生于其中"⑥。

---

① （清）王韬著，陈恒、方银儿评注：《变法自强中》，《弢园文录外编：一个卓立特行者的心路历程》，中州古籍出版社1998年版，第89页。

② （清）王韬著，陈恒、方银儿评注：《变法自强中》，《弢园文录外编：一个卓立特行者的心路历程》，中州古籍出版社1998年版，第89页。

③ （清）王韬著，陈恒、方银儿评注：《变法自强中》，《弢园文录外编：一个卓立特行者的心路历程》，中州古籍出版社1998年版，第88页。

④ （清）王韬著，陈恒、方银儿评注：《重民上》，《弢园文录外编：一个卓立特行者的心路历程》，中州古籍出版社1998年版，第60页。

⑤ （清）王韬著，陈恒、方银儿评注：《上当路论时务书》，《弢园文录外编：一个卓立特行者的心路历程》，中州古籍出版社1998年版，第365页。

⑥ （清）王韬著，陈恒、方银儿评注：《重民中》，《弢园文录外编：一个卓立特行者的心路历程》，中州古籍出版社1998年版，第62-63页。

镇压太平天国的战争和第二次鸦片战争严重破坏了中国的社会经济，平民百姓落入贫困不堪的悲惨境地，而封建统治者仍编出各种苛捐杂税的项目来，加紧对劳动人民的搜刮。王韬深感忧虑，他上书清朝当道大员说，自战乱之后，民间创巨痛深，连昔日富庶的江南也是人户衰减，殷富散亡，远远不如以前，因此，朝廷不应再对人民横征暴敛，而应该与民休息，"招集流亡，抚恤灾困，俾各归其所。给之牛种，课之耕作，无主不垦之地，许以其所出半归于官。减赋损捐，勿再多取令其重困。其他裁冗去烦，革奢崇俭，开源节流，次第举行"，总之，务必使"农不惰于田，妇不嬉于室，商不重征，贾不再榷，各勤其业，争出吾市。则下益上富，其财岂有匮乏哉？"①

第二，体察民艰，革除妄费。节约是中华民族的传统美德。中国传统的儒、道、佛、墨诸家学派都提出过节用的重要性，王韬也深受影响。他在告诫清朝统治者要体恤民艰的同时，亦特别提醒统治者要革奢崇俭，"欲富国者，莫如足民，欲足用者，莫如节用"。王韬认为君主要率先体察民众疾苦，注重节俭，革除皇宫中不必要的费用。他提出："从来奢侈起于逸乐，节俭生于忧患。而欲崇节俭，必自君躬始。每岁织造中有可减者减之，有可罢者罢之，不必辄循常例。宫中所需，宜有定数；内务府宜岁支以若干，而不必求之外省。"王韬主张以欧洲大国君禄之数为参照，限定清朝宫中所需与内务府开支，这在"溥天之下，莫非王土，率土之滨，莫非王臣"的情况下，要求皇室率先节俭以扭转社会的奢靡风气，这一主张无疑是对封建专制君权的挑战。

## 二、王韬的吏治创新主张

王韬批判封建君主专制制度是社会腐败的根源。他推崇西方政治制度，提出了"君主于上，而民主于下"、君民共治天下的民权思想。这就抓住了近代吏治的根本。

### （一）提出"君主于上，而民主于下"的主张

王韬透过官场形形色色的丑恶现象看到了封建君主专制制度不可克服的弊端。他认为，清朝的吏治腐败与封建君主专制制度密不可分。王韬揭露清朝官场"上下交征利"的腐败现象、清朝官吏的冥顽不灵和保守僵化，这一切的深层次根源就是封建君主专制制度。

---

① （清）王韬：《代上苏抚李宫保书》，朱维铮编：《弢园文新编》，生活·读书·新知三联书店1998年版，第245页。

## 1. 认为封建君主专制造成了君臣相隔、君民相隔

王韬认为，君、官、民地位与权力的差异，无疑会造成上下之情不能相通的"隔阂之局"。这就使处于君与民之间的官僚有一个欺下瞒上的结构空间。此一空间是腐败得以滋生蔓延的温床。纵使有尧、舜般的英明君主，高坐龙椅之上，最终也无法深入地了解民情，民情也无法上达，政治信息处于上下隔阂、闭目塞听的状态。

王韬指出："三代以上，君与民近而世治；三代以下，君与民日远而治道遂不古若。至于尊君卑臣，则自秦制始。于是堂廉高深，舆情隔阂，民之视君如仰天然，九阍之远，谁得而叩之！虽疾痛惨怛，不得而知也；虽哀号呼吁，不得而闻也。"① 君民相隔，使得君主高高在上，民众的舆情不能上达，君主不能体察民情，民众日益对政治漠不关心，政府与民众自然不能做到利害与共。王韬认为，中国自晚清以来，"其君子则多狃于因循，其小人则渐趋于浇薄，以致寡廉鲜耻，各怀一心"②，其主要原因就是君主太尊、民意太贱。

封建君主专制造成了君主和官吏政治上的隔阂。王韬抨击清朝官制，"今者朝廷出一言，更一例，动格于部议不行。相臣之权在六部，六部之权在军机，固守成宪，而相臣拱手以听之而已，安所见设施乎。"③ 皇帝大权独揽，各级官员以忠上为能事，不再以向上进言为己任。王韬认为，这种上下隔阂使得督抚未必奉行朝廷的诏令，府县未必遵守督抚的命令，最终形成了官场疲玩拖沓之风。

在封建专制制度里，官僚权力结构呈自上而下的垂直隶属形态。官场等级森严，官大一级压死人，官员唯上命是从，官员的升迁不是由政绩或民意来决定，而是由上司的好恶来决定。这一点正是贪官污吏敢于肆无忌惮地搜刮民脂民膏、作威作福和昏官庸官能够逍遥自在、如鱼得水的前提。

王韬的深刻分析，锋芒已直指封建君主专制制度本身。官吏疏远民众，对民众的苦难麻木不仁，导致官民之间隔阂深重，存在尖锐的矛盾对立。

---

① （清）王韬著，陈恒、方银儿评注：《重民下》，《弢园文录外编：一个卓立特行者的心路历程》，中州古籍出版社1998年版，第65页。

② （清）王韬著，陈恒、方银儿评注：《达民情》，《弢园文录外编：一个卓立特行者的心路历程》，中州古籍出版社1998年版，第124页。

③ （清）王韬著，陈恒、方银儿评注：《任将相说》，《弢园文录外编：一个卓立特行者的心路历程》，中州古籍出版社1998年版，第280－281页。

## 2. 提出了"君主于上，而民主于下"的主张

王韬认为要想从根本上去除吏治之弊端，必须做到通民情、达民隐，去除君主专制制度下的"堂帘之高远，忘殿陛之尊严，除无谓之忌讳"的弊端，"惟君民共治，上下相通，民隐得以上达，君惠亦得以下逮"①，才能上下一心，君民一体，无隔阂之弊。

王韬从传统的民本思想出发，指出民心得失是天下治乱的根本，而民心得失的关键在于君主如何治民。王韬指出，在君主治理中重要的是不能在上下之间存在隔阂。怎样才不至于产生隔阂呢？他认为，朝廷不能视民众为软弱、下贱、愚昧，而应该在施政时与民众沟通协商，征求意见。"朝廷有大兴作，大政治，亦必先期告民，是则古者与民共治天下之意也……夫能与民同其利者，民必与上同其害；与民共其乐者，民必与上共其忧。"②他进而对"与民共治天下"的主张进行了如下阐述："《书》有之曰：民惟邦本，本固邦宁。苟得君主于上，而民主于下，则上下之交固，君民之分亲矣，内可以无乱，外可以无侮，而国本有若苞桑磐石焉。由此而扩充之，富强之效亦无不基于此矣。"③可见，"君主于上，而民主于下"的君民共治天下的议会制度，正是王韬为处于君主专制制度下的中国所设计的政治制度。

## （二）赞美西方议会制度，认为学习和实践西方君主立宪制度能够达到良治

欧洲的游历使王韬对西方各国政体有了更多的亲身体验。在王韬的视野里，西方的"良政"无疑更接近中国上古的理想政治，尤其是西方的君主立宪制度既做到了上下有别，又能使下情上传，因此中国的政治变革应当以西方为榜样，从而实现良治，从根本上去除政治腐败。

在研究对比中西方历史的过程中，王韬赞美西方议会制度颇具中国三代之风。他在研究了法国国会之后评论说："国会之设，惟其有公而无私，故民无不服也。欧洲诸国，类无不如是。即有雄才大略之主崛起于其间，亦不能少有所更易新制、变乱旧章也。偶或强行于一时，亦必反正于后日。拿破仑一朝即可援为殷鉴。夫如是则上下相安，君臣共治，用克垂之于久远，而

---

① （清）王韬著，陈恒、方银儿评注：《重民下》，《弢园文录外编：一个卓立特行者的心路历程》，中州古籍出版社1998年版，第65页。

② （清）王韬：《重民中》，陈恒、方银儿评注：《弢园文录外编：一个卓立特行者的心路历程》，中州古籍出版社1998年版，第63页。

③ （清）王韬著，陈恒、方银儿评注：《重民下》，《弢园文录外编：一个卓立特行者的心路历程》，中州古籍出版社1998年版，第66页。

不至于苛虐殃民,贪暴失众。盖上下两院议员悉由公举,其进身之始,非出乎公正则不能得。若一旦举事不当,大拂乎舆情,不洽于群论,则众人得而推择之,亦得而黜陟之。彼即欲不恤人言,亦必有所顾忌而不敢也。中国三代以上,其立法命意,未尝不如是,每读欧史至此,辄不禁蹩然高望于黄农虞夏之世,而窃叹其去古犹未远也。"① 相比之下,封建君主专制制度简直成了剿杀民意、祸国殃民的罪魁祸首。

王韬在《循环日报》上发表了大量高度赞美西方议会制度的政论文。在政论《重民》篇中,王韬充满热情地介绍了西方三种主要政治制度:君主专制、民主制度、君主立宪制度。他对这三种主要的政治制度进行了比较,认为君主之国是君主"一人主治于上而百执事万姓奔走于下,令出而必行,言出而莫违";民主之国是"国家有事,下之议院,众以为可行则行,不可则止,统领但总其大成而已";君民共主之国是"朝廷有兵刑礼乐赏罚诸大政,必集众于上下议院,君可而民否,不能行,民可而君否,亦不能行也,必君民意见相同,而后可颁之于远近"。比较这三种制度,王韬认为最理想的是君民共主制。因为君主之国对君王有很高的要求,只有像尧、舜这样的君主才能将国家治理得长治久安,而尧、舜之君则不是代代都有,国家难免陷于混乱。而民主之国则众口难调,"法制多纷更,心志难专一,究其极,不无流弊"。只有君民共主之国,上下相通,民隐得以上达,君惠亦得以下传,有中国三代以上之遗意。

王韬在当时最发达的资本主义国家英国游历生活过。他对英国的君主立宪制度大为推崇,指出"英国之所恃者,在上下之情通,君民之分亲,本固邦宁,虽久不变"②。他赞扬英国的官吏选举制度,官吏选举是推行荐举之法,所荐举的人"必平日之有声望品诣者,方得擢为民上",官吏选举的原则是"又必准舍寡从众之例,以示无私"③。官吏一旦任职,对人民须仁慈正直,如果擅作威福,行不义之事,杀害一个无辜之人,就必定为全国人民所不允许,其所受到的惩罚就不只是不能保全爵禄而已。他认为英国政治之所以为泰西诸国所仰慕、仿效,就是君民上下之间能够互相沟通、互相联络。英国议会制度的好处就在于"无论政治大小,悉经议院妥酌,然后举

---

① (清)王韬:《重订法国志略》卷十六,清光绪十五年(1889)铅印本,第28页。
② (清)王韬著,陈恒、方银儿评注:《纪英国政治》,《弢园文录外编:一个卓立特行者的心路历程》,中州古籍出版社1998年版,第177页。
③ (清)王韬著,陈恒、方银儿评注:《纪英国政治》,《弢园文录外编:一个卓立特行者的心路历程》,中州古籍出版社1998年版,第177页。

行。故内则无苛虐残酷之为，外则有捍卫保持之谊，常则尽懋迁经营之力，变则竭急公赴义之忱"①。在这种政体下，"国家有大事则集议于上下议院，必众论佥同，然后举行。如有军旅之政，则必遍询于国中，众欲战则战，众欲止则止，故兵非妄动，而众心成城也"②。王韬指出，这种君民相通的议会政治正是西方国家强盛的重要原因。

### 三、基本评述

#### （一）思想发展历程

与林则徐、魏源、冯桂芬等先进中国人的思想进路一样，王韬的吏治改革思想也是在对晚清统治者妄自尊大的痛恨中、在受到西方列强侵略的刺激下产生的。

王韬的社会批判思想发轫于上海时期。其时，他科场失意，家境穷困，"佣书西舍，贱等赁舂"，自然而然地产生了对现实政治的不满。从王韬那时所留下的文字来看，他已对清朝的科举制度和清朝官员文恬武嬉、专事搜刮民脂民膏提出了谴责。上海时期，王韬对社会现实的批判在很大程度上是一种对功名不就和怀才不遇经历的愤激之词与情感发泄，牢骚话多而理性思考少，缺乏批判的深度和力度。

虽然对封建社会不满，但是王韬具有强烈的入世情感。他在激愤、不得志之余，行动上仍摆脱不了对清朝"一步三回首"的眷恋之情，时时期望通过上书清政府官员和参加科举考试挤进统治阶级的行列，实现自己的政治抱负。但由于他译介西方著作以及批判封建社会罪恶的言行，被视为一介"狂生"、"悖逆"，当政官僚们"用其言而仍弃其人"，使得王韬虽有心救时，然进身乏术。王韬愤而转向太平天国以求实现自身的抱负。由于化名黄畹上书太平军长官刘绍庆出谋划策，被清廷通缉，彻底粉碎了他对清朝的幻想，阻断了他对封建专制制度的眷恋。

到香港后，他在香港更广泛地受到欧风美雨的冲刷，世界观和认识水平都有了明显的变化，从而开始了对社会现实的全面而系统的批判。1874年，他在香港主编了中国资产阶级主张变法自强的"喉舌报"——《循环日报》。在香港时期的王韬对社会现实的批判，无论从触及的广度、深度来

---

① （清）王韬著，陈恒、方银儿评注：《达民情》，《弢园文录外编：一个卓立特行者的心路历程》，中州古籍出版社1998年版，第125页。

② （清）王韬著，陈恒、方银儿评注：《纪英国政治》，《弢园文录外编：一个卓立特行者的心路历程》，中州古籍出版社1998年版，第178页。

讲,还是从态度的坚定、言辞的激烈来讲,都远远高于他在上海时期的水平。"此一时间正当王韬34岁至56岁由中年而壮年的人生最宝贵年华。具有历史意义的是:当命运之神把他推上流亡之途的时候,也就是把王韬推向了世界,从而为中国现代化造就了一位不可或缺的引航员和吹鼓手。"①

### (二)超越前人之处

王韬吏治改革思想的独特性或超越之处表现在:

其一,王韬的吏治改革思想具有鲜明、大胆的特点。王韬怀才不遇,终身未仕。上书太平军事件而遭清廷通缉使他彻底打破了对清政府的眷恋,更加激发了他的社会批判精神,他以一位在野政论家的身份不遗余力地对清廷吏治的腐败进行口诛笔伐。王韬眼光敏锐,又受到西方思想的影响,深刻地认识到中国封建专制制度是中国官场一切丑恶现象的根源。把批判的矛头直接指向封建专制制度,成为他吏治改革思想的辉煌之处。

其二,王韬的吏治改革思想借鉴了西方许多观念。与同时代的许多进步思想家相比,王韬的政论文章大多是在避居香港、英国之后写的,因此,王韬的改革思想是建立在对西学更加广泛地了解、对西方事物实地考察基础之上的,它的参照系更清晰具体,时代内容更丰富精确,很少出现前代思想家对西方事物盲人摸象式的主观曲解和天真臆测。由于是域外看域内,眼光不同,批评不同,其吏治改革主张自然不同。学者张海林认为王韬是在继冯桂芬之后,以更加激烈的语言、更加广泛的视角、更加有效的报纸手段,向国人传递危机意识的一位思想家,改革思想是王韬危机意识的连体儿。②

### (三)对后世的影响

王韬的吏治改革思想,对晚清吏治的弊端进行了猛烈的抨击,并就裁冗官、求真才、解决胥吏问题等提出了针对性的主张,并总括于政治制度的改变,抓住了核心。

王韬将政治体制与国家强弱联系起来的认识,不仅启发了早期维新思想家提出开设议院的具体设想,而且直接影响了维新运动时期以挽救时艰为己任的一代进步知识分子的思想。王韬在香港创办《循环日报》,宣传变法主张,影响士林颇深。香港学者王尔敏曾经评价说:"就新思潮之启发而言,

---

① 张海林:《王韬评传》,南京大学出版社1993年版,第96页。
② 参见张海林:《论王韬的危机意识和政治改革思想》,《南京师范大学学报》1993年第1期。

清晰可见，在当时产生的启牖之功甚大。"① 维新运动前后的报刊如雨后春笋般在全国各地创办，康有为、梁启超等维新派思想家娴熟地运用报刊媒介，拿起文人的笔指陈时事，报刊成为大力宣传民权思想、批判君主专制的武器。熊月之先生指出"日后梁启超等人的'专制亡国论'，实际上是王韬这一思想的进一步发展"②。

1886 年至 1897 年，王韬以格致书院为基地，以格致西学为内容，大力培养人才。台湾学者姚海奇先生在其著作《王韬的政治思想》中说："王韬在遽归道山之前夕，仍以其余生，投注于教育事业，提携后进，鼓舞士子，以富强思想广播于士子心田，以时局时弊，求方于朝野士绅，其苦心孤诣，惨淡经营，实令人感佩。其精神值得后辈士子仰之再三，同时亦为'天下兴亡，匹夫有责'写下了最佳注脚。"③

---

① 王尔敏：《上海格致书院志略》，香港中文大学出版社 1980 年版，第 42 页。
② 熊月之：《中国近代民主思想史》，上海社会科学院出版社 2002 年版，第 169 页。
③ 姚海奇：《王韬政治思想》，台湾文镜文化事业有限公司 1981 年版，第 26 页。

# 第六章 资产阶级维新派的吏治维新变革设想

甲午战争后,民族危机进一步加深,中国面临被列强瓜分的境地,救亡图存成为时代的最强音。以康有为、梁启超、谭嗣同等人为代表的资产阶级维新派掀起了维新变法运动,走上了中国政治舞台。他们上疏皇帝、办报纸、设学堂、创学会、宣传变法维新思想,并且依靠光绪皇帝,进行了一次变法维新的实践。

在他们的主张中,官吏腐败是政治腐败的衍生物。资产阶级维新派的整饬吏治思想的基本特点是从政治腐败角度讲吏治腐败。

## 第一节 资产阶级维新派吏治维新变革的基本点

甲午战争对国人的刺激影响很大。而究其失败的原因,政治腐败与吏治腐败是最重要的方面。

甲午战争中国之所以会战败,除了宫廷内争、兵制紊乱等因素之外,清廷的腐败和军队的腐败是重要的原因。清王朝宫廷内争,朝廷分成帝后两党,前方战场形势吃紧,宫廷还在内争。后党与帝党之争,影响到战与和、军事部署等战略选择。最高统治集团内部明争暗斗不停。范文澜在其著作《中国近代史》中分析说:"中日战争与帝后党争有密切关系。帝党主战,要在战争中削弱后党,后党主和,要保住自己的实力,两党借'和战'争夺权利,随着军事的惨败,后党在政争上取得胜利。"朝廷如此,地方和军队也是派系林立,不能朝野同心,号令统一。

资产阶级维新派认识到官场腐败的影响。例如,时人揭露当时科举考试是专以递条子多寡为取。条子有大小,军机大臣递者为大条子,各部院尚书递者次之,九卿所递为小条子。条子又从何而来呢?全凭贿赂而得。三节两寿,每次送银数百两数十两者为上等门生;送二两四两者为下等门生。上等门生即可得大条子,而"凡得大条子,考试必列前三名,京察必得一等,派差必得极优之差",清贫不能送礼者则毫无希望。还有,当时裙带之风盛行,官场极为腐败。

资产阶级维新派对这种封建末世的政治腐败极为痛恨。这时西学东渐的热潮兴起，西方资产阶级思想对国人影响很大。他们对其形成的各种原因进行了分析，提出了解决办法和维新变法的主张。

## 一、封建专制的危害

资产阶级维新派认为封建专制是包括吏治腐败在内的政治腐败的根本原因。他们猛烈地揭露并抨击了封建社会的黑暗与罪恶，"攻击传统的君主制，将它描述为一种最黑暗的专制主义，压抑人类的能力和感情"[①]。

第一，资产阶级维新派认为封建社会是一个黑暗的、违背人性的、充满罪恶的苦难世界。康有为从抽象的超阶级的人性、人道论出发，在《大同书》"甲部，入世界观众苦"一节中指出，在封建专制统治的乱世中，人们之所以眉间常含隐忧，正是由于蒙受了数十种难以忍受的苦难。

第二，资产阶级维新派认为在君主专制下，君民相隔。他们深刻揭露在封建君主专制统治下，"君与臣隔，大臣与小臣隔，官与绅隔，绅与士隔，士与民隔，而官与官、绅与绅、士与士、民与民又无不自相为隔"。这种隔绝如门堂十重，重重隔绝，浮图百级，级级难通。在这种情况下，统治者不可能询察百姓疾苦，民众也无处陈诉利病；西方先进的制度与技术，运用到中国却由于奸蠹丛生，"则虽良法美意，反成巨害"。由于举国上下，层层相隔，互不相通，当然是一盘散沙，毫无凝聚力可言，整个社会就不能不呈现"乌合兽散"之势。

第三，资产阶级维新派认为在君主专制下，民权无以伸张。他们批判专制政体摧残蹂躏人权。他们认为中国几千年的封建专制政体是摧残人权的最大祸首。封建专制政体"监民之心思，使不敢研究公理也；厉禁立会，相戒讲学，所以监民之结集，使不得联通声气也；仇视报馆，兴文字狱，所以监民之耳目，使不得闻见异物也；罪人则孥，邻保连坐，所以监民之举动，使不得独立无惧也。故今日文明诸国所最尊最重者，如思想之自由，信教之自由，集会之自由，言论之自由，著述之自由，行动之自由，皆一一严监而紧缚之"。这种情况造成中国民众不知道权利为何物、责任为何物，而唯有屏息蜷伏于君主一人之下，犹如沉埋于十八层地狱而不见天日，"我国蚩蚩四亿之众，数千年受治于民贼政体之下，如盲鱼生长于黑壑，出诸海而犹不能视；妇人缠足十载，解其缚而犹不能行，故步自封，少见多怪，曾不知天地间有所谓民权二字"。

---

[①] [美]费正清、刘广京编，中国社会科学院历史研究所编译室译：《剑桥中国晚清史：1800—1911年》（下卷），中国社会科学出版社1996年版，第296页。

第六章　资产阶级维新派的吏治维新变革设想

在封建专制下，人民没有权力，不能监督、约束官吏，官吏就无责任心，横行无忌。由于当官能够作威作福，人人都想当官，由此产生了崇官的观念，"中国之官之尊也，仰之如鬼神焉。平等亡，公理晦，而一切惨酷蒙蔽之祸，斯萌芽而浩瀚矣"①。

第四，资产阶级维新派认为封建君主专制是政治腐败的根源。封建帝王以国家为一己之私产，他们的所有行为皆为保护这个私产，"此实中国数千年来政术总根源也"②。他们指出，君主专制是中国封建社会的万恶之源。"常以为两千年来之政，秦政也，皆大盗也。"封建君主为维护其世世万代子孙的专制统治，皆"视天下为其囊橐中之私产，而犬马土芥乎天下之民也"。对于亿万民众不仅要"锢其耳目，桎其手足，压制其心思，绝其利源，窘其生计，塞蔽其智术"，而且更要肆无忌惮地滥施淫威暴政。只要民众稍有反抗，就严厉处罚。"名分之限制、体制之迫压，托于义理以为桎梏，比之囚于囹圄尚有甚焉。"君主专制其国，鱼肉其臣民，视若虫沙，恣其残暴，"政权不许参预，赋税日以繁苛，摧抑民生，凌锄士气"。

资产阶级维新派的结论就是：要想使中国人摆脱奴役，保障民权，就必须废除封建专制政体。谭嗣同在《仁学》中宣传资产阶级的民权思想，对封建的君主专制制度和纲常名教进行了较为深刻的批判。他痛言数千年来三纲五常的"惨祸烈毒"，并特别指出："二千年来君臣一伦，尤为黑暗否塞，无复人理，沿及今兹，方愈剧矣！"他指责"君为独夫民贼"，君主专制政治是强盗政治，号召人们起来去冲决一切封建网罗。③严复发表《原强》、《辟韩》等文章，依据西方资产阶级的民权学说，批判封建君权。他指出，按照社会分工的原则，君应由民选择共举，也可以由民废掉。他认为"夫自秦以来，为中国之君者，皆其尤强梗者也，最能欺夺者也"，从而把秦代以来的专制皇帝都斥为"大盗窃国者"。④梁启超发出了怒吼的讨伐声："我辈实不可复生息于专制政体之下。专制政体者，我辈之公敌也，大仇也！有专制则无我辈，有我辈则无专制。我不愿与之共立，我宁愿与之偕亡！使我

---

① （清）谭嗣同：《壮飞楼治事十篇》，蔡尚思、方行编：《谭嗣同全集》（增订本）（下册），中华书局1981年版，第439页。

② 梁启超：《中国积弱溯源论》，夏晓虹编：《梁启超文选》（上集），中国广播电视出版社1992年版，第85页。

③ 参见（清）谭嗣同：《仁学》，蔡尚思、方行编：《谭嗣同全集》（增订本）（下册），中华书局1981年版，第337页。

④ 严复：《辟韩》，王栻主编：《严复集》（第1册），中华书局1986年版，第34—35页。

数千年历史以脓血充塞者谁乎？专制政体也。使我数万里土地为虎狼窟穴者谁乎？专制政体也。使我数百兆人民向地狱过活者谁乎？专制政体也……我辈今组织大军，牺牲生命，誓薨灭此而后朝食。"①

## 二、资产阶级维新派吏治维新变革的基本思想

### （一）要求废除八股，变通科举，改革人才选拔、官吏铨选制度

在封建君主专制体制下，官吏是权力的承载者和执行者，这些人的操守官德成为吏治清浊的关键因素。但清末时期，官吏的素质总体上是低劣的，其重要原因就是铨选制度的落后混乱。清末入仕之途有科举、荫袭、捐纳、保举，实行起来混乱无章，流品庞杂。

清代，科甲出身被视为正途，但八股取士的科举制度腐败不堪，其培养出来的官员大多是思想保守僵化、行为懦弱的做官奴才。到清末，八股试士可以说是百弊丛生、衰朽不堪。清末的思想家几乎没有一个不批判八股举士制度的。资产阶级维新派也深刻认识到清末选官制度的落后、混乱是导致政治与吏治腐败的一个重要原因。

以科举选官形式为主的古代选官制度，在一定历史时期内实现了官僚统治系统的开放性和选官模式的规范化。这使得社会各阶层可以相对公平地跻身统治阶层，起到了笼络人心、稳定社会、巩固统治的作用。更为重要的是，通过科举选官，统治者把其主流思想和道德伦理灌输到知识分子、士绅阶层、社会精英之中，使得其思想和行为模式不得有损统治阶级的利益。但是，随着时间的推移，到了封建社会后期，尤其是鸦片战争之后，传统科举教育内容的空疏更加暴露无遗，它无法为社会培养和造就新型知识人才。科举制度规定了士子必须习诵儒学经典，所学知识皆以科考为目的。尤其是明初实行八股文取士以来，"因命题范围狭窄，士子揣摩试题，读时文选本，模拟仿作，而束书不观，不务新知"，就连传统的经史正宗学问的发展都受到严重危害。因而，科举选官模式日益失去其存在的依据和生命力，人才日益凋落，吏治更加腐败，官场愈加堕落，慢慢步入了日暮途穷之境，在历经了多次调适整合之后，终于无可挽回地分崩离析。

首先，力陈科举之弊、八股之害。资产阶级维新派认识到，"诸学并立，大学岿然，人才不可胜用"是西方国家政治、经济强盛的重要原因。

---

① 梁启超：《拟讨专制政体檄》，陈书良编：《梁启超文集》，北京燕山出版社1997年版，第299页。

## 第六章 资产阶级维新派的吏治维新变革设想

资本主义的文化教育可使人以最有用之年华,最有用之精力,"从事科学,讲求政艺"。他们认为,中国早在周朝时就有大学、国学等学校,但到了后世却不立学校了,"但设科举,是徒因其生而有之,非有以作而致之,故人才鲜少,不周与用也"①。中国之所以人才匮乏,"内政外交,治兵理财,无一能举者",就是由于以诗文楷法为内容的八股取士造成教育的空疏腐朽,学非所用,用非所学,故而空疏愚陋,谬种相传,而缺少真正有才智之人。

康有为在晋见光绪帝时,直陈八股之害:"今日之患在吾民智不开,故虽多而不可用。而民智不开之故,皆以八股试士为之。学八股者,不读秦汉以后之书,更不考地球各国之事,然可以通籍累致大官。今群臣济济,然无以任事变者,皆由八股致大位之故。故台辽之割,不割于朝廷,而割于八股,二万万之款,不赔于朝廷,而赔于八股……"②

他们分析科举制度的弊端时指出:"国家以科举选官,邑拔生员,省拔举人,朝廷拔进士,再从进士拔几十人进翰林院,学非所用,用非所学。"结果是生意无专门之学,农不知植物,工不知制造,商不知万国物产,兵不知测绘算术。科举考试使全国俊才专事空疏无用之学,使读书人"悉已为功令所束缚、帖括所驱役,鹜身灭顶,不能自拔"。

严复指出,八股有三害,一曰锢智慧,二曰坏心术,三曰滋游手。"总之,八股取士,使天下消磨岁月于无用之地,堕坏志节于冥昧之中,长人虚骄,昏人神智。上不足以辅国家,下不足以资事畜。破坏人才,国随贫弱。此之不除,徒补苴罅漏,张皇幽渺,无益也。虽练军实,讲通商,亦无益也。"③

资产阶级维新派极力主张,中国要实现培养人才、强国富民的愿望,就必须首先废除科举,"惟变科举为第一义"。梁启超提出了废八股与变法自强之间的关系,认为"变法之本,在育人才,人才之兴,在开学校,学校之立,在变科举"④。

---

① 康有为:《请开学校折》,汤志钧编:《康有为政论集》(上册),中华书局1981年版,第305页。
② 《康南海自编年谱》,中国史学会主编:《中国近代史资料丛刊·戊戌变法》(四),上海人民出版社1957年版,第146页。
③ 严复:《救亡决论》,王栻主编:《严复集》(第1册),中华书局1986年版,第43页。
④ 梁启超:《变法通议·论变法不知本原之害》,《饮冰室合集》(文集之一),中华书局1989年版,第10页。

其次，提出了如何变通的方法。康有为提出用策论代替八股文，"罢废八股，自岁科试以至乡会试及各项考试，一律改用策论，以发明圣道，讲求时务"①。

谭嗣同提出了"平权"和"仕学"的解决办法。所谓"平权"，是指把议事权交给学会，把执行权交给地方官员。所谓"仕学"，是指"使官中之人才皆出于学"。谭嗣同的设想是，让督抚入学会，候补官也就跟随督抚入会，总会设"仕学科"，目的是让学习者能够诵读古今中外政教渊流、措施大体与现在所能处理的政事。候补官员在学完知识后，由众绅士公开评判，及格才能被录用。这种做法无废科举之名而有废科举之实。

梁启超提出了科举变通的上、中、下三策。上策是"合科举于学校；自京师以迄州县，以次立大学小学，聚天下之才，教而后用之。入小学者比诸生，入大学者比举人，大学学成比进士；选其尤异者出洋学习，比庶吉士。其余归内外户刑工商各部任用，比部曹。庶吉士出洋三年，学成而归者，授职比编检。学生业有定课，考有定格"。认为如此，则"千年积弊，一旦廓清而辞辟之，则天下之士，靡然向风，八年之后，人才盈廷矣"。中策是"多设诸科，与今日帖括一科并行"。分设明经、明算、明字、明法、使绝域、通礼、技艺、学究、明医、兵法诸科，使诸科广涉经书、中外算术、中外语言文字、法律、外交、大清掌故、格致制造、教学法、医学、兵法等各个领域。至于取士之法，或特诏举试，或按省附考，给予出身，示以荣途。如此各种专业、各种方式学习的学生，都可以因此以自达。下策是"一仍今日取士之法，而略变其取士之具"。也即试科不变，但改变考试内容。"（童子试）必试以中外政治得失、时务要事、算法格致等艺学。乡会试必三场并重，第一场试四书文、五经文、试帖各一首；第二场试中外史学三首，专问历代五洲治乱存亡之故；第三场试天算、地舆、声光、化电、农矿、商兵等专门，听人自择一门，分题试之，各三首。殿试一依汉策贤良故事，专问当世之务，对策者不拘格式，不论楷法。"总之，梁启超认为科举必须改变，问题只是大变还是小变的问题，采取上策国家必然变得强大，采取中策国家可能逐渐安定，采取下策国家也可尚存。

资产阶级维新派还提出要广泛设立各级各类的新式学校，大力培养各行各业的专门技术人才。例如，康有为在《请开学校折》中就正式提出了学习德国和日本建立中国近代学制的主张。

---

① 康有为：《请废八股以育人才折》，汤志钧编：《康有为政论集》（上册），中华书局1981年版，第286页。

## （二）改革封建腐朽的官制

清朝末期，官僚机构臃肿庞大，人浮于事，尸位素餐，是政治上的大弊端，时人多已感觉到这个问题。被左宗棠誉为"治行第一"的陕甘总督陶模就在《培养人材疏》中直言"天下大弊在于官多"。官职有限而候补之官无限，于是有候补一二十年而不得一事者。待混得一官半职，已是久困之余，难言志节，于是"文官则剥民蚀帑，武官则侵饷缺额，几乎相习成风"①。

数以万计的封建官吏队伍，"浸透了反民主的意识"，封建制度是他们赖以寄生的社会基础。戊戌变法时期，资产阶级维新派本能地感觉到，官制不善是造成清朝政荒民弊和吏治腐败的重要原因。因此，改革腐朽的官制是变法维新的关键。

资产阶级维新派在奏疏和著述中，都无情地揭露了晚清冗员充斥、官制紊乱的弊病。他们指出，举国上下冗员充斥，是清朝官制的一大弊端。康有为在《公车上书》中说："官制则冗散万数，甚且鬻及监司。"梁启超认为冗官造成了不负责任，说："古者长官有佐无贰，所以尽其权，专其责，易于考绩……后世惧一部之事，一人独专其权也，于是既有尚书，复有侍郎，重以管部。计一部而长官七人，人人无权，人人无责。防之诚密矣，然不相掣肘，即相推诿，无一事能举也。"②

康广仁等办的《知新报》也分析了清朝官制的两大弊端。一是官无专事，事无专责。"一部之中，堂官已六，故兴一事，则尚待互让也。一省之中，督抚同城，欲创一利，则彼此相轧也。官于内者，摄数部而兼数差，拱立画诺，事皆不谙；官于外者，以一人而总百事，分任下僚，权已旁落，得其人则劳而无功，失其人则乱而难理，互相牵制，互相推诿，互相倾陷"③，使得政事无所成就。"官无专事，事无专责"，不仅俸廪虚糜，而且芜敝丛生。"会议而不成一事，绊掣而徒以自扰"④，政令如何能够推行？二是养冗

---

① （清）陶模：《陶模等奏议》，中国史学会主编：《中国近代史资料丛刊·戊戌变法》（二），上海人民出版社1957年版，第270页。

② 梁启超：《论中国积弱由于防弊》，夏晓虹编：《梁启超文选》（上集），中国广播电视出版社1992年版；第38－39页。

③ 《论中国变政并无过激》，中国史学会主编：《中国近代史资料丛刊·戊戌变法》（三），上海人民出版社1957年版，第291页。

④ 《论中国变政并无过激》，中国史学会主编：《中国近代史资料丛刊·戊戌变法》（三），上海人民出版社1957年版，第292页。

员。冗员充斥的结果是造成行政效率十分低下。六部之中，堂官委之司员，司员委之书吏，"以至要之咨，移为具文"，"六堂花押，累月始毕"。外省督抚大臣，欲办一事，由县到府再到道，逐级而上，最快也需数月。

资产阶级维新派深刻反思甲午战败的原因，批评洋务派是逐末舍本：虽宣言变法，却专事练兵购械等项，不知本源，只变事不变法。因此他们认为，"变法必先变官制"，"变法之本在育人才，人才之兴在开学校，学校之立在废科举，而一切要其大成，在变官制"。①梁启超把开民智视为改官制、行议院的基础，而"官制不改，学成而无所用……奇才异能，能自安乎"②？认为改官制又是开民智、兴民权的保证。

资产阶级维新派提出了改革官制的一系列设想，主要包括废除捐纳制度、裁撤闲衙冗官、"开制度局于宫中"等方案。

## （三）期望引进西方的政治制度和民主民权观念来解决清朝吏治腐败的根源性问题

资产阶级维新派的代表人物康有为、梁启超、严复等人吏治改革思想的共同特点是，指出了吏治腐败的政治制度原因与思想原因，并期望引进西方的政治制度和民主民权观念来解决清朝吏治腐败的根源性问题。

资产阶级维新派阐述了"主权在民"的思想。

第一，资产阶级维新派认为必须学习西方、引进西方的民主民权观念，促使人民参与和监督政府、官吏。他们认为中国当务之急是要克服妄自尊大的心理，打破闭关自守的状态，努力向西方学习。梁启超说："吾侪殊不必妄自尊大，谓吾所有者必有以愈于人，更不宜讳疾忌医，掩护其所短，以自窒进步"③。又说："今日不欲强吾国则已，欲强吾国，则不可不博考各国民族所以自立之道，汇择其长者而取之，以补我之所未及。"④他们吸收了西方的民主民权观念，提出了参政权问题。"凡生息于一国中者，苟及岁而即有公民之资格，可以参与一国政事，是国民全体对于政府所争得之自

---

① 梁启超：《变法通议》，夏晓虹编：《梁启超文选》（上集），中国广播电视出版社1992年版，第15页。
② 梁启超：《饮冰室合集》（文集之一），中华书局1989年版，第62页。
③ 梁启超：《先秦政治思想史》，《饮冰室合集》（专集之五十），中华书局1989年版，第6-7页。
④ 梁启超：《新民说》，《饮冰室合集》（专集之四），中华书局1989年版，第6页。

由也。"①

第二，资产阶级维新派强烈要求实行变法，要求引进西方的政治制度。他们认为，广开言路，兴办实业，鼓励商办铁路、矿务，奖励发明，创办国家银行，编练军队，开办学堂等方面的变革，都属于权宜应敌之谋，并非立国自强之策。清代的国朝法度沿袭明制已经数百年，所谓"物久则废，器久则坏，法久则弊"。在当今当数十国之觊觎、值四千年之变局之时，必须变法。认为"筹自强之策，计万世之安，非变通旧法，无以为治"。在空前深重的民族危机面前，康有为等人强烈要求变法。康有为指出："今之为治，当以开创之势治天下，不当以守成之势治天下；当以列国并立之势治天下，不当以一统垂裳之势治天下……非就通旧法，无以为治。"② 梁启超也认为，当时的清朝政治制度完全不合时宜，"变亦变，不变亦变"。他们疾呼必须实行变法维新，借以废除不合理的社会制度和由此产生的各种社会腐败现象，自强图新，救亡图存。

第三，仿照西方君主立宪和三权分立的政体，设置议政决策机构。针对封建专制使君民相隔的情况，康有为非常推崇西方的议会制，在《上清帝第四书》中分析了西方议会制的好处，认为君主权威无限背离人间公理，主张"立一议院以行政，并民主亦不立"。梁启超认为，历观中国数千年致乱之道，皆朝廷先乱然后民乱也。"若立宪之国，则无虑是。君位之承袭，主权之所属，皆有一定，而岂有金壬得乘隙以为奸者乎？大臣之进退，一由议院赞助之多寡，君主察民心之所向，然后授之，岂有操、莽、安、史之徒，能坐大于其间者乎？且君主之发一政、施一令，必谋及庶人，因国民之所欲，经议院之协赞，其有民所未喻者，则由大臣反覆宣布于议院，必求多数之共赞而后行。民间有疾苦之事，皆得提诉于议院，更张而利便之，而岂有民之怨其上者乎？故立宪政体者，永绝乱萌之政体也。"③ 针对君主专制和君为臣纲，基于天赋人权论和社会契约论，严复提出了兴民权和开议院的设想，并且将鼓民力、开民智、新民德作为改造中国的三大纲领，以期全面提高中国人的素质。在提高民权的同时，为了限制君权，严复提议在中国开

---

① 梁启超：《新民说》，《饮冰室合集》（专集之四），中华书局1989年版，第98-99页。

② 康有为：《上清帝第二书》，汤志钧编：《康有为政论集》（上册），中华书局1981年版，第122-123页。

③ 梁启超：《立宪法议》，陈书良编：《梁启超文集》，北京燕山出版社1997年版，第98页。

设议院,给予国民参政议政的权利。

1898年,康有为提出在宫中成立"制度局"的主张,其任务是和皇帝一起起草宪法和法律,并公布实行。制度局具有立法性质,相当于西方的国会。康有为希望设立制度局以推行新政。

在地方官制方面,梁启超、谭嗣同等人也提出了学会制的主张。其基本原则是将议事、办事之权分开,办事之权操诸官,议事之权归学会。省有总学会,州县设分学会,学会中的议员由地方绅士担任。地方则每道设一民政局,由一品至七品京官出任,可专折奏事,与督抚平等。每县设民政局分局,派员会同地方绅士负责,除刑狱、赋税仍暂归知县外,其他如户口、道路、山林、农工、商务、警捕等事项,统由民政局负责。

### 三、对资产阶级维新派吏治维新思想的评价

#### (一) 积极意义

资产阶级维新变法思潮的出现是时局发展的必然,也是中国历史发展的进步趋势,正如梁启超所说的"诸君勿以为一切风潮,皆由一二人所能煽动也。苟非时势之所趋迫,虽孔子、释迦,必不能煽动一人"[①]。在维新变法以前,中国只有朝代更替,从无政体之变。自维新运动开始,君主专制作为一种政体受到挑战,民主自由思潮开始风行。

反对专制政体,主张君主立宪。主张吏治维新、官制改革,对封建统治秩序产生了巨大的震动,是对封建政权和官僚机构进行重大变革的一次大胆尝试,具有重大的历史意义。在资产阶级维新派康有为、梁启超等人的协助下,光绪帝接连颁布了数十道改革诏书,下令广开言路,提倡官民上书言事,自由开设报馆、学会;撤除无事可办的衙门,裁减冗员;废满人寄生特权,准自谋生计。另外,提倡兴办实业,设立农工商总局和矿务铁路总局,兴办农会、商会,鼓励商办铁路、矿务,奖励实业方面的各种发明,创办国家银行,编制国家预决算;裁减绿营,淘汰冗兵,改革武科举制,精练陆军,加强海军人才培养;开办京师大学堂,各地设立兼授中学和西学的学校,废八股,改试策略,派学生留学日本,设译书局,奖励著作。这一系列的近代化变革虽没有成功,但对当时及后世产生了深刻的影响。改革科举、官制,倡兴民权,重视法制都对世人产生了重要的影响。

---

① 梁启超:《敬告当道者》,《饮冰室合集》(文集之十一),中华书局1989年版,第32页。

## (二) 失败原因

资产阶级维新派的吏治维新思想属于他们政治思想的重要部分。政治失败，吏治也就失败。

一是阶级与思想的局限性。新兴的中国资产阶级在当时尚不成熟。"不成熟的理论，是和不成熟的资本主义生产状况、不成熟的阶级状况相适应的。"① 戊戌变法时期，资产阶级维新派从西方学来的资产阶级政治学说是零散的，理论上相当浅薄。这就使他们对新制度的设想还很粗略，并且掺杂着大量封建性的东西，有的显得幼稚可笑，有的则不伦不类。

此外，维新派作为中国资产阶级上层的政治代表，具有温和的、渐进的政治品格。在近代中国政治形势急剧变化的情况下，随着西方民主观念的引入和民族资产阶级的成熟，渐进的、调和的保守主义改革思想遭受以孙中山为代表的更为激烈而迅疾的民族、民主革命的挑战。

二是利益集团的反对。变法实质上是不同利益主体对利益的博弈，这期间必然荆棘丛生，险恶不断，尤其是既得利益集团，更是极力反对变革。现实而睿智的严复充分察觉到了这一点："盖法之弊否，与私利之多寡成正比例；而私利之多寡，又与变之难易为正比例也。夫小人非不知变法之利国也，顾不变则通国失其公利，变则一己被其近灾。公利远而难见，近灾切而可忧，则终不以之相易矣。"② "国家承平既久，则无论为中为外，举凡一局一令，皆有缘法收利之家。且法久弊丛，则其中之收利者愈益众，一朝而云国家欲变某法，则必有某与某者所收之利，与之偕亡。尔乃构造百端，出死力以与言变者为难矣。"③ 传统制度的弊端越多，借此谋私的人就越多，而对这种制度进行革新必然遭到强烈的阻挠。

梁启超对此曾做过精辟的分析。他说，变法之事，布新固急，而除旧尤急；布新固难，而除旧尤难。守旧党人所挟以得科举者曰八股，现一变而务实学，其进身之阶将绝；他们凭借老资格而致官位，如今一变而任才能，则他们骄人之具将穷；他们借以充私囊者曰舞弊，现一变而核名实，则他们的子孙之谋将断。今日得内位卿贰，外拥封疆，不知经若干年之资俸，经若干辈之奔竞而始能获。循常习故，不办一事，从容富贵，穷乐极欲，可生得大拜，死谥文端，家财溢百万之金，儿孙皆一品之荫。一旦变法，改官制，凡

---

① [德]恩格斯：《反杜林论》，《马克思恩格斯选集》（第3卷），人民出版社1972年版，第299页。
② 严复：《拟上皇帝书》，王栻主编：《严复集》，中华书局1986年版，第76页。
③ 严复：《拟上皇帝书》，王栻主编：《严复集》，中华书局1986年版，第75页。

当官的都必须认真办事，而他们既无学问，又无才干，且无精力，何以能办？不能办事，又不肯舍掉数十年来资俸奔竞，放弃千辛万苦得来的官位，而为贤者让路，"故反复计较，莫如出死力以阻挠之"①。

三是改革方式有问题。资产阶级维新派的变法思想来源于中国19世纪转型期的特殊阶层。他们虽然反对封建专制体制，但是由于当时尚未形成独立的民族资本主义阶层，力量弱小，因而在改革中又不得不依附于封建体制中的开明官僚。正因为如此，改良派为推动立宪所采取的行动具有极大的软弱性。戊戌变法以前，以康有为为代表的维新派"以君权变法"，一味地将变法成功的希望寄托于"英明圣主"光绪帝身上，依靠帝党，而帝党由于缺乏真正的实力，随时准备与守旧派妥协，从而导致"新政"失败。戊戌变法失败之后，维新派仍然没有认识到普通民众的力量，而是继续寄希望于清政府内部的改革。

康有为在认识到"列国并立"局面下中国面临的危机，抱着迅速改变中国现状的愿望，推进激进的变革，这种朴素的出发点及爱国热情谁也无法否认，但是从实际状况来看，其弊病和后遗症相当大。改革的进程为改革派和保守派势力的消长、社会的氛围等各种各样的要素所左右，单靠一时过激的改革动作，并不能解决根本问题。变法派这种急剧变革、全盘变革的改革手段与做法，显然忽略了旧制度文化对中国社会经济和文化生活等的整合作用。为此，早在20世纪30年代，历史学家陈恭禄在其著作《中国近代史》中就非常尖锐地分析了变法运动失败的原因："康梁之徒，欲以最短期内铲除千余年之积弊，俾中国欲为强国。梁启超述其师语曰：'守旧不可，必当变法；缓变不可，必当速变；小变不可，必当大变。'其视事也，若此之易，实无政治上之经验……康梁诸人不知环境之阻力，偏于理想，多招忌妒，终则一无所成，其人固无经验之书生也。"

## 第二节 康有为维新变法时期的官制革新思想

康有为（1859—1927），字广厦，号毛素，又名祖诒，广东南海人。出身于封建官僚家庭，自幼受过严格的封建儒家传统教育。1882年康有为到北京参加顺天乡试，没有考取。南归时，途经上海，购买了大量西书，回来研究。他吸取了西方传来的进化论和资产阶级政治观点，初步形成了资产阶

---

① 梁启超：《论变法后安置守旧大臣之法》，中国史学会主编：《中国近代史资料丛刊·戊戌变法》（三），上海人民出版社1957年版，第34页。

级维新变法的思想体系。1888年,他再一次到北京参加顺天乡试,借机上书光绪帝,请求变法,受阻未上达。1891年后,他在广州设立万木草堂,收徒讲学,弟子有梁启超等人。1895年,他到北京参加会试,听到《马关条约》签订的消息,组织了"公车上书",又未上达。当年5月底,他第三次上书,得到了光绪皇帝的赞许。7月,他和梁启超创办《万国公报》,不久,在北京组织强学会。1897年,德国强占胶州湾,康有为再次上书请求变法。1898年1月,光绪皇帝下令康有为条陈变法意见,他呈上《应诏统筹全局折》,又进呈所著《日本明治变政考》、《俄罗斯大彼得变政记》二书。4月,他和梁启超组织保国会,号召救国图强。6月,光绪帝在颐和园勤政殿召见康有为,任命他为总理衙门章京,准其专折奏事,筹备变法事宜。变法失败后,康有为逃往日本,设立保皇会,鼓吹"开明专制",反对革命。1913年,回国主编《不忍》杂志,宣扬尊孔复辟。1917年,伙同张勋复辟失败。1927年,病逝于青岛。

康有为具有儒家士大夫忧国忧民的精神。他认识到中国面临外夷交迫,列强环伺、蚕食中国的危急局面,自身内部又"兵弱财穷,节颓俗败,纪纲散乱",水旱地震等自然灾害频发,民不聊生。但清朝官员们却普遍安于享乐,腐败无能,"人情偷惰,上兴土木之工,下习宴游之乐,晏安欢娱,若贺太平",大小官员"皆酣嬉偷惰,苟安旦夕,上下拱手,游宴从容,事无大小,无一能举",[①]清廷统治上层也是腐败不堪。康有为认为,"甲申朝局之变"(即1884年4月慈禧太后大规模改组军机处)后,朝廷权臣多数腐败,"于时,上兴土木,下通贿赂,孙毓汶与李莲英密结,把持朝政,士夫掩口,言路结舌,群僚皆以贿进,大臣退朝,即拥娼优,酣饮为乐。孙毓汶倡之,礼亲王、张之万和之,容贵、熙敬之流,交媚醇邸,以取权贵,不独不能变法,即旧政风纪,亦败坏扫地。官方凌迟,士气尽靡,盖甲午之祸败所由来"[②]。康有为认为当时出现官吏皆奸诈而营私、官场欺饰成风的局面,遂使国家不能发展,社会不能稳定,外侮不能抗拒,所以他将官制改革作为吏治维新的重要内容。

---

[①] 康有为:《上清帝第一书》,汤志钧编:《康有为政论集》(上册),中华书局1981年版,第55页。

[②] 康有为:《康南海自编年谱》,中国史学会主编:《中国近代史资料丛刊·戊戌变法》(四),上海人民出版社1957年版,第123页。

## 一、康有为官制革新思想的主要内容

康有为认为要维新变法，首要重点是变革官制。他提出："官制则冗散万数，甚且鬻及监司，教之无本，选之无择，故营私交贿，欺饰成风，而少忠信之吏。"① 光绪二十四年（1898）正月，李鸿章、翁同龢等五位大臣代光绪帝问康有为应该如何变法，康有为胸有成竹地回答："宜变法律，官制为先。"他提出，当今是列国并雄之时，非复一统之世，而现行的法律、官制都还是一统之法，"弱亡中国，皆此物也"②。他认为，要维新中国，必以立宪法、改官制、定权限为第一要义。如果以今日之法、今日之官，虽然皇帝"日下一上谕言维新"③，也是徒劳无益。

康有为维新变法时期的官制革新思想的具体内容如下。

### （一）裁汰冗官，精简机构

#### 1. 晚清冗员情况

咸同年间长期绵延的国内战争造成了捐例的"久开不闭"。同时，在军功的名义下因保举而得官的人也越来越多，由此造成的是另一种科举之外入仕的途径。一个经历过道咸同光四朝的士人说："湘淮军兴，削平发、捻、回诸大乱，各路军功所保记名提督，部册所载近八千人，总兵则近二万人，副将以下汗牛充栋矣。"提督一品、总兵二品都是红顶大员，合两者总计之已是成千上万。而他说的还只是武职，加上文职就更多了。另据《剑桥晚清中国史》称，按官制规定，当时全国约有两万名文官和七千名武官，加上候补官员，总数不下二十万人。这还是编制数目，实际上各衙门无不超编，一些闲散机构也豢养着大批冗吏冗员。

清朝官制的一大弊端就是冗员太多，行政效率极为低下，六部之中的官员经常互相推诿，堂官推给司员，司员推给书吏，常常使一些重要的文件变为一纸具文。外省督抚大臣要办一件事，往往要从县一级开始逐级上报，到达他们手上有时最快也要数月。清政府还常常在一个职位上设置数人，以达到互相牵制的作用，最后各个官吏均懒于从事，导致一事无成。例如，清初

---

① 康有为：《上清帝第二书》，汤志钧编：《康有为政论集》（上册），中华书局1981年版，第122页。

② 康有为：《康南海自编年谱》，中国史学会主编：《中国近代史资料丛刊·戊戌变法》（四），上海人民出版社1957年版，第140页。

③ 《康有为等人传记》，中国史学会主编：《中国近代史资料丛刊·戊戌变法》（四），上海人民出版社1957年版，第34页。

## 第六章 资产阶级维新派的吏治维新变革设想

漕运每年四百多万石,戊戌年间上有一百多万石,运米本来是商人的事,政府却设总督一级的官员办理,沿途搬运船丁等达到十万人。由于冗员过多,每担米的运费高达十八两,仅漕运一项,国家每年就要支付千万两白银,成为财政上的一大负担。

资产阶级维新派认为当时朝廷内外机构重叠、冗员充斥,必然导致官员不负责任,一事不举。他们说:"古者长官有佐无贰,所以尽其权,专其责,易于考绩……后世惧一部之事,一人独专其权也,于是既有尚书,复有侍郎,重以管部。计一部而长官七人,人人无权,人人无责。防之诚密矣,然不相掣肘,即相推诿,无一事能举也。"官员年纪大,不接受新鲜事物,反对改变。文廷式曾统计了1896年部分在位的中央和地方大员的年龄:大学士张之万八十六岁,李鸿章七十四岁,徐桐七十八岁,额勒和布七十一岁,尚书李鸿藻、薛允升七十七岁,孙家鼐七十岁,侍郎钱应溥七十三岁,徐树铭七十四岁,徐用仪七十一岁,内阁学士陈彝七十岁,副都御史杨颐七十六岁。另有总督、巡抚七人,将军、提督十三人,年龄亦均在七十岁以上。①

资产阶级维新派之所以把变官制提到变法维新的首位,是因为他们认识到,手握重权的守旧官吏是推行新法的极大障碍。对此,杨深秀曾有过较为深刻的剖析。他说,那些封建大吏"或年老不能读书,或气衰不能任事。不能读书,则难考新政;不能任事,则畏闻兴作"。这些人虑及新法的推行,"于旧官必多更革,于旧人必多褫斥,于其富贵之图,大有不便"。总之,由于变法维新将直接关系到他们的荣辱存亡,因而,"惟有出全力以阻挠之,造谣言以摇惑之"。

康有为认为,"一职而有数人,一人而兼数职,务为分权掣肘之法,不能尽其才","官多而事权不属则冗而无耻"。② 他提出必须消除这种弊端,"若明知冗员而不能更革,是虽有良法而无自推行。其余文书繁密之当删,卿寺冗闲之宜汰,堂官数人之当并,兼差数四之宜专,吏胥之宜易用士人,百官之宜终身专职,必使尽去具文,乃可施行实政。若犹用明代牵制之法,

---

① 参见文廷式:《闻尘偶记》,中国社会科学院近代史研究所近代史资料编辑组编:《近代史资料》(总44号),中国社会科学出版社1981年版,第25页。
② 康有为:《上清帝第四书》,汤志钧编:《康有为政论集》(上册),中华书局1981年版,第151页。

必致贻政事丛脞之忧。然一旦而尽革官制,职有以知朝议之未能也"①。只有裁减闲散衙门,裁减冗员,改变以往机构重叠、人浮于事的现象,才能达到条理贯通、事权专一、行政工作效率提高的目的。

2. 康有为的建议和主张

康有为认为,当时的清朝衙门众多,机构重叠,人浮于事,必须要变革。要精简中央机构,裁汰冗员,以节约糜费,增加官俸,使官吏得以守廉。

在中央官制方面,康有为主张要裁减、合并一批臃肿庞杂的官僚机构,所有多出的冗官一概裁汰。如将太常寺、光禄寺、鸿胪寺等机构合并于礼部,将大理寺合并于刑部,太仆寺合并于兵部,通政司合并于都察院,裁汰冗员。

在地方官制方面,康有为认为当时的地方政治存在以下几个弊端。一是地方行政复杂,官制复杂,层级太多,有省、道、府、县四级。二是职官设置不合理。省道两级冗员甚多,藩、臬、道、府之官多拱手无事,而州县一级佐治员缺太少,县令之下仅有一二薄尉杂流,无法托以民治;且州县官地位低落,任重而位贱,俸薄而官卑,除治狱催科外,其他皆无能为力。县官本是亲民之官,但实则害民,"小民有冤,呼号莫达,书差讹索,堂署威严,长跪问讯,刑狱惨酷,乃至有人命沉冤、鬻子待质,而经年不讯者"。三是没有地方自治。地方事务繁杂,而一省事权皆集于督抚,加以督抚的昏庸,年老力衰,难以求治。因此,康有为提出以下主张。第一,对原有官吏进行考核,改变任官制度,取消捐纳,选拔新人,淘汰旧人。第二,实行省县两级行政制度,减少中间层次,以提高办事效率。裁汰藩、臬、道、府之冗员,知县直接受巡抚领导。主张充实加强县级机构,知县升为四品,以给、御、编、检、郎员及道府之爱民者充任。下设功曹、决曹、贼曹、金曹,以州县进士担任,其余小吏,一律由诸生考充。巡抚上通奏章,下领知县。原处巡抚以上的总督,一律由巡抚兼任。第三,设立新的机构,于地方各道设民政局,县设民政分局,地位权力与原来的督抚、知县相同。这是与制度局相呼应的地方政权机构。他设想地方各事,"除刑狱赋税暂时仍归知县外,凡地图、户口、道路、山林、学校、农工、商务、卫生、警捕,皆次

---

① 康有为:《上清帝第四书》,汤志钧编:《康有为政论集》(上册),中华书局1981年版,第156页。

第举行"①。也就是说，逐步建立这些机构，把这些权力逐渐地从封建官僚手中转移过来。

### （二）仿照西方君主立宪政体，设置议政行政机构

康有为反对君主专制政体，主张君主立宪。他认为君主权威无限制是背离了人间公理，同时造成了君民之间的阻隔。他提出了"中国大病，首在壅塞"的观点，认为"今天下事皆文具而无实，吏皆奸诈而营私，上有德意而不宣，下有呼号而莫达。同此兴作，并为至法，外夷行之而致效，中国行之而益弊者，皆上下隔塞，民情不通所致也"。康有为提出"尝考中国败弱之由，百弊丛积，皆由体制尊隔之故"②。1888年，康有为在《上清帝第一书》中极力陈言壅塞之弊导致了洋务运动的失败。他说，今天下并非没有稍变旧法，中国也设立了洋差、商局、学校，开办了矿产公司，利用了电线、机器、轮船、铁舰，但是不睹其利，反以薮奸。那么，西方国家如此做就富强，中国行之却弊端百出，是为什么呢？"上体太尊而下情不达故也。"

针对封建专制使君民相隔的情况，康有为主张允许国家各级大小官吏和一般民众上书朝廷，评论时政，发表自己的观点和主张。他非常推崇西方的议会制，认为"欲除壅蔽，莫如仿照泰西，设立议院"。在1895年《上清帝第四书》中，康有为归纳了西方议会制的四个优点——"人皆来自四方，故疾苦无不上闻；政皆出于一堂，故德意无下不达；事皆本于众议，故权奸无所容其私；动皆溢于众听，故中饱无所容其弊"③，期望用代表民意的议院来沟通上下联系，并约束行政官员的弄权、渎职行为，以实现"百废并举，以致富强"的目的。

#### 1. 设立议郎制

在"公车上书"中，康有为提出了实行议郎制的主张。议郎制具有一定的立法权，是带有国会性质的机构。其具体内容是：让士民公举博古今、通中外、明政体、方正直言之士；以府县为选区，约十万户推举一人为议郎，且在武英殿广陈图书。皇帝每天用一小时的时间亲临武英殿，议郎分二十人为一班，轮流到武英殿侍值，以备顾问。议郎可上驳诏书，下达民词；

---

① 康有为：《上清帝第六书》，汤志钧编：《康有为政论集》（上册），中华书局1981年版，第216页。

② 康有为：《上清帝第七书》，汤志钧编：《康有为政论集》（上册），中华书局1981年版，第219页。

③ 康有为：《上清帝第四书》，汤志钧编：《康有为政论集》（上册），中华书局1981年版，第150页。

所有议郎，一年一更换，若民心推服，可留任领班。议郎制不仅继承了中国传统社会举荐体制的官吏选拔优点，而且赋予议郎们上驳诏书、下达民词的权力，实际上就是要求建立西方近代国家普遍实行的代议制。不过，此时康有为眼中的议郎集团，只是一个咨询机构，只有建议权，决策权仍然掌握在君主之手。而且当选的议郎也要由皇帝来批准任命，对皇帝的君权没有太大的牵制作用。康有为的这种构想，一直延续至第四次上书。在第四次上书中，他明确提出要"设议院以通下情"，使"人皆来自四方，故疾苦无不上闻；政皆出于一堂，故德意无不下达；事皆本于众议，故权奸无所容其私；动皆溢于众听，故中饱无所容其弊"。这里他说的议院仍相当于皇帝的顾问机构，职能还小于议郎制。

在1897年12月的第五次上书中，康有为首次提出开设国会、制定宪法。但综观上书全文，康有为的主要用意是希望光绪帝"下发愤之诏，先罪己以励人心，次明耻以激士气，集群材咨问以广圣听，求天下上书以通下情，明定国是，与海内更始"。并提出三条对策，"第一策曰：采法俄日以定国是；第二策曰：大集群才而谋变政；第三策曰：听任疆臣各自变法"。从中可以看出，由于种种原因，议会制度的确立并不是当时康有为最为关注的目标。

2. 设立制度局

在《上清帝第六书》中，康有为强烈主张以明治维新为范例，推进改革，并首次提及西洋的三权分立制度："近泰西政论，皆言三权，有议政之官，有行政之官，有司法之官，三权立，然后政体备。"① 他将变法维新原则性的主张归纳为三条施政纲领："一曰大誓群臣以革旧维新，而采天下之舆论，取万国之良法；二曰开制度局于宫中，征天下通才二十人为参与，将一切政事制度重新商定；三曰设待诏所许天下人上书。"在此次上书中，他认为维新之始的一个要义是"开制度局而定宪法"，也就是设置一个总括政策设想的直属皇帝的权力机构——制度局，凭借君权的权威，由制度局推行自上而下的全面改革新政。

康有为开制度局的具体办法是"用南书房、会典馆之例，特置制度局于内廷，妙选天下通才十数人为修撰，派王大臣为总裁，体制平等，俾易商榷，每日值内，共同讨论，皇上亲临，折衷一是，将旧制新政，斟酌其

---

① 康有为：《上清帝第六书》，汤志钧编：《康有为政论集》（上册），中华书局1981年版，第214页。

宜"。概括来说，制度局的任务是"审定全规，重立典法"。制度局下，分设法律局、度支局、学校局、农局、工局、商局、铁路局、邮政局、矿务局、游会局、陆军局、海军局十二专局，负责各方面的事务，执行制度局所通过的法令，"凡制度局所议定之新政，皆交十二局施行"。在地方上则每道设一新政局，每县设一民政局，推行新政。

制度局的任务是和皇帝一起起草宪法和法律，并公布实行。制度局具有立法性质，相当于西方的国会。很明显，这是要建立起一个资产阶级的政权机构，具有行政中枢的地位，来推行各项变法措施。没有这样一个机构，变法维新只能是空谈，这一点康有为看得很清楚，他把制度局比作南书房和军机处，可见其重要地位。非常明确，在宫中设立制度局，全面变法，是改良派变法的政治纲领。在他们变法维新的各种主张中，开制度局占据首要的地位。康有为认为，"故制度局之设，犹为变法之原也"①。

制度局已经是一个立法权力机构，"具有某些资产阶级议院的性质和作用"②。开制度局是要取得维新派的参政权力，全面取代清朝从中央到地方的旧式封建官僚政治机构。正如胡绳所说："很明显，康有为想使制度局成为一个具有立法职能的新政领导机构……由维新派来掌握中央立法、行政权。"③

由主张设立西方资产阶级国家式的议院，改为开制度局，主要是康有为慑于封建守旧势力的反抗。他在自编年谱中追述百日维新中的情况时说："复生（谭嗣同）、暾谷（林旭）又欲开议院，吾以旧党盈塞，力止之。"④康有为主张设的议院，带有权力机构的性质；而后提出的制度局，虽然仍带有西方议会的味道，但咨询性的色彩浓了。从这点来看，康有为确实后退了一步。但是，通过官制改革使资产阶级挤进国家的各级权力机构这个根本目的并未改变。1898年8月，他在《请定立宪开国会折》中明确提出立宪法、开国会是治国之大经、为政之公理，"今实行新法，固为治强之计，然臣窃

---

① 康有为：《上清帝第六书》，汤志钧编：《康有为政论集》（上册），中华书局1981年版，第214页。
② 房德邻：《浅析康有为开制度局的主张》，《光明日报》，1983年12月14日。
③ 胡绳：《从鸦片战争到五四运动》（下册），人民出版社1981年版，第545－546页。
④ 康有为：《康南海自编年谱》，中国史学会主编：《中国近代史资料丛刊·戊戌变法》（四），上海人民出版社1957年版，第159页。

谓政有本末，不先定其本，而徒从事于其末，无当也"①。

## 二、对康有为官制革新思想与实践的评价

"向西方学习，通过自上而下的变法，逐步建立君主立宪的地主资产阶级联合政权。这就是康有为发动戊戌维新运动的基本政治纲领，也是康有为政治主张的核心。"② 戊戌官制改革是百日维新中政治改革的中心内容。康有为提出了系统的官制改革思想。"康有为政治纲领的目标是一系列制度改革，这些改革如果付诸实施的话，等于一场'来自上面的根本性革命'。"③

### （一）积极作用

以康有为为首的资产阶级维新派采用了资本主义某些政体和政权组织形式，提出了在中国建立一个资产阶级参加国家政权的政权机构改革方案，这是对封建政权和官僚机构进行重大变革的一次大胆尝试。尽管从光绪帝所发布的官制改革措施以及实际贯彻执行情况来看，戊戌时期的官制改革收效甚微。在百日维新期间，从中央到地方，原有的封建官僚机构和官制基本未动，只是下谕裁撤无所事事的空闲机关和冗员。资产阶级维新派提出的官制改革主张，在百日维新中大大打了折扣。裁撤冗官、开制度局之议得到光绪帝的允准，终因以慈禧太后为首的顽固守旧势力的阻挠而未能实现。但倡导官制改革毕竟是康有为等维新派在中国推行君主立宪制的一次尝试，是对封建君主专制政治体制的一次巨大的冲击和震动，使得许多人从专制主义君权和皇权观念的束缚中解放出来，进行政治体制变革一度成为19世纪末至20世纪初一股不可逆转的潮流。

### （二）失败原因分析

1. 守旧官僚的反对和抵制

康有为等提出的官制改革，给官僚守旧势力以巨大的冲击，进一步打乱了封建统治秩序，因此在推行中遭遇了来自官僚守旧力量的强烈反对。国家积弊已久，个人又以私利为重，改革之路异常艰难。

---

① 康有为：《请定立宪开国会折》，汤志钧编：《康有为政论集》（上册），中华书局1981年版，第338页。

② 王晓秋：《戊戌维新期间康有为政治主张的再探讨》，《社会科学研究》1984年第4期。

③ [美]费正清、刘广京编，中国社会科学院历史研究所编译室译：《剑桥中国晚清史：1800—1911年》（下卷），中国社会科学出版社1985年版，第282页。

## 第六章 资产阶级维新派的吏治维新变革设想

慈禧太后虽然不是一个具有远见卓识的政治家，但也并非顽固的保守派。中日甲午战争的惨败等一系列事件令她深受刺激。基于她自身长年积累的对政治危机现实的判断，她并不反对在可调控范围内有限、渐进的改革。光绪帝不愿成为亡国之君，决心变法。当他将这个想法告诉慈禧太后时，慈禧太后当即表态认同，"变法乃素志"，"苟可致富强者，儿自为之，吾不内制也"。但她的前提是，朝野不发生变乱，权力仍掌握在她手中。但是，维新派的最终目标是要实行君主立宪，这就必然要触及政治体制的变革，妨碍慈禧的专制统治。结果，慈禧不能容忍，镇压了维新派，致使变法夭折。

京城官员和地方上督、抚、布按等封疆大吏，为保住既得利益，多数都反对新政中的官制改革，"敷衍塞责，任意迁延"，不认真执行改革官制各项谕旨。光绪二十四年（1898）七月十六日，光绪帝下诏裁撤六衙、三巡抚，"京师冗散卿侍被裁者，不下十余处，连带关系因之失职者将及万人"①。令下，朝野震骇，以为此举大背祖宗制度，皆赴宁寿宫，请太后保全，收回成命。所裁衙门奉旨后群吏如鸟兽散，印信、文卷无人过问，厅事、户牖拆毁无存，犹如经历了一场浩劫。守旧诸臣皆惴惴不安，唯恐不能自保，他们"喧噪不已"，大有民不聊生之戚。② 变法期间，光绪帝几次下诏命令大学士、军机大臣和督抚将军详议京外应裁文武缺及归并事宜；后又要求督抚将现有各局中冗员，一律裁撤净尽，限一月内办完复奏。但各省督抚或历陈办事艰难，恳请稍宽时日，或竟称"裁无可裁，减无可减"③。据统计，二十一省中，仅有三省裁去武官三百八十三人。各省新增设的衙门也寥寥无几。多数督抚大员，于改革官制毫无动作。慈禧太后在诸大臣鼓噪下也亲自出马，斥责光绪："九列重臣，非有大故，不可弃；今以远间亲、新间旧，徇一人而乱家法，祖宗其谓我何？"④ 康有为关于制度局的大胆设想，同样在清廷内部引起了轩然大波，"朝论哗然，谓此局一开，百官皆坐废矣"。进而，众军机大臣明确表示，"开制度局，是废我军机也，我宁忤旨

---

① （清）黄鸿寿：《清史纪事本末》，中国史学会主编：《中国近代史资料丛刊·戊戌变法》（四），上海人民出版社1957年版，第260页。

② 参见陈夔龙：《梦蕉亭杂记》，中国史学会主编：《中国近代史资料丛刊·戊戌变法》（一），上海人民出版社1957年版，第485页。

③ 《上谕》，中国史学会主编：《中国近代史资料丛刊·戊戌变法》（二），上海人民出版社1957年版，第12页。

④ （清）胡思敬：《戊戌履霜录》，中国史学会主编：《中国近代史资料丛刊·戊戌变法》（一），上海人民出版社1957年版，第376页。

而已,必不可开"①。大学士徐桐扬言:"先革去老夫,徐议未晚。"② 拖到五月,在光绪帝严责催促下,大臣们多次复议仍不能通过,皇上震怒,亲书朱谕责之,发令再议。到了六月,他们才"择其细端末节准行",其余的则推托不办。③ 京师谣传康有为欲设立制度局以"尽废京师六部九卿衙门",盈廷数千醉生梦死之人,"几皆欲得康之肉而食之"④。

虽然百日维新开始后,光绪帝曾屡次下诏申斥守旧官僚,"狃于积习,不知振作","经再三训诫,而犹阳奉阴违"。⑤ 光绪帝还当面质问总理衙门大臣:"汝等欲一事不办乎?"一再要求"凡在廷大小臣工,务当洗心革面,力任其艰,于应办各事,明定期限,不准稍涉迟玩,倘仍畏难苟且,自便身图"⑥,必定严加惩处。为了表示令出即行,对敢于阻塞言路的礼部尚书怀塔布、许应与另外四个侍郎一并革职。同时嘉奖敢于斗争的礼部六品主事王照,赏三品顶戴,以四品京堂候补。对在湖南力行新政的陈宝箴大加表彰。但是,由于守旧大臣的阻挠,制度局始终未能设置。顽固守旧势力的恐惧、惊扰和百般阻挠在一定程度上反映出官制改革方案的客观效果。

## 2. 理论上的局限性

康有为提出的官制变革思想继承了甲午战前思想界的开发古代资源和吸收西方经验相结合的思路,是对中西政治制度的综合和筛选。康有为虽然一直称赞西方的代议制,但是他主张设立的制度局、集意院、懋勤殿等都属于君主的智囊机构,而不是民选机构。本来,议院作为资产阶级国家的权力机构,是作为封建君权的对立物而出现于历史舞台之上的。然而,康有为和当时中国先进的思想家往往是从"通下情"的角度来认识其作用的。这样一来,议院的设立并不否定封建君权,反倒成为强化封建国家机器的有效机

---

① 康有为:《康南海自编年谱》,中国史学会主编:《中国近代史资料丛刊·戊戌变法》(四),上海人民出版社1957年版,第153页。

② (清)胡思敬:《戊戌履霜录》,中国史学会主编:《中国近代史资料丛刊·戊戌变法》(一),上海人民出版社1957年版,第368页。

③ 参见梁启超:《戊戌政变记》,中国史学会主编:《中国近代史资料丛刊·戊戌变法》(一),上海人民出版社1957年版,第252页。

④ 梁启超:《戊戌政变记》,中国史学会主编:《中国近代史资料丛刊·戊戌变法》(一),上海人民出版社1957年版,第271页。

⑤ 《上谕》,中国史学会主编:《中国近代史资料丛刊·戊戌变法》(二),上海人民出版社1957年版,第63页。

⑥ 《上谕》,中国史学会主编:《中国近代史资料丛刊·戊戌变法》(二),上海人民出版社1957年版,第63页。

制，这就不可避免地导致其宪政实践的诸多两难困境。

　　康有为概括了"选通才以任新政，存冗官以容旧人"的改革策略。在设计改革措施时，并不想立即取消封建的政权机构，仍允许其继续存在，只不过各种具体事情逐步由新机构来办理，以缓和反对改革的压力。他们企图采取这样一种和平转移政权的方式，在不推翻封建主义的基础上，逐步实行资产阶级性质的改良措施，来实现君主立宪式的资产阶级政体模式。

　　官制问题是和政府体制紧密相连的，而政府体制又是与国家的政治体制密切相关的。晚清的封建专制政体不改变，官制改革就无法成功。但康有为的官制革新思想仍具有重要意义。正如《剑桥中国晚清史》中评价的："康有为的维新思想在政治上和思想上都有着重大的意义。政治上，它要求改制，这意味着怀疑政府的政治效率。更重要的是，他主张的民众统治、参政和立宪政府等西方政治观念都和其他政治维新派多少有相通的地方，这样就一起向传统政治秩序的合法性提出了挑战。随着这些新政治价值观对公众意识的影响日益扩大，中国不但面临着行政管理崩溃的现实，而且开始了以辛亥革命为结果的政治瓦解的进程。"①

　　20世纪初，康有为、梁启超等维新志士总结戊戌变法失败的惨痛教训，撰述了大量政论文章，继续探索中国政治改革方案。康有为撰《官制议》，主张革新中央与地方政府管理体制，增强政府管理效能，推进中国的政体建设。1902年，康有为作《公民自治篇》。《公民自治篇》是康有为《官制议》系列文章之一，通过比较中西各国政治制度之异同，主张中国建立公民制度，并以地方自治作为公民制度的政治基础，从而达到挽救民族危亡、实现国家富强的目的。辛亥革命之后，康有为又因主张帝制和复辟而不见容于新的民族资产阶级和小资产阶级阵营，始终无法实现自己的政治抱负。

## 第三节　梁启超的吏治改革设想

　　梁启超（1873—1929），字卓如，号任公，又号饮冰室主人等，广东新会人。自幼在家中接受传统教育，1889年中举。1890年赴京会试，未中。1891年就读于康有为创建的万木草堂。1895年春再次赴京会试，协助康有为，发动在京应试举人联名请愿的"公车上书"。1897年，担任长沙时务学堂总教习，在湖南宣传变法思想。1898年，回京参加"百日维新"。同年9

---

①　［美］费正清、刘广京编，中国社会科学院历史研究所编译室译：《剑桥中国晚清史：1800—1911年》（下卷），中国社会科学出版社1985年版，第287页。

月,戊戌政变发生,梁启超被迫逃亡日本。在日本期间,他先后创办《清议报》和《新民丛报》,鼓吹改良,反对革命;同时也大量介绍西方社会政治学说,对近代中国思想具有启蒙作用。中华民国建立以后,他组建进步党,出任北洋政府司法总长。在袁世凯图谋称帝之时,他积极推动反袁斗争。段祺瑞北洋政府时期,梁启超出任财政总长。1917年11月,段祺瑞内阁下台,梁启超也随之辞职,从此退出政坛。1922年起在清华学校兼课,1925年应聘任清华国学研究院导师,1929年1月病逝于北京协和医院。

维新变法时期,梁启超猛烈抨击封建专制下的政治腐败、吏治腐败,协助康有为进行变法维新活动。同时,他创办报纸,译介国外著作,传播西学,极大地促进了国人的思想解放。

## 一、梁启超对封建专制下腐败吏治的猛烈抨击

梁启超在《论不变法之害》中对当时中国的糟糕状况进行了全面而深入的分析,认为中国与印度、突厥等国不相伯仲,虽地域辽阔,然而因沿积弊不能振变,各行各业衰弱不堪,专制横行,道德败坏。特别是对当时封建官场进行了尖锐的批判:"官制不善,习非所用,用非所习,委权胥吏,百弊蝟起;一官数人,一人数官,牵制推诿,一事不举;保奖蒙混,鬻爵充塞,朝为市侩,夕登显秩;宦途壅滞,候补窘悴,非钻营奔竞,不能疗饥,俸廉微薄,供亿繁浩,非贪污恶鄙,无以自给;限年绳格,虽有奇才,不能特达,必俟其筋力既衰,暮气将深,始任以事,故肉食盈廷,而乏才为患。"① 他痛切地指出:"试观我国今日政治现象与社会情态,纪纲荡然,百事丛脞,苟且偷惰,习焉成风。举国上下,颓然以暮气充塞之,而国势堕于冥冥,驯致不可收拾者。"②

## 二、梁启超提出的吏治主要设想

梁启超希望通过借鉴、仿效西方的法律与政治制度,来改革清朝封建统治下的中国。梁启超"以译书为变法第一要义",大量译介外国著作,通过其论著传播西学,宣扬维新变法理论,系统地阐述了他的宪政理论、民权学说、法治人治论等,这对于冲破中国传统的封建意识,活跃国人的思想,开

---

① 梁启超:《变法通议》,夏晓虹编:《梁启超文选》(上集),中国广播电视出版社1992年版,第6页。

② 梁启超:《管子传》,《饮冰室合集》(专集之二十八),中华书局1989年版,第17页。

阔国人的视野,对于中国法律的现代化,无疑起了巨大的启蒙作用。

### (一) 养廉耻,革封建官吏腐败风气

梁启超认为当时官场世风日下的主要原因是官吏已经没有廉耻感。清廷已经通过各种手段将各级官吏和百姓驯化成听命的"妾妇"与温顺的"禽兽",随心所欲地控制他们。他指出:"夫奴性也,愚昧也,为我也,好伪也,怯懦也,无动也,皆天下最可耻之事也。今不惟不耻之而已,遇有一不具奴性、不甘愚昧、不专为我、不甚好伪、不安怯懦、不乐无动者,则举国之人,视之为怪物,视之为大逆不道。是非易位,憎尚反常,人之失其本性,乃至若是。"① 在这种情况下,士大夫们公然表现出盲目无知之态、小妾妇人之容,廉耻道丧,衣冠涂地。不知廉耻、道义、权利、责任为何物,唯有屏息蜷伏于皇权之下。他们丧失了名节,已不知有国家、职责,所知者唯私人利禄而已。这些跻身朝堂的官员们以阿谀奉承、奴颜婢膝取悦皇帝和上级为幸事,以欺压百姓为能事。

梁启超指出,在封建君主专制制度下,举国之官吏都已经变成了没有头脑、没有骨血、没有士气的死物。他引用孟德斯鸠的话说:"专制政体之国,其所以持之经久而不坏裂者,有一术焉。盖有一种矫伪之气习,深入于臣僚之心,即以爵赏自荣之念是也。彼专制之国,其臣僚皆怀此一念,于是各竞于其职,孜孜莫敢怠,以官阶之高下,禄俸之多寡,互相夸耀,往往望贵人之一颦一笑,如天帝、如鬼神然。"② 他认为这些话道尽了中国数千年来封建社会的官场状况。因此,梁启超提出必须要养廉耻,革世风。如何做到这些呢? 梁启超提出了新民德与开官智的方法。

(1) 新民德。梁启超在涉猎一系列的西方著作、考察西方社会后,清晰地看到了中国民众的落后和麻木不仁,通过与西方"人格最完美之国民"的对比,梁启超提出了著名的"新民理论"。梁启超认为,政治制度与国民道德相互促进,相互影响,政治体制与国民素质必须相符合,国民素质的高低决定国家政治体制的优劣。"西哲常言:政府之与人民,犹寒暑表之与空气也。"③ 也就是说,政府体制与国民素质的关系就好像气温高低与温度计

---

① 梁启超:《中国积弱溯源论》,夏晓虹编:《梁启超文选》(上集),中国广播电视出版社1992年版,第85页。

② 梁启超:《中国积弱溯源论》,夏晓虹编:《梁启超文选》(上集),中国广播电视出版社1992年版,第85-86页。

③ 梁启超:《新民说》,夏晓虹编:《梁启超文选》(上集),中国广播电视出版社1992年版,第103页。

刻度升降之间的关系一样，存在着必然的因果关系。

梁启超认为"民弱者国弱，民强者国强"，而国民素质则决定一国政体的优劣，正是由于中国民众的落后性，使得中国只能由专制政府统治，陷入了恶性循环的深渊。国家的国民素质优秀，国家就兴旺发达；国家的国民素质低劣，国家就软弱涣散。"国也者积民而成。国之有民，犹身之有四肢、五脏、筋脉、血轮也。未有四肢已断，五脏已瘵，筋脉已伤，血轮已涸，而身犹能存者；则亦未有其民愚陋、怯弱、涣散、混浊，而国犹能立者。"[1] 国民素质是构建新政府、新国家、新政治体制的关键，有了优秀的国民、优良的国民素质，才会有良好的政府、良好的国家、良好的政治制度。

何谓新民德？梁启超认为首先国民要具有国家思想观念，以维护国家利益为第一义。中国人民之所以不知国家大事，主要是缺乏社会公德。因此，梁启超认为树立新公德、新道德才是培养新民的首要大事，但是仅有国家观念还是不够的，新民还需要具有高度的政治觉悟、充分的自治能力、优秀的道德品质和处理各种事务的能力，这些都是作为新民必备的基本素质。可是对于中国人的现况来说，这无疑是水中捞月罢了。因此，梁启超认真研究了英美等国新民的发展历程，提出为提高国民素质的两条途径：一是"淬厉其所本有而新之"，二是"采补其所本无而新之"。也就是在吸收西方先进文化精华的同时，继续发扬民族的优良品质。梁启超对中国的落后国民性、奴隶性进行了猛烈的抨击，宣扬"新民思想"，主张以新民来推翻专制政府的大业，改造中国，建设一个富强的新中国。

（2）开官智。官僚集团是一个智商较高的社会群体，封建社会的知识精英主要集中在这里。受几千年中国小农社会的影响，官员不仅被老百姓视为决定自己命运的父母官，而且是做人的榜样、奋斗的目标、道德的化身。官员的思想和行为往往是百姓的楷模。可以毫不夸张地说，官员的一举一动，都极大地影响着广大民众的走向、道德的归宿，乃至社会的风尚和价值观的形成。在中国，官员始终处于社会的核心地位。

但是，权力既可能使人异化，也容易让思想僵化，利益的驱使更会让一些官员变为社会正义和社会进步的反对者。在中国历代的社会变革中，多数官员受权利、地位的制约，成为既得利益的守护者，总是站在社会改革的对立面，成为改革的最大障碍和绊脚石。

故而，当进行维新变革时，开官智就显得异乎寻常地重要。可以说，官

---

[1] 梁启超：《新民说》，夏晓虹编：《梁启超文选》（上集），中国广播电视出版社1992年版，第102页。

智提高的程度,决定着改革的难易和深度,具有牵一发而动全身的功能。梁启超十分形象地说:"官智开一寸,民智长一丈。"官智提高了,官场不断淘汰有碍先进文化的东西,中国民众素质的提高就大有希望了。

戊戌时期康有为、梁启超提出让官员读报、游历以利于推行改革。梁启超还明确提出官员在社会治理中的重要性,"日办一切事,舍官莫属","故开官智,又为万事之起点"。要设课吏堂教育智识低下的官员,堂中要多备"各国约章,各国史志,及政学、公法、农、工、商、兵、矿、政之书",并"多备报章,以资讲求"①,供官员阅读学习。

## (二) 兴民权,抑制官吏贪婪

梁启超认为,夏、商、周三代以后,君权日益尊崇,民权日益衰微,是中国致弱之根源。他沉痛地揭示封建专制高压下中国人缺少"国民"性格的凄惨状况:"我国蚩蚩四亿之众,数千年受治于民贼政体之下,如盲鱼生长于黑壑,出诸海而犹不能视;妇人缠足十载,解其缚而犹不能行,故步自封,少见多怪,曾不知天地间有所谓民权二字。"中国之所以日益衰弱,就是因为民权日衰,故"兴民权"既可改变中国落后和亡国的局面,又符合中国古制和传统,所以当务之急是名正言顺地"兴民权"。梁启超强调人人应有自主之权,"何谓自主之权?各尽其所当为之事,各得其所应有之利,公莫大焉,如此则天下平矣"②,明确指出人们应有属于自己的权利,如此方可天下大治。

梁启超兴民权的方式,首先就是要去除专制。他提出,要想使中国人摆脱奴役,就要去除专制、保障民权。他在《拟讨专制政体檄》中充满激情地说,专制政体是人民的公敌也,大仇人,"我辈实不可复生息于专制政体之下。专制政体者,我辈之公敌也,大仇也!有专制则无我辈,有我辈则无专制。我不愿与之共立,我宁愿与之偕亡!使我辈数千年历史以脓血充塞者谁乎?专制政体也。使我数万里土地为虎狼窟穴者谁乎?专制政体也。使我数百兆人民向地狱过活者谁乎?专制政体也……我辈今组织大军,牺牲生命,誓蓾灭此而后朝食"③。

---

① 梁启超:《论湖南应办之事》,陈书良编:《梁启超文集》,北京燕山出版社1997年版,第51页。

② 梁启超:《论中国积弱由于防弊》,王德峰编选:《梁启超文选》,上海远东出版社2011年版,第4页。

③ 梁启超:《拟讨专制政体檄》,陈书良编:《梁启超文集》,北京燕山出版社1997年版,第299页。

其次是应该先发展教育，开启民智，培养人才。梁启超认为，中国今日民智极塞，民情极涣，不宜马上实行民权，则应该先发展教育，开启民智，培养人才，而开智之道首在讲明西学。可见其主张"育人才"、"兴学校"是为实行民权打下思想基础和人才基础。梁启超把学校、学会、译书、报馆当作开民智的主要阵地和喉舌，广泛宣传西方文化，特别是西方的政治学说，以增强人们的民主意识和政治能力。他认为，通过这些开民智的举措，就能奠定兴民权的基础。

而实行民权，设立议会，必须以开发民智、绅智和官智为基础。梁启超在论证民权与民智的关系时说："兴民权斯固然矣，然民权非可以旦夕而成也。权者生于智者也。"他明确指出智识与权利的对应关系，"是故权之与智，相倚者也，昔之欲抑民权，必以塞民智为第一义；今日欲伸民权，必以广民智为第一义"。因此，他强调，"故欲求一国自立，必使一国之人之智慧足可治一国之事，然后可。今日之中国，其大患总在民智不开。民智不开，人材不足，则人虽假我以权利，亦不能守也"。国人智识越多，所享有的权利也就越多，而且还能够守住自己的权利。而彼时之中国所面临的重大问题即是民智不开，无法享有权利，更谈不上保住自己的权利了。在此，梁启超把民智与民权、救国与治国密切联系起来，认为民智是实行民权和治理国家的基础，开发民智是实行民权和治理国家的先决条件之一。

梁启超倡导民权对于久困于专制统治下的中国人而言，无异于振聋发聩。而关注民权在一定程度上甚有裨益于反贪倡廉工作的开展，人民能够获得民权，就可能获得切身的利益，也知道如何去保护自己的权利，这将在一定程度上抑制贪婪竞进的统治者的胡作非为。

他认为，只有民众有了民权，才可以抑制官吏的贪婪。只有兴民权，才能抑制君权与官权。通过立宪限制君权和官权，防止专制，保障民权。一方面，要从法律上确立公民的权利，使每个公民享有自由、平等的权利，并不断发展和扩大公民的其他个人权利；另一方面，他也强调所有的国民必须遵守宪法，在法律面前人人平等。

## （三）实行法治以防止和惩治吏治腐败

在两千多年的封建君主专制制度下，君权至上，法自君出，无真正意义上的法治可言。先秦法家代表人物商鞅、韩非及秦汉以后许多思想家、政治家都重视法律的作用，并曾在不同程度上提出法治主张。但他们都有一个无法克服的矛盾：一方面提倡法治，一方面又极力维护君主专制。明清之际的启蒙思想家黄宗羲主张以"天下之法"代"一家之法"，并对君主专制进行了猛烈的抨击，但他也没有明确提出民权思想。到了近代，在西学东渐的大

第六章 资产阶级维新派的吏治维新变革设想

背景下，康有为、梁启超等人在西方资产阶级政治法律思想影响下，开始把法治与民权结合起来。维新派强调法制，强调近代法制原则和精神的必要性，主张引入西方法律制度。

梁启超是法治主义的最早宣传者和鼓吹者。他热情地宣传西方的法治思想，并提出了一系列独到而精辟的见解。梁启超很重视法律在治国中的作用，认为为政必须实行法治。他反复强调，建立法制是立国之大本大原，"非发明法律之学，不足以自存矣"。他大声疾呼，中国要救亡图存，必须实行法治主义，认为"法治主义是今日救时唯一之主义"①。

梁启超明确提出，立法权应属于国民，立法应以谋求国民最多数之最大幸福为宗旨，人民监督政府的权利神圣而不可侵犯。要实行法治，不仅要使人民具有立法权，还要加强人民对政府的监督权。他说："法是恃政治制裁力发生功用。在此政府之下，即不能不守此政府之法。"② 不过他反对政府滥用国家权力压制人民。他从资产阶级民权思想出发，强调国家是"全国人之公产"，官吏是民之公仆，人民是国家的主人。因此，他主张"立法之业，必揆诸人民"③，实行法治以约束政府，防止和惩治腐败。

梁启超强调法治与民权相结合。梁启超的法治思想是与他倡导的宪政民权主张结合在一起的。在戊戌变法前后，他连续发表文章，宣传西方资产阶级的民权学说，批判中国的封建专制制度。他认为19世纪为民权之世界，开放民权已成为当今历史的潮流，"宪法与民权二者不可相离，此实不易之理，而万国所经验而得之也"。

梁启超认为，宪法是国家的根本大法，是国家其他法律的总纲，是统治阶级意志的体现，它具有相对的稳定性。"宪法者何物也？立万世不易之宪典，而一国之人，无论为君主、为官吏、为人民，皆共守之者也，为国家一切法度之根源。此后无论出何令，更何法，百变而不许离其宗者也。"④

梁启超认为宪法是民权限制君权的重要手段和保证，"是故欲君权之有限也，不可不用民权；欲官权之有限也，更不可不用民权。宪法与民权，二

---

① 梁启超：《中国法理学发达史论》，《饮冰室合集》（文集之十五），中华书局1989年版，第43页。

② 梁启超：《先秦政治思想史》，《饮冰室合集》（文集之五十），中华书局1989年版，第205页。

③ 梁启超：《管子传》，《饮冰室合集》（文集之二十八），中华书局1989年版，第26页。

④ 梁启超：《立宪法议》，陈书良编：《梁启超文集》，北京燕山出版社1997年版，第95－96页。

者不可相离，此实不易之理，而万国所经验而得之也"①。立宪可以保障民权，但立宪又必须以民权为基础，否则很难成功。"民权者，所以拥护宪法而不使败坏者也。""使不幸而有如桀、纣者出，滥用大权，恣其暴戾，以蹂躏宪法，将何以待之？使不幸而有如桓、灵者出，旁落大权，奸雄窃取，以蹂躏宪法，又将何以待之？故苟无民权，则虽有至良极美之宪法，亦不过一纸空文。毫无补济，其事至易明也。"②

因此，每个国民都必须遵守宪法，不论是普通国民，还是统治阶级都必须在宪法允许的范围内活动，否则就会受到法律的制裁。"凡立宪国民之活动于政界也，其第一义，须确认宪法，共信宪法为神圣不可侵犯，虽君主犹不敢为违宪之举动，国中无论何人，其有违宪者，尽人得而诛之也。"③

### （四）加强人民对政府和官吏的名誉监督

梁启超认为政府需要监督："世非太平，人性固不能尽善，凡庶务之所以克举，群治之所以日进，大率皆借夫对待者、旁观者之监督，然后人人之义务乃稍完。"④从官员的本性来讲，如果缺少了必要的监督，那是很难倾心竭力尽其义务的。而政府作为办理公众事务的团体，权力重大，如果不加以限制，那么即使皇帝大臣具有聪明才智，也避免不了滥用其权，这是人情之常理。

梁启超认为，必须由人民来监督政府。他赞扬我国古代管仲向齐桓公建议的"啧室之议"，认为所谓"啧室之议"，就是人民监督政府的机关。人民监督政府的权利，是神圣而不可侵犯的。显然，这是他假托古人，宣传他从西方学来的主权在民说。他说中国未曾没有限制官吏的法律，也未曾无人以监督官吏是否守法，但最终不见成效，其原因是"监之者非其道也……所谓法者，既不尽行，而监之之人，又未必其贤于其所监者，掣肘则有万能，救弊则无一效，监者愈多而治体愈乱。有法如无法，法乃穷"⑤。因此，

---

① 梁启超：《立宪法议》，陈书良编：《梁启超文集》，北京燕山出版社1997年版，第97-98页。

② 梁启超：《立宪法议》，陈书良编：《梁启超文集》，北京燕山出版社1997年版，第97页。

③ 梁启超：《政党与政治上之信条》，《饮冰室合集》（文集之二十六），中华书局1989年版，第51页。

④ 梁启超：《敬告我同业诸君》，夏晓虹编：《梁启超文选》（上集），中国广播电视出版社1992年版，第165页。

⑤ 梁启超：《立宪法议》，陈书良编：《梁启超文集》，北京燕山出版社1997年版，第97页。

第六章 资产阶级维新派的吏治维新变革设想

梁启超提出监督官吏之事，其势不得不责成于人民，"既已知舍改造政府外，别无救国之图矣，又知政府之万不能自改造矣，又知改造之业非可以责望于君主矣，然则负荷此艰巨者，非国民而谁"①。

梁启超指出，监督的方式大致可分为三类，即法律上之监督、宗教上之监督、名誉上之监督。法律监督是最有力的监督形式；宗教监督虽然不施用刑罚，却可以通过来世因果报应的说法使人有所警戒；名誉监督的实际功效也并不比前两种监督形式差。

那么，名誉监督权又由谁来掌握呢？梁启超很肯定地说："曰舆论操之。舆论无形，而发挥之代表之者，莫若报馆，虽谓报馆为人道之总监督可也。"② 梁启超就这样把舆论监督的职责赋予了新闻界。

1902 年，《新民丛报》第十期刊载了《敬告我同业诸君》一文，梁启超在该文中明确提出："某以为报馆有两大天职：一曰对于政府而为其监督者，二曰对于国民而为其向导者是也。"③ 梁启超对新闻舆论监督的作用极其推崇，指出，"一国之业报馆者，苟认定此天职而实践之，则良政治必于是出焉"。监督政府是梁启超新闻舆论监督思想的基本内涵。

梁启超认为，只有靠报馆的新闻舆论监督作用，民众才能对政府和官吏的行政行为进行积极而有效的监督，国家才可以对内实现长治久安，对外实现与各国平等共处。梁启超眼中的新闻舆论监督，是实现救亡图存这一政治目的的有力手段与工具。

梁启超还从民权思想出发，对报馆、政府和人民的关系做了深刻的说明。他指出报馆不是政府的臣属，而与政府的地位平等。不仅如此，"政府受国民之委托，是国民之雇佣也，而报馆则代表国民发公意以为公言者也"。政府官员是人民的公仆，而报馆是人民的代言，于是报馆与政府的关系更加明了："报馆之视政府，当如父兄之视子弟，其不解事也，则教导之，其有过失也，则扑责之。"梁启超以严父孝子的形象比喻对新闻舆论监督思想进行了总结："大抵报馆之对政府，当如严父之督子弟，无所假借；其对国民，当如孝子之事两亲，不忘几谏，委曲焉，迁就焉，而务所以喻亲

---

① 梁启超：《政闻社宣言书》，陈书良编：《梁启超文集》，北京燕山出版社 1997 年版，第 332 页。

② 梁启超：《敬告我同业诸君》，夏晓虹编：《梁启超文选》（上集），中国广播电视出版社 1992 年版，第 166 页。

③ 梁启超：《敬告我同业诸君》，夏晓虹编：《梁启超文选》（上集），中国广播电视出版社 1992 年版，第 165 页。

于道，此孝子之事也。"① 这种以民权为核心的新闻舆论监督思想无疑是对封建专制统治的挑战。

在《敬告我同业诸君》一文中，梁启超较为清晰地表达了他的思路。他认为政府的权力除了通过立法、司法和"政党的对峙"来监督、限制外，报纸以舆论为后援，也可以行使监督政府的权力，而在君主立宪制尚未确立之前，报纸是"独一无二之政监者"。在他看来，报业的舆论力量像立法、司法等政权的组织形式一样，可以直接参与政治、左右政治，"以言论易天下"，有着极大的社会影响威力。

作为社会监督基本形式之一的新闻舆论监督的确能够充分地反映人民群众的意志，是确保优良政治出现的利器。在梁启超之前，洪仁玕也提出过新闻舆论监督的思想。在新闻舆论监督是"名誉监督"这一点上，洪仁玕与梁启超是一致的。至于新闻舆论监督的对象，二人的看法却有所不同：洪仁玕将官吏作为新闻舆论监督的对象，梁启超则明确地将政府作为新闻舆论监督的对象。而且，在洪仁玕看来，"新闻官"类似监察机关，"收民心公议"是为了"由众下而达于上位"，为了让最高统治者"览之得以资治术"，一般官吏"览之得以识变通"。可见，洪仁玕是站在太平天国统治者的立场来看新闻舆论监督的，最终是为了维护太平天国统治集团的利益。梁启超则将报馆与政府的关系置于平等地位，主张站在民众的立场来监督政府，把封建制度下民众与君主的关系从根本上调转过来。可见，梁启超倡导的新闻舆论监督思想反映了其资产阶级知识分子的强烈的民权意识。

---

① 梁启超：《敬告我同业诸君》，夏晓虹编：《梁启超文选》（上集），中国广播电视出版社1992年版，第170页。

# 第七章 统治集团主要代表人物的整饬吏治思想与实践

近代晚清社会内忧外患，吏治腐败更是严重。文恬武嬉，奢侈腐化，不思进取。官员尽是贪婪之辈，无能昏聩之辈，野蛮残忍之辈，还有敷衍塞责、唯唯诺诺和钻营逢迎之辈。他们贪污腐化，酷烈虐民，欺骗蒙蔽，消极怠工，漠视民生。统治集团极为忧虑。封建统治者出于对江山社稷的考虑，无论自己多么腐败，有时候也不希望其下属过分腐败，因为下级的过分腐败会直接伤害基层社会的公平正义道德以及社会健康秩序，从而导致社会动乱、民众起义，危及统治地位。出于维护统治的需要，必须对"不讲政治"的官员进行反腐败。

纵观晚清时期，清朝统治者为了保住政权统治，始终忧虑吏治问题。统治集团人物道光、咸丰、慈禧，以及有见识的王公贵族、大臣们都对吏治问题给予了一定的关注。

## 第一节 统治集团对吏治的忧虑与整饬

鸦片战争后，外有列强侵略，内有农民起义，加之吏治不行，导致国衰民困，清朝最高统治集团为了保住政权，也注意对吏治进行整饬。

### 一、道光皇帝后期对吏治的忧虑与整饬

道光皇帝爱新觉罗·旻宁在位三十年，1850 年 2 月去世，终年六十九岁，有十年时间处于鸦片战争后的岁月。道光皇帝也曾采取一些措施如禁止陋规等整饬吏治，甚至做出节俭的样子，时常穿着打有补丁谓之"打掌"的旧裤子，试图有所作为，扭转颓风，结果也未能使政务有什么起色。平庸的道光帝整天忙于政事，临死前半年还带病上朝。道光朝所面临的不过是"日之将夕，悲风骤至"的政局，"公卿大夫日以簿书期会相责成，而天下之利权，非中饱于私家，即漏卮于海表"，吏治情况不断恶化。

### 二、咸丰皇帝对吏治的忧虑与整饬

咸丰帝继位之初，年轻气盛，也想干一番大事业，挽救岌岌可危的清王

朝。他继位后仅十一天，就降诏求言，要求大小臣工对于国家的用人行政等都可以"据实直陈"，凡是有利于吏治官方、国计民生者，都可以各抒己见，切实论奏。后来又多次下诏，要求清廷各位大臣据实指陈时政、弊政，一度颇有振作之象。后来的中兴名臣曾国藩即是在咸丰帝这一求言时局下，因奏陈用人三策而受到嘉奖，初露政治锋芒，崭露头角。《清文宗实录》记载了咸丰二年（1852）正月二十三日咸丰帝发布的一个考评国家权力中枢高级官员的上谕，可以看出他当时励精图治的抱负。上谕说："谕内阁三载考绩，激扬大典，朕受皇考付托之重，惟知克敬克勤，仰报深恩，与内外臣工，共图上理。满汉诸臣，有人品端方、办事实心者，固应量予甄叙；或年力就衰，因循不报者，亦断难姑容。"[①] 并对大学士赛尚阿等人的工作给予了详细的评价。

咸丰帝认识到，"自军兴以来，被贼滋扰地方，固因奸民煽乱，亦由吏治废弛酿成巨患"[②]。他多次为整饬吏治发布上谕，"苦口训诫，何啻再三"[③]。

咸丰帝还支持肃顺整饬吏治。当有人批评咸丰帝"求治太锐，不免操之已蹙；除弊太急，不无过为已甚"时，他立刻下诏予以反驳，称："朕执两用中，毫无偏倚。近来诸事苟且，即如现办户部钞票局一案，弊端迭出，若不严惩，何以肃法？徒持宽大，尚未平允。"[④]

但晚清至咸丰帝时，局势更加糟糕。太平天国运动风起云涌，势如破竹，太平军竟能在两年多的时间内从广西桂林打到江苏南京，建立了与清政权长期对立的农民革命政权。各地民众纷纷响应，很快形成全国性的反清大起义，对清朝统治体系造成了致命的打击。内忧正烈，外患又起，咸丰六年（1856），英法联军发动了第二次鸦片战争，打进了北京城。咸丰帝显示出政治上的极端无奈，捉襟见肘，心急如焚，多方寻求对策无果。他自感生不逢时，对糜烂的时局一筹莫展，开始意志消沉，整天纵情声色，"以醇酒妇人自戕"。

## 三、慈禧太后对吏治的忧虑与整饬

1861年至1908年间，清政府为慈禧太后实际掌权时期。秉政之初，慈

---

① 《大清文宗显皇帝实录》卷五二。
② 《清文宗实录》卷一二〇。
③ 《清文宗实录》卷二六。
④ 李慈铭撰，吴语亭编注：《越缦堂国事日记》（咸丰九年十二月初九日），商务印书馆民国十九年版，第78页。

禧太后为了调动一切积极因素迅速扑灭蔓延已久的太平天国起义，也一度颁旨求言，严格考核人才，严厉惩治腐败及失职官员。在太平天国起义被镇压后，她为了维持摇摇欲坠的清朝统治，对吏治问题也不时强调一番。

## 第二节 肃顺的整饬吏治实践

肃顺（1816—1861），字雨亭，满洲镶蓝旗人，爱新觉罗氏，和硕郑慎亲王乌尔恭阿第六子，郑亲王端华异母弟。道光十六年（1836）考封三等辅国将军，委侍卫处散秩大臣。道光二十九年（1849）授正三品的奉宸苑卿。道光三十年（1850）正月道光帝病逝，咸丰帝即位，七月授肃顺内阁学士兼礼部侍郎衔。咸丰帝即位后，肃顺"善于迎合上旨"，常常和咸丰帝谈论天下大事，直抒匡见，表现出机敏多谋、敢于任事的才能，得到咸丰帝的赏识，渐受重用。咸丰三年（1853）署理正红旗护军都统。咸丰四年（1854）赏御前侍卫，迁工部右侍郎，调正蓝旗满洲副都统、礼部左侍郎。咸丰六年（1856）署都察院左都御史。咸丰七年（1857）历署正红旗汉军都统、兵部尚书、理藩院尚书，赐紫禁城骑马。咸丰十年（1860）授御前大臣，署领侍卫内大臣、总管内务府大臣。咸丰八年（1858）英法联军进攻北京，咸丰帝北逃热河后，命肃顺为户部尚书、协办大学士，署领侍卫内大臣，"行在事一以委之"。咸丰帝病逝前，遗诏其为八名"赞襄政务王大臣"之一。不久，在慈禧太后与恭亲王奕䜣合谋发动的"辛酉政变"中被杀。

肃顺是咸丰时期的权臣，史称"肃公才识开朗，文宗信任之"。他为人机敏、刚毅，办事果断，能体察民间疾苦，洞悉社会弊端，痛恨官场腐败。他在掌权时期对吏治腐败进行了强力的整饬，目的在于"求起积弊于衰靡之世"，力图挽救和振兴已经腐朽没落的清王朝。

### 一、肃顺"严禁令，重法纪，锄奸宄"的主张

咸丰帝上台时，国家面临千年未有之变局，内忧外患，"文宗初基，东南糜烂，天下岌岌。朝廷怀恐惧之意而出之以端简，百官慑于大难之骤兴，瞻顾却立，而不敢肆其嚣嚣"①。面对日益急迫的政治形势，面临人才匮乏、无干练智谋之臣的情况，"时局所虑，在无将无饷，而实则两患仍在当事之非才"。官员中无人才，大家束手无策。正当"文宗厌廷臣习于因循，乏匡

---

① （清）郭嵩焘：《养知书屋文集》卷十，光绪十八年刊，第30页。

济之略"① 之时,"肃顺一人差强毅,敢任事",向咸丰帝上疏提出乱世务必用严刑峻法的主张,为咸丰所看重和赏识。在咸丰帝的着意提拔下,肃顺升擢神速,与怡亲王载垣、郑亲王端华等人成为清廷统治中枢的核心人物。

晚清处于整个封建制度没落和自身衰朽的交汇点上,腐败积习已深,贪赃枉法、吏治黑暗的程度表现得尤为严重。尤其是太平天国起义后,清廷官吏将士的腐败无能更是暴露得淋漓尽致。时人就指出,由于法纪松弛,造成"人不畏法"、"官不畏法"、"军不畏法"的局面,若想救治,"则不得不用威以立法"。面对当时内忧外患的局面,肃顺深信"治乱世,用重典"的古法。他在掌权时期明确提出了"严禁令,重法纪,锄奸宄"的主张。对触犯刑律的官员,无论其地位多高,都坚决打击。他在咸丰帝的支持下,严刑峻法,对吏治严加整饬,接连兴起几个大狱,使蔓延已久的吏治腐败问题得到一定程度的遏制。

## 二、严厉查处朝廷官员腐败渎职案件

咸丰帝即位之初就对"吏治废弛,苦口训诫,何啻再三",但仍无济于事。肃顺忧皇帝之所忧,从议约违旨案等涉及朝廷大臣渎职、腐败的案件入手,强力整饬吏治。

### (一)议约违旨案

咸丰八年(1858)五月,英法联军攻占大沽炮台后,溯白河西上,直扑天津,摆出进攻北京的架势。在侵略军咄咄逼人的威慑下,咸丰帝急派大学士桂良、吏部尚书华沙纳前往议和,惠亲王绵愉、怡亲王载垣、郑亲王端华等人联衔奏请咸丰帝,保举起用曾参与道光朝外交、已被革职的耆英前往天津与英法交涉。

耆英(1790—1858),字介春,爱新觉罗氏,满洲正蓝旗人,历官内阁学士、护军统领、内务府大臣、礼部和户部尚书、钦差大臣兼两广总督、文澜阁大学士,后因故被革职。已革大学士耆英"熟习夷情,请弃瑕录用,以观后效"②。耆英也自告奋勇前往。咸丰帝嘉许其忠心,认为其熟悉夷情,或许有退兵之策,决定弃瑕录用,即日赏耆英侍郎衔,令其驰赴天津与桂良等一起与英法谈判。但被寄予厚望的耆英却因其两面派老底被英国通事李泰国、公使威妥玛揭穿,惧怕英国人报复,竟然未候旨准,擅自离开天津回

---

① 《清史稿》卷三八七。
② (清)夏燮著,高鸿志点校:《中西纪事》(第14卷),岳麓书社1988年版,第182页。

第七章　统治集团主要代表人物的整伤吏治思想与实践

北京。

于是，肃顺集团的核心人物绵愉、载垣、端华等奏请将擅自回京的耆英"讯明正法"。恭亲王奕䜣等复议，为其开脱，认为耆英回京是恐怕抚局决裂，不同于擅离其位者，而且"遍查律例，并无大员奉使擅自回京，作何治罪专条"，故请"量予末减，定为绞监候"。将耆英定为斩监候，实际上是暗中为他开脱。按照惯例，被判斩监候的官员不仅不会被处死，还有可能开释复官。此时肃顺单独上疏，认为耆英原本为"弃瑕录用，委任办理夷务"，却刚抵达天津，一经夷人虚言恐吓，就不顾大局，匆忙逃回，假如"仅议绞候，转令苟延岁月，遂其偷生之私。倘幸以病亡，获保首领，国法何申？官邪何儆？况今尚有办理夷务之臣，若皆相率效尤，畏葸潜奔，成何事体"，要求将其"即行正法，以儆官邪而申国法"①。在肃顺的坚持下，咸丰帝下旨赐耆英自尽。

### （二）戊午科场案

咸丰八年（1858）为干支戊午年，该年的顺天府乡试科场发生了考官舞弊案，即"戊午顺天乡试科场案"，简称"戊午科场案"。它是晚清时期为整肃科场秩序而兴办的案狱，是咸丰朝第一大案。

该年顺天乡试发榜后不久，御史孟传金上奏咸丰帝，指出此次乡试有诸多舞弊行径，奏请立案审查。又鉴于"中式举人平龄，朱墨不符"②，引起物议沸腾，请特行复试。于是，咸丰帝责令查办此案，由此拉开了重治主副考官科场舞弊的序幕。

平龄是满洲旗人，素娴曲调，曾以"票友"的身份登台演戏，虽没有违反清律中"优伶"即职业演员不得参加科考的规定，但他不学无术，竟高中乡试第七名，遂"为人指讦，因及闱节请托数事"③。载垣、端华提审平龄，讯问中举之事，平龄支吾不清，未久瘐死狱中。

十月二十四日，咸丰帝指派载垣、端华等大臣监视，刑部尚书赵光、翰林院编修郭嵩焘等人在圆明园的九卿朝房复勘全部试卷，结果发现此次乡试主考、同考荒谬已极，"应讯办查议者竟有五十本之多"，甚至有一试卷"讹字至三百余"竟得中式。咸丰帝大怒，着令将主考官柏葰革职，副考官

---

① 《筹办夷务始末》（第 3 册），中华书局 1979 年版，第 969 页。

② 中国第一历史档案馆编：《清代档案史料丛编》（第 14 辑），中华书局 1990 年版，第 207 页。

③ 郭则沄：《十朝诗乘》，钱仲联主编：《清诗纪事》（第 16 册），江苏古籍出版社 1989 年版，第 11144 页。

朱凤标、程庭桂解任听候查办。

时任户部尚书的肃顺访踪查迹，案发不久就"于案外访出同考官郎中浦安与新中式之主事罗鸿绎通关节"①，罗鸿绎得已高中正榜。肃顺向咸丰帝禀报后，咸丰帝亲自派内侍至礼部将罗鸿绎的试卷取出，发现原卷错别字甚多，咸丰帝大怒，"召罗至南书房更试，命端华、肃顺监试"，"陈孚恩阅卷。文谬劣，因斥罗，并覆勘诸中式卷，下刑部穷治之"。经过深入调查，案情大白：主考官柏葰对"慧黠知文"的家丁靳祥颇为信任，让其襄助科场事务。而靳祥借机求情作弊，柏葰听信其言，乐送人情，取下本该取中的考卷，调换成罗鸿绎的试卷，使罗鸿绎中举。

咸丰帝就此生气地说道："科场为抡才大典，交通舞弊，定例綦严。自来典试，大小诸臣从无敢以身试法轻犯刑章者。不意柏葰以一品大员，乃辜恩藐法，至于如是。柏葰身任大臣……且系科甲进身，岂不知科场定例？竟以家人求请，辄即撤换试卷。若使靳详尚在，加以夹讯，何难尽情吐露。即有成宪可循，联即不为已甚。但就所供情节，详加审核，情虽可原，法难宽宥，言念及此，不禁垂泣。"②此案进一步查办过程中，发现副考官左都御史程庭桂、兵部尚书陈孚恩、工部侍郎潘曾莹、前刑部侍郎李清风等大员均参与舞弊。于是咸丰帝下决心严厉惩处，以儆效尤。但对于军机大臣、文渊阁大学士柏葰，咸丰帝念其是道咸两朝重臣，本想网开一面，不予处死，所以向众臣提出"柏葰早正揆席，勤慎无咎，欲曲待之"，想对其从轻发落。肃顺当殿力争，认为科举是"取士大典，关系至重，亟宜执法，以惩积习"，柏葰罪行不可饶恕，"非正法不足以儆在位"。③咸丰帝最终准其所请，将柏葰判处斩立决。柏葰遂成为清代唯一一个因科举舞弊而被处死的大学士，同案犯浦安、李鹤龄、罗鸿绎也被同时斩决。据统计，戊午科场案总计惩处九十一人，其中斩决五人，遣戍三人，遣戍改赎罪者七人，革职七人，降级调用者十六人，罚俸一年者三十八人。

### （三）户部钞票处案

顺天乡试案还未了结，咸丰九年（1859）又兴起户部钞票处案（也称"五宇官钱铺案"）。咸丰继位以来，太平天国农民起义风起云涌，水旱灾患

---

① 况周颐：《续眉庐丛话》，车吉心主编：《中华野史》（清朝卷五），泰山出版社2000年版，第4993页。

② 中国第一历史档案馆编：《清代档案史料丛编》（第14辑），中华书局1990年版，第225页。

③ 沃丘仲子：《近代名人小传·肃顺传》，中国书店1988年影印本，第75页。

## 第七章 统治集团主要代表人物的整饬吏治思想与实践

频发，需款甚多，而库款拮据，财政收入奇缺，各省欠款甚巨，久催不至，财源枯竭。咸丰三年（1853）时，户部仅存银二十二万余两。清政府为了解决财政危机，筹措军资，不得已采取了滥发纸币、鼓铸大钱的办法。一方面发行纸币，"户部因军兴财匮，行钞，置宝钞处，行大钱，置官钱总局，分领其事"；另一方面"又设官号，招商佐出纳，号'乾'字者四，'宇'字者五"。由于没有必要的白银储备，这些货币信用低下，清政府就设立宝钞处及官钱局强制发行。然而，腐败官僚乘机与无良商人勾结，采取各种手段，大肆贪污，从而导致"官民交累，徒滋弊窦"①。

1857年，户部清查"五宇官号"。肃顺查出宝钞处"所列'宇'字五号欠款与官钱总局存档不符"，"五宇官号司员朦混办稿，将官款化为私欠"，② 以至于官吏朋奸舞弊，亏损达数千万两以上。肃顺奏请严查究治。获准查办此案后，肃顺还专门设立"核对处"，集中力量治理亏空。审讯过程中，户部突起火灾，咸丰帝怀疑有人故意纵火毁灭相关的账目，故旨谕加快审查、严加议处。

结果"褫司员台斐音等职，与商人并论罪，籍没者数十家。又劾官票所官吏交通，褫关防员外郎景雯等职，籍没官吏亦数十家"，株连官商数百人。此案前后延续两三年，牵涉者数百人，查出赃款达千万两之多，为此而被抄没家产的商人及其与之勾结的官吏多达一百余家，其中还有仓场侍郎崇纶、科布多参赞大臣熙麟这样的大官僚。前后两任户部汉人尚书翁心存（晚清重臣翁同龢的父亲）、周祖培皆因此案而受到降革处分。最后，翁心存声称因不能忍受户部满人尚书肃顺的挫辱，愤而辞官。恭亲王府首领太监孟来席与此案有涉，其家人也被查抄。此案因牵连太广，恭亲王奕䜣刻意维护朝廷旧臣，最后不了了之。

---

① 《清史稿》卷三八七。
② 王钟翰点校：《清史列传》卷四十七，中华书局1987年版，第3725页。

## 三、基本评价

### （一）肃顺整饬吏治的实践值得肯定

#### 1. 肃顺见识不俗

肃顺是有见识的。例如，他提出重用汉臣。清朝自建立以来，满族统治者均以"非我族类，其心必异"来排斥汉族官员，随着时间的推移，满族官员不仅故步自封，而且能力低下。肃顺重视汉臣的作用，史称"肃顺虽暴悍，独敬礼汉人。尝谓蒙满气运已终，后起皆竖子。其幕府颇纳名士，如王闿运、高心夔之流，皆汉族通儒也。于军机处尤昵汉领班章京曹毓瑛，见则呼为曹师爷"。在镇压太平天国运动中，依靠满族官员统率的江南江北大营被打败，肃顺就提出重用汉臣和湘军的政策，向朝廷或推荐或力保曾国藩、胡林翼、左宗棠、郭嵩焘等汉族官员，咸丰帝对湘军从最初的利用、限制转向大力使用，肃顺襄办之功最大。"胡林翼之督两湖，曾国藩之督两江，皆肃顺所荐举，左宗棠在湘抚骆秉章幕任用颇专，为人所劾，几至不测，亦肃顺保全之。"① 时人评价"其才识，在一时满大臣中，实无其比。发逆荡平之由，全在重用汉臣，使曾、胡诸公，得尽其才。人第知其谋之出于文端庆，而不知帷幄之谋，皆由肃顺主持之"②。《清史稿》也评论肃顺"赞画军事，所见实出在廷诸臣上，削平寇乱，于此肇基，功不可没也"③。这些评价都充分肯定了肃顺为挽救清朝于危亡而立下首功。

肃顺还最早提出应该停止对旗人的供养。自清朝建立以来实行的对旗人的供养制度，不仅使八旗愈来愈腐化，丧失了战斗力，也大大增加了国家财政的负担，肃顺的提议，一是出于对当时财政危机的考虑，二是出于民族平等的考虑。

时人郭嵩焘评论肃顺的作为时说："肃尚书之才美矣，其用心在起积弊而振兴之，亦可谓勤矣。"王闿运评论道："肃顺之学术经济，迥非时人之伦，军书旁午时，庙谟广运，皆肃顺一人之策，故能成中兴之功。"④

---

① 吕思勉：《吕著中国近代史》，华东师范大学出版社1997年版，第60页。
② （清）李岳瑞：《春冰室野乘》，《清代野史》（第5辑），巴蜀书社1987年版，第106页。
③ 《清史稿》卷三八七。
④ 《中国近代史丛书》编写组：《第二次鸦片战争》（第2册），上海人民出版社1972年版，第300页。

## 第七章 统治集团主要代表人物的整饬吏治思想与实践

### 2. 肃顺能够正视官场积弊，大胆整饬吏治

肃顺整饬吏治的目的在于"求起积弊于衰靡之世"①。他能洞察和正视官场积弊，严惩贪腐案件，将大批违法犯罪的官员绳之以法。肃顺不惧历史的惰性和阻力，猛治政治弊端，其胆量和气魄实为可贵。

肃顺对吏治的整顿取得了一定的效果。戊午科考案充分体现了肃顺改革时弊的决心与魄力。道光以来，官场风气更趋败坏，官场旧习也影响着科场风习，科场风气也是"禁锢久弛，上下容隐"。曾国藩的好友欧阳兆熊所著的《水窗春呓》中也有类似的记载："自咸丰戊午科场案未发以前，京师关节之风甚炽。凡翰詹科道部员中有考差可望分房者，亲友相率送条子，以圈识之，每一圈为百金。有多至三十圈者。亦有京官自送条子与公车者，得隽后如外放外官，望纳年例。相习成风，恬不为怪。"② 面对吏治腐朽，考风败坏，肃顺犯颜直谏，力主斩大学士柏葰，对比前朝，"自乾嘉以来，大臣即有大故，从未有诛戮者。前于疆场偾事，则斩青麟。今于科场舞弊，则斩柏葰"。作为正一品大学士，柏葰"系满洲世族，而竟就戮西郊，不能保其首领，天威可谓烈矣"③。从此后的影响看，戊午科考案也确实起到了积极的效果，"功令为之一肃，数十年诸弊净绝"。薛福成在《庸庵笔记》中说，自此以后，"遂无敢明目张胆显以条子相授受者。迄今三十余年，乡会两试，规模尚称肃穆"。官书中也记载，"自道光中叶以来科场弊窦日滋。自此惩儆，寒畯稍稍吐气，而大员子弟亦不敢视为故物，公然攫取矣"④。

清廷发行宝钞的目的是为了筹措军资，但不仅官商勾结，贪污枉法，而且由于通货膨胀，官民交累，危害很大。户部案前后共抄没官吏、商人各数十家，株连数百人，"京师自缙绅至商店，被其株累破家者甚多"。肃顺对户部钞票处案的查处，不但是对积弊丛生的吏治问题的整顿，同时也是对当时扰乱社会生活的金融秩序的一种整顿和清理。经过此番整顿，吏治得到整肃，市场也得到控制。肃顺主持的宝钞舞弊案又一次沉重打击了贪官奸商。

就晚清时局而言，日益严重腐败的吏治，已使内忧外患夹击下的清王朝更加飘摇欲坠，严重影响着清朝的前途与命运，腐败的吏治能否得到遏制和扭转关系到清朝之生死存亡。在这样的情况下，握有国相实权的肃顺采取严

---

① （清）郭嵩焘：《郭嵩焘诗文集》，岳麓书社1984年版，第144页。
② 欧阳兆熊、金安清：《水窗春呓》，车吉心总主编：《中华野史》（清朝卷三），泰山出版社2000年版，第3063页。
③ （清）王韬著，方行、汤志钧整理：《王韬日记》，中华书局1987年版，第87页。
④ 江楚编译官书局编：《国朝事略》（第4卷），金陵排字本，第11页。

厉措施整饬吏治，抑制日益猖獗的腐败，显然是有现实意义的。吏治腐败积习深广，久疲之下，济之以猛，不失为整顿吏治的良方。

乾隆中后期后，清朝由盛转衰，官场积弊甚深。肃顺掌权后，在官场接连兴起大狱，可以说是对腐败这种危及传统官僚政治的异化行为的一种整肃和遏制，客观上起到了震慑的作用，使得朝野一时震惊，秩序肃然，风气大为好转。可以说，正是因为肃顺大刀阔斧整饬吏治的举措，为清朝的"同光中兴"打下了基础，扫清了道路，其功实不可没。时人评论："当是时，内忧外患，岌岌不可终日，而清室卒不顾颠覆者，肃顺之力为多。"①

肃顺擅权专断、排斥异己为人所诟病，但他以铁腕手段整饬吏治，在一定程度上扭转了社会和官场风气，客观上起到了延续清朝统治的作用。

## （二）肃顺整饬吏治失败是必然的，难以取得实际效果

### 1. 严厉治腐为当时官场所不容

在当时，肃顺以刚毅果断而著称。清人许指严所著的《十叶野闻》中评论肃顺是"强毅有胆识，遇事不馁"。但他严厉的整饬手段遭到官场的忌恨。面对晚清普遍的、已经深入骨髓的腐败，肃顺救治过切，手段过于严苛，形同酷吏，遭到了朝中同僚的痛恨。他整顿弊政，"杀耆英、柏葰及户部诸狱，以执法论，诸人罪固应得"②，但肃顺治事之猛，识别之精，不避权贵，尤不顾八旗贵胄，故宗室恨之尤甚。"肃顺揽权立威，数兴大狱，舆论久不平；奏减八旗俸饷，尤府怨。"③ 在贪污成风的情况下，必然造成人人自危的局面，使肃顺集团处于政治孤立的窘境。

后人在总结其失败成因时，就指出其方式、方法欠妥，认为肃顺"所短者在不学无术，又疏于防患，计智浅露，易招尤悔耳，故亦卒以是致败"④。《剑桥中国晚清史》评论："肃顺一意孤行，急于想纠正政府中各种臭名远扬的弊端。他与其说是一个儒家，不如说是一个法家；他的作风严厉。"⑤ 正如郭嵩焘评论，"盖肃裕亭相国力求整顿积弊，而不知体要，乃以

---

① 尚秉和：《辛壬春秋》，中国书店 2010 年版。
② 《清史稿》卷三八七。
③ 《清史稿》卷三八七。
④ （清）许指严著，孙顺霖点校：《十叶野闻点注》，河南大学出版社 1991 年版，第 211 页。
⑤ ［美］费正清、刘广京编，中国社会科学院历史研究所编译室译：《剑桥中国晚清史：1800—1911 年》（上卷），中国社会科学出版社 1985 年版，第 456 页。

第七章　统治集团主要代表人物的整饬吏治思想与实践

刑威劫持天下"①。

2. 具有"揽权立威"、"挤排异己"的一面

在咸丰帝的一再提拔下，肃顺的地位迅速上升，加之其勇于任事，权势已凌驾于军机大臣之上，完全控制了中枢大权，虽无大学士之名，却已握有国相的实权，"当时朝政机枢，盖全掌于肃顺一人之手"。当时朝中官员多惧肃顺权势，俯首听命，仰承鼻息，连刑部尚书赵光都"谒肃顺执礼若属官"②。他的地位上升深受朝中同僚的忌恨。

肃顺秉政时虽然铁腕治吏，但是他自律不严，同样贪污受贿。同时，他的铁腕吏治，明显地存在排除异己、打击报复的因素。他所严厉处置的官员（如柏葰）都与他关系不好，因而确有"藉案树威，打击同僚的私心"。最典型是要数肃顺整治大理寺某官卞某了。咸丰八年（1858），肃顺的车夫在京城勾结流氓地痞，强占民房，拐骗民女，为大理寺官员卞某拿获。车夫在大堂上仗着肃顺的势力，咆哮公堂。肃顺得知后，又派总管拿名片向卞某替车夫说情。不料这个卞姓官员铁面无私，不买肃中堂的面子，依法重责了车夫一百大板，示众三日。这让肃顺大为恼怒，不久便找了一个借口将卞某发配到了黑龙江。

## 第三节　慈禧太后在垂帘听政初期的整饬吏治举措

慈禧（1835—1908），也称西太后、慈禧太后，叶赫那拉氏，名杏贞，出身于满洲镶蓝旗（后抬入满洲镶黄旗）一个官宦世家。清文宗奕詝（即咸丰帝）的贵妃，清穆宗载淳（即同治帝）的生母。咸丰十一年（1861）七月十七日（1861年8月22日），咸丰帝死后不久，她联合恭亲王奕䜣发动辛酉政变，掌控了朝政，从此以垂帘听政、训政等手段，控制了同治、光绪两朝的统治大权，长达四十八年。1908年病逝。

慈禧以皇太后身份垂帘听政或临朝称制，为自1861年至1908年间大清帝国的实际统治者，是清朝晚期的"无冕女皇"。慈禧深知"文官贪污腐化，武官贪生怕死"是国灭的毒瘤，为了巩固自己的地位，维持清朝的统治，她在掌权之初，大张旗鼓地整顿吏治，使纲纪为之肃然。此后，慈禧太后对吏治不时加以整肃，起到了一定的作用。

---

① （清）郭嵩焘：《郭嵩焘日记》（第1卷），湖南人民出版社1981年版，第519页。
② 沃丘仲子：《近代名人小传》，中国书店1988年影印本，第91页。

## 一、慈禧太后对官场腐败无能的忧虑

慈禧太后虽为一介女流，未有治政的经验，但在掌握朝政之初特别强调吏治。如在处决肃顺的次日，即咸丰十一年（1861）十月初七日，慈禧就以同治帝载淳的名义发布谕旨，在叙述了采取这一行动的原委经过后又称："尔王、大臣等如能以国计民生为念，宣力朝廷，用登郅治，朕必敬礼大臣，保全终始，以成一德。倘敢纳贿招权，营私舞弊，以致蠹国病民，则法律者朕受之列祖列宗，与天下臣民共之，何敢稍有枉纵，以拂众情！是用特谕王公内外文武大臣，经此次训饬之后，务各精白乃心，力除积习，倘有前项弊端，则载垣等前车具在，朕纵欲曲法以示恩，亦何以对天下乎！"①她要求群臣对贪腐不法之徒要敢于奏劾，"嗣后倘有如载垣等专擅不臣者，尔王、大臣等以及科、道即行据实参奏"，倘若仍像以前一样保持缄默，则不能宽宥，从而表明了要从严治吏、不姑息养奸的决心。随后发出的一连串谕旨，又对官员贪污、司法腐败、拉帮结派等问题进行了申斥。

咸丰十一年（1861）十月二十七日，慈禧太后又以同治帝载淳的名义发布谕旨，对吏治腐败状况，特别是外省基层吏治的腐败现状进行了更为具体的分析："从来求治必先择吏，救时首在爱民。乃近来不肖官吏蠹国殃民，为害百姓，实非一端。即如劝捐一事，国家不得已而借资民力，而官吏视为利薮，未充公府先饱私囊，设局捐厘尤恃其无从查核，重征并计，甚或大吏知情故纵，上下分肥，以至层层剥削，民不聊生。至于民间词讼，差役勒索不一而足，两造废时守候，延不审理，案牍尘封，或听受情托悬而不结，上司亦漫无觉察，甚至刑狱滥施，胥役门丁百端凌虐，属在小民，无从呼吁。各省贪酷庸劣之员，大吏或于初到任时参劾数员以示风厉，久而情面习熟，通同一气，重案代为消弭，经年绝少弹章，积习相沿，殊堪痛恨。此后各省督抚大吏，务宜激发天良，力除徇庇，所属如有虐民黩货之员，随时参奏，如不自参劾，别经发觉，朕惟该管上司是问。至私拜师生，最为仕途恶习。其风开于都下，而盛行于外省。地方官钻营上司，诡遇求合，及近来投效军营者，冀缘优保皆必先拜师生，以为进身地步，尤干例禁。嗣后务当砥砺廉隅，各知自爱，如有仍前恶习，必当予以重惩，毋谓言之不豫也。懔之。"②

慈禧太后对清朝地方大员提出了要求："封疆大吏，当勤求闾阎疾苦，

---

① 《穆宗毅皇帝实录》卷六。
② 《穆宗毅皇帝实录》卷八。

## 第七章 统治集团主要代表人物的整饬吏治思想与实践

加意抚恤；清讼狱，勤缉捕。办赈积谷，饬有司实力奉行；并当整饬营伍，修明武备，选任贤能牧令，与民休息。"①对腐败官吏，也表示要加以严惩，又谕，"前因有人奏河南商城县知县任正训性情贪酷，纵役害民，曾经有旨谕令严树森严密查办，本日有人奏，任正训自被参以来，不惟不少敛戢，反益肆其贪婪等语。州县为亲民之官，岂容贪员久任，扰累地方，著严树森即将该员撤任，认真查办，如有贪酷确据，即行从严参办，以儆官邪"②。

同时，慈禧太后还表示了勤政求治的决心。"命南书房、上书房翰林等将历代帝王政治及前史垂帘事迹，择其可为法戒者据史直书，简明注释，汇册进呈……赐名《治平宝鉴》"③；表示要带头节省，"嗣后一切服御用物，有可以节省裁撤者，着总管内务府大臣随时奏闻，以副朕志"。

对臣下的无端谄媚逢迎，慈禧太后也表示反对。如同治元年（1862）庶吉士散馆考试时，严辰所作的赋"全篇牵引本朝故实，作意铺张，词意多未著题，甚至过事颂扬，有'女中尧舜'等句"，肉麻吹捧两宫皇太后，结果适得其反，慈禧将其由原定的一等一名改为一等末名，以示严正。

摄政王奕䜣在辅政之初也做出了种种姿态，谨小慎微，以示忠心辅弼，不敢揽权，以致慈禧太后和御史言官们都一致要求其"毋避任事之小嫌，共矢公忠之大节"④。

由上可见，慈禧太后在临政之初对吏治的重要性是知道的。此后在她掌握朝政的时间里，对吏治也是注意的。但她更热衷于权力，并没有对腐败进行彻底的整治。

### 二、慈禧太后在垂帘听政初期对吏治的整顿

#### （一）鼓励大臣谏言

《清仁宗实录》记载，慈禧太后垂帘听政后，深感肩负重担，欲求励精图治，又深恐政务纷繁，措置失当，"盖一人之聪明智虑，或有未周，必公听并观，而后上下之情通，措施可期于允协"，所以寄希望于诏旨求言。辛酉政变后第三天，即咸丰十一年（1861）十月初二日，慈禧太后即以小皇帝同治的名义颁旨求言。谕旨先是指出了近年来"乃自近年以来，事势艰危，一二奸邪乘间肆其蒙蔽，以至盈廷缄默，建议寥寥，言路久为闭塞，公

---

① 《清史稿》卷二一四。
② 《穆宗毅皇帝实录》卷二。
③ 《穆宗毅皇帝实录》卷二三。
④ 《穆宗毅皇帝实录》卷二一。

论弗伸"的问题,接着从正面申明广开言路、鼓励直陈的重要性。谕旨说:"朕以冲人,未堪多难,重赖两宫皇太后万机日理,王、大臣等黾勉翼为,何敢不博采谠言,虚公揽纳,期以施行措正,上理日臻。矧当各省军务未竣,民生多蹙,凡为臣子均当竭诚抒悃之时,岂宜丑正恶直,苟安缄默。用特通谕中外臣工、九卿、科、道有奏事之责者,于用人行政一切事宜,皆得据实直陈,封章密奏。务期各抒所见。毋以空言塞责,以副朕侧席求言之至意。"①

此后,慈禧太后在掌权初期的一段时间内,多次颁布求言的诏书。据《清史稿》记载,慈禧太后临政后,"旋用御史徐启文奏,令中外臣工于时事阙失,直言无隐;用御史钟佩贤奏,谕崇节俭,重名器;用御史卞宝第奏,谕严赏罚,肃吏治,慎荐举。命内直翰林辑前史帝王政治及母后垂帘事迹,可为法戒者,以进。同治初,寇乱未弭,兵连不解,两太后同心求治,登进老成,倚任将帅,粤、捻荡平,滇、陇渐定"。可见,在秉政初期,镇压太平天国的战争还在进行之时,慈禧太后非常注重鼓励大臣谏言,并听取谏言。

1874年12月,同治皇帝驾崩,光绪帝继位,两太后复垂帘听政,又颁布一诏书求言。谕曰:"今皇帝绍承大统,尚在冲龄,时事艰难,不得已垂帘听政。万几综理,宵旰不遑,矧当民生多蹙,各省水旱频仍。中外臣工、九卿、科道有言事之责者,于用人行政,凡诸政事当举,与时事有裨而又实能见施行者,详细敷奏。至敦节俭,祛浮华,宜始自宫中,耳目玩好,浮丽纷华,一切不得上进。"②慈禧太后还要求大臣将历代帝王政治及前史垂帘事迹,著南书房、上书房翰林等,择其可为法戒者,据史直书,简明注释,汇为一册,恭呈慈览。

### (二) 处置贪官污吏

辛酉政变后,以慈禧太后为首的清朝统治集团审时度势,实行了对外交好西方资本主义侵略者,对内继续重用曾国藩等湘军头目镇压太平天国农民起义的方针。为了调动一切积极的因素,以迅速扑灭这场蔓延已久的起义,慈禧太后在重新整合清朝的领导中枢之后,开始了一场大规模的吏治整顿。

以下是几个典型的处置案例。

---

① 故宫博物院明清档案部编:《清代档案史料丛编》(第1辑),中华书局1978年版,第110页。

② 《清史稿》卷二一四。

### 1. 处死失地弃城、击杀百姓的何桂清

何桂清（1816—1862），字根云，云南昆明人。道光进士。历任编修、内阁学士、兵部侍郎、江苏学政、礼部与吏部侍郎等职。1854 年任浙江巡抚。1855 年，调兵在浙西、皖南抗击太平军，先后攻下皖南徽州、休宁、石城、太平、祁门、宁国等地。1857 年夏，擢升两江总督，驻常州。搜刮苏、浙钱粮供给清军江南大营。1858 年 11 月，会同奕䜣的岳父、大学士桂良与吏部尚书花沙纳，同英、法、美三国谈判并签订了《通商章程善后条约》。1860 年 3 月，因太平军攻浙江杭州而派遣军队增援。5 月，太平军攻破江南大营时仓皇逃出常州，且在临出逃时指挥亲兵"击杀执香跪留父老十九人"。后托词借洋兵助剿而逃往上海。1861 年 6 月，慈禧太后临政之初，提出"何桂清系革职拿问之员，岂可任意藉端延宕"，命曾国藩派员前赴江苏迅将该革员押解来京，听候审讯。何桂清随即被清政府逮捕归案。1862 年 12 月，慈禧太后发布上谕，历数何桂清的罪状，认为如不判处其死刑，"何以肃刑章而示炯戒，且何以谢死事诸臣暨江南亿万被害生灵于地下"①，下令将何桂清"即行处决"。

自太平天国起义爆发以来，清朝封疆大吏及府县各官，连连失地弃城，有的府县官员赴任之所因地当战略要冲或邻近太平军，竟躲避不前，数年不到任。有的官员则是太平军一到，即弃城逃走，为逃避失城之责，事后托请上司倒填年月，谎称因公事出境。此类积弊一直未予严肃处理，以致丧师失地之员日渐增多。慈禧太后断然处决何桂清，军兴以来第一次使一品大员以失地弃城罪伏诛，从而狠刹了上述歪风，整饬了吏治，纲纪为之肃然。

### 2. 处死骄纵贪淫的胜保

胜保，字克斋，满洲镶白旗人，道光二十年（1840）举人。太平天国运动爆发后，以内阁学士身份带兵出征，升迁极快，数年内升至镶黄旗蒙古都统，独当一面的兵部尚书衔钦差大臣。咸丰帝死后，胜保赞同垂帘听政，以所辖武力为后盾，全力支持慈禧、奕䜣发动辛酉政变，使之得以成功，从而成为同治新朝的功臣。同治元年（1862），胜保被授钦差大臣，镇压陕西回民起义，同治二年（1863）胜保被授钦差大臣，督办陕西军务，镇压回民，因作战不力，接连战败。胜保本人恃功而骄，专横跋扈，自以为在辛酉政变中立下大功，又多次庇护苗沛霖与宋景诗部"降而复叛"等罪，拥兵养寇，糜费军饷无数，遭众大臣弹劾。湖北巡抚严树森参他"观其平日奏

---

① 《穆宗毅皇帝实录》卷四七。

章,不臣之心,已可概见。至其冒功侵饷、渔色害民,犹其余事",从而以为"回捻癣疥之疾,粤寇亦不过肢体之患,惟胜保为腹心大患"。从中枢到地方,许多军政大吏纷纷上奏,揭发胜保"骄纵贪淫,冒饷纳贿,拥兵纵寇,欺罔贻误"等罪状。① 同年十二月,清廷以"讳败为胜,捏报战功,挟制朝廷"为由,密令督办陕西军务的钦差大臣多隆阿将胜保逮捕,将其革职逮问,押送回京,同治二年(1863)七月以"贪财好货"、"贪淫无状"等罪名赐令其自尽。

3. 处置行贿保官的庆英

咸丰十一年(1861)十一月二十六日,因挪用公款而被议降二级调用的兵部侍郎庆英,夜晚到恭亲王奕䜣府第行贿乞援。因其作为太过露骨,更重要的是庆英行贿之事恰为同来的宫使所知,所以奕䜣不仅严词拒绝,而且在第二天议政的时候将此事上奏给两宫皇太后。② 慈禧太后深感震惊,在嘉奖恭亲王的同时,决定将庆英的降职留用处分,改为革职。

慈禧对渎职失职、贪贿腐败的高级官吏严厉惩处,在一定程度上震慑了官场。

## (三) 考核官吏,选拔人才

慈禧太后垂帘听政之初,也就是同治元年(1862),适逢对官员的考核。按照清朝的制度,要每三年进行一次对全国官员的大型考核。对三品(含三品)以上的京官的考核叫京察,对地方官的考核叫大计。无论京官、外官,考核标准是统一的,即"四格六法"。

由于京察和大计涉及官员的奖惩升贬,因而贿赂受托、敷衍徇庇成为考察中司空见惯的事情。"长官往往博宽大之名,每届京察,只黜退数人,虚应故事,余概优容,而被劾者,又不免冤抑。"慈禧太后认为这次考察是她推行吏治整顿不可多得的好时机。通过考核可以裁汰庸懒、老弱、不称职的官员,也可以使官场有所警示,寻求振作。于是,她亲自掌握这次考察的奖惩大权。恭亲王奕䜣提供考察依据,两宫太后分别召见各级官员,依据政绩,给予考评奖惩。慈禧太后把握以官声、政绩取人的考核原则,对于政绩突出者,如潘祖荫等给予破格提拔;对于平庸衰朽者,如光禄寺卿雷以諴和光禄寺少卿范录典等人,不论"年已逾岁"或将近休龄,都勒令退休。她打破满汉界限,将一些年富力强、有进取心的汉族官员安排到了重要岗位

---

① 参见《清史稿》列传一九〇。
② 参见《穆宗毅皇帝实录》卷十一。

## 第七章 统治集团主要代表人物的整饬吏治思想与实践

上。这些措施对于改变官员尸位素餐的状况、减轻官员老龄化、提高行政效率等产生了积极的作用。

### 三、基本评价

#### （一）只为维持清朝统治，并不重视制度性变革

慈禧太后并不是对吏治有清醒头脑的人。她进行整饬吏治是为了保住政权，起用湘军是为了镇压太平天国；进行清末新政，也是为了保住政权。"改革并不如康有为和梁启超所主张的那样是为了富国强兵以防御列强的侵略。改革的目的毋宁说是为了保卫清政府不受汉人与外国人两者的攻击。换言之，改革是为了保住清王朝。"①

虽说慈禧太后通过自己的智慧和谋略打败了以肃顺为首的赞襄政务八大臣，成功地走向了权力的顶峰，实现了自己垂帘听政的梦想，但是官场上还流行着贪污成风、贿赂公行和骄横不法等歪门邪气。此时的慈禧太后深深地明白了一个道理，就是要想自己的统治地位更加牢固，就要先整顿此时的吏治问题。慈禧太后认为贪污受贿已经成为整个社会的痼疾和毒瘤，不对此痛加整饬，她将面临更大的统治危机。慈禧太后是个权力欲极强的女人，她清楚地知道自己的权力建立在清王朝的统治基础之上，如果清王朝垮台，自己的权力也将不复存在。因此，她必须严惩腐败。

自鸦片战争以来，官吏将士的腐败无能暴露得淋漓尽致。清朝官员多临阵脱逃，不仅贻误战机，而且一败涂地，而清政府对官员处置的法律不仅松弛，难以起到震慑之效，而且对满汉官员的处置上偏满抑汉，慈禧太后采取了非常强硬的手段，对胜保、兵部侍郎庆英和两江总督何桂清的处置之后，使得全国的官场状况暂时有些好转，使清王朝的统治得到了延续，但她并不重视制度性变革。

#### （二）整饬吏治的异化

封建社会君主在于巩固统治，维护一姓江山，对吏治的重视也服务于这一目标。因而就不可避免地会出现异化现象，借反腐排除异己，巩固政权。在晚清突出表现在慈禧太后为巩固执政地位而进行的反腐败。美国历史学家牟复礼（Frederick W. Mote）曾这样描述她："她不是一个目光远大的统治者，不说别的，单是幕后操掌大权期间定期表现出来的刚愎自用和恣睢暴戾

---

① ［美］费正清、刘广京编，中国社会科学院历史研究所编译室译：《剑桥中国晚清史：1800—1911 年》（下卷），中国社会科学出版社 1985 年版，第 461 页。

行为,以及她的身份和手腕所造成的派别倾轧和腐败堕落这些罪恶现象,就进一步削弱了本来处于风雨飘摇之中的清王朝。"① 牟复礼的话是真实的,清末许多吏治腐败都与慈禧太后有关。

1. 慈禧以吏治为借口削弱权臣权力,掌控朝政

同治朝(1862—1874)是清朝的所谓"中兴"时期的开始。按照清统治者的吹嘘,整饬吏治是他们在这一时期的一项突出政绩。然而,历史却无情地揭示,慈禧太后统治时期的腐败是愈演愈烈。为什么会出现如此的反差呢?从主观上来说,这是由于清统治者更为关注权力,往往将整饬吏治变成了争权夺利的借口和工具。由于阶级地位使然,他们没有触及封建制度这一根源。此外,在实践中,出现不少以整饬吏治为名、行争权夺利之实的异化现象。同治时期对吏治的整饬已在总体上发生了异化,完全丧失了原有的积极意义,根本解决不了任何问题。例如,在这场钩心斗角的权力角逐中,整饬吏治成为慈禧太后打击奕䜣这个政治对手的最好旗号。

奕䜣是道光帝第六子,咸丰帝同父异母兄弟。1861年,咸丰帝去世,奕䜣与慈禧太后合谋发动辛酉政变,成功夺取了政权,被授予议政王之衔。这时清政府皇权出现了叔嫂联合主政的二元体制:议政王奕䜣总揽朝政,皇太后总裁懿定。这时,在中央内部,对慈禧太后、奕䜣来说,在镇压农民起义、维护清王朝统治的前提下,最关心的是权力再分配问题。在联合执政开始后,他们一直"在谨慎地互相监视着",奕䜣总揽清朝内政外交,权势赫赫。但随着奕䜣地位高升和声名鹊起,又引起了慈禧太后的不安。她要独掌朝堂,就必须要把奕䜣压制住。

由于恭亲王在朝臣中有一定的威望,因此,慈禧太后首先以吏治问题为借口清除奕䜣的一些党羽。其中最重要的是原镶黄旗都统、钦差统兵大臣胜保。在辛酉政变时,当时手握京畿主要武装力量的胜保,曾以所辖武力为后盾,全力支持慈禧、奕䜣发动辛酉政变,使之得以成功,成为同治新朝的功臣。但他随即居功自傲、飞扬跋扈。更重要的是,他与奕䜣的关系迅速发展。奕䜣视手握重兵的胜保为援手,胜保也视奕䜣为其在中央的靠山,千方百计予以笼络。胜保曾一次遣人送银二万两给奕䜣,因误送至惠亲王府而为慈禧所察知。② 胜保统兵在外,与奕䜣的关系好,可能成为其军事支柱,这被慈禧太后视为对皇权构成了严重威胁,所以胜保成了她必除的对象。而胜

---

① [美]吉尔伯特·罗滋曼著,国家社会科学基金"比较现代化"课题组译:《中国的现代化》,江苏人民出版社1998年版,第70页。

② 参见赵烈文:《能静居士日记》(同治七年二月十四日)。

保自己亦行为不检，授人以柄，而借口则是纠劾其违法乱纪行为以整饬吏治。同治二年（1863）七月，清廷赐胜保自尽，所列的罪状主要是贪污军饷、婪索民财、淫掠妇女、包庇朝廷要犯等。①

在剪除了奕䜣的重要党羽后，慈禧太后开始直接打击奕䜣，其理由也是吏治问题。同治四年三月初四日（1865年3月30日），在慈禧太后的怂恿下，日讲起居注官、编修蔡寿祺上疏严劾恭亲王奕䜣贪墨、骄盈、揽权、徇私四大罪状，要求奕䜣引咎辞职，"归政朝廷，退居藩邸，请别择懿亲议政"。慈禧想拿这个做文章。她避开奕䜣执掌的军机处，单独召见大学士周祖培等人，故作委屈地对他们说："王植党擅政，渐不能堪，欲重治王罪！"周祖培请与大学士倭仁合审此案。周祖培和倭仁经过一番调查研究，还是由于摸不着慈禧太后葫芦里卖的什么药而上了一个模糊的奏折："阅原折内贪墨、骄盈、揽权、徇私各款，虽不能指出实据，恐未必尽出无因。况贪墨之事本属暧昧，非外人所能得见。至骄盈、揽权、徇私，必于召对办事时流露端倪，难逃圣明洞鉴。臣等伏思黜陟大权操之自上，应如何将恭亲王裁减事权，以示保全懿亲之处。"谁知慈禧太后根本不看他们的奏折，而是出示自己亲笔书写的上谕，指责奕䜣过错，责令"恭亲王著毋庸在军机处议政，革去一切差使，不准干预公事，方是朕保全之至意"②。由于诸臣的反复请求，也由于奕䜣在联络外人和湘淮军大吏方面的特殊作用，最后慈禧太后决定让奕䜣仍在内廷行走，继续任军机大臣、总理衙门大臣，但革去议政王称号。经此打击，奕䜣完全屈服，在随后被召见时"伏地痛哭，无地自容……深自引咎，颇知愧悔"③。从此，慈禧太后就将中央权力进一步牢牢地掌握在了自己手中。

2. 朝廷用吏治来压制湘军领导人物

在中央权力角逐的同时，慈禧太后等人也进行了限制湘军势力的活动。满族入主中原，为了维护其特权和统治地位，对汉人一直采取防范措施。清朝统治者虽然表面标榜"不分满汉，一体眷遇"，广纳汉人参加各级政权，但旗、汉界限仍然分明，各级政府的实权操纵在满族人之手，汉员往往受到压制和排挤。尤其是军权牢牢操纵在满族人手里，八旗将军、绿营都统无一例外都由满族人担任，不敢稍事与汉族人。因此，自康熙至咸丰朝，满族人的权势一直重于汉人，将相要职、地方督抚主要为满族人把持，军政大权也

---

① 参见《穆宗毅皇帝实录》卷四九。
② 吴相湘：《晚清宫廷实纪》，台湾正中书局1952年版，第101页。
③ 《穆宗毅皇帝实录》卷一三六。

主要集中在皇帝一人之手,"汉人仅备位,供咨询,听驱策而已"。

从咸丰朝末年开始,清廷因其国家军队江南大营覆亡,而不得不依靠湘军来镇压太平天国起义,湘军将领由此取得了很大一部分权力。短短几年间,湘军集团势力急剧膨胀,南至两广,北到直隶,东到两江,西至陕甘,诸多地方由湘人出任督抚。这一状况在太平天国灭亡的同治二年(1863)达到了顶点:湘淮军代表人物刘长佑、曾国藩、骆秉章、左宗棠、毛鸿宾五人分别担任直隶、两江、四川、闽浙、两广总督,占全国额设的八个地区性总督(未含漕运总督、河道总督)的62.5%;唐训方、严树森、李鸿章、阎敬铭、刘蓉、马新贻、沈葆桢、恽世临、郭嵩焘九人担任巡抚,在全国额设的十五个巡抚实缺中占60%。这表明,全国一半以上的地方政权已为湘军头目所控制,而他们手中所掌握的权力,远远超过此前的清代督抚。依照清代旧制,总督主军政,但是除了自己的督标营之外,并不能越过提督直接干预营务;巡抚主民政,除了自己的抚标营外,也不能干预营务;布政使掌财政,直属户部;按察使掌司法、监察,直属刑部。可见,军政大权都集于中央,地方大员各负其责,互不统属,只能听命于中央。而咸同年间,特别是同治初年,大批湘军将领位任督抚,他们既主军又主政,兵、政合一之势已成,再加上兵饷自筹,厘金完全由督抚支配,原本应该上交户部的地丁、漕折、关税、盐课等项银两也被督抚截留,大半充作军饷。这样,一省三宪——巡抚、布政使、按察使鼎足而三的局面再也不复存在,督抚专权的局面势将形成,湘军集团的权力在此情形下也达到了顶峰。

据薛福成《庸庵笔记·骆文忠公遗爱》称:"当是时,曾文正公督两江,凡湖广、两粤、闽浙等省大吏之黜陟及一切大政,朝廷必以咨之;骆公督四川,凡滇、黔、陕、甘等省大吏之黜陟及一切大政,朝廷必以咨之。二公东西相望,天下倚之为重。"曾国藩每次奏报,那拉氏、奕訢都"详加披览,一切规画,辄深嘉许,言听计从"。两三年内,"西至四川,东至海,皆用湘军将帅"[①]。

这在清朝历史上是从未有过的。湘军权力的取得,代表着地方势力的崛起,但满汉有别的观念、三藩之乱的教训,时时萦绕在清朝统治者的心头。改变这种外重内轻的状况,削弱湘军头目的权力,维护中央集权制,成了慈禧太后当权后的又一中心任务。在这一场中央与地方之间的控制和反控制的权力角逐中,吏治问题又成了慈禧太后竭力利用的旗号和借口。

---

① 《穆宗毅皇帝实录》卷一六。

## 第七章 统治集团主要代表人物的整饬吏治思想与实践

同治三年（1864）春，清廷亲贵湖广总督官文奏参湖北巡抚严树森"把持兵柄，刚愎用事"。慈禧太后随即严斥严树森"争权竞势，实属任意妄为"，并大算严树森在河南巡抚任内的老账，称其"怙恶不悛，挟私妄作，深负委任"①，予以撤职，以道员降补。

同治三年（1864），湖南巡抚恽世临又被参劾。该年七月，御史贾铎奏参其"阳托正直，阴受苞苴，自知府以至升任巡抚，营私骫法，任性妄为"。此折一上，清廷立即下旨称："若贪污大吏为士民所不齿，安望其能有所整饬耶？恽世临等被参款迹，必须彻底查办。一俟奏闻，即可另简贤员畀以重寄，以冀有所挽救。"②并派人前去查办，结果所奏多无实据，只有违例用人等几条查实。清廷竟以此为理由，于同治四年（1865）正月将恽世临降四级调用。同日，两广总督、前湖南巡抚毛鸿宾也因吏治问题被降一级调用，遗缺由满族人瑞麟接任。

同治四年（1865）三月，薛焕与刘蓉一起被蔡寿祺参劾为"挟重赀而内膺重任，善贪缘而外任封疆"。慈禧太后即发上谕，声色俱厉地称："朝廷登进人才，岂容纳贿行私，致滋物议？薛焕、刘蓉或内跻卿贰，或外任封疆，均系朝廷大臣，如于蔡寿祺所参，不行查办，何以重名节而振纪纲？著薛焕、刘蓉各将所指行贿贪缘一节，据实明白回奏，以凭查办。倘敢有一字欺饰，再经查出，定行从严治罪。"③因查无实据，慈禧太后不得不将蔡寿祺革职，但随后又说刘蓉四月初二日的回奏"词气失平"，责问刘蓉在奏折中所提及的胡林翼对其密保之语："该抚何以知之甚详、叙入复奏摺内，其闻自何人，何处泄密？"④将其降一级调用。第二年十二月，又以剿捻不力为由而将其即行革职，敕令回籍，"以为疲玩者戒"⑤。

此外，湘军头目陕甘总督杨岳斌、广东巡抚郭嵩焘、直隶总督刘长佑等也在慈禧太后整饬吏治的名义下先后去职。经过这番"整饬吏治"，慈禧太后成功地削弱了湘淮军重要人物的权力。

慈禧太后对湘淮军人物的处理并不真正是为了吏治。因为在对湘淮军将领打击的同时，对其满族亲信则予以曲庇，关于湘军头目对清朝贵族的参劾，处理却很轻。例如，同治五年（1866）曾国荃任湖北巡抚，因与湖广

---

① 《穆宗毅皇帝实录》卷一〇一。
② 《穆宗毅皇帝实录》卷一一〇。
③ 《穆宗毅皇帝实录》卷一三三。
④ 《穆宗毅皇帝实录》卷一四五。
⑤ 《穆宗毅皇帝实录》卷一九二。

总督官文争权夺利，遂于八月以腐败为名专门上折《劾督臣疏》，奏参官文"贪庸骄蹇，欺罔徇私，宠任家丁，贻误军政"，并附列其劣迹七条：滥支军饷、冒保私人、公行贿赂、添受陋规、弥缝要路、习尚骄矜、嫉忌谠言。督抚互参是大事，慈禧太后不得不循例派人前去复查，并将官文革去总督职位，调回京供职。官文虽被革去了湖广总督之职，但仍保留伯爵、大学士头衔，回京后又被任命掌管刑部，兼正白旗蒙古都统、内大臣、直隶总督。实际上清廷召回官文并非为整饬纲纪，而是因为当时捻军势盛，为了让曾国荃替其卖命而采取的不得已的敷衍之举。当后来有御史提出要治曾国荃的诬陷之罪时，慈禧太后竟称："官文受文宗显皇帝特达之知，十数年来历著勋绩，谅不至辜恩昧良、肆行贪罔；且其重膺疆寄尚在肃顺未经用事之先，亦无所用其夤缘……曾国荃以影响之事胪列入奏，本属不谙大体。"① 明显表现出了对曾国荃参劾官文举动的憎恶。

此外，对湘军代表人物的处理也具有戏剧性。往往开始时极其严厉，但湘军将领一旦交出了权力，则被参的吏治问题皆不了了之，为需要时重新起用预留伏笔。一旦这些人死去，还要宣布"任内一切处分悉予开复"，这表明慈禧太后大吹大擂的整饬吏治完全变了质。

慈禧太后整饬吏治只是打击政敌、巩固统治权的手段，并不是真正铲除腐败。这种整饬异化造成了极大的负面影响，官员们因此并不担心因为贪污腐败受到惩处，而是怕在政治斗争中站错队。这样，清王朝的吏治继续江河日下也就难以避免了。

### （三）自身腐败

慈禧太后并不是一个具有政治远见的统治者。她整饬吏治的目的只是为了维持清朝统治，保住个人权力，威慑群臣，并借整饬吏治打击异己。例如，在中央压制打击奕䜣，在地方打击不断膨胀的湘军集团势力。此外，慈禧太后并不是个廉洁之人，而是贪图享受之辈。在慈禧控制朝政的四十八年间，时局危难，晚清财力日渐枯竭，人民生活倍加艰辛，可是，慈禧的皇室生活却仍是相当的奢华。这里，以慈禧的三次做寿等为例。

光绪十年（1884）十月，慈禧五十寿辰时，从长春宫移居储秀宫。所以这次做寿，主要是耗费六十三万两白银重修了储秀宫。当时正值中法战争，国家用钱之时，慈禧太后不顾这些，尽量把她居住的地方修建的富丽

---

① 《穆宗毅皇帝实录》卷二〇二。

# 第七章 统治集团主要代表人物的整饬吏治思想与实践

堂皇。①

光绪二十年（1894）十月初十日，是慈禧太后的六十整寿，朝廷要举行隆重的万寿庆典。为此，在两年前就进行了准备工作，并成立了庆典处，专门办理庆典事宜。在慈禧的六十整寿庆典中，置备衣物共花白银二十三万二千余两；置备金辇等物就耗银七万六千九百一十三两；在景点布置中，架采和采绸耗银八十六万六千六百一十两；搭采殿和采棚用银四十六万零八百七十八两。修缮慈宁宫工程用银三十五余万两，修缮宁寿宫工程耗银二十余万两；庆典期间，仅在颐和园唱福、禄、寿三台戏，就用去了五十二余万两白银。

在进贡物品、报效银两、赏用物品等方面，庆典都耗费巨大。慈禧太后寿庆所需银钱一部分来自部库提拨，一部分由京外统筹。这京外统筹，实际上就是向各地官员们摊派的银两，也就是报效的银两。据记载，文武官员督抚大臣们报效的银两，庆典银一百二十一万四千一百余两，工需银一百七十六万七千四百两，合计共二百九十八万一千五百余两。在大寿庆典期间，慈禧为了表示对臣属的"行庆施恩"，还要对文武百官、公主命妇等进行赏赐，据统计，这方面的开销大约用银二十九万二千五百一十八两。

慈禧太后六十大寿庆典期间，正值中日甲午战争爆发。在这场战争中，由于以慈禧太后为首的后党主和派妥协退让而惨遭失败，清政府和日本签订了丧权辱国的《中日马关条约》，中国遭受了巨大的损失。在这种情况下，慈禧六十大寿庆典，受到社会各阶层人士的鞭挞。当时，曾有人把庆寿贺词中的"一人有庆，万寿无疆"，改为"一人庆有，万寿疆无"，以表达心中的愤慨。

光绪三十年（1904），是慈禧太后七十大寿。她表示为举行新政要带头节俭，拒收寿礼，但暗中则照收不误。奕劻等人通电各省督抚，以廉俸二成报效，京官外吏"相率以进，两宫深为嘉纳，始而督抚中不过袁、岑、端三帅，旋既有周玉帅、陆春帅、如吕大臣，莫不争先恐后"，"始以初二截止，继而初四，其实并无截止之期"。军机大臣世续进奉一万两零星银票，为慈禧预备零赏之需，颇得慈禧太后的欢心。盛宣怀则准备了宋、元名人字画、佛经、如意、珊瑚等物品在半夜三更贡进，慈禧太后非常高兴，当场赏给仆人一百两白银。据说当时京中最贵之贡回赏只二十两白银，可见盛宣怀进贡的分量之重。即使这样，报效仍不敷花费，由内务府向汇丰银行借款二

---

① 参见陆燕贞：《慈禧五十寿辰时重修的储秀宫》，俞炳坤等：《西太后》，紫禁城出版社1985年版，第144—150页。

十万两,以供庆典挥霍,而当时淮军将领马玉崑请拨三千支枪作防御用,户部却答以无款。①

除了寿庆外,慈禧太后的奢侈腐化还表现在现实生活中的许多方面。

光绪二十六年(1900),八国联军入侵北京,慈禧太后带着光绪皇帝先是逃往太原,后来又逃往西安。在一年又四个月的西逃时间里,慈禧的生活仍很奢侈,这可从她的住、用、食等方面看出来。在住的方面,慈禧太后先是以陕甘总督衙门的南院为行在,但是她嫌小,就改住在抚署的北院,一切布置都要和北京的皇宫中相同。在用的方面,所有器物,都是当年为乾隆皇帝巡幸五台山时而准备的金银器皿。在食的方面,每天选菜谱有百余种,伙食费用高达二百两白银。有人统计,慈禧在太原、西安期间,河南、四川、江西、江苏、山西、湖南、山东等省解往西安行在的京饷、协饷、军饷、内务府经费银、边防经费银、备荒经费银最少也有银四百万两、粮七十一万多石。等到光绪二十七年(1901)八月慈禧离开西安回京时,各地贡物珍宝竟装了三千多辆车。②

慈禧太后的腐败生活不仅表现在她生前,还表现在她死后。为了死后能有一处称心如意的葬身之地,她修了一座无比豪华的坟墓,墓内随葬珍宝之多、之精令人触目惊心。光绪五年(1879)六月,慈禧陵工程竣工,用银二百二十七万两。但是,慈禧太后对自己的陵墓并不满意,她认为自己的陵墓没有慈安太后的陵墓豪华,于是,在光绪七年(1881)慈安太后暴亡后,在大权独揽的情况下,慈禧下令拆除已经修建好的隆恩殿及东西配殿而重新修建,一建就是十四年,直到慈禧太后死后才完工。慈禧陵墓的地宫有五卷二门。金卷内停放的金椁是金丝楠木制成。慈禧陵墓大殿中的陈设分为山陵供奉、陵寝陈设、陵寝供器几部分,有大量的珠宝玉器和其他稀世珍宝,据当时人估计,至少价值白银五千多万两。

慈禧太后生前的腐朽生活和死后的豪华铺张,深刻地反映了晚清皇室的腐败,也说明晚清政府不可避免地要走向灭亡。

---

① 参见陈旭麓、顾廷龙、汪熙主编:《辛亥革命前后——盛宣怀档案资料选辑之一》,上海人民出版社1979年版,第15页。

② 参见叶秀云、叶志如:《慈禧西逃后的腐朽生活》,俞炳坤等著:《西太后》,紫禁城出版社1985年版,第204-215页。

# 第八章 晚清时期整饬吏治失败的原因

晚清时期，官吏腐败屡禁不止，吏治整饬进入了"道高一尺，魔高一丈"的恶性循环，最终成为导致清朝覆灭的重要因素。究其根源，一是封建专制体制及其衍生出的官僚特权制度，二是吏治具体制度的缺陷，三是整饬吏治的异化。

## 第一节 清朝封建专制体制的弊病

清朝是中国封建社会的最后一个王朝。所谓君主专制，乃以君主权力的不受制约为其本质特征。在古代中国社会，君主的王位不仅是世袭制，而且拥有独揽一切和至高无上的权力，且这种权力具有不可分割性和不可转让性。这种绝对的皇权，必然产生绝对的腐败。说到底，以君主专制为特征的政治体制本身正是各种吏治问题产生的根源所在。

### 一、依法治理无法实施

清代的治吏之法较之以前的封建王朝来说，是非常完备的。然而却往往只能治其标而不能治其本，存在很大的局限性。中国传统法律自身的终极目标就是实现社会的有序化，确保皇权至高无上的统治地位。这是因为，在绝对皇权下，君权大于法。君主是最高权力的象征，君主个人的意志支配着权力，法律只不过是君主的御用工具，是君主个人意志的体现。君主的意志凌驾于一切法律和机构之上，成为一切法律和权力的来源，君主不对任何机构与法律负责，不受法律的限制与约束。君主集立法、司法、行政于一身，既是最高立法者，可以言代法；又是最高行政长官和最高司法者，掌握着行政决策和重大案件的最终裁决权，不受任何约束和监督。"天下之事无大小皆决于上"，凡是君主的谕旨都具有法律效力，当封建的成文法与君主的诏令发生冲突时，法律只能卑贱地服从诏令。

在皇权社会，法律的权威完全不可能制约或对抗君权，相反，法律（包括治吏之法）的实施，完全要取决于君主。如果君主重视以法治吏，吏治自然就比较清明，反之则吏治腐败、特权横行、朝纲不振。

此外，绝对皇权不能抑制权力本身的腐败。依靠这种绝对化的权力至多能抑制权力以外的腐败，却不能抑制权力本身的腐败。因为这是一种不受任何限制或制约的绝对权力，它绝对不可能把自身的某些行为视为腐败。有时甚至是皇帝的一些十分荒唐的行为、乖谬的举措、不尽人理的语言也被赋予公正的意义和国家的权威，除非是农民起义或内部叛乱，一般是不容丝毫不敬和随意质疑的。这样，统治者的权力无法受到限制与制衡，自身的腐败无法防止。如慈禧太后在甲午战争期间举办六十寿庆，为防止别人谏阻，竟然公开发出预警威胁："今日令我不欢者，吾亦将令彼终身不欢。"

## 二、统治者对贪官的有限度容忍

在封建君主专制制度下，官员们是为封建君主服务的，是为巩固皇帝的"家天下"效劳的，因此，皇帝要求官员们要尽忠，历代封建王朝都是如此，清朝也是一样。不过，清朝还有自己独特的地方，那就是清朝是由满族建立的，满族为了巩固自己的统治，和汉族统治阶级相比，更要求汉族官员忠于爱新觉罗氏家族。只要汉族官员能够忠于清朝，其他方面出点问题也不要紧。

康熙帝始终重视吏治，但他也曾颁发这样一道谕旨："清官多刻，刻则下属难堪，清而宽方为尽善。朱子云：居官人清，而不自以为清，乃为真清。又如《易》云：不家食。为官之人，凡所用之物，若皆取诸其家，其何以济？故朕于大臣官员，每多包容之处，不察于细故也。人当做秀才时，负笈徒步，及登仕版，从者数十人，乘马肩舆而行，岂得一一问其所以来耶？"[①] 意思就是说，只要忠于清王朝，忠于皇帝，只要不过分贪污腐化，危害统治基础，那么对于小腐败就不过分苛责了，"多一事不如少一事"。可见，在绝对皇权下，统治者可以容忍贪官，但不能容忍不忠。晚清时期的各位皇帝，实际上也都执行康熙帝的路线，只要大臣们忠于自己，其他方面有些问题，哪怕是贪污受贿，也不过于追究。这样一来，官员队伍中难免出现各种各样的问题，尤其是贪污受贿问题。君主为巩固自己的集权统治，防止大权旁落，要求各级官吏的首要问题是忠君，而不是廉洁，这就给那些貌似忠君的贪婪之徒以可乘之机，这就决定了腐败的不可遏制性和抑制腐败的不彻底性。

尽管不少皇帝以儒家学说作为治国的理论基础，标榜恤民、爱民，甚至采取了一系列安定民生、发展生产的措施，其目的是为了封建政权的长治久

---

① 《圣祖仁皇帝实录》卷二六一。

安，正如唐太宗曾对大臣们所说的："朕终日孜孜，非但忧怜百姓，亦欲使卿等长守富贵。"① 但在官僚和老百姓两者之间，封建君主首要考虑的是前者的利益。其中最突出就是在法律上为官僚、贵族贪污、受贿等犯罪逃避惩罚广开一面。历代法典，一方面规定了惩贪除弊的一些章程和措施，另一方面又为官员逃避惩罚提供法律依据或可能。如隋唐时期的官员可依照"八议"的规定享有减免刑罚的特权。又如明代的官员可以纳钱赎刑，"斩罪八千贯，绞罪及榜例死罪六千贯，流、徒、杖、笞，纳钞有差"，清朝也有议罪银制度。所以，历代法律对惩治贪污腐败的作用是极其有限的，这也是造成吏治腐败的原因之一。

### 三、君主个人因素的影响

人治高于法治的行政机制，造就了社稷安危系于君王一身的局面。由于国家大权操于皇帝一人之手，君主贤愚与否、品性如何，甚至君主的喜好，都会影响国家政治发展，影响行政效果，甚至影响一代风尚，对政治包括吏治的作用非常大。

一个封建王朝在建立的初期，为了保持自己的统治，比较重视与民众的矛盾，多少会约束自己贪残的阶级本性，吏治也就比较清严。然而，随着统治的稳定，力量的增长，其贪残的本性也就日益暴露、膨胀，与百姓的矛盾日益尖锐，社会危机日趋严重，吏治也就从清严走向松弛、败坏，最终导致王朝的覆亡。

例如，唐太宗在初唐政治中的作用、唐太宗个人前后的不同表现就是一例。宋代开国之初，官员"黩货厉民"很严重，故宋初的统治者即施行严惩，使那些"精悍驵侩之吏亦深自藏，不敢奋头角以哀敛为事"②。但不到六十年，到仁宗时腐败即沉渣泛起，据包拯所云："当时国家官僚中赎货暴政，十有六七。"

明代在这一方面表现得最明显，同样的制度，太祖和成祖之时的廉政措施卓有成效，而神宗和熹宗之时则吏治腐败达到了极点。明朝建立之初，太祖朱元璋总结了元朝纲纪废弛、官吏腐败的教训，"重典治吏"，使吏治清明，但明末的皇帝却不严惩腐败。至于皇帝本人淫逸放纵，助长吏治的败坏，奸臣迭出，导致王朝灭亡，更是史不绝书。

清朝也是如此。康熙帝、乾隆帝前期励精图治，吏治清明；后期松懈放

---

① 《贞观政要·贪鄙》。

② （元）马端临编撰：《文献通考》卷二十四。

纵，官吏又趋于腐败。嘉庆帝较为重视廉政，企图通过整饬清朝已经十分腐败的吏治问题，巩固已经开始动摇的清朝大厦。他强调道德教化的治贪特点使其在清朝吏治改革史上独树一帜。但由于所处的特殊历史环境，吏治的效果并不明显。

  刚进入晚清时，正是道光帝当政。他在位期间正值清朝走向衰落，他为挽救清朝的颓势做了一些努力，如整顿吏治，整厘盐政，畅通海运，平定张格尔叛乱，严禁鸦片，起到了一定积极作用；他本人力行节俭，勤于政务。但作为一个帝王，道光帝的资质不高，视野短浅，才能平庸，加之社会弊端积重难返，清朝进一步衰落，和西方的差距也越来越大。1842 年，清朝在鸦片战争中失败，签订丧权辱国的《南京条约》。此后十年道光帝苟安姑息，得过且过，没有任何学习西方、振兴王朝的举措。然而道光帝不了解中国与西方殖民主义国家的差距，依然执行闭关自守的政策，对于清朝的严重问题没有重药医治。终道光一朝，宰辅都是昏庸之臣。前期是"小心谨慎，一守文法"的曹振镛，后期是投降派穆彰阿。

  咸丰帝继位以后，重用汉族大臣，严惩贪污腐败，改革力度超过了嘉庆、道光两代君主。但是他在一个大变革的时代对于世界大势缺乏了解，无法对清朝的政治实行全面革新，最终没能挽救清朝的衰落。"咸丰季年，天下糜烂，几于不可收拾"，忧愤当中，在承德热河避暑山庄"以醇酒妇人自戕"。

  同治帝和光绪帝时期都是慈禧太后掌握皇朝实权。慈禧太后刚掌权时正面临太平天国运动的威胁。从历史上看，每当统治者经历一场波澜壮阔的农民起义后，为了挽救统治危机，都会在政策上进行一些调整。因此慈禧太后为了镇压太平天国运动，也曾重用曾国藩等汉臣，整饬吏治，一度出现了所谓的"同光之治"。但一旦内忧解除、地位稳固后，慈禧太后将奉行节俭等诺言抛到了九霄云外，露出了奢侈腐败的本来面目。她带头贪污敛财，"以万乘而重万两"，大开统治集团行贿受贿之风。在慈禧太后控制朝政的近五十年间，晚清财力日渐枯竭，人民生活倍加艰辛，可是，以慈禧太后为代表的皇室的生活，却是相当奢华。慈禧太后生前的腐朽生活和死后的豪华铺张，深刻地反映了晚清皇室的腐败。

  光绪十二年（1886），御史朱一新上奏，指陈四月间懿旨准太监李莲英随醇亲王奕譞巡阅海军的失当。结果，朱一新降为主事。光绪十四年（1888），御史屠仁苏上疏奏请停修颐和园，影射慈禧太后奢靡。结果，屠仁苏被罢官。光绪二十年（1894），中日甲午战争期间，御史安维峻上奏《请诛李鸿章疏》，弹劾李鸿章，隐约涉及慈禧太后听信李鸿章与太监李莲英，而牵制光绪皇帝行使国家政权、干预朝政、专权误国的隐私。虽然安维峻说是借用别人的话，并特别强调他不敢相信这种说法。但结果，奏疏使慈禧震怒，安维峻被慈禧太后交刑部严加议处，差点被杀，后被发往张家口军台效力赎罪。在这样的情况下，还有谁再敢监督最高统治者？还有谁再敢干预最高统治者的权力？

### 四、监督机构不能发挥应有的作用

监督是防范和治理腐败的有效工具。但在绝对皇权下，监督机构往往瞻前顾后、畏首畏尾，不能发挥应有的作用。此外，对朝廷重臣的纠弹，也需要最高统治者的裁定。

奕劻自光绪十年（1884）起总理各国事务衙门、外务部，任军机大臣、掌财政处、练兵处、陆军部，是慈禧太后倚重的宠臣之一。奕劻之子载振在光绪末年为御前大臣、农工商部尚书，也是当时的风云人物。奕劻父子"揽权纳贿，其门如市"，其党羽遍布朝野，"举朝莫敢撄其锋"。但是，在光绪三十三年（1907），黑龙江道员段芝贵得知载振专宠天生丽质的歌妓杨翠喜，就花重金将杨翠喜赎出歌楼，充为侍婢，献进相府。载振欢喜得心花怒放，替段芝贵寻得一个巡抚署缺。河南道监察御史赵启霖闻知后上书弹劾载振私纳歌妓，并参劾段芝贵"夤缘亲贵"。事情闹大，慈禧不得不派载沣等去查办。不料官官相护，巧为开脱，赵启霖反以谎奏革职，居台谏仅半年。案结之后，言路大哗。事后，御史赵炳麟上《论救御史赵启霖疏》，要求朝廷振作言官士气，但慈禧太后以"赏罚之权操之自上，岂能因臣下一请即予加恩"为由，不予理睬。

例如，御史江春霖继之纠弹袁世凯及庆亲王奕劻父子，"连上八疏，皆不报，然朝贵颇严惮之"。宣统二年（1910），江春霖复劾奕劻"老奸窃位，多引匪人"，指出朝廷"非特简忠良，不足以赞大猷，挽危局"，并严厉指出奕劻父子网罗私党，"污名嫁于他人而己阴收其利，被劾则力为弥缝，见缺又荐引填补"。他在奏章中列举奕劻父子结党营私，安插心腹等罪行，有名有姓，言之凿凿。但时为摄政王的载沣极力庇护奕劻父子，斥责江春霖"莠言乱政，有妨大局"，"令回衙门行走"①，以示惩罚。摄政王载沣的倒行逆施，引起都察院多数科道官的强烈不满。首先有御史赵炳麟、陈田、胡思敬等奏请朝廷收回责令。载沣置之不理，终于激怒了都察院全体科道官。于是以给事中忠廉为首的都察院五十八位御史联名上《奏言路无所遵循请

---

① 《上谕》，《申报》宣统二年正月十七日。

明降谕旨折》,以"言路无所遵循","势将阻塞,流弊滋多",呼吁开放言路,取消对江春霖的惩处。这是"自有御史台以来,固未有众情一致,争尚风节如斯之甚者"。而摄政王载沣等拒绝科道官员们的吁请,仍然我行我素,"春霖连劾权贵,言尤痛切,当国者终于不悟"。江春霖愤愤不平之下,遂称疾归籍奉母,不再为官。

## 第二节 清朝封建官僚制度的弊病

### 一、封建官僚制度的特点

中国封建官僚制度形成于战国,确立于秦汉,发展于唐宋,完善于明清。拥有两千多年历史的中国传统官僚制度结构严密,具有相当稳定的组织结构和长期的经验。其组织结构特点可以简明地归结为:最高权力中心授权的等级化的职位和权力配置;组织遵循典型的权力中心主义,本质是中央集权;组织遵循权力强制和权威服从的基本规则,级别越高,权力越大,权威也越高,服从权威者;科举化的选拔方式,主要通过科举入仕;官员私产与公产分离,实行官员俸禄制度。

中国传统的官僚制度有官僚文化作为支撑。最早是忠孝文化,核心是忠君;礼制文化,赋予等级制的合理性。以后演变成:董仲舒的天人感应论,君权天授,天然合理;宋儒的"理性",程朱理学的天理论把形象思维及其结果无限夸大,形成所谓天理人人必须服从的至高信条。诱导人们服从权威的权力就是服从天理,阐释了官僚权力的合理性。服从权威及其权力成了组织结构稳定的文化支撑力量。

封建官僚制度最大的特点就是只对君主和上司负责,官阶的升降不是取决于官吏治政的能力与实绩,而是取决于对君主和上司的忠诚以及由此形成的人身依附关系。在中国封建社会,从将相大臣到郡守县令都由上司推荐、皇帝任命,官员的命运掌握在皇帝和上司手中。因此,君臣之间、上下级之间的关系是一种绝对的主人与奴仆、支配与被支配的关系。

清朝政治制度基本上沿袭了明朝,权力高度集中,等级制度森严。这样缺乏社会民主的专制制度,必然会从其内部发育出抵制外部制约、相互庇护和强化腐败行为的体制,从而使其现有的监督、制约和惩处机制无法有效地运转。所以,尽管清朝也有诸如教育训化、褒奖激励、考选、惩罚警戒、任官回避、监察、考绩等防腐倡廉的制度,但在实践中却难以有效地实施。随着时间的推移,时局恶化,官吏腐败日益积累,日益形成一种理所当然的社会政治风气，其治理已无法进行。

## 二、封建官僚制度的弊端

### （一）官僚机构庞大，行政效率低下

专制主义中央集权官僚制度追求事无不统，政事必然由开始的清简走向繁杂。为维持政府运作，统治者只能不断地增设机构、增加人员，弄得机构越来越庞大，人员越来越冗滥，而精简则难于收效。所谓"以三分劳筋苦骨之人，奉七分坐待衣食之辈"。官员的冗滥、军队的宏大、开支的增加，为官吏的贪赃枉法开了方便之门。

清朝自定鼎中原不久，政府机构设置便开始臃肿。中央机构一方面沿袭明制设立内阁，但却另设军机处为实际的中枢机构。如詹事府是清初沿明制设立的东宫僚属，是皇太子的文学侍从官属衙门。康熙五十一年（1712）废立皇太子后停设，但至乾隆十八年（1753），却以"詹事府东宫僚佐，储贰未建，其官原可不设，第翰林叙进之阶，姑留以备词臣迁转地耳"①。自此詹事府成了"专备翰林院迁转之资"的闲散衙门。再如通政使司，其主要职责是收纳各省题本，校阅后送交中枢，也是一个"事务甚简，半属有名无实"的闲散衙门。清初沿明制设立的光禄寺，是掌管"祭飨宴劳，酒醴膳馐之事"②的机关。鸿胪寺是专管赞导朝会、宴会、祭祀礼仪的机关。太仆寺原是顺治初年附设于兵部武库司的机构，后来也只是专司两翼马厂"政令，课其孳息，戒其驯习"③的机构。大理寺也是仿明制，于顺治元年（1644）初设，为"掌平天下之刑名"的机构。类似这些机构或事务极少，或与其他机构重叠，职责分工不明。此外，清朝中央各部院一般还实行双轨制，每部均设满、汉尚书各一人，左右侍郎各一人。这造成了冗官繁多。后有人揭露这种严重弊端说："政以分职而理，谋以专任而成，今则一堂而有六官，是数人共一职也，其半为冗员可知。"清中期后虽对机构有所调整，但多数却不予精简，反而增设衙门，使得机构重叠臃肿，冗员充塞，行政效率低下，官僚主义日益盛行。

### （二）官员对上不对下

在政治权力的来源方面，封建官僚政治不同于奴隶制时代的贵族政治以

---

① 《光绪会典》卷七○。
② 《清朝文献通考》卷八三。
③ 《光绪会典》卷七二。

及近现代的民主政治。各级官吏所掌握的大小不等的权力,都是通过自上而下的授予而取得的。官吏权力的来源,既不是单纯依赖血统关系,更不是依赖表面上的民情民意。一切官职及其相应的权力的取得,完全只是"仰沐上恩"的结果。官爵和俸禄成为君主驾驭和控制臣下的有效手段。猎取功名者只有从君主的赏识之中才能得到个人的进取发达,一旦职位到手,他们当然会感激君主的知遇之恩。这种人身依附关系不仅表现在君臣之间,而且在官僚集团内部的上下级关系中同样存在。下级官吏的命运完全掌握在上级的手中,他们进取升迁的欲望能否实现,完全取决于上司的意愿。这就不可避免地会形成唯长官意愿是从、一心媚上、不问下情的官场生态。

官僚政治下的权力结构,呈现出细密、森严的等级性,犹如一座层次分明的宝塔。塔的顶端,专制君主凌驾于一切臣民之上。在君主之下,各级官吏按照一定的等级秩序上下排列。整个官僚集团不仅本身就表现为一个与"民"相区别的等级,而且在官僚集团内部也形成了一个台阶式的等级系列。这种权力结构的等级性,使得官僚政治下的仕途表现为一种有形的层次众多的权力阶梯,其中每一级阶梯都意味着不同的待遇和地位。这种情况,对于统治集团内部的政治斗争产生了重要的影响。那些在仕途中钻营拼搏的人们,眼睛总是盯在更高一级的权力阶梯上,权力野心难以达到最终的满足。官职的升降成为衡量权力斗争胜负成败和进退得失的有形的标准,争权夺利的欲望也就有了具体的目标。

专制主义中央集权官僚制度是内部封闭式操作的,本身缺乏监督、激励的机制,更缺乏外来的,特别是自下而上的民众的激励与监督。一切唯君、一切唯上的人治削弱了或者说代替了法治,从而造成了对腐败的认定和对腐败的惩罚常常不是决断于法,而是取决于人的状况,使腐败现象得不到应有的抑制。

### (三) 拉帮结派,互为党援

在封建官僚制度下,许多官吏为利益所驱使,为了自己的权力能有所依靠,便攀龙附凤,拉帮结派,结成了大大小小的政治集团和关系网,从而使官场腐败以集团形式出现,不仅难以消除,而且愈趋猖獗。

官僚集团之间的倾轧斗争是历史上常见的。这种斗争往往不是政见不同,而是权势利害之争。即使有政见不同,也会夹杂着或演化为权势利害之争。此集团所坚持维护的,彼集团就必定无是非原则地全盘反对。为此,援引、支持、拉拢、排斥、打击不遗余力,自然带来政局的败坏。例如,穆党是道光朝晚期以穆彰阿、琦善、伊里布、耆英、讷尔经额为核心的一个政治势力集团,他们排斥异己、同恶相济、因循守旧、贿赂成风、多方扶植旗员为外任，而致使清王朝吏治愈加腐败。

### （四）官场潜规则盛行

潜规则是相对于明规则而言的，是指虽没有明文规定，但又是约定俗成的、被广泛认同且实际起作用的一种规则。官场潜规则是官员人人都须遵守的，不遵守，将会被视为异类，受到同僚的猜忌和打击。德国社会学家马克斯·韦伯认为，在官僚制度中，"作为个人，他必得深刻认同信仰体系，才能取得行动的一致性、连续性而不致导致内心的紧张，并最终获得自愿的服从"。潜规则，从官员个体来讲是一种个人利益追逐或自我保护机制，从官员集团来看是一种共同利益的分配机制。作为官场正式规则背后的另类规则，潜规则像癌细胞一样寄生于正式规则，又不断地侵蚀着正式规则。

不遵守潜规则，就无法生存于官场。对于那些清正廉明、洁身自好、忠心报国、为民请命的官吏，他们往往遭受打击、排挤，这也使得一部分有志于整饬吏治、昌明政治的人，为了自己的切身利益和人身安全也不得不随波逐流，对腐败听之任之，甚至加入到腐败的行列中去，这也是封建社会吏治腐败的重要原因。例如，收取陋规成为一种时尚。正如同治二年（1863）河南学政景其浚疏云：入仕途以前对于"陋规"一事"未尝不非笑之"，"及其登仕版也，苦无办公之资，兼不能自存活，而同事诸人，无不收受陋规，不得已试从而效之，而君子遂变为小人，上下官员，联为一气"①。郑观应也说："间有廉能之吏，一意兴利除弊，教养斯民，而知府之意见不同也，司道之威严可畏也，上官掎之，同寅笑之，众庶疑之，必溃其成而后已。"②

## 第三节　晚清时期吏治制度的弊病

除了上述基本政治制度的根源外，晚清一些具体的行政制度如捐纳、胥吏、薪俸、税收等制度存在的重大缺陷，也直接滋长了官场的腐败行为。

---

① （清）景其浚：《请重廉俸疏》，（清）盛康辑：《皇朝经世文续编》卷二十《吏政三·官制》。

② （清）郑观应：《吏治上》，夏东元编：《郑观应集》（上册），上海人民出版社1982年版，第352页。

## 一、捐纳制度的弊病

### （一）清朝捐纳制度的演变

清代捐纳始于顺治朝，完备于康熙、雍正、乾隆三朝，冗滥于咸丰朝、同治朝，终止于宣统朝。清顺治六年（1649），以军旅繁兴，岁入不给，开始实行监生、吏典的捐纳。康熙十三年（1674），为平定三藩之乱，实行捐纳以补充军费之不足。三藩之乱后一度停捐，后来因为陕西灾荒、修永定河及青海用兵，又开捐例。雍正朝时，因西北用兵，耗饷甚巨，财政拮据，只得开捐纳以补不足，除道府官职不准捐纳，以下各官皆可捐纳，并扩大到武职。乾隆朝以后，捐纳逐渐成为清朝常制。捐什么官要多少银两，皆定有章程，京官郎中以下，外官道台以下，都可以按规定银两数捐得，捐纳和科举考试一起，成为清朝官吏队伍的主要来源。

康熙、雍正、乾隆三朝开捐主要是为了筹集军饷和治河、赈灾的费用，使政府在田赋收入之外，另辟财源，以济国用，客观上减轻了百姓的一些负担，并且其弊害也不甚明显，无伤大体。同时，开办捐纳在科举考试制度之外，给地主阶级知识分子另辟了入仕途径，有利于增强地主阶层同封建政权之间的密切联系，这对于巩固封建政权是有利的。

捐纳制度虽具有"搜集异途人才，以补科目所不及"（康熙帝语）和稳固封建统治秩序的作用，但毕竟是以钱买官，不可避免地存在着行政管理方面的弊端。康熙年间，由于严格控制，报捐者一般都是家道殷实以及才器堪任者。所以捐纳在初行时，尚无大弊。但到雍正朝时，捐纳弊窦显露，经办捐纳的官员开始贪污中饱。到了乾隆年间，情形日趋严重，官场成为市场，"名器日滥"，不少捐官到任后，以"敛财以补偿之计"。至乾隆朝末年，乾隆帝已看出这些问题，决定不再开办。乾隆五十八年（1793）上谕，"为政之要，首在用人，而人才究以正途为重。前因军需、河务支用浩繁曾暂开捐例……以致铨选壅滞，人才不兴，可见捐纳一事竟当不必举行"[①]，下令停止，以"慎重名器，嘉惠士林"。

随着中国人口的继续增长，到嘉庆朝已突破三亿，文化人过剩，仕途变得更加狭窄。此外，嘉庆、道光朝之后清朝财政状况日益恶化，捐纳对财政的补助作用也日益重要。1797年，为了筹措镇压白莲教起义的征战费用，嘉庆帝违背父训，再次开捐。道光朝中后期，鸦片战争、黄河决口、秦豫旱

---

[①] 《清朝续文献通考》卷九三。

# 第八章 晚清时期整饬吏治失败的原因

灾、东南六省之水患，此等临时支出，都要依靠捐纳收入。咸丰、同治年间，为了筹措镇压太平天国的战费，开办实官捐纳（即与只给荣誉称号的常捐相区别的所谓"大捐"）以筹饷。其后中法战争、黄河河工、甲午战争、庚子事变、清末新政等事项无不需要财政拨款，而清政府财政拮据，别无良法，只得屡开捐纳，直至灭亡乃止。

## （二）捐纳制度对吏治的负面影响

捐纳制度本即稗政，是一项权宜之计，像晚清时期如此推行则无异于饮鸩止渴。大量的冗官冗员造成了铨选壅滞，严重影响了科举正途出身的官员即补升迁。捐官因补缺无期，好不容易待到正式任职，犹如饿虎跃入羊群，其贪得无厌之状况，可想而知。几乎所有思想家都对捐纳制度进行了尖锐批判，认为捐纳制度，以钱论官，严重败坏了吏治，弊病甚多，"兆角之岁，隶名天官；胎妊小儿，预营仕牒，吏道沦丧，莫此为甚"①。王韬认为："今仕途之最坏者莫如捐纳。"② 冯桂芬曾在《变捐例议》一文中一针见血地指出："近十年来，捐途多而吏治益坏，吏治坏而世变益亟，世变亟而度支益蹙，度支蹙而捐途益多，是以乱召乱之道也。"③ 但清政府找不到补充财政的其他替代方式，不得已一直开办，捐纳制度伴随着清朝的灭亡而消亡。

据统计，1840年在道、府、州、县四个层级的地方官中有29%的人是靠捐纳得到官职的；1871年这一数字猛增到51%。数以千计的捐官将清朝官场变成了一个靠官职赚钱的"权力黑市"。敲诈勒索，贪赃枉法，贿赂公行，一切丑恶现象均随之而生。

## 二、胥吏制度的弊病

清朝胥吏分为两个部分：一是主管各衙门的文书、册籍、档案、账目的书吏；二是那些供官员驱使奔走、从事拘传缉拿、站堂行刑等业务的外班行动人员，即差役。清朝胥吏较明朝更为倡兴，因为满洲贵族入主中原后，为借鉴汉族人的统治经验，有效的办法之一就是延聘一些熟谙旧规俗例、了解地方情况的胥吏以为从政的补充。

胥吏对于清朝国家机器的运转虽然起到了润滑剂的作用，但随着国家行

---

① （清）小横香室主人编：《清朝野史大观》（二），上海书店1981年版，第40页。
② （清）王韬：《上丁中丞书》，《弢园文新编》，生活·读书·新知三联书店1998年版，第270页。
③ （清）冯桂芬著，戴扬本评注：《变捐例议》，《校邠庐抗议：洋务运动的理论纲领》，中州古籍出版社1998年版，第102页。

政制度的越发细密和政治腐败程度的加深,胥吏专权也逐渐成为清朝政治的一大弊端。书吏的权力膨胀及徇私舞弊和差役泛滥成灾及危害百姓是晚清吏治危机的又一表现。

### (一) 清朝胥吏专权的状况

清代胥吏虽位卑但权不小。许多无良胥吏往往凭借熟悉刑名律例的条件,相互勾结、上下串通,对上架空、对下索贿,作奸犯科,巧弄权术。这些胥吏在外高骡大马,扬扬得意,自认为官府听信,凡事在我,指官吓诈,遇事生风;在内串通家人亲戚,舞弊作奸,瞒官嚼民,以至人人视之如虎。

中央的胥吏利用职权收受贿赂。如清代州县户书多征少报,各省款项军费之核销,户部主之。"军费报销之出入,动辄百数十万,凡核销一案,有往返驳辩至数年之久者。故必预计打点之费,少则数万,多则数十万;掌印主稿之司官,恒听命于书吏,藉以分润,掌官亦间有染指者。他若发饷报款,亦必假手于书吏,故皆有所沾溉。是以户部书吏之富可埒王侯。"①

地方的胥吏凭借"官民交接之枢纽"的特殊地位,大肆掠夺侵吞。其主要方式有以下几种:一是借案生事,巧取豪夺。胥吏往往与差役、无赖、地保等相勾结,利用这些人比较熟悉各地各处的乡情,为自己提供有利情报,因此每有案件发生,就借机将家产富饶之人牵入案件,乘机豪夺。二是借势勒索,假公济私,妄加指驳。胥吏利用官员及自身所在衙门的权势进行敲诈勒索,上级衙门敲诈下级衙门,下级衙门直接勒索底层的百姓。三是私雕印信,买卖官札。胥吏利用官员对公事敷衍了事的心态,将加盖假印的重支冒领的公文呈上,待官员大笔一挥,即可蒙混过关。

胥吏违法犯罪的手法可谓种类繁多,还有篡改文书以侵吞公款、说事过钱(即以代当事人向官员说情送礼为由,从中抽取好处费)、吓诈求索(即用危言恐吓有关当事人,向他们索取钱财)、需索勒捎(即办事时故意拖延,迟迟不办理,而当事人若是想催促他们尽快处理,只好被迫向他们行贿)、抑勒恐吓(即对罪犯进行威胁恐吓,强行向他们勒索钱财)等,不一而足。

到了晚清时期,胥吏问题已经相当突出。御史游百川在《请惩治贪残吏胥疏》中概述同治朝这方面的情况是:"夫自京畿以及各直省,有不营私之官,而鲜有不营私之吏。"同治十二年(1873),浙江巡抚杨昌浚奏称,他按刑部要求讯办因欺蒙作弊而被判发往黑龙江充军的书吏孙锦时,却发现

---

① 徐珂编撰:《胥役类》,《清稗类钞》,中华书局1986年版,第5252页。

孙锦"胆敢捏报病故,更名孙同如,复充外办书吏,侵冒工款十余万"①。道光、咸丰朝屡禁不止的各税关税吏需索问题,此时亦越发严重,朝廷多次下严旨控制也不行,晚清时期的胥吏渐处于失控状态。

针对这种情况,有人总结当时书吏之权大说:"刑名簿书出其手,典故宪令出其手,甚至于兵枢政要迟速进退,无不出其手,使一刻无此辈,则宰相亦将束手矣。"② 这样,胥吏虽无官员之职责,实际上却有行政权力。其权力之大包括大官在内,人人都怕他们三分,如洪亮吉所说,"其权上足以把持官府,中足以凌胁士大夫,下足以鱼肉里闾"③,甚至权势驾于公卿之上。不仅如此,书吏对案件往往还有决定权。嘉庆帝说到中央书吏之权力时指出:"自大学士尚书侍郎,以至百司,皆唯诺成风,而听命于书吏,举一例则牢不可破,出一言则惟命是从。一任书吏,颠倒是非,变幻例案,堂官受其愚弄……各部堂司,莫不如此。堂司如此庸碌,书吏如此狡猾,上无道揆,下无法守,太阿倒持,群小放恣!"④

### (二) 胥吏舞弊的病根

晚清时期,胥吏舞弊的最重要病根——律例繁杂的状况不仅没有改变,而且还在继续发展。雍正三年(1725)《大清律》所附例文为842条,乾隆二十六年(1761)增至1456条,嘉庆六年(1801)增至1603条,同治九年(1870)则增为1892条,律例的复杂所带来的处理公务的困难及繁多的各种事务,又迫使地方官员不得不假手胥吏。"盖成案既多,援引各异,书吏先深入其中以操纵之,司员始泛从其外纠察之,已属不及之势,而况有纵之者乎!"⑤ 因此,地方政府不顾清政府的规定而大量增加胥吏,"大邑每至二三千人,次者六七百人,至少者亦不下三四百人"。例如在山东,"大县(胥吏)多达一千余名,小县亦多至数百"⑥,胥吏充斥了各级衙门。

究其原因,一方面,堂官(尚书)、司官(郎中、员外郎、主事)并不熟悉案牍文书。清代官员无论是满族亲贵,抑或科举入仕、捐纳出身者,皆对烦琐冗滥的律条不熟悉,因而需要依赖了解地方实际情况、熟悉律条的胥吏。另一方面,地方官员大权在握、公务冗繁,诸凡钱谷赋税、刑狱审理、风俗

---

① 《穆宗毅皇帝实录》卷三五三。
② (清)梁章钜:《制义丛话》卷七《吏典》。
③ (清)洪亮吉:《卷施阁文甲集·吏胥篇》。
④ 《仁宗睿皇帝实录》卷一三〇。
⑤ 《同治中兴京外奏议约编》卷三。
⑥ 《大清会典事例》卷九八,吏部,处分例。

教化无不赖于督抚、县令，同时各级衙门中的文移查驳手续也多之又多，地方官员难以全部亲理民事，不得不将政事委诸幕僚，幕僚又依书吏。

## （三）清朝对待胥吏的失策

胥吏的地位和实际作用极端矛盾。本来，有官就必有吏，有吏有官就必有衙役，胥吏作为主政官员的下属工作人员，是国家机器运转中不可缺少的环节。吏业实际上是一门专门的学问。衙门中案牍如山，处理各项事务不仅要遵从法令和成文的规定，更有数不清的繁文缛例。对此，只有书吏经过专门训练，精通其道。按理说，胥吏应该受到应有的重视，获得较高的政治地位和经济报酬。然而，清政府却对胥吏极端歧视，将其实际上列入了贱民的行列，即所谓"限其出路，卑其流品，而不得列于士人君子者，吏也"①。在政治上，胥吏实际上是处于封建官僚体制之外，因为他们不仅无权享受政府的俸禄与养廉银，甚至连一点名誉上的待遇也沾不上边。如乾隆十年（1745）十月"禁吏员膺用章服"，乾隆二十八年（1763）八月"命各省督抚学政、盐政、藩桌两司书吏不许私用顶戴"。这种歧视甚至还体现在政府对胥吏子孙的待遇上，以前对胥吏子弟也可蒙荫的恩赐在清代已不可能再出现。清代的胥吏、幕宾和以前不同，不再是国家正式官员，他们没有职级，不入流品，也没有秩禄。不仅如此，清政府还规定，胥吏的子孙在三代以内都是不允许科举入仕的，如有违反则严厉惩罚，绝不宽恕。这样就从根本上断绝了胥吏子弟出人头地的机会。在经济上也对胥吏极端苛刻。据记载，清代前期皂隶、禁卒每年法定收入只有银六两，根本无法糊口。

这些措施导致了胥吏的官场形象不佳，社会地位低下。士人多不屑与胥吏为伍，明末清初著名学者王夫之甚至在遗训中告诫后代："勿作吏胥，勿与吏胥人为婚姻。"这种矛盾造成的后果则是：善良之人不屑为胥吏，奸恶之人却愿意做胥吏，致使多数胥吏寡廉鲜耻，利用掌握的办事权力营私舞弊，攫取不义之财。至晚清时，胥吏政治和经济待遇低下与实际掌握行政权的这一矛盾更加尖锐。

由于制度不合理，因此尽管胥吏专权的危害引起了统治者的重视，封建政府以及官僚、士绅纷纷提出了各种应对措施以及整治设想。例如，严把选吏关，规定召募书吏必须办理"亲结"、"保结"、"印结"等手续。规定书吏任期年限不得超过五年；以幕友监督胥吏；提高胥吏的社会地位等。但有清一代，未有成效。以至于王韬痛切地指出："今天下之所谓吏者，必尽行

---

① （清）陆世仪：《思辨录》，《皇朝经世文编》卷三。

裁撤而后可。内自京师，外至直省，大自六部，小至州县，举二百余年来牢不可破之积习，悉一扫而空之。"① 对于繁杂冗滥的条例，"悉付之于一炬而后大快"，这样才能消除胥吏之弊这个顽症。

### 三、薪俸制度的弊病

俸禄作为外附报偿，是人事制度激励机制中的重要一环。俸禄制度实施得是否合理，既关系到官员的生活水平，也关系到吏治的好坏。

高薪未必养廉，因为人的廉洁与理想、信念、情操以及世界观、人生观、价值观有莫大的关系，所谓"事能知足心常泰，人到无求品自高"。古人云："廉耻，立人之大节。盖不廉，则无所不取；不耻，则无所不为。"人一旦打开欲望大门，恐怕再高的薪酬也难以填满他的欲壑，难以拯救他那被欲望吞噬的灵魂。但是薪酬过低，官吏因为生活所迫，只能寻找其他非法途径增加收入，这样也会导致腐败滋长，所以说薪酬太低是贪污腐败的主要原因之一。

### （一）清朝的俸禄状况

根据《钦定大清会典事例》记载，清朝顺治、康熙年间制定的正俸标准为："文武京官俸禄，正从一品俸银一百八十两，米一百八十斛；正从二品俸银一百五十五两，米一百五十五斛；正从三品俸银一百三十两，米一百三十斛；正从四品俸银一百有五两，米一百有五斛；正从五品俸银八十两，米八十斛；正从六品俸银六十两，米六十斛；正从七品俸银四十五两，米四十五斛；正从八品俸银四十两，米四十斛；正九品俸银三十三两一钱一分四厘，米三十三斛一斗一升四合；从九品俸银三十一两五钱二分，米三十一斛五斗二升。未入流俸银、禄米与从九品同宗。宗人府宗室笔帖式，照给七品俸。各部院七品笔帖式，岁支俸银三十三两，米三十三斛；八品笔帖式二十八两，米二十八斛；九品笔帖式二十一两一钱一分四厘，米二十一斛五升。"

以上为清朝官员按品级制定的基本的俸禄标准。清代这一俸禄标准，根本不敷官吏开支。据薛瑞录先生研究，清朝前期中央和地方官员的家庭正常用度，是他们官俸的三十余倍。

由于薪俸偏低，自雍正起火耗归公，出现养廉银，至乾隆时又有补充调

---

① （清）王韬著，陈恒、方银儿评注：《变法自强中》，《弢园文录外编：一个卓立特行者的心路历程》，中州古籍出版社1998年版，第88页。

整，实际成为一种附加的俸禄，数额大大高于正俸。据《大清会典》中所载，地方官员养廉银一般为：总督一万三千两至二万两，巡抚一万两至一万五千两，布政使五千两至九千两，按察使三千两至八千四百四十四两，道员一千五百两至六千两，知府八百两至四千两，知州五百两至二千两，知县四百两至二千两。另如河道总督六千两（其中北河总督系直隶总督兼领，支银一千两），管河道员二千两至四千两，漕运总督九千五百二十两，盐运使二千两至五千两，盐法道二千两至四千二百四十二两。佐贰官也均有，但数目与正印官相差很远。京官由朝廷拨出一部库银作为养廉银，但数目比地方官少很多，大多数人仍以正俸为主。

武官也有养廉银，如道光中有关绿营各级的养廉银数目如下：

提督：京师（巡捕营）八百两，直省二千两，边疆（新疆伊犁等镇）二千八百两；

总兵：京师八百两，直省一千五百两，边疆二千一百两；

副将：京师七百两，直省八百两，边疆一千二百两；

参将：京师六百两，直省五百两，边疆八百两；

游击：京师五百两，直省五百两，边疆六百两；

都司：京师三百两，直省二百六十两，边疆三百八十两；

守备：京师二百四十两，直省二百两，边疆三百二十两；

千总：京师一百四十两，直省一百二十两，边疆一百八十两；

把总：京师一百两，直省九十两，边疆一百二十两；

外委千把总：京师二十两，直省十八两，边疆二十八两。

清朝实行的"耗羡归公"和"养廉银"制度，虽然使官员们有了俸禄以外的合法收入，在一定程度上满足了官员的生活需求，部分地解决了低俸制问题，减少了贪污，但仍然难以满足官员的生活与办公开支需要。

## （二）清朝的俸禄制度存在重大缺陷

俸禄过低，不足以让官员本人及家属维持较为体面的生活，这无疑是驱使官员贪贿的推动力和牵引力。一方面是奢侈之风盛行，一方面是俸禄还不足以维持家计，在这种情况下，大小官吏便想方设法贪污纳贿，巧立名目层层搜刮。

清廷有识之士对低俸禄的危害已有认识。康熙十一年（1672）六月，御史赵憬就在奏稿中指出低俸必然影响吏治清廉，他说："查顺治四年所定官员经费银内，各官俸薪心红等项，比今俸银数倍之多，犹为不足，一旦裁减，至总督每年支俸一百五十五两，巡抚一百三十两，知州八十两，知县四十五两，（若以知县论之，）计每月支俸三两零，一家一日，粗食安饱，兼喂马匹，亦得费银五六钱，一月俸不足五六日之费，尚有二十余日将忍饥不食乎？不取之百姓，势必饥寒。若督抚势必取之下属，所以禁贪而愈贪也。夫初任不得已略贪下赃，赖赃以足日用，及日久赃多，自知罪已莫赎，反恣大贪，下官行贿以塞上司之口，上司受赃以庇下官之贪，上下相蒙，打成一片。"① 然而清朝始终实行低俸禄政策。光绪元年（1875），奉天将军崇实上奏："奉省贿赂公行，已非一日。原情而论，出于贪黩者犹少，迫于穷困者实多。查将军养廉虽名八成，而官票每两折银只以二钱五分入算。此外一成停止，一成实折，廉额二千两，实数仅五百余金。推之府尹、府丞，又当四成递折，实数不过二百余金矣。借此从公，万难敷衍。不得已设为名目，取给下僚。陋规相沿，实一大弊。"② 戊戌变法时期，康有为明确指出了清朝存在"官制太冗，俸禄太薄"的问题。③ 到清末实行新政改革的时候，官员们还纷纷上书要求增加正俸。1901年7月，两江总督刘坤一、湖广总督张之洞联名在《遵议变法谨拟整顿中法十二条折》中提出了"课官重禄"的主张，认为京城官员俸银俸米微薄，加之银贱物贵，实在不足以自给，因此必须重禄以养其廉，"略称善教，以培其材"。

但清朝的低俸禄政策贯穿始终，这是因为朝廷知道官员的实际工资并不低。许多官员都有"取之下属"的冰炭敬以及各种陋规。在俸禄本薄、政务应酬繁多，廉俸又减成发放的情势下，"正是这种陋规收入才使州县官们及其僚属们得以维持生计及满足各种办公费用"④。这实际上是默许官员贪污受贿，所以也就有了"三年清知府，十万雪花银"的民间评论。

当时廉洁自律的清官生活异常艰难。例如，被嘉庆皇帝称赞为"半生唯独宿，一世不谈钱"的大学士朱珪"门庭卑隘，清寒之况，不减儒素"，虽身为显官，家境却清绝俭朴，艰苦如寒士。病殁时，其住室内仅为布被布褥，普通家什，毫无官邸气派，唯书房中古籍残卷丰硕，见者无不伤感。大学士董诰，其父子"历事三朝，未尝增置一亩之田、一椽之屋"；嘉庆和道光皇帝的老师、大学士王鼎"清操绝俗，生平不受请托，亦不请托于人。卒之日，家无余赀"。嘉庆年间以廉操著称的湖南布政使傅鼐死后，二妾寡居，稠粥不给。觉罗吉庆任山东、浙江巡抚时，每于署中购屋三间，仅避风

---

① （清）蒋良骐：《东华录》卷九，中华书局1980年版，第151—152页。
② 《皇朝经世文续编》卷三三。
③ 参见康有为：《上清帝第二书》，汤志钧编：《康有为政论集》（上册），中华书局1981年版，第132页。
④ 瞿同祖著，范忠信等译：《清代地方政府》，法律出版社2011年版，第46—48页。

雨，室设长几一、椅十、宋儒书数册，判事、见客、起居和饮食均在其中。乾隆、嘉庆年间的书麟在安徽当巡抚，尝陛见热河，唯乘一敝车，用布单包扎衣被放在破车中，随身只带三个仆人，请客仅两个菜。乾隆、嘉庆年间的荆道乾在做县令时，穿的是破衣败絮，吃的是粗糙粟米，被大学士刘墉称为"第一清官"。嘉庆年间署理两江总督岳起，从外任到京任代理礼部侍郎时，无钱买官邸居住，病死于寄居的寺庙之中，妻子始终以纺织为生。由此看来，清朝上至高官政要，下到芝麻小官，如果不折不扣地履行廉洁奉公的道德准则，就会像这些官员那样贫寒得一无所有，房子破烂不堪，穿着破棉袄，甚至死于荒山寺庙，老婆连粥都喝不上。

  清朝的俸禄与明朝有类似之处。明朝官员俸禄很低，史称："自古官俸之薄，未有若此者。"所以尽管"明太祖惩元季吏治纵弛，民生凋敝，重绳贪吏，置之严典"①，强力整肃吏治，严刑峻法，恩威并施，惩治贪污，其态度之坚决、措施之严厉，是历史上所罕见的。在法律中规定，官员贪污六十两以上者，斩首示众，剥皮实草。对贪污的地方官吏的查处，也是坚决的。即使这样，一些官员仍然抵抗不住诱惑，铤而走险，贪污受贿现象不断出现，朱元璋不禁哀叹："我欲除贪赃官吏，奈何朝杀而暮犯。"特别是明朝中叶以后，官吏贪墨之风，愈演愈烈。终明之世，有禁不止。究其原因，时人认识到了俸禄低这一重要原因。官俸低薄，国家不能从薪俸上满足官吏们的经济要求，给他们较多的补偿，而又必须依靠他们来为国家效力，那么除了强力压制之外，就只有默许他们贪污受贿了。

---

  ① 《明史》卷二《太祖本纪二》。

# 结 束 语

"国家之败，由官邪也。"晚清时期的吏治腐败，瓦解了国家机器的统治力，破坏了统治的合法性，动摇了民众对清廷的信任基础，扰乱了国民道德精神，危害了晚清社会政治的近代化发展，直接或间接导致了系列民众起义和资产阶级民主革命，成为清朝政权灭亡的重要因素。

## 一、吏治腐败对晚清统治造成了致命的危害

### （一）吏治腐败对晚清各时期重大事件的危害

晚清时期，内忧不断，外患频仍，而官吏腐败对晚清各个时期的重大事件都产生了极大的危害作用，使处于"变局"中的清朝屡次丧失振兴的机遇，日益陷入灭亡的深渊。

#### 1. 对禁烟斗争的危害

清朝中叶以后，鸦片危害愈演愈烈。因此，禁烟成为清朝为防止白银外流、维护国家财政安全、保持社会稳定所采取的一项重大举措。然而一些边防官员利欲熏心，受贿放私，庇护鸦片走私，甚至直接参与走私，致使禁烟失败。连道光皇帝也不得不承认："鸦片烟流行内地，大为风俗人心之害，民间私贩私食，久干例禁。节经降旨严饬稽查，而此风未尽革除，总由海口守巡员弁，卖放偷漏，以致蔓延滋甚。"① 马克思在《鸦片贸易史》中也曾分析这种状况说："中国人在道义上抵制的直接后果是英国人腐蚀中国当局、海关职员和一般的官员。浸透了天朝的整个官僚体系和破坏了宗法制度支柱的营私舞弊行为，同鸦片烟箱一起从停泊在黄埔的英国趸船上偷偷运进了天朝。"②

这就深刻地说明了官吏的腐败行为直接导致了清廷禁烟政策的流产。而这让到广东后的林则徐不得不采取坚决断然的措施进行禁烟，从而导致殖民者找到了发动战争的借口，然而中国此时还没有做好应对战争的准备工作。

---

① 《宣宗成皇帝实录》卷四六。
② [德]马克思：《鸦片贸易史》，《马克思恩格斯选集》（第2卷），人民出版社1966年版，第137页。

## 2. 对洋务运动的危害

洋务运动作为一项许多实权官僚倾力从事的运动，没有达到"自强"、"求富"的目标，其失败原因是多方面的，而吏治的腐败是其中一个重要的原因。

就洋务企业而言，它一开始就是在清政府控制之下，在腐朽至极的社会环境中运营的。由于整个官场腐败得不到肃清，企业内部也就普遍存在着盲目决策、任用私人、管理混乱、贪污舞弊等弊端。时人曾形容道，对于官吏来说，洋务企业"正如肥肉自天而降，虫蚁聚食，不尽不止"①。他们不择手段巧取豪夺、化公为私，或在原料采购、经销活动中大捞回扣，或在承包经费上大做文章，或挪用公款，或在经营中伺机谋取私利等，不一而足。这样的企业别说发展，就连勉强生存也极为困难。洋务派兴办的军工、民用企业如此，一系列制度变革、体制革新的失败也无不与官吏腐败有关。连李鸿章也痛心疾首地认识到，对于晚清王朝这样"一个破屋"，"裱糊匠又何术能负其责"②？洋务运动失败，使中国失去了一个走向近代化的良机。

## 3. 对甲午战争的危害

甲午战争，中国之所以战败，除了清朝宫廷内争、兵制紊乱等因素之外，清廷的腐败和军队的腐败是其重要原因。甲午战争之前，慈禧太后为修建颐和园工程挪用的海防经费约为库平银八百六十万两。③ 所挪用的海军军费，可以再增加两支原来规模的北洋舰队。1894年阴历甲午年十月初十，正值慈禧太后六十大寿，这场庆典共耗银五百四十一万两。而在整个战争过程中，户部给前线的两次筹款却只有二百五十万两，尚不及庆典支出的一半。

在战争中，清军一触即溃，与军队长期存在的腐败有密切关系。官员在军械采购中大肆牟利，致使武器弹药不合格。各级军官普遍克扣军饷和吃空额，士兵们"但能养命，不能果腹，人人伤心解体，积怨成仇"④，这样的军队之战斗力可想而知。

战争失败标志着历时三十余年的洋务运动的失败，使取得的近代化成果化为乌有，打破了近代以来中国人民对民族复兴的追求。割地赔款，主权沦

---

① （清）汪康年：《论政界不宜自营实业》，《刍言报》，宣统三年闰六月初六日。
② 吴永口述，刘治襄笔记：《庚子西狩丛谈》，中华书局2009年版，第121页。
③ 参见戚其章：《颐和园工程与北洋海军》，《社会科学战线》1989年第1期。
④ 王亚南：《中国官僚政治研究》，中国社会科学出版社1981年版，第163页。

丧，大大加深了中国的半殖民地化。战后东北亚格局改变，日本经济和军事实力飞速扩张，并成为侵略中国最多的近邻强敌。

4. 对清末新政的危害

为了革弊振衰，清廷从1901年开始实施以编练新军、改革官制、奖励实业、废除科举、育才兴学等为主要内容的新政，这可以说是清朝的最后一线生机。然而重创之后的腐朽王朝的官吏们，却借实施新政的社会转轨之机将腐败演绎得淋漓尽致。

在新政实施中，清政府各级官吏一面对改革的具体措施敷衍了事，一面恶性榨取民财、贪污中饱，使百姓怨声载道。诚如梁启超1910年上载涛书中所指出的"最危险者，乃在假新政之名，而日日朘人民之脂膏以自肥。数年以来，各省所兴种种杂捐，名目猥繁，为古今中外所未闻，人民之直接间接受其荼毒者，至于不可纪极"。此外，新政中的体制变换被腐败官吏们视为谋官捞钱的极佳机会，"在新政的推行中，贿赂、请托、勒索、钻营、排挤、倾轧，各种卑劣的心机与手腕都无所不用其极地施展出来"①。至于新政措施如何推行，清朝的命运如何拯救，是他们根本无暇顾及的。

对于当时官场的腐败行为，清政府在濒临灭亡之际颁布的《实行宪政谕》也无可奈何地承认道："促行新治，而官绅或借为网利之图；更改旧制，而权豪或祇为自便之计；民财之取已多，而未办一利民之事；司法之诏屡下，而实无一守法之人。驯致怨积于下而朕不知，祸迫于前而朕不觉。"②新政中造就的这些"今日中国之蠹"，不仅破坏了新政改革措施的推行，而且使新政期间的社会政治更加腐败与黑暗，国人对于清朝所抱有的最后一丝幻想也因此被击得粉碎。

## （二）吏治腐败对清朝统治合法性的破坏

在晚清，封建专制制度衰朽至极，官吏们的腐败也表现得更加肆无忌惮，甚嚣尘上。上至慈禧太后纳贿细大不捐，"以万乘而重万两"③；下到各级衙门官吏横征暴敛、贪污中饱、分肥入囊已成惯例，就连言官也"大抵皆以贿陈奏者也"。清朝的官吏腐败此时已呈现出"末世"的疯狂情结。这种官吏的腐败严重腐蚀和瓦解了清朝国家机器的统治力，直接加剧了阶级矛

---

① 陈旭麓：《近代中国社会的新陈代谢》，上海人民出版社1992年版，第256页。
② 故宫博物院明清档案部编：《清末筹备立宪档案史料》（上册），中华书局1979年版，第96页。
③ 《盛宣怀档案资料选辑之一·辛亥革命前后》，上海人民出版社1979年版，第74页。

盾，使晚清本已内忧外患的时局变得更加不可收拾，而其对国计民生的危害更导致天怒人怨。正如太平天国揭露的，"凡有水旱，略不怜恤，坐视其饿莩流离，暴露如莽……满洲又纵贪官污吏布满天下，使剥民脂民膏，士女皆哭泣道路……官以贿得，刑以钱免，富儿当权，豪杰绝望"。反官吏腐败，成为太平天国号召人民推翻清朝统治的主要口号。

资产阶级革命派也认为政治腐败、官吏贪污是中国贫弱的原因。孙中山指出清朝末年"仕途腐败，已达极点。亲贵以财贿招诱于上，士夫以利禄市易于下。奔竞弋谋，相师成风，脂苇突梯，恬不知耻。以致君子在野，自好不为。事无与治，民不聊生，踵循不悛，以抵灭亡"①。正因为痛感清朝卖官鬻爵、政以贿成的贪污腐败积弊之深，以及由此给国家和民族带来的巨大灾难，他才决心要建立一个彻底铲除贪污腐败、实现政治清明的资产阶级民主共和国。连当时的外国人也认为辛亥革命的实质是一场各阶层人民不约而同参与的"广泛的反对腐败政治的起义"②。

## 二、当代中国要高度重视反腐廉政

当代中国仍然存在较为严重的腐败现象。据公布的全国各级检察机关立案侦查的贪污贿赂、渎职侵权犯罪的案件数量，以及纪检监察机关对违纪违法干部处理情况来看，近十年来每年都有约三万名公职人员因贪腐违纪被查处。在目前国际上普遍采用的几种腐败主观指标（如透明国际组织的清廉 CPI 指数和行贿 BPI 指数、世界银行的腐败控制 CC 指数、全球竞争力报告 GCR 指标和商业国际组织 BI 指标）中，中国的排名仍属于中等偏后。这反映了我们党和政府虽然不断加大反腐力度，取得了反腐败的许多成效，但由于经济社会仍处转轨时期，制度体系还处于健全完善中，国家公职人员的腐败犯罪仍时有发生。

正如中央所指出的："当前党风廉政建设和反腐败斗争呈现出成效明显和问题突出并存，防治力度加大和腐败现象易发多发并存，群众对反腐败期望值不断上升和腐败现象短期内难以根治并存的总体态势，反腐败斗争形势

---

① 孙中山：《临时大总统关于慎重用人致内务总长令》，中国第二历史档案馆编：《中华民国史档案资料汇编》（第 2 辑），江苏古籍出版社 1991 年版，第 37 页。

② ［澳］骆惠敏编，刘桂梁等译：《清末民初政情内幕：〈泰晤士报〉驻北京记者、袁世凯政治顾问乔·厄莫理循书信集》（上册），知识出版社 1986 年版，第 766 页。

依然严峻、任务依然艰巨。"① 为了做好党风廉政建设和反腐败斗争，我们必须积极地吸取古今中外一切反腐廉政的经验，立足于人民民主和依法治国，形成中国特色社会主义的"民主化"、"市场化"、"现代化"的理念，稳步推进经济体制改革和政治体制改革，坚持制度调控与思想道德调控的紧密配合，着手建立健全包括思想道德教育的长效机制、反腐倡廉的制度体系、权力运行的监控机制在内的惩治和预防腐败体系，只有这样，才能有效地克治腐败这个"政治之癌"。

---

① 《中国共产党第十七届中央纪律检查委员会第七次全体会议公报（全文）》，《人民日报》2012年1月11日。

# 参考文献

[1] （明）宋濂，等. 元史［M］. 北京：中华书局，1976.
[2] （清）张廷玉，等. 明史［M］. 北京：中华书局，1974.
[3] 赵翼. 廿二史札记［M］. 董文武，译注. 北京：中华书局，2008.
[4] 赵尔巽，等. 清史稿［M］. 北京：中华书局，1977.
[5] 清实录［M］. 影印本. 北京：中华书局，1985—1987.
[6] （清）乾隆官修. 清朝文献通考［M］. 2版. 杭州：浙江古籍出版社，2000.
[7] 刘锦藻. 清朝续文献通考［M］. 杭州：浙江古籍出版社，1988.
[8] （清）贺长龄，魏源. 皇朝经世文编［M］. 台北：台联国风出版社，1963.
[9] （清）盛康. 皇朝经世文编续编［M］. 台北：文海出版社，2001.
[10] （清）蒋良骐. 东华录［M］. 林树惠，傅贵九，校点. 北京：中华书局，1980.
[11] （清）王先谦，朱寿朋. 东华录 东华续录［M］. 上海：上海古籍出版社，2008.
[12] 中国第一历史档案馆. 清代档案史料丛编：第14辑［M］. 北京：中华书局，1990.
[13] 中国史学会. 中国近代史资料丛刊·鸦片战争［M］. 上海：上海人民出版社，1957.
[14] 中国史学会. 中国近代史资料丛刊·太平天国［M］. 上海：上海人民出版社，1957.
[15] 罗尔纲，王庆成. 中国近代史资料丛刊续编·太平天国［M］. 桂林：广西师范大学出版社，2004.
[16] 中国史学会. 中国近代史资料丛刊·戊戌变法［M］. 上海：上海人民出版社，1957.
[17] 中国史学会. 中国近代史资料丛刊·辛亥革命［M］. 上海：上海人民出版社，1957.
[18] 沈云龙. 近代中国史料丛刊续编［M］. 台北：文海出版社，1974—1982.
[19] 国家档案局明清档案馆. 戊戌变法档案史料［M］. 北京：中华书

局，1958.

[20] 中国社会科学院近代史研究所近代史资料编辑部. 近代史资料［M］. 北京：科学出版社，中华书局，中国社会科学出版社，1954—2012.

[21] 庄建平. 近代史资料文库［M］. 上海：上海书店出版社，2009.

[22] 蒋世弟，吴振棣. 中国近代史参考资料［M］. 北京：高等教育出版社，1988.

[23] 郑振铎. 晚清文选［M］. 北京：中国社会科学出版社，2002.

[24] 荣孟源，章伯锋. 近代稗海［M］. 成都：四川人民出版社，1985—1988.

[25] 徐珂. 清稗类钞［M］. 北京：中华书局，1984—1986.

[26] 清史列传［M］. 王钟翰，点校. 北京：中华书局，1987.

[27] 睡虎地秦墓竹简整理小组. 睡虎地秦墓竹简［M］. 北京：文物出版社，1978.

[28] 大清律例［M］. 田涛，郑秦，点校. 北京：法律出版社，1999.

[29] （清）朱寿朋. 光绪朝东华录［M］. 北京：中华书局，1958.

[30] 胡思敬. 国闻备乘［M］. 北京：中华书局，2007.

[31] （清）张集馨. 道咸宦海见闻录［M］. 北京：中华书局，1981.

[32] （清）龚自珍. 龚自珍全集［M］. 王佩诤，校. 上海：上海古籍出版社，1975.

[33] 中山大学历史系中国近代现代史教研组、研究室. 林则徐集［M］. 北京：中华书局，1965.

[34] 来新夏. 林则徐年谱［M］. 上海：上海人民出版社，1981.

[35] 中华书局编辑部. 魏源集［M］. 3版. 北京：中华书局，2009.

[36] 广东省太平天国研究会，广州市社会科学研究所. 洪秀全集［M］. 广州：广东人民出版社，1985.

[37] 扬州师范学院中文系. 洪仁玕选集［M］. 北京：中华书局，1978.

[38] （清）曾国藩. 曾国藩全集［M］. 2版. 长沙：岳麓书社，2011.

[39] （清）左宗棠. 左宗棠全集［M］. 刘泱泱，岑生平，等，校点. 长沙：岳麓书社，2009.

[40] （清）胡林翼. 胡林翼集［M］. 长沙：岳麓书社，1999.

[41] 苑书义，孙华峰，李秉新. 张之洞全集［M］. 石家庄：河北人民出版社，1998.

[42] （清）辜鸿铭. 辜鸿铭文集［M］. 黄兴涛，等，译. 海口：海南出版社，1996.

[43]（清）冯桂芬.校邠庐抗议：洋务运动的理论纲领［M］.戴扬本,评注.郑州：中州古籍出版社,1998.

[44]郑观应.郑观应集［M］.夏东元,编.上海：上海人民出版社,1982.

[45]（清）王韬.弢园文录外编：一个卓立特行者的心路历程［M］.陈恒,方银儿,评注.郑州：中州古籍出版社,1998.

[46]王栻.严复集［M］.北京：中华书局,1986.

[47]康有为.康南海自编年谱（外二币）［M］.楼宇烈,整理.北京：中华书局,1992.

[48]康有为.康有为政论集［M］.汤志钧,编.北京：中华书局,1981.

[49]梁启超.梁启超文选［M］.夏晓虹,编.北京：中国广播电视出版社,1992.

[50]梁启超.饮冰室合集［M］.北京：中华书局,1989.

[51]丁文江,赵丰田.梁启超年谱长编［M］.上海：上海人民出版社,1983.

[52]（清）顾炎武.日知录集释：全校本［M］.黄汝成,集释.栾保群,吕宗力,校点.上海：上海古籍出版社,2006.

[53]中国社科院近代史所.中国近代通史［M］.南京：江苏人民出版社,2006.

[54]萧一山.清代通史［M］.北京：中华书局,1986.

[55]张杰.清朝三百年史［M］.北京：社会科学文献出版社,2011.

[56]龚书铎.中国社会通史：清前期卷［M］.太原：山西教育出版社,1997.

[57]彭安玉.中国古代吏治研究［M］.南京：南京大学出版社,1995.

[58]曹德本.中国政治思想史［M］.北京：高等教育出版社,1999.

[59]白寿彝.中国通史：第11卷［M］.上海：上海人民出版社,1999.

[60]王尔敏.中国近代思想史论［M］.北京：社会科学文献出版社,2003.

[61]清史编委会.清代人物传稿［M］.沈阳：辽宁人民出版社,1984—2001.

[62]王亚南.中国官僚政治研究［M］.北京：中国社会科学出版社,1981.

[63]邱永明.中国封建监察制度运作研究［M］.上海：上海社会科学院

出版社，1998.

[64] 瞿同祖. 清代地方政府 [M]. 范忠信，何鹏，晏锋，译. 2版. 北京：法律出版社，2011.

[65] 熊月之. 中国近代民主思想史 [M]. 上海：上海社会科学院出版社，2002.

[66] 沃丘仲子. 近代名人小传 [M]. 影印本. 北京：中国书店，1988.

[67] 陈铭. 龚自珍评传 [M]. 南京：南京大学出版社，1998.

[68] 杨国桢. 林则徐传 [M]. 北京：人民出版社，1995.

[69] 林庆元. 林则徐评传 [M]. 南京：南京大学出版社，2000.

[70] 崔之清，胡臣友. 洪秀全评传 [M]. 南京：南京大学出版社，1994.

[71] 夏春涛. 从塾师、基督徒到王爷：洪仁玕 [M]. 北京：社会科学文献出版社，2007.

[72] 梁绍辉. 曾国藩评传 [M]. 南京：南京大学出版社，2006.

[73] 熊月之. 冯桂芬评传 [M]. 南京：南京大学出版社，2004.

[74] 张海林. 王韬评传 [M]. 南京：南京大学出版社，1993.

[75] 孙占元. 左宗棠评传 [M]. 南京：南京大学出版社，1995.

[76] 王兴国. 郭嵩焘评传 [M]. 南京：南京大学出版社，1998.

[77] 谢世诚. 李鸿章评传 [M]. 南京：南京大学出版社，2006.

[78] 冯天瑜，何晓明. 张之洞评传 [M]. 南京：南京大学出版社，1991.

[79] 谢放. 张之洞传 [M]. 广州：广东高等教育出版社，2004.

[80] 皮后锋. 严复评传 [M]. 南京：南京大学出版社，2006.

[81] 马洪林. 康有为评传 [M]. 南京：南京大学出版社，1998.

[82] 蒋广学，何卫东. 梁启超评传 [M]. 南京：南京大学出版社，2005.

[83] 高中华. 肃顺与咸丰政局 [M]. 济南：齐鲁书社，2005.

[84] 汤黎，余祖坤. 恭亲王奕䜣政海沉浮录 [M]. 武汉：湖北人民出版社，2006.

[85] 胡鞍钢. 中国：挑战腐败 [M]. 杭州：浙江人民出版社，2001.

[86] 王春瑜. 中国反贪史 [M]. 成都：四川人民出版社，2000.

[87] 中国人民政治协商会议全国委员会文史资料研究委员会. 晚清宫廷生活见闻 [M]. 北京：文史资料出版社，1982.

[88] 谢世诚. 晚清道光咸丰同治朝吏治研究 [M]. 南京：南京师范大学出版社，1999.

[89] 张晋藩. 清朝法制史 [M]. 北京：中华书局，1998.

[90] 沈大明. 《大清律例》与清代的社会控制 [M]. 上海：上海人民出版

社，2007．

[91] 吴承乔．清代吏治丛谈［M］．台北：文海出版社，1966．

[92] 刘泽华，汪茂和，王兰仲．专制权力与中国社会［M］．天津：天津古籍出版社，2005．

[93] 许大龄．清代捐纳制度［M］．台北：文海出版社有限公司，1977．

[94] 周保明．清代地方吏役制度研究［M］．上海：上海书店出版社，2009．

[95] 宋德华．岭南人物与近代思潮［M］．广州：中山大学出版社，2007．

[96] 邹小站．西学东渐：迎拒与选择［M］．成都：四川人民出版社，2008．

[97] 王明高，等．中国新世纪惩治腐败对策研究［M］．长沙：湖南人民出版社，2002．

[98] 倪星．腐败与反腐败的经济学研究［M］．北京：中国社会科学出版社，2005．

[99] 李文珊．当代中国廉政建设中的道德调控研究［M］．北京：中央文献出版社，2007．

[100] 龚郭清．近代中国政治文明的构建：戊戌维新时期康有为政治改革思想研究［M］．北京：社会科学文献出版社，2007．

[101] 中国社会科学院近代史研究所政治史研究室，苏州大学社会学院．晚清国家与社会［M］．北京：社会科学文献出版社，2007．

[102]［美］费正清，刘广京．剑桥中国晚清史：1800—1911年［M］．中国社会科学院历史研究所编译室，译．北京：中国社会科学出版社，1985．

[103]［美］塞缪尔·P.亨廷顿．变化社会中的政治秩序［M］．王冠华，刘为，等，译．上海：上海人民出版社，2008．

[104]［南非］罗伯特·克利特加德．控制腐败［M］．杨光斌，何庄，刘伯星，等，译．北京：中央编译出版社，1998．

[105] 薛梅卿．中国古代惩贪法律的实施及其昭示［J］．法学家，1996（4）．

[106] 何孝容．康熙惩贪述论［J］．清史研究，1996（1）．

[107] 吴观文．论清初的监察制度与吏治［J］．求索，1986（6）．

[108] 谢刚．清史嘉道朝研究论纲［J］．南开学报（哲学社会科学版），1991（4）．

[109] 刘凤云．试析乾隆惩贪屡禁不止的原因［J］．清史研究，1992（1）．

[110] 郑秦. 清律惩贪条款辨析 [J]. 政法论坛, 1992 (2).

[111] 陈勇勤. 晚清清流派思想研究 [J]. 近代史研究, 1993 (3).

[112] 陈勇勤. 晚清清流派整顿吏治清议述论 [J]. 社会科学战线, 1994 (2).

[113] 喻大华. 论康乾盛世的惩贪 [J]. 辽宁师范大学学报（社会科学版）, 1994 (4).

[114] 郭成康. 18 世纪后期中国贪污问题研究 [J]. 清史研究, 1995 (1).

[115] 刘海峰. "穆党" 对道光朝晚期吏治的影响 [J]. 史学月刊, 2007 (3).

[116] 李海鸿. 贪污：文化的？抑或制度的？——西方学者关于清代贪污的研究 [J]. 清史研究, 2009 (1).

[117] 谢世诚. 道光朝官员腐败问题 [J]. 南京师范大学学报（社会科学版）, 1998 (3).

[118] 朱东安. 太平天国与咸同政局 [J]. 近代史研究, 1999 (2).

[119] 张小虎. 转型期犯罪率明显增长的社会分层探析 [J]. 社会学研究, 2002 (1).

[120] 王开玺. 从李毓昌案看嘉庆朝的吏治 [J]. 历史档案, 2004 (2).

[121] 张国骥. 清嘉道时期的吏治危机 [J]. 湖南师范大学社会科学学报, 2004 (2).

[122] 卜照晶. 清代吏治腐败原因初探 [J]. 辽宁师范大学学报（社会科学版）, 2007 (4).

[123] 高伟凯, 张桂琳. 清朝官员腐败成因分析 [J]. 学海, 2006 (2).

[124] 孙季萍, 张鸿浩. 清代高官贪污腐败犯罪及其惩治 [J]. 烟台大学学报（哲学社会科学版）, 2010 (4).

[125] 陈一容. 清代官吏惩戒制度及其失败原因初探 [J]. 西南师范大学学报（人文社会科学版）, 2006 (3).

[126] 谢世诚. 清同治朝整饬吏治的异化及其困境 [J]. 南京师大学报（社会科学版）, 1999 (6).

[127] 孙赫. 浅谈龚自珍《明良论》中的吏治思想 [J]. 吉林师范大学学报（人文社会科学版）, 2005 (3).

[128] 萧致治. 林则徐吏治研究 [J]. 近代史研究, 1996 (4).

[129] 许增. 论林则徐整饬吏治 [J]. 西南师范大学学报（哲学社会科学版）, 1998 (2).

[130] 粟献忠，青觉. 太平天国干王的反腐治吏思想及其现代价值 [J]. 兰州大学学报（社会科学版），2008（4）.

[131] 刘亚玲. 张之洞整饬吏治的思想与实践 [J]. 江汉论坛，2005（3）.

[132] 高如民. 郭嵩焘的吏治观 [J]. 史学月刊，2006（8）.

[133] 张智辉. 曾国藩整饬吏治浅议 [J]. 求索，1985（3）.

[134] 成晓军. 曾国藩与直隶吏治述论 [J]. 文物春秋，1997（4）.

[135] 孙占元. 左宗棠吏治思想述论 [J]. 山东社会科学，1995（3）.

[136] 潘家德. 论胡林翼对湖北吏治的整顿 [J]. 南充师院学报（哲学社会科学版），1988（2）.

[137] 陶海洋. 胡林翼与吏治整顿 [J]. 华东船舶工业学院学报（社会科学版），2001（1）.

[138] 欧德良. 试论胡林翼吏治思想的理学特色 [J]. 船山学刊，2008（4）.

[139] 范耀登. 略论郑观应的行政管理思想 [J]. 岭南学刊，2001（1）.

[140] 葛飞. 论郑观应的吏治思想 [J]. 黄淮学刊（社会科学版），1993（1）.

[141] 唐富满. 试论王韬的吏治改革思想 [J]. 理论界，2007（11）.

[142] 谢世诚. 冯桂芬吏治思想述评 [J]. 南京师大学报（社会科学版），1997（1）.

[143] 王花英. 梁启超的法治思想 [J]. 湖南省社会主义学院学报，2006（2）.

[144] 李秀云. 梁启超的新闻舆论监督思想 [J]. 南开学报（哲学社会科学版），2003（5）.

[145] 梁严冰，张雪梅. 肃顺与晚清吏治 [J]. 延安大学学报（社会科学版），2004（5）.

[146] 谢世诚. 李鸿章与晚清吏治 [J]. 江苏社会科学，2005（2）.

[147] 楚双志. 新政期间袁世凯对直隶吏治的整顿 [J]. 北京科技大学学报（社会科学版），2002（2）.

[148] 戴仕军. 李鸿章治理直隶省务研究 [D]. 北京：首都师范大学，2004.

[149] 刘震. 大清律例治贪研究 [D]. 长沙：湖南大学，2009.

[150] 胡小平. 清代官吏惩治施行研究 [D]. 重庆：西南大学，2011.

[151] 李文生. 清代职务犯罪问题研究 [D]. 北京：中国政法大学，2006.

# 后　　记

　　在国家处于内忧外患、王朝处于风雨飘摇之时，晚清时期的政治家和思想家，或谋巩固统治，或求维新变革，都非常重视吏治问题，因而整饬吏治思想是晚清政治人物思想研究的重要内容。在2008年"近代人物整饬吏治思想研究"课题获得广东省哲学社会科学基金立项后，我开始了系统的写作研究。由于期间工作单位变动，加之有段时间较为松懈，没能心无旁骛、专心致志地进行研究，所以写作断断续续，经过了四年时间才得以完成书稿并结题。此后，书稿又放置了一年多的时间，中间也多次进行修改，今时才付之出版。

　　政治思想史研究需要翔实的第一手材料。在写作的过程中，我到国家图书馆和广东、江西、湖北的省级档案馆、图书馆，以及一些著名大学的图书馆，查阅了大量的原始档案资料，并购买和从网上下载了《清史稿》、《清实录》等原始材料以及所有研究涉及人物的文集等大量历史资料。在研究中，我力图以历史唯物主义的认识论和方法论为指导，将晚清人物的整饬吏治思想与时代环境及人物所处的阶级地位具体联系起来，实事求是地进行分析与评价，尽量做到既不溢美，也不饰过。

　　著作出版之际，回顾走过的学术道路，要特别感谢我在湖南师范大学攻读硕士学位时的导师韦杰廷先生和在武汉大学攻读博士学位时的导师宋镜明先生，他们都是学界公认的德高望重、造诣深厚的专家学者。就读期间，他们对我耳提面命、谆谆教导，既传授学问之道，又教诲为人品行；毕业之后，仍时常关心我的学术发展。"谆谆如父语，殷殷似友亲"，他们的殷切教诲至今仍深深地铭刻在我的脑海中，鼓励我在学术道路上前行。

　　谨以此书献给敬爱的两位导师以及所有关心、帮助我学术成长的良师益友！